U0123758

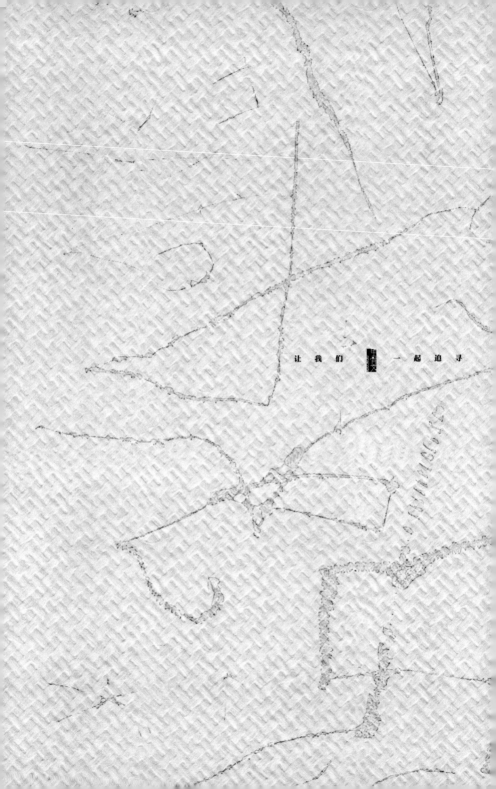

让 我 们 一 起 追 寻

[美]弗雷德里克·罗格瓦尔 — 著

卢欣渝 ——————— 译

Fredrik Logevall

JFK: Coming of Age in the American Century,
1917-1956

Copyright ©2020 by Fredrik Logevall

This translation published by arrangement with
Random House, an imprint and division of Penguin
Random House LLC

Simplified Chinese edition copyright © 2024 by
Social Sciences Academic Press (China)

封底有甲骨文防伪标签者为正版授权。

COMING OF AGE IN

THE AMERICAN CENTURY,

1917-1956

成长于
美国世纪，
1917～1956年

第一卷 **II**

K 肯尼迪传

社会科学文献出版社
SOCIAL SCIENCES ACADEMIC PRESS (CHINA)

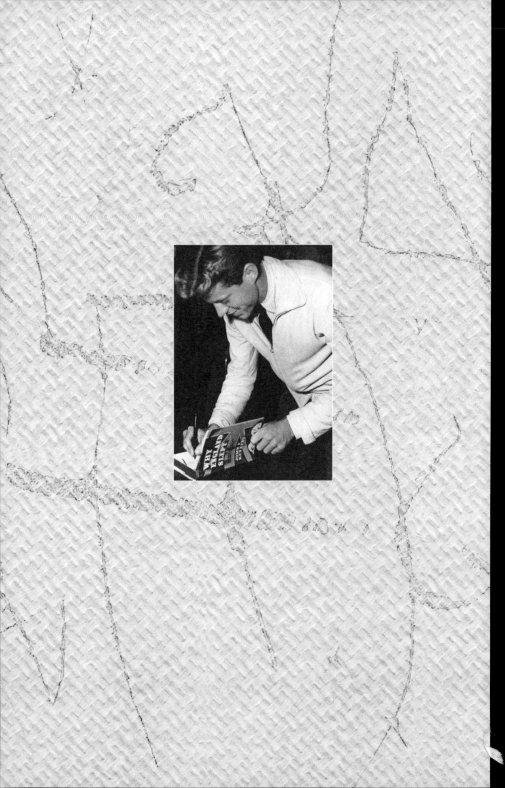

目　录

下 册

第三部
投身政界

在办公室专心办公的参议员。摄于 1955 年 10 月。

第十五章

候选人

马萨诸塞州第 11 国会选区看起来就像半扇紧贴海岸线的巨型蚌壳，这一随意改划的丑陋选区延伸到各个方向，将东波士顿、波士顿北城和西城、布赖顿区（Brighton）北端都包揽在内，然后跨越查尔斯河，将剑桥地区和萨默维尔（Somerville）的一大片地方也包揽其中，遍布木制"三层公寓房"，聚集了大量爱尔兰裔人口的查尔斯敦（Charlestown）也在其中。这一选区的选民主要是工人阶级，绝大多数属于民主党，信奉罗马天主教，是该州最穷的地区之一。不过，中产阶级集中的布赖顿区的"第 22 投票区"、拥有三车道大街的豪华的剑桥西区（West Cambridge）也在其中，那里是哈佛大学和拉德克利夫女子学院的教授们、新英格兰地区的精英们，以及每天通勤进城上班的公司高管们安家落户的地方。美国早期历史的一些事件就发生在那一选区——波士顿北城坐落着老北教堂（Old North Church），该教堂因保罗·列维尔（Paul Revere）1775 年 4 月 18 日的午夜骑行一夜成名，从那往后又过了两个月，查尔斯敦成了邦克山战役的发生地。时间又过去两周，1775年7月3日，乔治·华盛顿在剑桥公园（Cambridge Common）北端被任命为美国大陆军总司令。

412　　肯尼迪家族在第11区根基深厚，杰克的爷爷P. J. 肯尼迪在东波士顿拥有数家酒馆，他是那一地区在州立法机构的代表；他儿子约瑟夫·帕特里克在那里出生，在那里长大成人，还在哈佛大学上了学，其儿子们亦如是。杰克的姥爷约翰·"蜜糖菲茨"·菲茨杰拉德从波士顿北城起家，在恰当的时候成了该地区政治上的王者，他女儿罗丝也出生在那里。19世纪和20世纪之交，菲茨杰拉德代表那一地区（当年的第9选区），成了美国众议院议员。位于布赖顿区的"第22投票区"是该国会选区的东缘，紧邻布鲁克莱恩镇，距杰克的出生地比尔斯街仅隔着七八个街区。

　　1945年，坐在众议员椅子上的人是詹姆斯·迈克尔·柯利，他是波士顿地区流氓式的传奇人物，也是"蜜糖菲茨"的死敌。（正是柯利于1913年散布了关于"蜜糖菲茨"和香烟广告女郎"再见"·瑞安调情的谣言，迫使"蜜糖菲茨"退出了市长竞选活动。）柯利是典型的靠欺诈手段上位的城市政客，1937年被判犯有欺诈罪，随后几年一蹶不振；五年后，当时年届古稀的柯利杀了个回马枪，从托马斯·H. 埃利奥特（Thomas H. Eliot）手里夺回了众议院席位。后者是"新政"拥趸，也是美国《社会保障法》起草人之一。然而，柯利不久后意识到，他不喜欢华盛顿那种不温不火的议员的日子，他渴望在波士顿当市长的那种喧嚣。1945年11月，他抓住了机会，选民们把他送回了市政厅原来的宝座上。当初极少有人知情——杰克·肯尼迪似乎也不知情——约瑟夫·肯尼迪有可能帮助柯利还清了一笔由法律问题引发的高额债务，换取他离开众议院，以便他竞选市长，因而不费吹灰之力便创造出一个联邦众议院空缺，留给新的有进取心的候选人。[1]

无论老约在前述事情里扮演了什么角色，第 11 选区在 1946 年秋季的中期选举中出现了需要填补的空缺。对杰克来说，这是个绝佳的机会，然而，他犹豫了。他永远都是最严厉的自我批评者，由于该选区的选民们早已习惯那种热情奔放的、虚情假意的政客，他自问道，选民们真会喜欢富裕的、保守的、没有政治经验的、新来的年轻人吗——不仅如此，他还可能被看作外来者，除了大学期间，他从未在本地区生活过。[2] 此外，从事这类政治操作所需要的虚假的（或者，至少可以说是暂时的）同志情早就被烂熟于这一行当的"蜜糖菲茨"玩得炉火纯青，却与杰克的本性不符。还有他以前的经历，即预科学校、哈佛大学、国际旅行、名流晚会等——他需要讨好工人阶级居民，他们中的许多人住在条件恶劣、拥挤的公寓里，他的经历会不会让他们生厌？该选区在政治方面也没有凝聚力，相反，该选区有许多爱尔兰派系和意大利派系，派系之间争斗不断，那意味着，1946 年 6 月的民主党初选——真正的选举，胜出者必须在秋季的竞选活动中挫败共和党人推出的人选——必定会是一场野蛮的、无法预料的混战，许多事会发生在混乱中。

即使拥有无可比拟的家族资产做后盾，瘦弱且仍然疾病缠身的儿子能否在如此惨烈的竞争中获胜，约瑟夫·肯尼迪甚至也开始心生怀疑。个头高挑的、头发略卷的州长莫里斯·托宾（父亲是出生

413

在爱尔兰的木匠）暗示，他可能会把自己的一票投给杰克，支持他成为1946年副州长人选，对此约瑟夫表示出兴趣。托宾向约瑟夫保证，在民主党初选中，没人会与杰克竞争这一空缺，约瑟夫因此更来劲了。的确，长期以来，这一特殊的职位一直让大使着迷——早些年，为小约在战后进入政界做规划时，约瑟夫便将副州长职位列在候选名单最靠前的位置。那肯定是理想的平台，杰克可以在其上打造全州的政治机器，磨砺数年后还可启动竞选州长活动。然而，杰克本人对这一想法没什么兴趣。一方面是因为，他不太关心地方政治和州政治，另一方面是因为，随着杜鲁门及民主党人正疲于应对和平时期的各种诉求，未来一年，共和党有可能在全国范围内获得优势，那一票最终也许会是一场惨败。"蜜糖菲茨"出于一些感情方面的原因，力主杰克参与国会席位的竞争。

1945年底，杰克已经下定决心竞选众议院席位。考虑到流行的说法为，那一时期都是杰克的父亲在发号施令，本书在此必须强调，这一决定是杰克自己的主张——新年过后，约瑟夫·肯尼迪仍在固执己见，希望杰克竞选副州长，不过儿子有自己的想法。记者查尔斯·巴特利特是海军退伍兵，圣诞节假期过后不久，他在棕榈滩一家夜总会见到了杰克，后来成了杰克的朋友（以及媒人），他从年轻人身上没看出任何犹豫，不过，他的确看出了一点自黑式的幽默："棕榈滩的一些大人物会过来拍拍杰克的肩膀，说：'杰克，很高兴听说你要竞选国会议席。'我记得杰克说：'顶多过一年左右他们就会改口说，我是这世上最不是东西的王八羔子。'"[3]

杰克对自己也有过疑虑。他跟学识渊博的熟人丹·奥布赖恩

（Dan O'Brien）聊过，问对方自己有多少胜选机会，事后他在日记
里草草写下了如后要点："说我死定了——没有个人经验——个人
选区——说我认识的人连300个都不到。……奥布赖恩说，对我的
攻击会是——第一，经验；第二，……老爸的声誉。他是第一个打
赌我赢不了的人！一个正直的爱尔兰人，不过也是想法错误的人。"

　　我们的候选人还草草记下了一些在努力过程中需要遵循的道
理，其中包括：

　　　　政治上没有朋友——只有盟友。

　　　　前一天他们会把你捧上天——第二天他们会撤梯子。

　　　　有钱可以买到智慧，买不到的是——忠诚。

　　　　不过分纠结于每次行动的政治后果，才会成为最好的政
治家。⁴

‖

　　为了确立自己在本选区和本州的正当性，杰克搬进了位于贝肯
山的贝尔维尤酒店（Bellevue Hotel）里一个毫无特色、有两个房
间、没几件家具的套房里。当年已经82岁、像往常一样爱唠叨的
姥爷"蜜糖菲茨"就住在贝肯山。州议会大厦距酒店仅一步之遥，
那个套房成了刚刚起步的、尚未宣布参选的杰克的活动中心，竞选
初期的战略战术都是在那里商议决定的。在本选区各个地方，地区

414

选举办公室如雨后春笋般冒出来，波士顿特莱蒙大街（Tremont Street）18号二层一个昏暗的套房里还冒出个选举指挥部。一些竞争对手尚未开始做准备工作，一些人甚至还没下决心是否参选，这情势确立了如后现象，成了约翰·F.肯尼迪参与所有政治竞选的主要特征：他比对手开始得更早，工作更努力。杰克正式宣布参加竞选（4月22日）数月前，他已经勤奋地开始演说、投钱、组建选举团队。

幸亏杰克起步早，因为他明显缺乏经验。演讲时，但凡阐述国际事务，他都能做到出口成章、头头是道——早前在美国退伍军人协会站点以战后欧洲为主题演讲时，他赢得了一片喝彩，上百人向他索要演讲稿——不过，每次冒险讲述市级和州级政治，他便信心全无。[5]他的语音语调会变得生硬和僵化，语速过快，眼睛离不开讲稿，声调总是提得过高，极少能调整好。他缺乏圆滑的政客那种随时可以打圆场的能力；相反，每当即席发挥，他总会词不达意，结果只会更加怯场。由于表现差劲，事后他会垂头丧气，跟老爸一起把讲稿从头到尾研究一番，以便确定该做点什么。"现在我都能看见他俩坐在一起，"妹妹尤妮斯后来回忆说，"分析整篇讲稿，讨论演讲时的语速，看看哪个地方还行，哪个地方出错了。"[6]

在这类活动中，杰克从来不会让人觉得他是个伟岸之人。他身材瘦削，跟皮包骨头差不多，用一名"扶轮社"（Rotarian）会员的话说，这让他看起来像"穿着爸爸衣服的小男孩"。由于疟疾持续性发作，他的皮肤蒙了一层黄色。尤其是早期阶段，他的言谈举止流露出羞怯和困窘。他生性偏爱独处，对亲吻幼童，以及跟酒吧

415

杰克在波士顿市政厅向选举委员会成员约瑟夫·朗格（Joseph Langone）递交第一套参选文件。摄于 1946 年 4 月 23 日。

里的陌生人扯闲篇毫无兴趣。"他不是爱交际的人，"一个竞选活动助理回忆说，"他在人群里不会主动跟人打招呼，也不会走到人群里主动跟大家说'我是杰克·肯尼迪'。"[7]

416　　　不过，有些事杰克必须做，首先是他的家人。在马萨诸塞州以外，约瑟夫·肯尼迪或许早已名声扫地，但在波士顿地区，选民们仍然认为，他是个传奇家族的家长，大家都希望跟这一家人套近乎。约瑟夫是个特别有钱的家长，而且，他已经明确表示，只要是杰克胜选所需，无论多少钱他都掏。很快，父子二人一起组建了一个训练有素的竞选团队，成员包括约瑟夫的表弟乔·凯恩——两人一向用"表兄弟"相互称呼——他是个秃顶的、口无遮拦的、愤世嫉俗的、经验老到的政治掮客和说客，在市政厅附近一家小食店外有个办公室，他常说的一句话是：自恺撒以来，政治就没变过。广告商约翰·多德（John Dowd）进了团队，他负责广告和公关方面的工作；前警察局局长乔·蒂米尔迪成了约瑟夫·肯尼迪的全能助理；"蜜糖菲茨"推荐了比利·萨顿（Billy Sutton）和帕齐·马尔克恩（Patsy Mulkern），这两人像蒂米尔迪一样，都是多面手。马克·多尔顿（Mark Dalton）是聪明的法学院毕业生，前媒体人，战时在海军情报部门服役时表现优异，如今在团队里扮演关键的管理角色。戴夫·鲍尔斯（Dave Powers）是具备街头智慧的、和蔼可亲的青年政客，拥有过目不忘的记忆力，对波士顿爱尔兰人的理解深入骨髓，他签约进了团队，成了团队的高级助理。无可避免的是，退休后安享晚年的、永远忠心耿耿的埃迪·摩尔也来到了团队，负责管理杂务和资金分配。甚至杰克的一些朋友——莱姆·比林斯、托比·麦克唐纳、保罗·费伊——在日程允许时也过来帮忙（费伊大老远从加利福尼亚飞过来，在团队干了两个月，后来他父亲写了封措辞严厉的信，命令他赶回家族建筑公司的岗位上班。）[8]

帕齐·马尔克恩是个满嘴脏话的政治瘾君子，在外人眼里，滴酒不沾的他总是一副醉酒的样子。他预计杰克参选前途未卜。他说："我第一天见到杰克时，他穿了双球鞋。我对他说：'看在基督的分上，把球鞋换掉，杰克。你以为咱们是去打高尔夫啊？'推销这家伙是一件难上加难的事，我们得手把手带他，做他妈一大堆事。我们带着他一家接一家跑酒馆、俱乐部、饭店大堂、大街上的路口。我们不停地向人们宣传小肯尼迪、小肯尼迪，不过没人想让他代表本选区。柯利那伙人还没打算支持他，他们称杰克为迈阿密候选人，'抓住那家伙，把他送到迈阿密……［或］棕榈滩参选……给他个纽约那边的地址让他滚'。所以，我们的仗很难打。"[9]

不过，没过多久，在选区内各贫困片区，来自哈佛大学的千万富翁的儿子用行动证明，他是个高效的竞争者。选民们已见惯了往日那些愤世嫉俗的、夸夸其谈的爱尔兰官位角逐者，让他们动心的正是杰克的沉默寡言和青涩，他们觉得杰克真诚、不拘礼节，似乎有点害羞，鲜明的对比让选民们耳目一新。（杰克很享受倾听人们议论那些高大上的人物，以及他们花里胡哨的政治风格，不过他不打算学那些人。）杰克并不是什么都屈就于当地居民，他既不会认为他们的说法理所当然，也不会装作熟悉"你妈还好吗代我向她问好"之类的街头流行语。杰克赢分的做法包括，演讲总是卡得很短，留出足够的提问时间。"如果观察他在竞选过程中的各种作为，

417

人们会发现，他握手的时机总是把握得很到位，他知道什么时候该
面带微笑，他能记住人们的名字，"杰克在哈佛大学的朋友、竞选
团队成员托尼·加卢西奥（Tony Galluccio）说，"向别人推销他时，
每个喜欢他的人喜欢的是他本人，喜欢他这样的个体。"报道竞选
活动的一名地方记者附和说："见过他的人都想投他一票，我认为
事情就这么简单。如果有人想探究［他获胜的］复杂原因，肯定什
么都找不到。"[10]

　　"杰克·肯尼迪身上有一种最基本的自重，"戴夫·鲍尔斯评价
道，"他言谈举止中的骄傲让每个爱尔兰裔都觉得很爽，人们对典
型的爱尔兰政客那种煽情的、陈腐的风格或多或少已经开始心生厌
烦。随着爱尔兰裔自身已经越来越中产化，他们希望有个能反映他
们向上流动性的领袖。"直到临终，鲍尔斯一直都是杰克·肯尼迪
的死忠支持者，也是杰克精神传承的守护人，所以必须以此角度看
待他的回忆录，不过，像他这样的评述并非个例。鉴于候选人受到
广泛欢迎，鲍尔斯觉得他的主要工作反而简单了："我当时的目标
是，尽可能安排杰克·肯尼迪与更多人见面。"[11]

　　"在潜意识里，人们都在寻找某类新的候选人，"托尼·加卢西
奥附和说，"而杰克正符合这一点。他有一副天真的面庞，浓密的
头发自然垂落到额头。他本是千万富翁，却朴实无华。人们会说，
这家伙不是那种从别人口袋里偷钱的人。我认为，这正是马萨诸塞
州政治革命的开端。杰克·肯尼迪恰好契合这一模式。其他就要靠
钱了，靠他交朋友的能力，靠他杰出的工作能力。杰克用不着为生
活奔波，但他利用每一天里的每一分钟前往人们想让他去的地方，

走出去，与民众交往。"[12]

　　还有关键的最后一点：杰克总是一往无前，不知疲倦，从不多休息。最重要的是，在1946年季冬和孟春最紧张的几周里，这样的职业道德——这情况在第一次参选的许多候选人里很普遍——给竞选活动的助理们和众多观察人士留下了难忘的印象。战争经历给人以磨砺，这在杰克身上充分体现出来。每天一早直到夜里很晚，他总会使出肯尼迪家族典型的用之不竭的精力，从不把疾病缠身当回事，并且天天如此。他常常每天睡眠不足四五个小时。"一天早上，我们安排他外出参加天主教森林人会（Catholic Order of Foresters）的早圣餐，"一名助理回忆说，"他进屋时一瘸一拐。我知道，肯定是他背疼犯了，我们还得爬三层台阶，那天他大概还得去另外六个地方。后来，我们下楼时，我问他：'你身子不舒服？'他的答复是：'我感觉棒极了。'……他就是那样。完成一个活动后，他会继续冲、冲、冲。我从没见他停下来休息过。"同一名助理还回忆了其他一些片段，例如杰克参加下一场活动前赶回贝尔维尤酒店的套间，连大衣都不脱就刮起了胡子，送他的人则在楼下等候。"这种事总是一件一件又一件接连出现。"[13]

　　杰克常常拿早餐当每天唯一的正餐，而他的早餐往往是老五样：两个"水煮四分半钟"的鸡蛋、四片烤培根、烤面包、咖啡、橘汁。如果某天晚间碰上难得的空闲，他喜欢看电影。走进影院后，他会找个前边有空位的座椅——以便支起双腿，这么做可缓解背痛。那一年，他最喜欢的电影是《失去的周末》（*The Lost Weekend*）和《圣玛丽的钟声》（*The Bells of St. Mary's*）。[14]

418

在幕后工作中，杰克同样证明了自己。他经常在夜里很晚前往丽思卡尔顿酒店的餐厅点一碗番茄浓汤。竞选活动助理彼得·克洛赫蒂（Peter Cloherty）往往会用文件夹夹一摞当晚早些时候或下午打印的信件，前往餐厅跟杰克见面。"他对待每一封信都一丝不苟，"克洛赫蒂回忆说，"不是提笔签个名那么简单。如果信的抬头理应是'尊敬的约翰'，实际写的是'尊敬的斯图尔特'，他会提笔把写错的地方改过来。或许那封信得重新打印一份，或者他亲笔加个脚注什么的。然后，第二天一早，我们会把改过的信拿给他过目，最后才投递。"[15]

在哈佛大学温思罗普宿舍区，非裔美国人乔治·泰勒给杰克当过用人，杰克的决心和对细节的关注让他惊诧不已。杰克毕业后，他们两人一直保持着联系，杰克在海军的一个岗位上任职期间，隔三岔五会给泰勒写信。竞选期间，杰克再次雇用泰勒，把他留在身边当用人和司机。两人都喜欢那种放松的、互相取笑的关系，两人一起抽烟，一起闲聊双方都感兴趣的话题——女人。泰勒偶尔会给杰克充当政治顾问——杰克发表竞选演说后，总会请泰勒坦诚地提出批评意见，而泰勒总是有一说一。泰勒还把杰克介绍给剑桥地区黑人社区的几位领袖。每次从一个活动现场赶往另一个现场，行车途中，杰克总是催促司机开快点，泰勒说："有时他会对我说：'乔治，你这车也开得太慢了吧。你到一边去，我来开。'只要抓住方向盘，他就把车开得飞快。"[16]

充满干劲的竞选方式仅仅取得了部分成果，这让杰克和助理们意识到，单纯指望传统竞选活动无法达到目的。前来参加集会的那些人已经与他站在一边，走上街头与人们握手虽说会起作用，但肯定吸引不到大量新选民。买下播音时段和报纸广告版面确实有用，然而其真实效率也会让理想大打折扣，因为媒体的覆盖面最多就是整个波士顿城区。[17]所以，如何争取没有表态和不想表态的选民们？唯一的办法是前往他们生活的地方——亲身前往。对杰克·肯尼迪来说，那意味着，无论背部多疼，他必须一个街区一个街区走访，"三层公寓房"的楼梯也得一个接一个往上爬，然后一家接一家敲门。（他经常穿戴背部支架。）那还意味着，在整个选区的各个地段找房子，组织各种晚会，由竞选活动班子提供茶点和鲜花。经过缜密的后勤规划，杰克的团队发现，他能做到每晚轮番前往六个以上的晚会现场，在每个晚会现场，助手们会把每一名参会者的名字记下来，补充到一份邮寄宣传品的清单上。某些夜晚，妹妹尤妮斯和帕特也会参与其中。① 此外，在这种近距离拉关系的场合，候选人如鱼得水，一开始显得有些腼腆，随着他清晰地向人们扼要解释为什么需要他们的选票，他会变得神采飞扬，露出颇具感染力的微笑，以及十分内敛的幽默。他总是光明磊落，绝不做败坏和诋毁其他候选人的事。

---

① 竞选活动助理比尔·凯利（Bill Kelly）回忆道，东波士顿片区的安排如后："我们一个晚上会安排六场到九场——甚至更多场——晚会，每场活动的人数从25人到75人不等。杰克、帕特、尤妮斯会一起前往一号晚会。他们会把帕特或尤妮斯留在一号晚会现场。然后杰克会前往二号晚会，在现场留下另一个妹妹。然后杰克只身前往三号晚会现场。两个妹妹会轮流出场，在现场与人们握手、闲聊。然后我们会返回一号现场，接上一个妹妹，带她（和杰克）前往四号现场，把她留在那里，如此这般轮换，连续数小时这么干。"（摘自威廉·F. 凯利的口述史，文件现存于肯尼迪图书馆。）——原注

活动组织方很快意识到，对这样的安排，反响热烈的是选民中的一个群体——女性群体。剑桥地区议员乔·德古里尔摩（Joe DeGuglielmo）清晰地勾勒出那一地区各场室内晚会出现的同样场景：

420

　　谁也说不清为什么，哪怕屋里只有一两个女性，只要他一进屋，那些女人毫无例外会放下正在做的一切，无论多紧迫的事都会放下，她们就像被磁铁吸住一样向他靠拢。这种事反复出现。……女人们只要看见他，都会把手头的事丢下。从过去到现在，相同的场合我也去过，该死，我进屋时，女人们该干什么还干什么，好像根本没看见我这人。可是，他进屋时，就是说他刚进屋那一刻，会出现某种——我不清楚别人会怎么描述——某种电流或某种东西，空气里会出现无法形容的电流，让女人们都停下手里的事，来到他身边。而且她们还不想放他走。[18]

注意到这一现象的还有戴夫·鲍尔斯。他住的地方位于查尔斯敦铺满沙砾的邦克山片区某公寓楼三层，那天他回应敲门声，拉开大门，看见年轻的杰克站在灯光昏暗的过道里，满脸笑容的他正在大口喘气，鲍尔斯立刻就有了同样的感觉。虽然鲍尔斯嘴上说已经答应另一名尚未宣布参选的候选人，但他仍然答应了杰克的请求，参加在当地美国退伍军人协会大厅里为"金星母亲"（在战争中失去儿子的母亲）举办的一场晚间活动。杰克事先准备的演讲时长十分钟，说到结尾处，他顿了顿，用温柔的嗓音说："我想我明白所有你们这些做母亲的内心感受，因为我妈妈也是'金星母亲'。"
鲍尔斯仍然记得，就在那一刻，候选人与现场每个人建立起一种
"神奇的联系"，让他自己变真实了，还显示出他理解她们的哀伤。
"一瞬间，女人们一窝蜂涌向讲台，在他身边挤作一团，人人都祝
他好运。我还听见她们互相之间说'他真是个可爱的孩子，他让我
特别想念我儿子约翰'或'我儿子鲍伯'。杰克花了半小时才得以
脱身。"鲍尔斯是个政治瘾君子，从十岁起就开始参加各种集会，
在他看来，"这样的反响是我从未见过的，这与他讲的内容没有太
大关系，重要的是他说话的方式深入现场每个人的内心深处"。从
那晚之后，鲍尔斯正式加入了杰克的竞选团队。[19]

　　以上趣闻道出了另一个对杰克·肯尼迪有利的要素：他有战时
在军中服役的记录。冲突结束时，美国退伍军人的数量大约有 1600
万人（上过战场的不到半数），1945 年到 1946 年，这在美国是一
股令人生畏的政治力量。退伍军人的数量本身就是一个重要因素，
另一个事实为，他们遍布美国所有角落和所有行业——从最卑微的 421
人到高高在上的人，什么人都有。好莱坞影星，如吉米·史都华
（Jimmy Stewart）、克拉克·盖博、泰隆·鲍华（Tyrone Power）等
人均穿过军装，数百名职业棒球大联盟球员亦如是，如泰德·威廉
斯（Ted Williams）、汉克·格林伯格（Hank Greenberg）、鲍伯·费
勒（Bob Feller）、乔·迪马乔（Joe DiMaggio）。罗斯福总统和夫人
埃莉诺的四个儿子都服过役。在单位编制层面，如此众多身份背景
完全不同的人混杂在一起，必然会产生紧张关系（因而非裔美国人
和日裔美国人会被分配到不同的单位，而美籍华裔、印第安人、西

班牙裔美国人会到"白人"单位服役），不过同样会带来凝聚力，至少一定程度上会模糊阶级界限，削弱偏见和地方主义。随着时间的流逝，这样的凝聚力会渐渐消散，但在 1946 年，它依然足够强大，那年秋季，全美各地许多退伍军人成功地赢得了政治地位，证明了这一点。

此外，杰克在这方面更是有一番特别能打动人的个人经历。一站接一站，每次向选民们做自我介绍，他总会将自己描述成从战场下来的老兵，回来是为了领导自己为之战斗过的国家。（"新世代推出的领导人"，这是杰克团队的竞选口号，由乔·凯恩创造，灵感来自亨利·卢斯为《英国为何沉睡不醒》一书撰写的序言里的一段话："如果约翰·肯尼迪是年轻一代的典型，我也相信他是典型，我们中许多人会很高兴将共和国的命运立即转交给他这一代人。"）杰克经常在演讲时提到哥哥的服役经历和无私的勇气，还以他的名义鼓捣出一个海外战争退伍军人协会的新职位。只要是以退伍军人名义举办的活动，他总会设法受邀发言。

杰克不愿多谈自己在南太平洋的那些经历。无论是当时还是后来，他总是对 PT-109 的那次英雄壮举一语带过，反而成就了一句著名的妙语："我没办法，他们撞沉了我的船。"竞选活动初期，他曾经对一名助理说，他没兴趣"将战损的鱼雷艇和背疼当作政治优势加以利用"。不过，杰克渐渐意识到，那段经历早已为一些选民所熟悉，如果不加以利用，实在可惜。因而他精心创作了一篇简明且有说服力的讲稿，描述了 109 艇的沉没，他在讲话里弱化了自己在救援过程中的作用，颂扬了手下那些人的坚持不懈。在父亲的坚持下，他们印刷和分发了十万份根据约翰·赫西的《幸存》（原文发表在《读者文摘》上）浓缩的短文，成本仅为1319美元(印刷费和购买信封的费用)，邮费另算，他们于投票日前几天将所有短文寄送到了各家各户的信箱里。他们招募了一批志愿者，在信封上填写地址，或投递信件。一番努力收获了回报，据说，一名敌对候选人的妻子看过文章后深受感动，她说，她必须为肯尼迪投上一票。[20]

422

Ⅲ

即使杰克·肯尼迪将所有有利条件都摆上桌面，他仍然面临着极其艰巨的任务：横扫民主党内的一众竞争对手。总计有十位候选人参与竞争，包括一位女性。与杰克相比，他们当中好几个人在第11选区名声更响，在地方政治方面也更有经验。他们当中最难对付的是为人和善、经验丰富的律师迈克·内维尔（Mike Neville），他来自拥有大量选票的剑桥地区，是祖籍爱尔兰科克郡一个铁匠的儿子。内维尔曾经在电话公司工作，同期在夜校攻读法律，随后沿着政治阶梯爬升到了州议员和市长的位置上；他背后有州长托宾的支持，以及剑桥地区和萨默维尔许多老一辈议员的支持。来自查尔斯敦的约翰·F. 科特（John F. Cotter）也让杰克一方感到担忧——他给两位前众议员吉姆·柯利和约翰·P. 希金斯（John P. Higgins）当过行政助理，与第11选区的许多投票区关系不一般，而且他在推进竞选活动方面经验老到。

　　杰克的团队不敢心存听天由命的想法，他们想方设法将人们对杰克的支持扩大到整个选区，以便更好地减轻其他候选人（例如讨人喜欢的儿子型的迈克·内维尔和约翰·科特）对他的冲击。竞争对手们绝不是不敢公开使用下三烂手段的人，如后实例并不鲜见：一个名叫约瑟夫·拉索（Joseph Russo）的令人尊敬的波士顿市议员刚刚宣布参选，他看似极有可能在波士顿北城意大利裔聚居区以及其他意大利裔美国人聚居区获得广泛支持，乔·凯恩不知从什么地方找到另一个名叫约瑟夫·拉索的人，将他弄到参选人名单上，凯恩那么做仅仅是为了拉低拉索议员的得票数。[21]

　　虽然没人说得清约瑟夫·肯尼迪在竞选期间使用支票的频次有多高，但他自始至终不停地使用支票簿。他亲口用开玩笑的口吻说："我花掉的钱足以让我的司机当选。"随后披露的许多账目真的给人以花钱如流水的印象，其中很大一部分由埃迪·摩尔用现金支付。不过，竞选团队的一名重要成员马克·多尔顿给出了不同的说法："国会议员竞选活动的一些运作方式，我能说的是，它不会是特别昂贵的竞选活动。我可以肯定地说，它需要充足的资金，的确需要。我们用了许许多多广告牌，用了许多广告材料，安放到整个社区的所有地方。毫无疑问，资金不可或缺，不过，我可以负责任地说，这不是一次花费离谱的竞选活动。"虽然 30 万美元和 25 万美元两个数字流传颇广，但另一名竞选活动知情人估计，约瑟夫的实际花费应该在 5 万美元左右。无论最终数目究竟如何，肯尼迪家族的花费毫无疑问超越了竞争对手，对此其他候选人没少发牢骚。他们都真真切切地领教了乔·凯恩所说赢得选举的三个要点：第一是金钱，第二是金钱，第三还是金钱。[22]

　　投票前最后几周，肯尼迪家族全体出动。尤妮斯、帕特、琼三姐妹在街上挨家挨户敲门，每当有一扇门打开，过道里的人的表情由错愕转向惊喜之际，她们立刻会递上哥哥的团队准备的小册子。小小年纪的泰迪当时 14 岁，有时他也会跟姐姐们一起出动，充当跑腿的跟班。鲍比 20 岁，已经离开海军，当时派他在竞争对手的领地剑桥地区东部管理一个竞选办公室，希望他能将该地区不利于杰克的选票比例从 5∶1 降至 4∶1。鲍比的工作重点是三个意大利裔投票区，每天从清晨到夜里很晚，他不停地走动，与人握手，递上宣传品，偶尔会停下来，与乐意接待他的某个家庭一起吃一顿意大利面。罗丝·肯尼迪也成了专心的和高效的团队成员，她最拿手的是在选区里做女性的工作——作为"金星母亲"，她会向其他母亲掏心窝子地介绍心爱的杰克。另外，由于成长期间一直陪伴父亲"蜜糖菲茨"，她熟悉选举程序，也很适应这种状态。她不仅熟悉选举的玩法，也很享受其中的乐趣。

　　当然，穷尽一切办法为候选人刷存在感的人首先是父亲。明面上，马克·多尔顿扛着竞选活动经理的名号，尽管如此，所有人都知道（多尔顿尤其清楚），这份工作实际上是约瑟夫·肯尼迪在做。没有他参与，所有重大决定都无法拍板。约瑟夫和儿子不断地面对面和通过电话做出战略规划，约瑟夫还坚称，必须让他及时掌握竞选活动的所有进展。"约瑟夫·肯尼迪先生给我打过许许多多电话，就为了准确掌握究竟进展到了哪里，"多尔顿事后说，"实际上，于我，那成了麻烦之一。他一通电话就是一个半小时、两个小时。"[23]作

424

　　候选人与家人和朋友们共进晚餐。前排从左至右就座的是：弗朗西斯·X. 莫里西（Francis X. Morrissey）、乔茜·菲茨杰拉德、尤妮斯、杰克、"蜜糖菲茨"·菲茨杰拉德、约瑟夫·蒂米尔迪。乔茜身后站立者为莱姆·比林斯。杰克和"蜜糖菲茨"身后站立者为肯尼·奥唐奈（Kenny O'Donnell，后来成为肯尼迪的亲近助手），以及海伦·苏利文（Helen Sullivan，未来的奥唐奈夫人）。

为操控媒体和公共关系方面的行家里手，约瑟夫会数个小时与记者们和编辑们通电话周旋，搜集消息，交换秘密，哄骗他们发表吹捧杰克的文章，宣扬杰克在太平洋的战争经历成了他不厌其烦推介的主题。约瑟夫亲自监管专业广告宣传，以确保各种广告都出现在适当的地方——他的广告宣传实实在在地垄断了地铁的广告空间，垄断了用于汽车玻璃和住户玻璃窗的贴纸（贴纸上的文字为"肯尼迪进军国会"）——他还是大规模邮寄赫西撰写的PT-109文章的幕后推手。

对当年的以及后来的一些观察人士来说，老爷子约瑟夫不仅仅是事实上的竞选活动经理，还是个木偶大师，是借助催眠术控制女主人公的邪恶音乐家斯文加利（Svengali）。早在战争结束前，约瑟夫已经决定自己想要什么——让活下来的大儿子进入政界——战后，他便着手干起来。依据这一观点，所有命令都由约瑟夫下达，所有重大战略决策都由他做出。实际上这不是真的。正如我们所见，杰克·肯尼迪将政治作为职业，源于政治对他的吸引力，进军第11选区的决定由他自己做出，而且，他一直是竞选活动的中心。每当父子两人在战略或战术层面出现分歧，杰克所持观点总是胜利一方。（他一向钦佩父亲在生意方面的成就，却也怀疑父亲的政治洞察力。）[24]更站不住脚的是杰克的一些拥趸提出的相反论据：他父亲1946年扮演的角色可以忽略不计。[25]约瑟夫深不见底的财力，以及他强大的人格力量决定了他早晚会鹤立鸡群，更不要说他儿子对他真的是感情笃深。在马萨诸塞州，约瑟夫原本就是传奇人物，为了儿子，他公开动用各种关系，根本不在乎别人怎么说。他构筑的庞大的商业帝国绝不是听天由命结出的果实，眼下他也不打算改变自己与众不同的做法。

竞选期间，老肯尼迪仅有一次和儿子一起公开露面，不过，那是一次非同寻常的露面。既然杰克对女性选民们有吸引力，竞选团队构思了一次活动，那次活动成了后来杰克历次竞选活动的标杆：一次专为女性选民组织的茶点招待会，让她们有机会与候选人及其家庭成员见面。尤妮斯担任那次活动的协调者，由她指导由 25 名志愿秘书组成的团队手书了数千份雕版印刷的请柬的地址，隆重邀请收到请柬的人出席在哈佛广场附近的指挥官酒店（Commander Hotel）举行的正式招待会。那些经验老到的竞选活动专家对这样的举动嗤之以鼻——有人听说过选民们需要正式着装才能和政坛候选人见面的事吗？——肯尼迪一家对那次活动的结果同样毫无把握。然而，6 月中旬的某个周日傍晚，那天的燠热实在有违时令，大约 1500 位选民来到饭店，绝大多数为女性，许多人穿着租来的晚礼服，等候入场的长队甩出了一条街。负责接待的人排成一行，领头的是约瑟夫和罗丝两口子，约瑟夫身穿白色燕尾服，打着白色领带，罗丝身着崭新的购自巴黎的新潮套装。[26]

在迈克·内维尔的竞选经理看来，指挥官酒店那次活动起到了决定性作用，不仅因为到场人数众多，更因为媒体对那次活动的报道。当地纸媒满篇皆是关于那次活动的照片和报道，一名记者说，那是"这一国会选区竞选历史上无与伦比的一次亮相"[27]。那次活动究竟为杰克多赢了多少选票无从得知，不过，在三天后的初选中，杰克轻而易举地获胜，以 22183 票力压内维尔的 11341 票、约翰·科特的 6671 票，以及候选人名单上第一个约瑟夫·拉索的 5661 票。（另一个"约瑟夫·拉索"成功地吸走了 799 票。）在一场十位候选人的竞争中，杰克的票数占比达到让人印象深刻的 41%，另外，实际上他在剑桥地区差点超越内维尔。遗憾的是，实际投票人数远少于预期，部分原因是一场持续的降雨，仅有 30% 有资格的选民去了投票现场。傍晚时分，杰克看了一场电影——马克斯兄弟（Marx Brothers）主演的《卡萨布兰卡之夜》（*A Night in Casablanca*）——计票结果正是在他观影期间公布的。随后杰克挨个走访了所有竞选办公室，午夜过后才返回总部，以低调的风格庆祝胜选，那种风格成了他后来的一贯做法。"蜜糖菲茨"却不加克制：80 多岁的他居然在桌子上跳了一段吉格舞，还引吭高唱了他的主题歌《甜美的艾德琳》。[28]

"今晚我当然快活啊，""蜜糖菲茨"声称，"约翰·F. 肯尼迪有头脑、勤奋，最重要的是，有个性。他必将成为第 11 国会选区的伟大议员。"[29]

让人奇怪的是，约瑟夫·肯尼迪却像个闷葫芦。"这我就无法理解了，"竞选经理马克·多尔顿说，"他没挨个对人说：'谢谢，谢谢，谢谢你为我儿子做的一切。'他没向任何人道谢。"[30]也许作为家长的约瑟夫克制情绪是因为普选结果尚待出炉，那是 11 月的事。也许他为未来担忧。无论如何，在他的预期里，承担这一角色的儿子本该是小约，理应由小约将肯尼迪这一姓氏带向新的和辉煌的政治高度——而不是瘦弱的、不爱说话的二儿子。也许两个原因都有，也许还得加上后边这个原因：对约瑟夫·肯尼迪来说，众议

426

院议席仅仅是杰克的第一步，因而这次胜选算不上什么让人如此激动的事。

总结杰克获胜的原因时，《波士顿旅游报》（*The Boston Traveler*）有意贬低约瑟夫提供资金的重要性，该报在文章中称："哪怕其他候选人的支出是杰克竞选团队开销的两倍，杰克仍然会胜出。……作为候选人，杰克具备其他对手都不具备的、花钱也买不到的一些特性——闻名遐迩的姓氏、家庭背景、人际关系。他还具有独特的人格魅力，以及出类拔萃的战争阅历。"文章接着表示，同样重要的是，应当说，杰克还具有"老一代政治家极其看重的"优秀品质：他是一台"一夜建成"的政治机器，而且"建立在35岁以下的选民的基础上"，其中许多是满怀激情和理想的退伍军人。"两个月来，每天晚上蜂拥进他的七个竞选中心的大多数工作人员都是年轻人，人人都忙着填写信封上的地址，接打电话。也许他们很业余，不过，他们完成那些累人的任务的确能拉到选票，与整个选区各投票点的政客们加在一起相比，他们更有价值。"[31]

贺信从四面八方纷至沓来。杰克的妹妹凯瑟琳刚刚在伦敦买下一处房产（她长期迷恋英国，打算在那边安家落户），她在信里写道："只想告诉你，别提我多为你高兴了。大家都说选举中你表现得很好，最终结果一定会是一场皆大欢喜。真高兴得知你在第11国会选区让人喜欢，就像在家里让弟弟妹妹喜欢一样。嘿，你是不是太幸运啦？"后来她又补充说："这边的哥们都以为你特别亲英，所以，我的房子完工前，千万别毁了他们的幻想。几个油漆匠有可能不喜欢你的观点！"[32]

IV

经过努力争取来的初选到手后，展望未来，杰克·肯尼迪眼里出现的是一场竞争较为轻松的普选。从理论上说，对民主党而言，1946 年应当是个好年景，虽然如此，杰克所在的政党却不敢那么说。无论如何，一年前，第二次世界大战以美国全面胜利告终，尽管人们对战后衰退和萧条有各种各样的担忧，但受消费者支出的刺激，美国经济调整得相当不错。（战争期间，众多海外归来的美国人稳定地带回国大量薪水支票，却没东西可买；此时他们已准备好放手大举采购。）美国的农业收入也上升到了历史最高水平。那年全美失业率仅为 3%，历经 15 年贫乏的苦日子后——大萧条后紧跟着是战时物资配给和物资短缺——消费品再次供应充足了，其中包括一些新产品，如洗衣机和电视机。由于 1944 年的美国《退伍军人权利法案》（人们更熟悉的说法为《美国兵权利法》），退伍军人可以享受住房抵押贷款，进入大学接受教育，开办小企业。比较而言，那一阶段，美国的体量无比巨大：战争结束时，美国吸收了全世界 3/4 的投资资金，拥有 2/3 的黄金储备。

社会变化令人震惊不已。1939 年，美国的国民生产总值——全美居民产出的最终产品和服务的总价值——仅为 910 亿美元。1945 年竟达 2150 亿美元，这是世界历史上前所未见的巨大跨越。20 世纪开始时，美国经济总量占了世界经济总量的 1/4；第二次世界大战结束时，美国经济总量几乎占了世界经济总量的一半。这在近现代人类历史上也是前所未有的。[33]

随着秋季选举活动的展开，哈里·杜鲁门所在的政党陷入了麻烦。虽然恢复和平时期的经济进展相对平稳，物资严重短缺的局面却依然如故，社会需求拉高了各种物价，例如，面粉短缺在芝加哥和其他城市导致了排长队现象，对牛肉的潜在需求将物价拉升了70%。缓解物资短缺的任务已经堆积如山，同时还要压低物价，疲于应对的杜鲁门于 1946 年年中推出了肉类封顶价格。对此，美国牧场主的反应是不让牲畜上市，这导致肉类加工业和零售业全面歇业，进一步导致全美许多城市出现了"肉类暴动"。由于供应紧缺，众多汽车买家也深感失望，同样失望的还有到处寻找洗衣机的夫妻们，女人们也是到处打听哪里有尼龙袜。[34]

事实证明，时任总统不善于处理劳动力市场动荡。战争刚刚结束，由于通胀蚕食了实际收入，工人们牢骚满腹，管理层对此反应迟钝，立即引发了这一领域的市场动荡。1945 年下半年，通用汽车公司（General Motors）的 20 万员工离开工作岗位，连续 113 天不返岗。1946 年初，肉类包装工人、钢铁工人、电力工人、煤矿工人紧随通用员工之后离岗。总体上说，将近 500 万工人在 1946 年离开了工作岗位，导致美国损失了 1.16 亿可量化的每日工作量——比之前任何一年的总量多出三倍。管理层和政府官员好像都不知道该如何应对这个问题，失望的社会公众渐渐对罢工工人和杜鲁门行政当局双方失去了耐心。当杜鲁门行使联邦政府权力，阻止铁路工人罢工时，这一做法导致他疏远了党内重要的工会派系。[35]

尽管有《退伍军人权利法案》各项条款护航，杰克·肯尼迪的一些退伍兵朋友依然表示失望。总体上说，从战场返回家乡是件喜事，不过，欢庆场面冷清下来后，许多人意识到，周边人们的生活已经今非昔比。他们熟悉的世界变得陌生了，一切似乎都特别不公平：他们响应号召，离开家乡数年，冒着丢掉生命的危险，一些人还长期受严重伤病的困扰；而那些逃避兵役、留在家里的人反而发家致富了。一些退伍兵完全无法适应婚姻生活，包括数万赶在入伍前或服役中途回家休假期间完婚的老兵也无法适应，导致1945年退伍人员的离婚率比战前岁月升高了一倍，每100对已婚夫妇中有31对离婚——换一种说法，年离婚总数超过50万对。（接下来那几年，离婚率渐渐降低到战前水平。）[36] 1946年，影迷们成群结队涌进电影院，观看片名颇具讽刺意味的电影《黄金时代》（*The Best Years of Our Lives*），那部电影着力刻画了三名返回家乡的退伍兵为适应新生活努力克服各种困难的过程，该片捧得了九项奥斯卡金像奖。该片是当年票房最高的影片，观影人数仅次于《乱世佳人》。

对返回家乡后遭遇诸多难以适应的问题的一些人，候选人杰克也做过一些阐释。"他们离家期间，家乡建设完全脱离了现实，"杰克做巡回演说时说，"生活尚且艰难时，他们尚可接受这样的建设概念。天堂不过如此——在苦难、无聊、孤寂中度日，对他们来说反而容易些。不过，现实却有些不同。缺乏经验的退伍兵拿不到高薪。……回家的感觉实难找回——工作大都单调乏味。有些人甚至有点怀念军旅生活了。"怀念同志情，怀念相互依赖的感觉。杰克接着说，这样的怀念的确有可贵之处，因为，无论如何，"几乎每一分钟，我们的生命都维系在他人身上——依靠他人获得食物，生病时依靠他人照料。即使开车时，我们也得依靠同路人的技术和判断力。在更广泛的意义上，我们当中每个人都要依靠生活在这个国家的所有人——依靠他们对国家法律的遵守，依靠他们拒绝那些野心勃勃的煽动者危言耸听的号召。实际上，如果我们能认清这一点，我们就能像战争时期相互依靠的士兵一样获得内心的宁静。我认为，是时候认清现实了。如果我们认清现实，前方的路一定会容易许多"[37]。

以上讲话带来的既有希望也有力量，对杰克在马萨诸塞州第11选区的选情帮助很大。不过，从全美范围看，共和党人将11月的选举策划成了针对杜鲁门的全民公投。该党的几位领袖与一家顶级广告公司合作，推出了一句既简单又震撼的口号："受够了吧?（Had Enough?）"他们还利用一切机会推销一句双关语："犯错很杜鲁门。（To err is Truman.）"更重要的是，共和党招募了一大批强有力的国会候选人——尤其着眼于在合规竞选中必定获胜的人。马萨诸塞州第11选区不在此列，因而共和党推出了祭祀羔羊一样的人物——来自萨默维尔的莱斯特·W. 鲍恩（Lester W. Bowen）。结果不言而喻，这给了杰克机会，让他可以将演讲聚焦自己特别喜欢的领域：外交政策和国家安全。

自第二次世界大战结束以来，美国在外交和国安方面的转变极快。早在太平洋战争尚未结束时，波茨坦会议期间，美国官员们已经获悉，苏联领导人早已决心统治当时红军控制的那些地区。美国政策规划者们也已决定，他们不会尝试阻挠苏联人的一些规划，不过，他们会坚决阻止斯大林及其助手们进一步西进，染指盟军部队占领的一些欧洲地区。同样，他们不会同意苏联人参与日本事务，不会允许苏联人占领伊朗，苏联军队已经在伊朗北部驻扎下来。1946 年 2 月，斯大林发表了一篇讲话，其中描述了世界受到贪婪的资本主义扩张的威胁。随后，美国驻莫斯科临时代办乔治·凯南给华盛顿发了一封悲观的"长电报"，声明克里姆林宫的狂热让外交努力几乎成了不可能。该报告强化了美国决策者们的如后认知：交往时唯有强硬，才能从莫斯科得到预期的结果。接下来那个月，温斯顿·丘吉尔在密苏里州中部的富尔顿（Fulton）发表了一场震惊世界的演说，当时杜鲁门就坐在旁边。英国前首相宣称，一道"铁幕"已经在欧洲落下，将世界分成了"东方"和"西方"两个阵营。①[38]

随着有关"大联盟"的记忆迅速消失，苏联和美国在所有领域都有了龃龉。美国向英国提供了巨额重建贷款，却没向苏联提供同样的贷款。斯大林政府警告华盛顿，不要用金钱控制其他国家。在

①　前往密苏里州发表演说前，丘吉尔因受颁名誉学位去了趟佛罗里达州迈阿密大学。在佛罗里达期间，在城外数千米的海厄利亚公园（Hialeah Park）的跑道上，他竟然巧遇约瑟夫·肯尼迪。根据约瑟夫的谈话录记载，接下来是一段尴尬的对话。"你在战时经历了一段可怕的时光，"丘吉尔说，"你的损失实在是太大了。我真为你感到伤心，但愿你收到了我给你的那些信。"约瑟夫答道，他收到了那些信，还表示了感谢。丘吉尔补充说："世界好像进入了可怕的局面。""没错，"约瑟夫说，"总之，通过这场战争，我们成就了什么？""这个，"首相尖锐地指出，"至少我们都活着。"约瑟夫回了句："并非所有人都如此。"（摘自约瑟夫·P. 肯尼迪 1946 年 1 月 31 日的谈话录，见 Smith, *Hostage to Fortune*, 622-623。）——原注

伊朗问题上，两个超级大国同样发生了龃龉，美国帮助亲西方的伊朗国王登上了宝座，而苏联却支持了国王的对手，以及寻求获得石油储备。美苏两国就德国统一的各项条款分歧太大，两个前盟友在各自的圈子里埋头耕耘起来。

并非所有美国分析人士都支持行政当局尖锐的反苏立场。商务部部长亨利·A.华莱士（Henry A. Wallace）以前在罗斯福手下当副总统，他指责杜鲁门错误地采用强硬的姿态，用军事和经济方面的压力换取外交成果。1946年9月，在纽约麦迪逊广场公园的一次演说中，华莱士呼吁与莫斯科当面和解，并警告说："示强从来都得不到真的和持久的东西——无论是校园里的混混、商人，还是世界大国都一样。我们越是示强，俄国人也会越强硬。"杜鲁门很快将华莱士从内阁剔除，私下里斥责他是"真正的共产党和危险人物"，还吹嘘如今他已经将"不切实际的人逐出民主党"[39]。

就杰克·肯尼迪来说，他支持杜鲁门和丘吉尔的强硬路线。在波士顿的一次无线电广播讲话中，他严厉批评华莱士，说他太天真，进而号召美国用强硬政策直面苏联。杰克说，没错，像华莱士那样的人坚持认为，"苏联人在没牺牲太大的个人自由的情况下就实现了经济安全，因此苏联的试验很不错"。不过，这些观察人士错了。"真实情况是，苏联人民既没有得到经济安全，也没有得到个人自由。"与此同时，克里姆林宫的那些领导人还吞并了一些波罗的海国家、波兰东部、千岛群岛（太平洋战争刚结束时从日本人手里"夺取"），而且还在扩大他们的疆域，包括挺进希腊、土耳其、伊朗。因此华盛顿方面没有选择，唯有采纳詹姆斯·伯恩斯国务卿首推的政策——"对苏联强硬"。说到即将到来的所谓的"冷战"，杰克的结论是："未来数年会很困难和紧张，牺牲也会很大。不过，唯有通过全心全意支持我们认为正确的道路，我们才能最终证明，那条路不仅正确，还有力量和活力。"[40]

候选人杰克及其政治团队肯定都喜欢他说的这番话：广播讲话已经改成一篇演说词，将被用于秋季竞选活动最后几天的数次演讲。

有时候，杰克会变得相当富于哲理，例如，美国独立日那天，波士顿在有历史意义的法尼尔厅举办每年一度的活动，杰克现场致辞。在美国革命时代，法尼尔厅是殖民主义者开会密谋和抗议的地方。半个世纪前，在同样的活动中，"蜜糖菲茨"是当年的演讲嘉宾；在相同的地点，如今轮到的是杰克，他的演讲题目为《美国人性格里的一些要素》。谈到美国历史上由宗教信仰和理想主义信念扮演的重要角色，其中包括废除奴隶制，以及最近对纳粹德国和日本取得的胜利时，他在演讲中提醒现场听众，仅仅依靠道德信念是远远不够的，多多少少还必须带上一点脚踏实地的务实作风。由此可见，在第一次世界大战中，"我们美国人怀揣理想加入了战斗，这让接下来的幻灭更加痛苦，也暴露出美国人性格里的要素有危险的一面，因为这一痛苦是我们吹大了的各种希望的直接结果，导致了我们对外政策的彻底改变，结果就是远离欧洲。在美国希望得到什么和实际能得到什么之间，我们没能做出调整。我们的理想主义色彩太浓，我们不愿做出妥协"。

杰克以强有力地主张自己的核心思想结尾：

432

用古希腊思想构思，经基督教道德强化，加盖了美国政治哲学不可磨灭的印章，美国宪法的主基调就是个人针对国家的权利。每个人生而自由，有思想的自由、表达的自由、信仰的自由。对于在美国传统中长大的我们来说，这些权利已经成为我们自身的一部分。它们成为我们自身的一部分如此之深，以至于我们中的大多数人倾向于认为，它们是得到广泛认可、普遍通用的权利。不过，事实让人悲哀，因为这不是真的。仅仅在不算久远的几个世纪前，我们经过艰苦奋斗才得到了它们；仅仅数天前，我们经过艰苦奋斗才保住了它们。作为哲学问题，作为行政问题，这些权利在当今世界大片地区得不到承认。[41]

在好几次演讲中，杰克反复引用法国哲学家卢梭的一句话。前一年，他把那句话抄在了一个快散架的笔记本上："如果某人谈到国家时这样说：'这跟我有什么关系？'国家在他心目中可能就不存在了。"例如，他在宾夕法尼亚州向年轻的民主党人讲话时引用过一次；母校乔特中学 50 周年校庆邀请他当演讲嘉宾，面对师生们讲话时，他又引用过一次。他对那两批人说，应当抵制对政治和政治家的嘲笑，因为美国民主的生存最终依靠的是公民的义务，依靠的是热心参与和知道真相的公民群体积极响应公共事业的号召。这一说法成了他具有历史意义的 1961 年就职演说的中心思想。让人眼前一亮的是，想当初，早在他的政治事业刚刚起步时，早在他亲自动手撰写大部分讲稿时，他就明确说出了这种想法。向乔特中学听众发表演说时，他还补充了如后推论，那一推论同样将成为随后数年他的一项基本原则：有效的政治必须建立在基于善意行事的人们相互间的舍与得之上。"在美国，人们特别瞧不起政治，人们鄙视政治家，因为他们会随意且轻易地做出妥协。人们最好能明白，政治家是在与不同背景的人打交道，是在与人们的各种野心和欲望打交道，其中许多妥协是不可避免的。"42

433

V

基础性政治活动没有因初选的胜利完全停止，但由于 11 月再次获胜或多或少几成定局，政治活动已明显减少。选区里各竞选办公室照常上班，工作时间却缩短了，大多数志愿者也恢复了往常的生活状态。

杰克一向喜欢休息和娱乐，他充分利用夏季空闲时间，去了海恩尼斯港、纽约市，还短期出游，去了趟西边的好莱坞。在电影《辣手蛇心》（*Dragonwyck*）拍摄现场，杰克遇到了春风得意的影星吉恩·蒂尔尼（Gene Tierney），当时她因为在《爱到天堂》（*Leave Her to Heaven*，1945 年公映）里饰演的角色获得奥斯卡奖提名，还在《罗拉秘史》（*Laura*，1944 年公映）里扮演了"罗拉"一角。对这位国会候选人，吉恩一见钟情，杰克比她大三岁。在片场回忆为什么会那样时，吉恩说："我转过身时，立马意识到，自己盯住的是所有男人里最完美的一双蓝眼睛。……他朝我灿烂地微笑，我当时的反应就像女性言情小说里说的一样。准确地说，我的心一阵怦怦乱跳。……一个害羞的念头像闪电一样划过我的头脑：让我庆幸的是，那天在拍摄现场，我穿了件薰衣草色的长裙，薰衣草色是我最喜欢的颜色。"年轻的杰克身材瘦削。吉恩继续说，他"具有诙谐的、自然流露的爱尔兰式的诱惑，女人通常会感到无法抵挡。他问了我一些关于工作的问题，充分显示出他早已了解谈话主题"[43]。

　　吉恩将有智力缺陷的女儿达莉娅（Daria）送进收容所后，心中很是痛苦。她倾诉痛苦时，杰克是个富于同情心的倾听者。"他跟我说了他妹妹罗斯玛丽，说她天生大脑发育不健全，他们全家人怎么爱她，如何保护她，而这一话题让杰克很尴尬。肯尼迪一家从不向外人细说家里人的缺陷。我们因为这一话题沉默了一会儿，他再次开口说：'吉恩，在每个大家族里，人们总会发现有某种问题的人。'"[44]

　　吉恩变得如此迷恋杰克，据说她甚至无视了泰隆·鲍华的示爱，后者可是领衔好莱坞的男人。虽然吉恩跟杰克先后在好莱坞、纽约、科德角幽会（"杰克来火车站接我时，穿一条带补丁的蓝色牛仔裤。我心想，他看起来真像汤姆·索亚"），两人的恋情却没有延续下去。杰克的政治生涯刚刚起步，因而他不会向任何离异女子或好莱坞新星做任何承诺。[45]那年夏季，洛杉矶许多报章的绯闻页面刊文称，杰克和抱负远大的爱尔兰女演员佩吉·卡敏斯（Peggy Cummins）有一腿。但查克·斯波尔丁的妻子贝蒂说："杰克根本没跟她来真的，她不过是杰克约会的一个女孩。"斯波尔丁补充说，当时佩吉（"一个好女孩"）拒绝跟他上床，他就没了兴趣。[46]

　　让贝蒂·斯波尔丁觉得有意思的是，虽然杰克"说话风趣、聪明、迷人"，还是个"让人惊喜连连的伴侣"，但从抢先为女士开门，看见老年女士进屋时主动起身那种意义上说，他不是有骑士风度的绅士。"他对别人好，不过他从不在乎别人，从不在乎自己的衣着，从不在乎金钱。他身上从来不带钱。"对杰克性格里矛盾的这一面，吉恩·蒂尔尼也做过如后评价："我不一定能解释清楚杰克那迷人的本质，他不过是心安理得地接受生活带给他的一切。他从不担心会给人留下什么印象，他让人觉得，跟他在一起有安全感。……怎么说呢，在政治之外，他对别人都好，抛开物质，他对人体贴入微。送礼送花不是他的风格。他给予别人的是陪伴的时间和他的兴趣。"[47]

无论是对男性朋友还是对女性朋友，杰克给予他们的时间和兴趣或许很少。动身前往加利福尼亚前，杰克曾答应费伊，他会前往旧金山附近的伍德赛德（Woodside），稍做停留，去看他一眼，同时见见他的父母和朋友们。杰克差点食言，好在最后他终于露了面。然而，在一场专门为他举办的晚会上，他不仅没向几位晚会组织者送上奉承话，反而为了看一场电影跟另一个朋友早早溜出了晚会现场，给所有关心他的人留下了不好的印象。一如往常，杰克总是身上没钱，他向费伊借了 20 美元，费伊写了两封信催促，好几个月后，他才把钱还上。这样的冷漠让费伊觉得寒心，尤其是，这事发生在他大老远跑到波士顿帮助杰克赢得初选以后。在费伊眼里，这是个令人不安的标志：当朋友正式披上政治外衣时，没准他会经历一次蜕变，而且不会往好的方向变——杰克眼看要成为国会议员了，他好像突然不在乎与老朋友保持关系这种事了。[1][48]

435　　六年前，杰克经历过一段斯坦福大学小插曲，当时他结识的朋友亨利·詹姆斯大约在同一时期同样察觉出杰克身上发生了令人不安的变化。"我以前没注意整个过程是如何演进的，"后来詹姆斯对一名采访者说，"不过我确实看到了一些迹象，让我非常清楚地意识到，作为人，他已经离我而去，我唯一能见到他的方法是作为从前的朋友，也许这不重要，因为我不是莱姆·比林斯那样的马屁精——我还是挺看重自己的。……我嫉妒比林斯那样的人，他们能跟杰克延续密切的朋友关系，不过我不会因为那种关系尊敬他们。"[49]

VI

　　马萨诸塞州第 11 选区以及全美 11 月的选情或多或少跟人们预计的差不多。杰克·肯尼迪轻轻松松地以 69093 票战胜了莱斯特·鲍恩的 26007 票。不过那年秋季，对杰克所在的政党而言，他是个罕有的亮点。在马萨诸塞州，民主党丢掉了一个参议院席位——小亨利·卡伯特·洛奇轻松击败了执政党的老牌拥趸大卫·沃尔什，后者 1943 年曾帮助杰克铺平入伍的道路——以及州长职位。从全国范围看，他们也遭到了重创，自 1932 年以来，民主党第一次丢掉了对参众两院的控制；共和党在参议院夺走 12 个席位，在众议

---

　　① 费伊的寒心似乎没持续多久，因为杰克用行动做出了补偿，他送给费伊一套多卷本的本杰明·富兰克林传，费伊手书了一封充满感情的信。（参见 1946 年 12 月 13 日保罗·费伊致肯尼迪的信，肯尼迪的私人文件，肯尼迪图书馆 4A 资料盒。）——原注

院更是豪夺 55 席。在加利福尼亚州第 12 选区，一个名叫理查德·M. 尼克松（Richard M. Nixon）的野心勃勃的共和党海军退伍兵借反执政党浪潮高调胜选，他错误地指控民主党对手杰里·沃里斯（Jerry Voorhis）众议员是共产党，或者说，后者至少在为一个被共产主义者渗透的政治行动委员会做事。在威斯康星州，另一个共和党前海军陆战队员约瑟夫·R. 麦卡锡（Joseph R. McCarthy）赢得了通向参议院的选举，部分原因是，他打出了反共牌，另一部分原因是，他篡改了服役记录。（他夸大了自己在太平洋战区作战的出动次数）。总的来说，大约 40 名退伍军人赢得了进入众议院的选举，另有 8 名退伍军人赢得了进入参议院的选举。

对 29 岁的约翰·F. 肯尼迪来说，一个非同寻常的时刻到来了。他已经成为美国当选议员，他已经克服糟糕的健康状况和政治方面的经验不足，消除了父亲丢人现眼地从公众生活里黯然离场时留下的影响，在美国第 80 届国会赢得了一个席位。如果说杰克的成功一部分源于家族声誉和家族财富，实际上还有更深的根源。无论人们如何评价约瑟夫·P. 肯尼迪，并非每一位千万富翁父亲都会对自己的孩子们有如此宽泛的兴趣，且如此热衷于相信孩子们，还与妻子一道从孩子们年幼时就开始点点滴滴地向他们灌输必须在公共服务领域有所担当。约瑟夫·P. 肯尼迪正是这样的人。与此同时，杰克还从母亲身上继承了对历史和书籍始终如一的兴趣，以及对外部世界孜孜以求的好奇。

不管怎么说，杰克胜选主要是靠自己。他在太平洋战场的经历、他那寡言的魅力，以及位尊的他在竞选过程中善待所有人，这些都在选民中引起了共鸣。正如一个又一个助手很快都能见证的一样，选民们就是喜欢他，单纯而明了。他也是全身心投入竞选活动，从不认为任何一件事理所当然。他还激励人们，使人们都想为他做点什么。通过撰写文章和公开演讲，杰克切实地形成了一种政治哲学，它超越了父亲和哥哥狭隘且自私的眼界，其形式为多元主义、自由的国际主义——表面为理想主义，实则满满都是脚踏实地的务实主义——随着时间的流逝，他的政治哲学将会在更广泛的美国人里引起共鸣。早在 1940 年完成的毕业论文里，杰克就比父亲和哥哥更早地描绘出一个混乱的、拥塞的世界，在随后而来的多事的六年里，杰克更是提升和拓展了自己的世界观。那一整个时期，杰克一直在传达一种超越自我、为理想献身的精神。

正如前面说的那样，杰克·肯尼迪建立了未来所有竞选活动的原型：一个训练有素的、高效运转的竞选团队，精力充沛的一家人的支持，来源多样化的充沛的竞选基金，另外，最重要的是，一个天资聪颖的、引人注目的、埋头苦干的候选人，善于最大限度利用他人，使其对自己形成帮助。

"你受选民们托付，赢得了这份费力不讨好的工作，对此我向你表示衷心的祝贺，"著名记者赫伯特·贝亚德·斯沃普（Herbert Bayard Swope）在杰克胜选第二天给他写信，"我的水晶球显示，你是一出引人注目的大戏的中心——那出戏会把你带得更高更远。希望我是个真正的预言家。"[50]

斯沃普一语中的。可以这样说，1946 年 11 月是约翰·菲茨杰拉德·肯尼迪非比寻常的早年生活的结束，他更加非同寻常的公共生活即将开启。

第十六章

波士顿绅士

I

1947 年 1 月 3 日，代表马萨诸塞州第 11 选区的约翰·F. 肯尼迪宣誓成为美国众议院正式成员。脸上挂着孩童般的微笑，头上顶着浓密的乱发，几近而立之年的杰克看起来比实际年龄年轻许多，国会山许多老手误以为他是个大学生，利用课业的间隙来国会山打工当助理。即使那些知道他已经成为国会议员的人也没把他太当回事——肯尼迪这一姓氏在杰克一家所在的州大名鼎鼎，在国会山却不算什么，因为那里充斥着有钱人和名人的后代。

即使杰克因为没人关注而感到懊恼，他也没把这事挂在脸上。"我说，你怎么看？"一天早上，匆匆进入办公室时，他假装嗔怒嚷嚷道，"有些人进电梯后竟然问我四楼怎么走！"杰克仍然保持着胡乱穿衣的风格，上班时经常穿皱巴巴的卡其裤、乱糟糟的条纹运动夹克，领带歪歪扭扭的，有时衬衣下摆还会露出来。阿瑟·克罗克介绍了长着一张娃娃脸的健壮黑人乔治·托马斯（George Thomas）给杰克当用人（可不要将他当成杰克的前用人乔治·泰勒），让托

438　马斯愤怒不已的是，杰克经常伸手抓到什么就穿什么，包括挑剔的托马斯放到待洗的衣服堆里的西服套装。[1]

　　当时在美国首都居住让人兴奋。五年前，杰克在华盛顿居住时赶上了珍珠港遇袭，那时华盛顿是个冷清的、狭小的地方；如今他回到的城市成了自由世界的首都。年轻的议员为自己选的住处是乔治敦31街1528号联排别墅，那是一座豪华舒适的三层建筑，有个小花园，房后还有个露台，前住户是一名波兰武官，租金为每月300美元。杰克和妹妹尤妮斯一起住。通过老爸的关系，尤妮斯找了个工作，成了美国司法部青少年犯罪委员会特别助理。和他们一起住的还有助理比利·萨顿，以及百依百顺的管家和厨娘玛格丽特·安布罗斯（Margaret Ambrose），托马斯当然也长住那里，他每天要开车送杰克上班，还要把家里做好的饭送进他办公室。

　　前往联排别墅的访客络绎不绝，那里的氛围和大学里一样，既繁忙又随意。据传，著名记者约瑟夫·艾尔索普（Joseph Alsop）
439　曾说，一次，他往壁炉台上的几本书后边看了一眼，发现那里有个咬过几口吃剩下的汉堡。比利·萨顿将那里的氛围比作"好莱坞酒店"，总是人来人往。"大使、罗丝、莱姆·比林斯、托比，所有来华盛顿的家人和朋友都会前往那里，谁都说不清下一个会是谁，大家早都习惯了。"议员同行们很快也开始登门造访，来人包括佛罗里达州众议员乔治·A. 斯马瑟斯（George A. Smathers）、华盛顿州众议员亨利·M. 杰克逊（Henry M. "Scoop" Jackson），绰号"勺子"。同为天主教徒和单身汉的麦卡锡参议员不止一次前来进晚餐。萨金特·施赖弗是长相帅气的耶鲁毕业生和海军退伍兵，曾经的坎

办公室里的年轻的新任议员。摄于 **1947** 年初。

特伯雷中学学生，和杰克同校，此时在约瑟夫·肯尼迪手下工作。他是那些晚间沙龙的"内部成员"，很大一部分原因是，他深深地爱上了尤妮斯，当时正在追求她。[2]

最重要的是，前去见杰克的年轻女性络绎不绝，将他家门廊的光线都挤黯淡了。杰克在乔特中学时期的朋友里普·霍顿回忆当时的场景时说："我去乔治敦他家吃晚饭。一位长相漂亮、来自西棕榈滩的金发姑娘跟我们一起出门看电影。我们看完电影回到家时，记得杰克好像说了句：'好吧，今晚我就跟这个一起滚床单了，她有头脑。'过了会儿，另一个女孩进去了。……我上床时还想，今晚就是这个女孩。第二天一早，从楼上慢慢走下来吃早餐的竟然是完全不同的女孩！这非常常见。"[3]

那些女性什么类型的都有：除了一些女秘书和女服务员，那一阶段，杰克还跟女演员吉恩·蒂尔尼、1944 年初第一次约会的时尚专栏编辑芙洛·普里切特，以及凯·斯坦默斯（Kay Stammers）往来。凯是魅力四射的英国网球运动员，曾经排名女子单打世界第二，还赢得过温布尔登网球赛女子双打冠军，她最出名的行为是身穿膝盖以上 10 厘米的网球短裙和短裤。她后来说过，杰克被"女人们惯坏了。我认为，只要他打个响指，她们都会蜂拥到他身边。当然，他实在是太迷人了，有钱，还是单身——绝佳的约会对象，真的。……我觉得他就是天造地设的"。女记者南希·迪克森（Nancy Dickerson）也是杰克的追求者，她的说法大致相同："他年轻、富有、帅气、性感，对涉世未深的人，这些足够了。不过他身上最重要的是强大的气场——面对他的魅力，谁都无法抵挡！"[4]

杰克交往的所有女性都有如后几个共性：她们都漂亮、聪明、有趣，而幽默感是关键。有人猜测，1947 年 6 月 5 日芙洛写的一封生动的信把杰克逗乐了："既然无法追随哥伦布骑士团（Knights of Columbus）创造历史，何不另起炉灶，创造自己的夜骑士历史。夏季很长很热，所以［我］认为，你应当时不时停下来休息一下，让［6 月］更热。……我希望你能再来，待到你再来，我们再一起玩。"[5] 还有更重要的，她们都是"安全的"女孩，不会让他面临结婚压力。[6] 比方说，芙洛是离了婚的人，吉恩正在跟她的设计师丈夫奥列格·卡西尼（Oleg Cassini）谈离婚。作为天主教徒，杰克绝无可能迎娶离异女子，也希望保住自己的政治事业。他好像从父亲与葛洛丽亚·斯旺森几近灾难的绯闻里吸取了教训，父亲的事发生在 20 年前——从那时以来，老约不仅绯闻缠身，而且数量颇多。他儿子可谓有样学样。

人们经常可以看到这对父子同场竞技——或者，更确切地说，如今是父亲来到了儿子的场地。华盛顿社会名流和肯尼迪家族的世交凯·哈利仍然记得，一天晚上，在华盛顿的一个豪华餐厅里，一名侍者递给她一张字条，上面的内容为：另一张桌子的几名朋友希望她过去聊聊。结果她看见的是老约、杰克、鲍比三人。"我过去以后，两个男孩重点说的是，他们的父亲要在华盛顿停留好几天，需要找个女伴。他们希望我给他们介绍，他们绝对是认真的。"[7]

尤妮斯的朋友玛丽·皮特凯恩（Mary Pitcairn）和杰克·肯尼迪约会过几次，她详细记述了如下让人相当不安的细节：

440

约瑟夫先生经常给杰克约会的女孩们打电话，约她们共进晚餐。那天在家里，他从楼上下来，带我去了卡尔顿酒店——那是当年华盛顿最时髦的餐厅。他非常迷人，他想了解他孩子们的朋友。他非常仔细地打听我的私生活。他真的想知道。他问了很多很私密的问题——特别私密的问题……

我听说他对每个人都做的事同样落到了我身上。也就是晚饭后，他会把约饭的人带回家，然后用深深的一吻道晚安，就好像那人是他的某某人。我去科德角看尤妮斯那天夜里，他直接进了我的卧室，用深深的一吻跟我道晚安！当时我穿着睡衣，正准备上床，尤妮斯在她的卧室里，我们两人共用一个卫生间，两个屋门都开着。只听他说："我来道个晚安。"说完他吻了我，是真的吻。那可真够蠢的，我记得当时我心想："尤妮斯该多难堪呀！"不过，除了吻，没别的。绝对没别的。

我认为这一切会让杰克很不爽。杰克是个敏感的人，所以我认为这会让他很不爽。女人究竟是什么？可以用他父亲那种方式对待她们吗？他父亲那种行为有点无耻。他身边永远有个年轻的、金发的、美艳的秘书。我认为这会让杰克非常不爽。[8]

对乔治敦那里那种兄弟般的氛围，尤妮斯究竟怎么看，如今已无法厘清。尤妮斯崇拜哥哥，在她眼里，哥哥永远不会犯错。虽然她总是非常愤怒地反击关于父亲婚外风流的各种传闻——尤妮斯坚称，那些都是没有根据的谣言，都是误将世俗风情当作道德败坏四处散播的那些人捏造的——她对杰克跟女孩们调情却几乎不闻不问。不管怎么说，杰克是单身，未婚男人不都这样吗？

话虽如此，尤妮斯在工作方面本已十分忙碌，31 街来来往往的人们不会让她太分心。尤妮斯是约瑟夫和罗丝的第五个孩子，个头高挑，身材颀长，颧骨凸出，有一头棕红色的秀发。由于虔诚的宗教信仰、令人生畏的智力、近乎超人的毅力，她从小就出类拔萃。跟杰克一样，她一生长期罹患好几种慢性病，包括背部问题、肠胃疾病，使她终生体重不达标（家人给他起的外号为"瘦尤妮"）。像杰克一样，尤妮斯靠意志战胜了各种病痛，她不听医生们让她放慢节奏、增加体重、多注意休息的劝诫。相反，她一往无前，在各个领域赢得了无数体育赛事奖杯（她是个超级运动员），而且无论做什么都矢志不移。"尤妮斯天生成熟，"这是母亲后来的评价，"由于她跟罗斯玛丽关系特别近，她内心深处就形成了一种特殊的社会责任，后来她去哈勒姆做社会工作时，这些都体现出来。"[9]

"在肯尼迪家族的所有孩子里，尤妮斯远超其他几个，她是意志最坚定的，"这是众议员乔治·斯马瑟斯 1976 年的评价，"她像是那一家族的领袖，只要她愿意，她会特别强硬。"他还补充说，25 岁的尤妮斯肯定想成为 1946 年在第 11 选区参选的那个肯尼迪："如果当时她岁数大一点，如果是像今天这样，有许多女性竞选公职，我相信，那样一来，肯尼迪家族的历史肯定会跟今天大不相同。"玛丽·皮特凯恩的说法是："她高度神经质，高度忍辱负重，特别崇拜杰克。我向来认为，她应该是个男孩。"在乔治敦的那些闲谈时刻，那些男人吃饱喝足后，到别的房间点上雪茄大侃政治时，女人们会退到客厅里。尤妮斯则相反，她经常自己点上一支细长的雪茄，跟男人们一起离开。她像哥哥一样具有敏锐的政治意识，这是他们两人相处好的原因之一。两人都有立即正确判断政治形势的独特能力。[10]

在华盛顿，尤妮斯全身心投入工作，她关注的是问题青少年。有时候，她甚至将一些问题男孩和女孩带回位于乔治敦的家里吃晚饭。为了给当地一些援助青少年罪犯项目筹款，她组织名人高尔夫球赛，鼓动全国性体育项目专栏作家和播音员社团撰写这方面的文章，在他们各自擅长的体育项目领域为问题青少年当教练。她甚至亲自出马，在全美各地演讲，让民众知道孩子们的困境，孩子们在位于华盛顿的特区收容所那样的临时收容所里备受煎熬。约瑟夫·肯尼迪安排萨金特·施赖弗从芝加哥前往华盛顿，让他帮助尤妮斯，做尤妮斯的万能助理。（如此便有了施赖弗在这一工作岗位的奇怪特性：为尤妮斯工作的同时追求她，而工资则由她父亲支付。）[11]

施赖弗自然而然成了联排别墅里的常客，因而他跟杰克经常见面。他意识到，他喜欢这位国会议员，喜欢他的智力、魅力、沉稳，也喜欢跟他在一起。施赖弗也很享受杰克办的晚宴，因为在那些场合，他有机会见到全国各地的政治家们。

施赖弗记忆中的一个场合如下：

最后我一个人跟这位从未谋面的来自加利福尼亚的新当选

的共和党人坐在了同一张桌子旁。那是最奇特的一次经历，我觉得我根本无法掌控这家伙。我完全弄不懂他对任何一件事的看法。他像个胆怯的拳击手那样蹦蹦跳跳穿梭往返。大约有一半时间，他好像根本不搭理我，他会注视我身后另几张桌子旁的那些人，好像在试图偷听，试图弄明白其他国会议员都在说些什么。能给他人留下特别深刻印象的人很少见，这家伙给我留下了这种印象。不过，到末了，我却认为，他聪明、狡猾，是个诡计多端的共谋犯，他更感兴趣的是在杰克和其他著名人物面前确立自己的地位，而不是倾听我跟他说了什么。[12]

以上是萨金特·施赖弗第一次见到理查德·尼克松的经历。

‖

公平地说，杰克·肯尼迪对工作的兴趣不如妹妹。只要不是必 443
须做的事，杰克一如往常根本不上心。"他对手头的事根本就不投入，"尤妮斯承认，"就像那类随波逐流的人，他根本没打算努力成为众议院议长。也许他表现得太随大流了。"[13]

杰克完全没想改变其他人的印象。这事看起来有些奇怪，进入国会对他来说是一种放松。此前那些年都是让人兴奋不已的年月，他的角色符合肯尼迪大使儿子的角色，并且在一群群波士顿崇拜者注目下，在激动人心的竞选中登上了胜利之巅。如今出现在杰克眼前的是在他之前当选的无数新议员见惯的场景：他不过是 435 名议员中的一员，而且是个小人物。不仅如此，他所在的民主党在选举中惨败，在参众两院突然成了少数党，身在白宫的领袖还不受欢迎。在众议院，马萨诸塞州代表团有15名成员（10名共和党人，5名民主党人），包括众议院议长约瑟夫·马丁（Joseph Martin）和少数党党鞭约翰·麦科马克（John McCormack）。杰克看得出来，在一些关键的委员会获得真正的实权之前，他还有很长的路要走，更不要说抗衡他所在政党要员们的影响力了。当时他只能扮演自己不喜欢的角色：应第11选区单调乏味的本地需求为选民们代言。

　　杰克是否因为自己政治地位低下曾经失眠，这说法值得怀疑。一直以来他都明白，他渴望的那种全国性领导职务，在众议院里机会不多。好像他一直把众议院的职务主要看作一些更伟大的事情的出发点。"我认为，从他当选众议员那一刻开始，他就没想过别的，他一门心思想的都是尽快进入参议院，"阿瑟·克罗克评论道，"他想要机会，众议院的新人不可能得到那样的机会，老前辈们实际上也很少得到；所以我认为，众议院对他来说不过是个中转站。"杰克曾经直言不讳地评价马萨诸塞州代表团的一名同事："我一向认为，他在众议院没做什么事，不过我从来不会因此指责他，因为我觉得我也没做什么。我的意思是，作为众议员，谁都做不了什么。"[14]杰克满足于将华盛顿办公室的事务都交由助理比利·萨顿、蒂莫西·里尔登，以及秘书玛丽·戴维斯（Mary Davis）三人打理，他总是尽最大可能飞回波士顿。他在州议会大厦对面的鲍登街（Bowdoin Street）122号弄了套公寓，在他一生余下的时日里，那地方成了他的主要地址（成为总统后，他的驾照仍然使用了这一地址）。他要么会抽身前往棕榈滩过长周末，要么就去纽约与某个情人幽会。

杰克经常不在办公室，为赶上工作进度，他的团队整日忙得不可开交，但大部分工作不过是应付选区民众的各种诉求。让杰克欣慰的是，团队的人都很胜任。尤其是玛丽·戴维斯，她以超常的效率和全面的能力闻名。她是华盛顿本地人，在多所教区学校接受过教育，为杰克工作前，她为另外三名众议员工作过，每个人都给予她高度评价。按比利·萨顿的说法，她可以一边接听电话，一边打字，一边吃棒棒糖。"她是一台完美的政治机器，什么人都认识，该如何完成工作都知道。"即便如此，玛丽回忆说，她经常工作到晚上七八点，还把工作带回家，周末还要去办公室。她对杰克随手丢东西的习惯深感绝望。"他总是不停地换外衣，翻找外衣，"玛丽说，"他会把外衣或照相机或收音机丢在飞机上，或者丢在什么地方的行李车上。那一时期，很少见他带公文包。感谢上帝，如果他带公文包，肯定会经常弄丢。"不过，玛丽也看到了老板的另一面："真正让我惊讶的是他的正式讲稿。他亲自写稿。他看起来像个冷漠的家伙，什么都不在乎，不过他也会突然喊我：'玛丽，过来一下。'接着他会口述让我打印的内容。他口述文章如行云流水，他对语言的把控让人惊叹，可以说，出口成章——口述完，一字不改，直接就可以当讲稿用。有时候我都想问他：'这稿子是你想出来的吗？'我难以相信，不过我渐渐有了结论，他太聪明了——他是我认识的人里脑瓜最好使的人。"[15]

杰克·肯尼迪议员肩上多了两个众议院委员会的担子：一个是教育和劳工委员会，另一个是哥伦比亚特区委员会。最初杰克把大量精力聚焦在住房问题上，尤其是退伍军人住房问题。战争结束以来，大量现役军人迅速退伍，国家面临紧迫的住房短缺问题，数百万人被迫居住在狭小的房屋里——阁楼、地下室，甚至大篷车和鸡舍。接受任命不久，在芝加哥召开的全国公共住房大会上，杰克发表了激情的演说。"退伍兵需要住房，而且立刻就要，"他宣称，"退伍兵亲眼见证了美国物资源源不断地送到诺曼底海岸；亲眼看到了太平洋诸岛清理后不过四五天，美军的一条条跑道就修建完成；眼看无尽的战争资源遭到浪费，然后看似无穷无尽的生产力代替了前述浪费。因此他们无法理解，为什么会找不到房子住，这不足为奇吧？"[16]两党在参议院一致通过了一项未来 10 年每年建造 125 万套城市住房的法案，却在众议院遭到共和党领导层阻挠。杰克走上众议院讲台，谴责共和党人受制于说客们的说辞。"我受选区人民的委托，进入了本届国会，"杰克宣称，"帮助解决我们国家面临的最紧迫的问题——住房危机。本周六，我必须返回我的选区，在刚刚过去的这场战争中，那一选区可能是平均每个家庭送上战场人数最多的选区。如果人们问我能不能为他们解决住房，我只好说：'没房子——一间也没有。'"[17]

在住房以及其他大多数国内立法方面，杰克通常与杜鲁门行政当局以及思想开明的北方民主党人立场一致。对一项仅仅有利于富人却忽视其他所有人的税收法案，以及减少学生午餐拨款的法案，他投出了反对票。他还投票反对削弱对石油企业的租金管控和为其减税。他支持更加稳健的社会保障，支持加速落实最低工资条款，支持为移民项目和住房项目扩容。在委员会的投票中，他与有组织的劳工提出的各种愿望保持高度一致——按照《产业工会联合会新闻》（*CIO News*）评分系统的分析，在众议院任职期间，杰克仅有两次投出了"错误的"选票。[18]

杰克时常显露宁愿走独木桥的意愿。1947 年，詹姆斯·柯利市长被判邮件欺诈罪，被送进了丹伯里监狱（法官没有理睬柯利的诉求，后者声称，他患有九种不同的疾病，看样子活不了多久）。波士顿和华盛顿的政党领袖们敦促杜鲁门总统赦免柯利，其依据是众议院多数党领袖约翰·麦科马克起草的、众议院共和党以及民主党许多议员签名的一份请愿书。尽管柯利在波士顿选民中广受欢迎，尽管人们都说，杰克欠柯利的人情，因为柯利退出了众议院，为后来者留出了空缺，但杰克依然拒绝签名。杰克认为，在请愿书上签名将表明他是个虚伪的政客，跟他代替的那个人相比好不到哪里。助手们唯恐他不签名会有风险，如疏远党内一些领导和选区的选民，杰克对此一笑置之。（当年晚些时候，杜鲁门的确给柯利减了刑，市长的神秘疾病瞬间都消失了。）[19]

在其他问题上，无论是左派还是右派的独断专行，杰克都会表示明显的鄙视。在劳动法立法方面，他采取了相对微妙的立场，对各种改革，他比大多数民主党人更加开放；与此同时，他反对共和党人宣称的对劳动法进行适度改变。他是"新政"许多政策的拥护者，不过，私底下他也担忧许多项目所需的政府权力扩大化。通常来说，他邀请前往乔治敦沙龙做客的民主党人和共和党人各占一半。他多次发表演讲，有时还会阐述妥协精神和善意的讨价还价对民主政治很重要。他与好几名保守的民主党人走得越来越近，对来

446

自俄亥俄州的不苟言笑的共和党参议员罗伯特·塔夫脱，他经常表达敬意，他认为塔夫脱观点鲜明，值得尊敬。[20]

杰克跟理查德·尼克松关系也不错。两人都在教育和劳工委员会任职，既然两人身处不同政党，又都是新人身份，他们犹如坐在众议院同一张桌子的两端。尼克松回忆说："我俩就像一对不搭调的书立。"这个34岁的加利福尼亚人十分艳羡杰克那种慵懒的优雅和放松状态，同时也嫉妒他的哈佛大学学位。杰克则认为，尼克松学识渊博，值得尊敬。（"注意听这家伙讲话，"早前杰克对一名助手说，"他前途无量。"）[21]在一些核心层面，两人的观点也非常一致——两人均寻求对有组织的工会进行控制（尼克松走得更远，他寻求对工会进行严格管控）；两人均认为，绝不能允许共产主义驱动工会的活动。

1947年4月，一天晚上，在宾夕法尼亚州距匹兹堡不远的钢铁小镇麦基斯波特（McKeesport），作为委员会路演的一部分，两位年轻的议员意识到，就拟议中的《塔夫脱-哈特利法案》（该法案将限制工会的权力和活动），他们将展开一场辩论。尼克松大学毕业前曾经是惠提尔学院（Whittier College）的辩论冠军，他对工人的各项权利表示全力支持，但同时也警告听众，大型劳工组织的成长变得"突飞猛进"，已经开始威胁经济增长。他历数战争结束以来搅乱全美的那些罢工。在亲劳工组织势力占绝大多数的人群里，响起了此起彼伏的嘘声。杰克的演讲则更有说服力，更暖心，更平和。他采取的是一种温和路线，在演讲中基本没提及尼克松，赞扬美国工人的同时也告诫人们，不要采取可能导致管理层和劳工阶层发生"战争"的策略。[22]

接下来发生的事足够某人将其当作小说素材（真有人据此写了本小说）。在一家地方餐厅大嚼汉堡，大谈一通棒球赛后，半夜时分，两位众议员一同登上国会山公司的列车，他们将乘坐长途列车返回华盛顿。[23]为决定谁睡下铺，两人抽了一次签，尼克松胜。随后两人坐在一起聊了好几个小时，大部分时间聊的是两人都喜欢的话题——国际政治，尤其是越来越紧张的美苏关系。随着时间的推移，两人都会修正对对方的看法，当然是向负面修正了。不过，那天夜里，随着火车在静谧的乡间轰隆驶过，尼克松和杰克两人都感到了一种亲近感。两人都认识到，他们除了都是海军退伍兵，都是众议院新人，还有其他一些共同点：两人都失去了"金童"哥哥，都被父母高远的期望压得喘不过气。不仅如此，尼克松后来说："我们具有一个共同特质，让我俩有别于大多数议员同行。我俩都不喜欢勾肩搭背，都看不惯那种张扬的、虚情假意的同志情。他有些害羞，有时候看起来有点冷漠。不过那是发自内心的害羞，能够很好地保护隐私，藏匿感情。我理解这样的特质，因为我同样如此。"[24]

这一阶段，杰克给关心他的人的印象不太好，那些人注意到，他有时太漫不经心，有时太不合群。"对所有重大的政治思想、政治行动，他好像都不上心，"最高法院大法官威廉·O. 道格拉斯（William O. Douglas）是肯尼迪家的世交，他如此评论道，"他好像不想介入任何事，类似于随波逐流。"与其他政客相比，随着时间的流逝，杰克对负面评论更加包容，但此时的他对别人的冒犯有些

447

448

　　几名新当选的众议员参加一档广播节目。后排右数第二人为杰克，最右边的人是理查德·尼克松。摄于 **1947** 年。

郁闷。杰克的长期政治盟友、人称"蒂普"的托马斯·奥尼尔（Thomas "Tip" O'Neill）记述道："如果一帮政客闲聊时有人说了杰克的坏话，然后又传到他耳朵里，他会过来找我：'为什么某某某不喜欢我？'为什么我们两人不能坐下来谈谈，把这事讲清楚？……他没在充满艰辛的学校长大。在政界，他一直过着安逸的生活，习惯了大家都爱他。"[25]

总体上说，人们确实爱他。波士顿各日报发出的声音总体上对他有利，经常也会有溢美之词。他支持退伍军人，在劳资议题上直言不讳，鼓点都敲在了选区民众的心坎上，也赢得了记者们的欢呼。他拒绝在请愿书上为柯利签名的决定遭到了批评，那事已成过往，无人提起。人们可以从一些新闻报道中看到约瑟夫·肯尼迪插手的痕迹——为提升儿子的地位，大使从未停止不屈不挠的幕后公关操作——不过，当地确实也存在如后普遍的民意基础：肯尼迪众议员很照顾选区民众的利益，总体上说，他表现得很不错。不仅波士顿地区的记者们持此观点，国会第一次夏季休会期间，闻名全美的专栏作家德鲁·皮尔逊（Drew Pearson）对第 80 届国会发表了看法。他告诉读者们，该届国会最鼓舞人心的是多了好几位有天赋的新议员。约翰·F. 肯尼迪排在他的名单之首。[26]

Ⅲ

像德鲁·皮尔逊那样的观察人士都注意到，杰克·肯尼迪在一个日益凸显的政治领域如鱼得水，即外交事务领域。值得称道的是，尽管年纪轻轻，但他具有丰富的国际经验，还出版过一本颇受欢迎的关于外交政策的著作。战时他在军中服役也受到广泛赞扬，还作为记者报道过旧金山联合国成立大会，以及 1945 年英国大选。这一切都让杰克在处理涉及海外危机的事务时更具权威性。

449 　　杰克有许多机会证实自己，因为，1947 年，东西方之间的冲突每过一周都会变得更加严峻。那年年初，英国政府恳请美国出手帮助它一手扶持的保守的希腊流亡政府在希腊内战中抗击左翼分子。杜鲁门的回应是，3 月他在众议院发表了一次演说，请求国会划拨 4 亿美元援助希腊和土耳其。总统心里清楚，议员们对此心存疑虑，因而他夸大了不作为的危险，用危言耸听的说法装点自己的演说，意在刻画美国在战后阻止共产主义传播过程中的作用。"假如希腊垮台，由武装的少数派控制，"杜鲁门借用早期版本的多米诺骨牌理论严肃地宣称，"其效应很快会严重波及邻国土耳其。混乱和无序必将在整个中东地区四处传播。"所以必须阻止这样的后果出现，杜鲁门的如后补充清晰地勾勒出后来闻名于世的"杜鲁门主义"："我坚信，支持崇尚自由的人民抵抗武装的少数派或境外压力实施的征服，必将成为美国的政策。"[27]

　　批评人士质疑以上逻辑有问题，他们注意到，苏联几乎没涉入希腊内战，许多希腊共产主义者不怎么喜欢斯大林，而且抵抗运动中有许多非共产主义者。克里姆林宫好像也没出台过针对土耳其的计划。还有一些人争辩说，所有援助都应该经由联合国渠道。另外，包括约瑟夫·肯尼迪在内的一些人坚称，美国应当让希腊人和土耳其人处理自己的事。那年 4 月末，老肯尼迪对一名专栏作家说，他已经准备好"从现在起承认，'孤立主义者'一词能完美地诠释我的情绪。我们从未给过'孤立主义'任何机会。……我警告过，我反对参加只会让全世界情况变得比以前更糟的战争，我为此感到骄傲"。时间又过去三周，在接受《纽约时报》采访时，老约说，仅就经济原因而言，将上千万美元花在希腊和土耳其是荒唐的："我个人的观点是，正如我以前所说，我相信，我们动用美元在欧洲阻止共产主义，最终势必证明，这是对我国资源压倒性的税务负担，那必将严重影响我国运转良好的经济。"[28]

杰克直接拒绝了父亲的说法，对反对杜鲁门计划的其他人，他也没流露多大耐心，例如专栏作家沃尔特·李普曼，后者提醒读者，苏联人真的特别担心自己的安全，驱动他们那么做的是防御心态，主要动力是阻止德国势力重新崛起。早在1945年，作为记者，杰克在撰写的文章里表达了相同的论据，如今他强调的是莫斯科的进攻性意图，因而他拒绝响应李普曼和其他人的号召：对克里姆林宫应当外交优先。3月末，在北卡罗来纳大学演讲时，杰克说，总统的警告没错，不能允许任何大国控制欧洲或亚洲。不管怎么说，除了否定一些敌对国家实施前述洲际控制，美国干涉两次世界大战的目的究竟是什么？年轻的议员接着说，那样的决心绝不能松懈。他还信心满满地表示，大多数美国人会坚决反对"让欧洲和亚洲受苦受难的人民屈服于错误的、催眠式的意识形态"。一个月后，杰克告诉记者们，如果希腊和土耳其屈服，"通向近东的路也就成了通途。我们没有其他选择，唯有支持总统的政策"[29]。

在当年最紧迫的外交政策议题上，父与子竟然如此不同，两人站在了完全相反的立场上，这肯定是吸引眼球的事。不止于此，大使还竭尽全力为自己的观点发声，以便所有人都知晓。不管怎么说，杰克的观点占了上风，即便许多议员——两党均如此——对这一重大议题比杰克更加矛盾：参众两院以明显的差额批准了杜鲁门援助希腊和土耳其的提案。1947 年 6 月，在哈佛大学毕业典礼演讲时，国务卿乔治·马歇尔宣布，美国将为欧洲复兴计划提供巨额资金（该计划随后以"马歇尔计划"为人所知），老约极力反对那么做，杰克则全力支持，肯尼迪父子再次站在了对立面。[30]同年 7 月，父子两人又在《国家安全法》议题上产生了分歧。政府根据该法设立了国家军事部（两年后该机构变成了国防部），以监管武装部队所有下级部门；还设立了美国国家安全委员会（简称国安会），以便向总统提供建议；另外设立了中央情报局（简称中情局），以指导间谍行动和搜集海外情报。总的来说，在当时的形势下，随着苏联的威胁似乎越来越大，《国家安全法》的条款赋予总统更大的权力，用于推行对外政策和国防政策，杰克接受该法是因为它很必要，他父亲却不这么认为。

由此出现了一个关于冷战的合理疑问，它困扰了当时的人们以及后来的许多历史学家，即，如若在某些潜在的领域运用富于想象的外交技巧，让东方和西方达成协议，可否在冷战尚未真正开始前阻止其发生？[31]但对新晋国会议员约翰·F. 肯尼迪来说，答案明摆着：这样的机会根本不存在。公正地说，杰克是最早的"冷战分子"（Cold Warrior）。

数个月后，约瑟夫·肯尼迪给一位朋友写信时，脑子里毫无疑问想到了儿子："我倒想看看共产主义满世界传播。这件事的最可怕之处在于，我认为我们对此束手无策。然而，在我们国家，许多人基于自己的判断，以及掌握的某种形式的理想主义，他们坚信我们必须继续帮助欧洲。我真心愿意用 50 亿美元打个赌，做个为期一年的实验，看看假如我们现在就停止给钱，共产主义会不会传播。我们国家里总会有许多人认为，只要我们给海外送钱，世界就一定会得到拯救。"[32]

即使在美国国内政治领域，杰克也经常将反共当成自己的主基调。美国电气、无线电和机械工人联合会（United Electrical, Radio, and Machine Workers of America）的代表拉斯·尼克松（Russ Nixon）在教育和劳工委员会作证时，双方就共产主义在美国各级工会的影响程度进行了激辩。杰克的同事们恨不得将面前的人撕碎，杰克则耐心地等待着。拉斯·尼克松思维敏捷，拥有经济学博士学位，每一轮交手总是占上风。参加工会运动前，他在哈佛大学教过杰克（当年杰克上他的课平均得分不到 80）。然后轮到杰克发言，他以轻快的节奏沉稳地、有条不紊地将拉斯·尼克松强拉向谈论他在该工会的工作，然后问对方，是否认为共产主义对美国的政治制度和经济制度构成了威胁。"没有，"拉斯·尼克松回答，然后说，"我认为，真正的威胁是，用民主的方式处理民众遇到的一些基本的经济问题却以失败告终；另一个真正的威胁是，年复一年扩大民众的各项基本权利同样以失败告终。"他以同样的方式阐述了"黑人遭遇的一些问题"。

"尼克松先生，"杰克回应道，"我基本赞同你刚才所说。"但是，杰克继续说，共产主义者是工会领导层的核心，这难道不是事实？接着他引用了一段理论学说，该学说强调有必要"不惜任何代价，运用各类技巧、借口、手段，只要最终能打进工会内部，坚守工会内部，在其内部开展共产主义工作"。

拉斯·尼克松问道："我在哈佛大学没教过你这一说法，对吧?"

452　　"没有，没教过。我引用的是列宁的话，这段话描述的是打进各级工会内部应当采取的步骤，以及打进去以后应当做些什么。"

杰克的表现赢得了新闻记者的欢呼。杰克的大多数同行是律师出身，他不是，然而，他把占主导地位的拉斯·尼克松从高台上掀了下来。他既没有强词夺理，也没用陈词滥调，却将后者逼成了防守方。合众社记者乔治·里迪（George Reedy）在一档广播节目里说："鞋子上沾满太平洋岛屿珊瑚碎末的众议院新成员昨天当着老伙计的面大出风头。"作为对杰克的奖励，拉斯·尼克松在听证会后承认，他的前学生是委员会里少有的亲工会成员之一。[33]

国会休会期间，8月的最后一天，杰克穿过大西洋，去了英国，他的任务是监督马歇尔计划援助项目的执行情况，同时调查共产主义者对工会的渗透情况。或者，至少可以说，这是官方的说法——他还想跟妹妹基克一起待一段时间，和英国的哥们聚会。他很快见到了基克，当时基克在英国如鱼得水，跟英国上流社会人士交往甚密，举办各种茶会，还是下议院那些酒吧和餐厅的常客。未来她会参与英国的选举政治吗？很可能会。一代人之前，南希·阿斯特（Nancy Astor）① 已经开辟出一条路，作为美国出生的女性，她成了英国议会的议员。一些人猜测，以基克的机智、非凡的社交才能、与高层托利党人和自由党人的广泛交往，她一定会成为另一个南希。

刚刚抵达英国，杰克就跟着基克参加了一场她办的晚会，地点在德文郡公爵位于爱尔兰南部的利斯莫尔城堡（Lismore Castle）。来宾众多，其中有安东尼·艾登（Anthony Eden），他是曾经的以及未来的英国外交大臣和未来的英国首相。（艾登与妻子处于分居状态，虽然基克的年龄仅有他的一半，但他一下就爱上了基克。数周后，在出访中东期间，艾登给基克写了封信：“我喜欢你写的那些信，尤其喜欢你一边说话一边写信，那种状态让我想象你就在我身边。我真希望你真的在我身边。……如果无法享受你在身边做伴，想象你在身边也会让我开心。”）晚会的成功让人兴奋不已，基克向父亲报告说，杰克和艾登相处得像老相识一样。[34]

几天后，在基克的朋友帕梅拉·丘吉尔（Pamela Churchill）的陪伴下，杰克前往新罗斯寻根问祖。美丽活泼的帕梅拉是温斯顿·丘吉尔的儿子伦道夫（Randolph）的前妻。他们开着基克新买的美国旅行车前往，车程四个小时。他们穿过起伏不平的、覆满绿植的乡间丘陵，经基尔肯尼郡最南端进入韦克斯福德郡。可以想见，每当杰克做自我介绍，告诉对方自己是来寻祖的，当地人都会露出一脸茫然。“咋说呢，到底哪一个肯尼迪是你想找的？大卫·肯尼迪？

453

---

① 即前文提到的阿斯特勋爵夫人。——译注

还是吉姆·肯尼迪？"最终，有人指给他们位于镇子边缘的一座白
色小房子，房顶覆盖着茅草，在前门兜兜转转的有鸡、羊、猪。房
子的主人肯尼迪夫妇很友好，同时也很警觉，几个人一边喝茶一边
聊天，气氛让人愉悦，也很庄重，但是无法证实他们之间有直接的
血缘关系。帕梅拉显得很不耐烦。杰克虽然表面冷酷，内心却很有
情调，他热爱在那里的每一分钟。[1] "我在那里待了大约一小时，
周围全是小鸡和猪什么的，离开时心里满满都是乡愁和伤感！"这
是杰克后来的回忆。对他来说，那里是一处陌生的地方，却又那么
熟悉，太神奇了！他发誓，早晚还会回来。[35]

基克对哥哥的寻根之旅几乎没兴趣，不过，她很享受接下来一
个月大部分时间跟哥哥一起住在利斯莫尔城堡。兄妹间的情意一如
既往——帕梅拉·丘吉尔和其他人一眼就能看出来。当时基克向杰
克承认，她疯狂地爱上了彼得·菲茨威廉（Peter Fitzwilliam），一
个富得让人难以置信的贵族，战时因作战英勇获得过勋章，而且已
婚。［他是菲茨威廉家族资产的继承人，资产位于约克郡的温特沃
斯庄园（Wentworth Woodhouse），那是一座占地 2.3 万平方米、拥
有 365 个房间的宫殿，据称是英国境内最大的私宅。］菲茨威廉魅
力超凡，但也风流得声名狼藉——有人说，这有点像基克的父亲。
基克告诉杰克，她在菲茨威廉身上看到了心目中的白瑞德（《飘》

---

[1] 杰克对两位主人说，为表示感谢，他想为两位做点事，对方挥挥手客气地谢绝了。
杰克感觉对方肯定想到了什么，因而再次问了一遍；他们终于敞开心扉，问能不能用旅行
车拉上孩子们在村里兜几圈。人们很快看到了如后场景：众议员肯尼迪开着崭新的美国
车，后排座上挤着六个或更多爱尔兰肯尼迪家的孩子，沿着村里的几条街道慢慢转
悠。——原注

的男主角），他是男人中的王者，特别乐意分享和分担她心中的喜怒哀乐。没错，他已经结婚；没错，他是个新教徒；不过，基克不在乎这些。重要的是，菲茨威廉已计划好跟妻子离婚，然后迎娶基克。杰克为妹妹飞扬的幸福感到高兴，甚或有点嫉妒，他向妹妹保证，暂时什么都不对父母说——对这样的消息，还用怀疑罗丝会做出什么特别的反应吗？[36]

　　与此同时，旅途中的杰克的健康状况急转直下。基克坚持让他找当地医生看看，杰克口头答应，行动却没跟上。9 月末，抵达伦敦后，杰克感觉更糟了，住在克拉里奇酒店的他几乎下不了床，血压也直线下降。凯·斯坦默斯来看他时，他试图站起来，却做不到。他赶紧给帕梅拉·丘吉尔打电话，后者转而给医生朋友丹尼尔·戴维斯（Daniel Davis）博士打了电话，医生立刻安排杰克住进了伦敦诊所（London Clinic）。戴维斯给出的诊断为"艾迪生病"，一种以缺乏肾上腺素为特征的疾病，会导致极度虚弱、低血压、体重减轻、血液循环问题、皮肤蒙上一层棕褐色。这种病在 19 世纪 50 年代中期首先由托马斯·艾迪生（Thomas Addison）医生发现，据称这种病是致命的，因为它会让机体渐渐丧失抵抗感染的能力。小说家简·奥斯丁 41 岁时就死于这种疾病。然而，20 世纪 30 年代，随着肾上腺激素疗法的进步，死亡率戏剧性地迅速下降。尽管如此，对杰克做过一番检查后，戴维斯仍持悲观态度，他告诉帕梅拉："你那个美国朋友，他最多活不过一年。"[37]

　　波士顿各家报社听说杰克的病痛后，直接接受了众议员办公室的解释。杰克的办公室将他住院的原因归结为战时感染的疟疾复

454

发。《纽约时报》和《时代》周刊也做了同样的报道。约瑟夫和罗丝担心得都快疯了，约瑟夫向阿瑟·克罗克承认，他担心杰克离死期不远了。肯尼迪家的一名护士——安妮·麦吉利卡迪（Anne McGillicuddy）1944 年在切尔西海军医院照料过杰克，当时杰克还跟她约会过——10 月飞到了伦敦，她得到的指示为将杰克带回美国。10 月 13 日，在英国南安普敦港，身穿睡衣的杰克被抬上了"伊丽莎白女王"号邮轮。杰克在五天航行途中一直待在船上的医务室里，由安妮照看。他的聊天对象是经济学家芭芭拉·沃德，他与芭芭拉第一次见面是在伦敦，那还是两年前。"杰克脸朝天平躺着，浑身黄得像罐装的蜂蜜。他尽最大努力保持着乐观，照旧问题不断，"芭芭拉·沃德回忆道，"这一次问的都是关于工党政府的近况，关于英国社会的变革，以及医疗方案［计划建立的英国国家医疗服务体系］。还是一如既往大脑超常活跃，虽然当时他的症状伴有发烧，他必须卧床静养。"[38]

杰克的状况更糟了。邮轮抵达美国海岸时，他的病情如此严重，以致一位神父为他做了临终祈祷。死亡在啮咬他。10 月 18 日傍晚，人们用担架将他抬上了岸（为躲避打探消息的人，他们通过船上一个较低的舱口登岸），将他抬上了一辆等候的救护车。那辆车载着他前往纽约拉瓜迪亚机场，然后他上了一架 DC-3 包机往波士顿飞去。

接下来数周，杰克在莱希诊所接受治疗，那段时间，他在众议院一直处于缺席状态。在第 80 届国会，他是出勤率最糟糕的人之一。然而，由于他有超强的员工团队，无数该履行的职责都得到了充分履行，他在选区的地位甚至有可能得到了提升，因为人们都对"与疟疾缠斗"的他寄予了同情。《波士顿邮报》或许得到大使的公关团队的帮助，1948 年 2 月 1 日，该报报道了特大喜讯：众议员肯尼迪已经在全面好转中，他的政治前途一派光明。该报的文章称："他已经战胜伴随他从南太平洋回来的疟疾，目前的身体状况比离开海军以来任何时候都好。按照他的一些支持者的说法，实际上，他的健康差不多和他的政治勇气一样强健。"[39]

IV

那年波士顿的冬季很严寒，暴风雪一场接着一场。不过，时间移至 1948 年 2 月末，肯尼迪一家——除了罗斯玛丽，她仍然在威斯康星州的收容所接受监管——都到棕榈滩那个家享受阳光去了。甚至基克也去了，她从英国赶了过去，准备住两个月。杰克履行了诺言，没告诉父母关于彼得·菲茨威廉的事。可是，基克心里清楚，她无法将这件事隐藏太久。不过，由于确切地知道家人会有什么反应，她还在犹豫。直到返回英国前不久的 4 月 22 日，基克才鼓足勇气对全家说了菲茨威廉的事，还说她打算嫁给菲茨威廉。罗丝的反应是，如果基克嫁给一个离过婚的男人，她发誓一定跟基克断绝母女关系。老约什么都没说，那意思是，他同意妻子的说法。[40]

也有可能父亲不是那意思。基克暗自希望，沉默也许意味着她还能让父亲改变主意。她是父亲最喜欢的孩子，过去，她经常能让父

456

肯尼迪家位于棕榈滩北洋大道上的房子。

亲对她的一意孤行让步。刚回到伦敦，基克就说服了父亲，至少先跟菲茨威廉见一面，当时父亲正在巴黎访问。见老肯尼迪前，这对恋人计划先去法国戛纳休两天假，然后于 5 月 15 日星期六在法国首都与其共进午餐。5 月 13 日，他们的包机在巴黎郊外的布尔歇机场（Le Bourget airfield）降落，在那里加油。他们和几个朋友一起吃了顿饭，然后于下午 3 点左右返回机场。他们得到了报告，南方的罗讷河谷天气恶劣。飞行员彼得·汤曾德（Peter Townshend）建议等风暴过去再出发，尽管被告知所有商业航班已停飞，菲茨威廉却仍坚持立即起飞。

飞机在 3000 多米高空钻进了阿尔代什山区（Ardèche Mountains）北边的风暴云。横切风将飞机左一下右一下来回甩动，汤曾德和副驾拼命试图稳住飞机。能见度为零，各种仪表盘疯狂乱转，他们的无线电联络也断了，两名飞行员完全不知道飞机是在上升还是下降。突然，飞机从一团云里钻了出来，他们看见正前方是一道山脊。汤曾德猛地拉起操纵杆，以避开撞击，可惜为时已晚。在好几秒时间里，飞机上的四个人肯定都意识到，他们要坠机了。[41]

半夜时分，在乔治敦的家里，铃声响起，尤妮斯接听了电话。《华盛顿邮报》的一名记者做了自我介绍，然后说，他手头的报告显示，在法国的一次坠机事件中，一位哈廷顿夫人与另外三人同时遇难。他想知道那会不会是她姐姐。尤妮斯回道，她无法确定，因为另外还有一位哈廷顿夫人——基克的前弟媳狄博（Debo）。对此，记者报告了一个灾难性的细节：坠机地点在普里瓦村（Privas）附近的山脚，人们在现场找到一本护照，上边打印的教名为凯瑟琳。尤妮斯接电话时，杰克正坐在沙发上静听录制的音乐剧《彩虹仙子》（*Finian's Rainbow*），该剧前一年刚刚在百老汇上演。通电话过程中，比利·萨顿也在场。杰克拿过电话听筒，请电话另一头的记者将手头的报告从头到尾念了一遍；然后挂断了电话，立即致电助理泰德·里尔登，指示他确认一下事情的真伪。里尔登很快有了回话，确认了最坏的结果。杰克放下电话听筒时，立体声播放器刚刚播完演唱家埃拉·洛根（Ella Logan）的唱词："你在格鲁卡莫拉过得好吗？"杰克咕哝了一句："她的声音挺甜。"然后背过身子，哭了起来。[42]

457　　　　第二天，泰德·里尔登为肯尼迪兄妹做好了直飞海恩尼斯港的安排。到家后，杰克把自己关在家里最偏僻的一间屋子里，他拒绝见人，只让人将一日三餐给他送过去。他郁郁寡欢，不明白究竟发生了什么。小约之死已经够可怕了，可至少那是在战时，他是为国捐躯，其他无数人亦如此。基克的死不一样，她是为爱而死，杰克内心的浪漫是压抑着的，所以他一直羡慕基克拒绝压抑自己的感情。远不止如此，基克还是他的灵魂伴侣，是他可以坦承任何事的人，是能接过他的话茬把话说完整、接过他的想法把事情讲透彻的人，也是他不需要向其解释情感和情绪的人，因为基克的直觉能感受到它们。基克永远相信他，更是永远坚信他比小约前程远大，还总是夸他能坚持做好自己。如今基克却走了！

　　　　基克将要在英国下葬，杰克通知英国方面，他将前往英国参加由基克的姻亲德文郡公爵一家人安排的 5 月 20 日的安葬仪式。18 日那天，杰克到了纽约市，计划当晚飞越大西洋。精神状态极其不好的他忘了带护照。紧急行动已经开始，为的是给他加急办个新护照，赶在他起飞前送达机场。尽管事情有些悬乎，但他的团队决心按时把事情搞定。然而，杰克在半途突然喊停，好像他无法接受出席妹妹的葬礼这一想法，转而回到了华盛顿。在肯尼迪一家人里，唯有伤心欲绝的父亲会出现在追思弥撒现场。由于老约在驻英大使任上混了个灰头土脸，葬礼现场的他显得形单影只。"他一个人站在那里，"阿拉斯泰尔·福布斯说，"没人喜欢他，他遭到了唾弃。"[43]

杰克失眠了好几个星期，他告诉莱姆·比林斯，每当他迷迷糊糊将要入睡，总会突然惊醒，因为"基克的身影会出现在眼前，半夜三更跟他一起聊父母和他们各自的约会。他会尝试闭上眼睛接着睡，不过总是摆脱不掉基克的身影"。在国会听证会期间，杰克会开小差，他会想起跟基克一起做的各种事，以及他们两人共同的朋友们，包括英国的以及国内的。比林斯补充说，更糟糕的是，"家里没人可以分担他的伤心"。他觉得家里其他人都不如他跟基克那么亲。因而他经常沉默寡言，从记录上看，那一阶段他几乎没怎么说话。不过，数年后，他向配合竞选活动的传记作家詹姆斯·麦格雷戈·伯恩斯吐露了心扉，基克和小约两人死得不是时候，因为"所有事情都朝着对他们有利的方向发展"。这使失去他们让人倍加难以承受。"如果本来就有事，或家里什么人本来就不好，身体很糟，或本来就有慢性病之类，那是另外一回事。可是，如果某人正处在人生巅峰，然后突然就没了——那会让人无法接受。"[44]

458

　　基克之死紧随杰克在伦敦出现吓人的严重健康问题不久，这让杰克清醒地认识到自己的死亡问题。所谓的肯尼迪黄金三人帮中突然间只剩下他一人。实际上罗斯玛丽也等于没了，她跟杰克年龄最相仿。尤其要考虑的是，最近的诊断已经给杰克敲响了警钟，他的死期还远吗？杰克自己认为不远了，他曾经平静地跟一些熟人说，他不指望自己能活过 45 岁。他已经开始为临死前每时每刻大脑该想些什么感到焦虑——人究竟应该思考曾经发生的那些快乐的事，还是为曾经做出的那些决定和没有体验过的一些事感到后悔？一次，跟乔治·斯马瑟斯外出钓鱼期间，杰克将心里暗自思量的这一话题说了出来，他靠近斯马瑟斯说："重要的是，必须把每一天当作最后一天，好好过。我现在就是这样。"[45]

　　对死亡的这种深思以及预计自己会早死，可能会让人自怜和阴郁，但杰克不是这种人。同事们都说，如果真有什么事，他相信自己必须数着天数过日子，必须每一天都过得特别充实，这反而让他更开心，更愿意表达。正如他崇拜的雷蒙德·阿斯奎思以及第一次世界大战中的其他英雄人物一样，他决心笑对命运。后边的内容摘自查克·斯波尔丁的回忆录："的确有关于时间的考量——显然，这对他意义非凡，因为他总是听见死神向他走来的脚步声，跟他在一起的人也会觉得这事意义非凡。无论他面对什么情境，他总会试着发光发热，总会试着将事情做到极致。事过之后，他就不必再做第二遍。他拥有其他所有人都不具备的东西，那是一种增强的存在感，没有别的方式形容它。"[46]

V

迷人的肯尼迪三人帮如今只剩下杰克一人，加上他意识到，自己的日子可以用天来计算，这样的认识让他的政治野心有了紧迫感。如果他向来认为，众议院不过是通向更大和更好的一些事的垫脚石，被诊断出艾迪生病后，以及基克去世后，他的信念变得更加坚定了。在工作方面，他更加勤奋，还把在整个马萨诸塞州四处演讲的日程排得满满当当，无论哪个组织邀请他过去，他都满口答应——他去的地方包括伍斯特（Worcester）、斯普林菲尔德、奇科皮（Chicopee）、福尔里弗（Fall River）、霍利奥克（Holyoke）。后来，他的几名助手会满怀深情地提到那些肮脏的、灯光昏暗的饭店，提起赶路途中狼吞虎咽吃汉堡、喝奶昔，提起亲眼看见杰克在两场演讲中途随便找个保龄球馆，进入男厕所刮胡子。戴夫·鲍尔斯回忆说，形式总是千篇一律："杰克每周五、六、日都会过来演讲。弗兰克·莫里西（Frank Morrissey）或鲍伯·莫里（Bob Morey）和我会一路陪着他。我记得，每周五他会飞过来。然后，周日他会搭乘晚上 11 点从波士顿南站始发的联邦铁路管理局卧铺列车，他会要个单间。到华盛顿后，列车会停在站台上，允许旅客一直睡到 9 点或 10 点。然后，他会起床，返回国会山继续工作。"[47]

波士顿的媒体注意到，杰克经常回波士顿，因而猜测他可能在秋季与一脸麻子、有贵族血统的共和党现任参议员莱弗里特·索顿斯托尔竞争参议院席位，后者是清教徒的后代，第十代哈佛人。杰

459

克的想法很吸引眼球，不过他的团队担心，步子迈得太大会让他成为众矢之的。人们会说，他经验不足，这么做是受自私的野心驱动，不会是出于对公共事业的承诺。此外，索顿斯托尔也不是容易战胜的对手，尤其在总统大选年，白宫里的民主党人看起来特别脆弱，而国会里的共和党人在参众两院均占多数，席位还会增加，看起来信心满满。杰克本人既喜欢又尊重索顿斯托尔，真心不想跟他较量。

　　另一个选项是挑战州长罗伯特·F. 布拉德福德（Robert F. Bradford）。1948 年正好轮到州长改选，有谣传说，州长身患疾病。（很快会有消息披露，他患有帕金森病。）比利·萨顿认为，对杰克来说，至少这是个稳赢的选战，而且会给他四年时间打造全州范围的政治机器，然后于 1952 年挑战小亨利·卡伯特·洛奇，争夺另一个代表全州的参议员席位。[48]不过，这一选项也有一些不利因素，尤其是杰克肯定会在初选中与几个重要对手正面遭遇，包括有潜力的莫里斯·托宾，或者保罗·A. 德弗（Paul A. Dever），这两人都是热门的选票收割机，都拥有自己的政治机器。杰克的团队选择观望，同时也做足了规划，让杰克维持现状，即在众议院坐稳当。460 1948 年，无论是初选还是普选，他都没遇到对手，胜利稳稳当当地攥在了手里。

　　杰克一如既往紧扣最能在马萨诸塞州选民中引起共鸣的一些议题：退伍军人住房问题、劳动权益、租金控制、医疗保健、教育、税收等。他还在一个新的政策领域——民权——迈出了坚实的一步。一定程度上说，他往这个方向发展是出乎意料的——其实，就杰克本人来说，很大程度上他没有种族偏见，但他对非裔美国人的困境几乎没兴趣。除了家里的司机、用人、男仆，无论在布朗克斯维尔，还是在海恩尼斯港，或是在棕榈滩，他与黑人的交集都不多，在乔特中学或哈佛大学上学时，他遇到的黑人也不多。除了1942年初在南卡罗来纳州查尔斯顿海军部门工作过，他几乎没在美国南部诸州停留。战时在太平洋的经历让他第一次接触到各行各业的美国人，虽然如此，其中鲜有非裔美国人。当初种族划分在美国军队里是强制执行的，其严格程度不亚于实施吉姆·克劳法（即种族隔离法）的美国南方。跟杰克一起在南太平洋服役的黑人水兵通常都是餐厅服务员和厨师。鱼雷艇上没有黑人艇员。[49]

　　尽管如此，亲眼见到众议员杰克时，对他的彬彬有礼和平易近人，许多波士顿黑人仍会惊诧不已。"那些北方哥们通常都很冷漠，"哈罗德·沃恩（Harold Vaughan）说，他是波士顿的律师，1948年认识了杰克，"不过杰克会直接走进黑人社区的美容厅，走到某位坐在烘发机下的女士身旁，说：'你好，我是杰克·肯尼迪。'"同一年，为纪念两位非裔美国战斗英雄，剑桥地区一家纪念馆揭幕时，杰克在落成典礼上发表了感人的演讲。在华盛顿，他为几项新的民权立法而战。引人注目的是，他坚定地支持呼吁废止人头税和禁止私刑的提案，还公开称颂富兰克林·罗斯福在战时做出各种努力，推进公平就业实施委员会的设立，那是为了防止国防部和政府部门的工作岗位歧视非裔美国人。1948年，杰克做出各种努力，支持强化美国司法部民权局，反对向注册大学项目拨款，因为该项目向有种族歧视的教育机构提供资金。[50]

　　与此同时，在哥伦比亚特区委员会，杰克也为华盛顿的黑人居民鸣不平，南北战争已经过去将近百年，而他们每一天都生活在种族隔离重压下。在华盛顿的许多餐馆里，店员们拒绝向非裔美国人提供服务，或者将他们限制在柜台上（他们只好站着用餐）。如果他们在中央车站登上开往南方的火车，也只能乘坐"有色人"专用车厢。像美国其他地方一样，华盛顿的电影院要么完全排斥非裔美国人，要么将他们限制在二楼的座位上。游泳池也按种族分隔开，城里大多数饭店不向黑人提供房间。即使在国会山，不成文的规定也将黑人雇员排除在游泳池、理发店，以及咖啡厅和餐馆之外。[51]

对杰克和其他倡导变革的人来说，华盛顿的种族问题主要源自如后事实：这座城市没有市长，没有地方议会，通过三位地方长官进行管理，而这三个人又听命于两个国会委员会——一个在众议院（杰克在这个委员会任职），另一个在参议院。众议院的委员会基本上由种族隔离主义者把持，不过杰克无所畏惧，他提倡该市自治，其理由是，该市的居民大多数是黑人，他们有权为自己的事发声。杰克的努力无果而终，不过他的作为得到思想开明的同行们以及黑人领袖们的赞誉。[52]

杰克坚称，该市一项新的 3% 的销售税不公平，这种税针对的是非裔美国人。在阻止这一税种的抗争中，他同样遭遇了失败。1948 年 6 月 8 日，杰克在众议院演讲时用了图表，坚称这一新税种"注定会把主要负担压在负担不起的人们身上"。第二年，这一议题再次出现时，该税种已经实施，杰克再次站在了反对立场上，他提请人们注意，该税种将"大部分重担压在了低收入群体身上"。他说，如果该地区需要更多财政收入，富人应当承担税赋。最终，众议院以 177：176 票保留了这一税种，不过，杰克的倡议被外界所知。"付出最多努力，使该地区免于承担销售税重担的众议员是个顶着一头乱发的单身汉，名叫'杰克'，"《华盛顿每日新闻》（*The Washington Daily News*）刊发的一篇赞赏短文写道，"他看起来像极了《星期六晚邮报》所说的'全美明星男孩'，他争取新英格兰地区女性选票的攻势实在太凌厉了。他还是某种政治奇闻般的人物……嘴里含着金汤匙出生，心里却装着穷人的福祉。"[53]

VI

一直以来，杰克保持着对外交和国际事务的强烈兴趣。1948 年 6 月末，也就是基克的葬礼五周后，杰克去了趟欧洲，表面上的理由是代表教育和劳工委员会搜集劳工方面的情报信息。跟杰克一路前行的有他在哈佛大学时期的舍友托比·麦克唐纳，当时后者为美国国家劳工关系委员会工作。数个月来，冷战紧张局势一直在升级，尤其在德国的地位方面。6 月早些时候，美国、英国、法国官员们做出决定，将他们的德占区合并在一起，包括柏林的三个区，为的是让西德更好地融入西欧经济。柏林位于苏联占领区内，斯大林唯恐复活的德国会加入美国的冷战阵营。6 月 24 日，也就是杰克和麦克唐纳离开美国，经海路赶赴英国的同一天，斯大林切断了西方通向共同占领的柏林城的陆路和铁路通道。斯大林希望的是，由于物资极度短缺，西柏林的人们会迫于经济需求拒绝与美国结盟，然后与东德和苏联共命运。这是个大胆的举动，它把西方列强逼到

462

了两难境地，西方要么做出让步，要么尝试解决封锁——这一步有可能引发战争，一旦陷入战争，他们的人力将严重不足。

哈里·杜鲁门总统征求了身边的顾问们以及英国政府的意见，以大胆的行动做出了回应：他下令进行大规模空运，将食物、燃料以及其他保障物资空运进西柏林，以阻止经济崩溃，因为经济崩溃会将那里的居民推进苏联人的怀抱。当时斯大林面临两个选项：将提供保障物资的飞机打下来，那一举动毫无疑问会引发美国的报复；或者允许空运物资持续下去，并暗中希望看到运力不足会随之出现。他选择了后一种选项。不过，当杰克 6 月 29 日抵达伦敦，接着赶赴巴黎时，那里的局势持续紧张。

杰克下决心近距离观察柏林的局势，他没有正当理由前往柏林，不过，话说回来，1939 年夏季，战争前夕他前往那里时，以及1945 年战争结束，他再次返回那里时，情况同样如此。不同的是，十年前，杰克利用父亲的关系，才得以进入那些发生历史重大事件的地方；这一次，他用自己的美国众议员身份安排与柏林城的美国占领区军事长官卢修斯·克莱（Lucius Clay）将军会面，以及与美国空军驻欧洲司令和空运行动总指挥柯蒂斯·李梅（Curtis LeMay）将军会面。[54]杰克表示，他全力支持杜鲁门的空运决定，还表示，在与苏联人摊牌方面，他具有不可动摇的坚定意志。杰克认为，杜鲁门在柏林问题上坚决果敢的行动与 1938 年张伯伦在慕尼黑的绥靖行为形成了鲜明对比。让他高兴的是，温斯顿·丘吉尔——虽已下台三年，但正卷土重来，慢慢往世界事务中心推进——的主张与他相同。更让杰克高兴的是，丘吉尔述说历史的鸿篇巨制《第二次世界大战回忆录》（*Second World War*）第一卷在那年夏季正式出版后引起轰动，该卷涵盖了战争的起源，揭示了 20 世纪 30 年代英国绥靖政策的始末，其分析方法与他写作《英国为何沉睡不醒》时的方法大致相同。[55]

在杰克心目中，丘吉尔一直是巨人般的存在，由于他对历史的感悟、在写作和演讲方面的出彩，他成了杰克在智慧方面和政治方面的引导者。想到这个伟大的人真有可能再度执政，杰克非常激动。通过大量阅读报章报道，用脑子和手做记录，杰克密切关注了 1948 年 10 月在威尔士召开的英国保守党年会。丘吉尔在会上对苏联的威胁发出严词警告，他的发言像是上紧的发条，在杰克身上产生了共鸣。"无论后果是什么，我们支持国王陛下政府的现行外交政策，即立场坚定地反对苏联的侵蚀和侵略，在柏林问题上抵制威胁、恐吓或敲诈勒索，"丘吉尔说话嗓音洪亮，"唯有美国人掌握的原子弹能阻止当今的欧洲完全屈从于共产主义。"丘吉尔讲话结尾时引用了《路加福音》第 23 章第 31 节的一段，该段说的是基督受难前意味深长地问道："这些事既行在有汁水的树上，那枯干的树将来怎么样呢？"杰克为这个段落画了下划线，以后他演讲时也会引用这一段落。[56]

最终，杜鲁门必将看到，他做出的空运决定是正确的。那年冬季温暖得反常，空中行动高效得惊人，空运的粮食、燃料、医疗用品总量达到了 230 万吨。1949 年 4 月 16 日，仅一天时间，大约 1400 架次飞机 24 小时不间断地运去了将近 1.3 万吨货物——平均每一分钟会有一架飞机着陆。斯大林越来越失望，为每一个在共产

党政府机构登记的西柏林人发放了更多配给，不过，领情的人仅占

464 一小部分。1949 年 5 月，斯大林实际上让步了，他解除了封锁，授权与西方政府就柏林的正式地位展开谈判。[57]

成功的空运行动帮着拯救了杜鲁门的政治事业：1948 年 11 月，他在总统竞选中险胜共和党人托马斯·E. 杜威（Thomas E. Dewey），这让专家们大跌眼镜。顺利重返白宫的杜鲁门立刻迈出了重要的一步：让实质上早已成形的由美国、加拿大、西欧各国组成的军事同盟正式化。1949 年 4 月，北大西洋公约组织（简称北约）成立，12 个国家签署了共同防务条约。各成员国达成了如后共识：任何成员国遭到进攻，将被视作所有成员国遭到进攻。在共和党的罗伯特·A. 塔夫脱的率领下，国会山的怀疑论者谴责说，北约只会提高全面战争的风险。更有一些人在试问，盟国是否碰到过根本不存在的军事威胁。美国官员们承认，苏联不太可能会武装进攻西欧。不过，他们坚称，万一克里姆林宫向西方做出威胁性举动，在对付苏联时，北约必须构成一张"绊网"，以便美国将力量全部发挥出来。杜鲁门政府还希望，北约的存在会保证西欧国家不转向共产主义，或者在冷战中保持中立。7 月 21 日，参议院以 82∶13 票批准了该条约。[58]

那时候，杰克·肯尼迪已经步入国会第二任期。32 岁的他继续给人一种印象：他是那种时不我待、马不停蹄、追求再铸辉煌的人。"我们都是虫子，"这是他对当众议员的感触，"从全国范围讲，没人会特别关注我们。"[59]他在国会山的出勤记录有了改善，但只不过是稍微改善而已。大多数周末，他会离开首都。他去得最多

的地方是纽约市的华尔道夫酒店或瑞吉酒店，他身边总会有这个或那个女人做伴。但凡遇到需要就政策问题发表声明，需要就立法问题出面干预，杰克总会安排得天衣无缝，他的名字总会适时出现在马萨诸塞州选民眼前。1949年，众议院终于批准了一项重大的住房法案，正是杰克进入国会山以来孜孜以求的那类法案；他声称，这是一次胜利，同时他也哀叹，延宕造成了许多不必要的痛苦，尤其是对退伍老兵来说。他还充分利用自己在外交事务和军事政策方面的经验，让自己作为专业证人多次受邀出席参议院的欧洲盟国防务构架听证会。杰克意识到，在1949年的政治术语里，"坚定地反共"是个绝不会出错的说法，所以他经常夸大这方面的威胁，警示人们防止国内颠覆以及苏联的海外冒险活动。

眼看杜鲁门当局的对外政策警惕性不足，杰克越来越多地提出了批评。1949年9月，白宫宣称，一架载有特殊装备的美国气象飞机在西伯利亚地区的苏联空域探测到放射现象——明显标志着苏联已经进行自己的原子弹试验，从而终止了美国的核垄断——杰克批评总统未能实行足够的民防措施。在中国问题上，杰克更加强硬，他加入了"中国游说团"（由记者、商界领袖、右翼议员组成的团队，曾替蒋介石辩护），抨击白宫"听任"毛泽东领导的共产党军队在那个国家的内战中不断对蒋介石领导的国民党军队取得进展。国民党军队开始撤出北平的消息传到美国后，1949年1月25日，杰克在众议院的讲坛上发言说："我国对外政策在远东的失败，责任应当完全由白宫和国务院承担。"[60]

五天后，在马萨诸塞州塞勒姆演讲时，杰克再次谈到了这一主题：

　　　第二次世界大战结束以来，我们与中国的关系一直很糟糕。最重要的是，必须找出和聚焦于对当前的困境负有责任的那些人。……我们的对华政策让我们遭到了反噬。美国政府一再坚持，除非与共产党人组成联合政府，否则不给援助，这对国民政府是个严重的打击。让外交官和顾问特别不安的是……经过 20 年战争，中国高官的腐败传闻比比皆是，我们在那边的外交机制仍然不健全，他们已经看不见非共产主义中国的巨大利益。这正是中国悲剧的始末，而我们曾致力于在那个国家保住"自由"。[61]

　　那年秋季，毛泽东大获全胜，迫使蒋介石政府以丢脸的方式逃到台湾岛。杰克承认蒋介石有各种软弱，犯有各种失策，虽然如此，他再次将这场灾难的责任归咎于美国的政策。

466　　1949 年的"双重震荡"——苏联的原子弹和毛泽东在中国的胜利——随后几年会在世界政治和美国国内政治领域引起持续波动，这与杰克·肯尼迪的预料一致。尽管他担心这会影响美国安全，但他也从中看到了对自己的好处。这是他的主场，他可以在同侪中脱颖而出，可以留下自己的印记。即便无法迅速成功，在适当的时候，当他有了更大的平台，他定能成功。在第 80 届国会里，杰克的新人同伴理查德·尼克松和乔治·斯马瑟斯 1950 年即可参与（甚至赢得）参议院竞选。然而，对杰克来说，那样的机会还遥不可及。他必须等待，他满怀信心期待着耐心定会让他如愿以偿。与此同时，他会继续代表马萨诸塞州第 11 选区做好自己该做的事，伺机而动。

1949 年秋，杰克的身体状况明显好转，让他大受鼓舞，这主要是因为，人们发现，可的松可以显著改善艾迪生病患者的状况，这种患者的肾上腺无法生成足够的皮质醇激素和醛固酮。杰克可能数年前就开始定期使用皮质类固醇，但此时这种药才人工合成出来，且宣称对患有艾迪生病的人广泛有效。梅奥诊所的研究人员做出的上述声明导致人们疯狂采购可的松，肯尼迪家族也匆忙出手，在全美各地的保险箱里储备了一批备用药，从而使杰克不必担心无药可用。[62]医生们发现，这种药改善了患者的精神面貌、肌肉力量以及耐久力，增强了他们的整体健康感。仅仅确诊一事对杰克也有帮助，因为过去那些年他患上的那些莫名其妙的疾病至少得到了一种解释——他知道了，艾迪生病患者特别容易感染各种疾病。

新的一年和新的十年已经破晓，杰克的家人、朋友、相识都看得出来：约翰·F.肯尼迪回来了，他已经为重新开始做好准备。

第十七章

"红色恐慌"

约翰·F. 肯尼迪政治上的崛起同步于冷战的开始,与美国境内反共浪潮的初起形影不离,那场运动与大量党派政治脱不开干系——在其他西方国家,压根就没有类似之物。[1] 在海外反对苏联,在国内反对左派,这成了笼络选票、聚拢选举力量的一种方法,或免于被贴上同情赤色分子标签的方法。其结果是,人们可以接受的政治话语范围变窄了。时间移至 20 世纪 40 年代末,深入探讨和批判针对共产主义世界政策的机会也消失了,因为,左派和中左派才有可能清晰地表达有别于主流的观点,而他们丧失了在政治界和文化界的发言权。[2]

如果不认真研究"美国国内的冷战",就不可能理解杰克·肯尼迪的政治生涯;正因为如此,必须认真思索当年美国政治形势如何形成。

早在 1946 年中期选举期间,共和党已经谴责哈里·杜鲁门和民主党应对共产主义时软弱无能。投票日前不久,田纳西州众议员

B. 卡罗尔·里斯（B. Carroll Reece，兼任共和党全国委员会主席）就说："今年美国民众面临的是在共产主义和共和主义之间选边站。"密苏里州候选参议员詹姆斯·肯（James Kem）称，杜鲁门"对共产主义太软弱"。尽管参议员罗伯特·塔夫脱为人正直并以此著称，但他甚至也不加区分地使用"共产主义者""左翼分子""新政支持者"等词，进而还谴责民主党人"在境外绥靖俄国人，在境内培养共产主义"[3]。对自己的党在竞选中败北，杜鲁门及其助手们深感痛心，同时也认识到了问题所在。第二年春季，总统宣布杜鲁门主义后不久，他的行政团队开启了联邦雇员忠诚度调查计划，该计划授权一些政府官员筛查超过 200 万联邦雇员，唯恐其"政治变节"。数千人因此丢了工作，更有数万人不堪忍受调查，宁愿辞职。但绝大多数调查案中压根就找不到不忠的证据。

记者大卫·哈伯斯塔姆（David Halberstam）的总结非常到位："杜鲁门政府非但没有反击对共产主义软弱、颠覆政府等毫无来由的指控，反而信手拿来，为我所用。恰如在对外事务领域已然采取谨小慎微的做法一样，这毫无疑问是两害相权取其轻的做法。这样一来，这一议题也就合法化了；中间派共和党人显然是出于政治利益才容忍极右翼，而这一议题如今已经不是极右翼的资产，执政的民主党已经将其攥在手里。"[4]

不过，事实证明，最乐意挥舞反共大棒的是共和党人，结果表明，该党做这件事更得心应手。当时共和党严重分裂，党内国际主义派别反映的是华尔街和东海岸精英阶层的观点，而孤立主义派别则扎根于美国中西部众多小城镇。国际主义者们向东看，看到了大

468

西洋彼岸，支持美国介入欧洲战事，认为那是必要的、公正的。通常情况下，这些共和党人坚决支持富兰克林·罗斯福广阔的战时国际主义情怀，1940 年和 1944 年，他们两度支持共和党内与时任总统十分相像的候选人参选总统，他们还坚定地支持以美国为首的战后国际新秩序。

　　另一派采取的是截然不同的观点：该派固守各种孤立主义恐惧症，唯恐陷入海外争端，尤其是涉及穷凶极恶的欧洲人的争端，且对罗斯福在美国国内实施"社会主义"新政计划感到愤怒不已。就这一派追随者的对外目光而言，他们是向西看，看的是亚洲；他们选择的大洋是太平洋。即使在战后，该党的孤立主义派别仍然得到了广泛的支持——从数字方面说，支持这一派的人比支持国际主义派的人更多——但是，在选择该党领袖人物，参与 1940 年、1944 年、1948 年总统竞选方面（先后参选的人为温德尔·威尔基、托马斯·杜威，然后又是托马斯·杜威），这一派输给了东海岸精英。对共和党许多核心人物而言，威尔基和杜威都是懦弱的、没有主见的候选人，与前后两位民主党竞争对手罗斯福和杜鲁门几乎难分高下。[5]

　　不管怎么说，1948 年，托马斯·杜威输给了人们想象中的倒霉蛋哈里·杜鲁门，让共和党右翼惊诧不已——实际上共和党内每个人都如此，该党以外每个人差不多均如此。民主党已经执政 16 年，毫无疑问，他们下野的时间早就应该到了。但显然时间尚未到。共和党人高估了国家的不幸程度，低估了哈里·杜鲁门，他缺少罗斯福那样的感召力，缺少贵族式的自信。不过，杜鲁门有自己的优势：他生性率直，不装腔作势，遇事果断，美国普罗大众将他视作知己。他高中毕业，却混迹于受过良好教育的人群里。他广泛阅读了美国史和世界史，体察了人们对他的政府不断变换的要求。不止如此，杜鲁门在政治方面很精明，他机智敏锐地孤立了亨利·华莱士的左翼竞选活动，同时也孤立了斯托罗姆·瑟蒙德（Strom Thurmond）背后的迪克西民主党人（Dixiecrat），其结果是共和党连续四次竞选总统失利变成了连续五次失利。罗斯福不在了，不过，不知为什么，共和党人还是输了，败在了小个子的堪萨斯城服装销售商手里，他赢了 28 个州，以及 303 张选举人票，而杜威仅仅得到 189 张选举人票。民主党人在参议院甚至多拿了 9 个席位。

事后很难重温失利对共和党士气的全面影响，即使在当时，许多观察人士都没看出来，大获全胜的民主党人尤其没看出来。对共和党内的许多人来说，能否再次赢得总统选举似乎成了没有答案的问题。他们似乎注定是永远的少数党，也就是说，除非他们能想出个恢复动能的议题。而他们想出的议题是颠覆政权，"忠诚度"和"反共"成了他们的口号，这两个口号将用于攻击民主党人，用于每一次机会。再没有退路了。数年来，民主党人一直在严厉抨击共和党的国内优先项目既冷漠又残酷，仅仅肥了富人，牺牲的却是其他所有人的利益。风水轮流转，回收利益的时刻眼看要到了。[6]

一番努力下来，共和党获益颇多，尤其是借助 1949 年的"双重震荡"——苏联爆炸一颗原子弹，以及毛泽东领导的共产党在中国内战中获胜。共和党领袖们谴责说，唯有美国人才会导致这些事发展成这样。肯定是苏联间谍与美国同谋窃取了美国的机密，因而迅速加快了克里姆林宫的原子弹项目；一定是杜鲁门行政团队放任美国长期以来的国民党盟友蒋介石被打败，才导致"弄丢了中国"。罗伯特·塔夫脱在讲话中指出，国务院官员们在"清算"国民党人，并谴责那个国家"由左翼集团执掌，那些人显然希望摆脱蒋介石，为达目的，至少他们乐见将中国拱手让给共产党人"[7]。

对美国行政当局及其捍卫者来说，这样的指控实属荒谬。他们指出，第二次世界大战结束时，与装备差、训练不足的中国共产党相比，蒋介石拥有压倒性军事优势。然而，1949 年初，由于多次战败和大量逃兵，他的军队不断缩水，战败后他溃逃到台湾岛。无论如何，将他的失败归咎于美国不作为毫无意义。"［中国人民］没有抛弃蒋介石政府，"国务卿迪安·艾奇逊（Dean Acheson）宣称，"原本就没有任何东西可抛弃，他们只是对政府置之不理而已。"[8] 鉴于那么多共和党人投票反对好几项对外援助法案，还大声疾呼降低美国常备军水平（至 1949 年 5 月，美国军队仅有 63 万人），因而共和党更加宽泛的"对共产主义软弱"指控让艾奇逊觉得不可理喻，更别提他们当中有多少人对动用美国军事力量赴海外阻止共产主义传播毫无兴趣了。

即便如此，白宫也会抓住每一次机会，大肆宣扬自己的反苏警惕性。1950 年初，杜鲁门拒绝响应著名外交官乔治·凯南和专栏作家沃尔特·李普曼对开展高层外交的号召，批准对"超级"炸弹氢弹进行研究，还下令高级外交政策助理们对外交政策进行一次全面审查。当时凯南即将离开国务院政策规划室主任一职，他对冷战发展到穷兵黩武的程度发出了哀叹；他的继任者保罗·尼采（Paul

Nitze）却没有这样的担忧。尼采将成为美国国家安全委员会一份报告的主要执笔人，即"国安会 68 号文件"，文件预测到了"在不断缩小的两极化世界上"与苏联领导的共产主义力量持续不断的全球紧张局势。[9]

共和党的攻击持续不断，国务卿艾奇逊成了频繁遭受攻击的目标。他拥有多种无可挑剔的机构证书——格罗顿中学、耶鲁大学、哈佛法学院、科文顿-柏灵律师事务所（Covington & Burling）。他举止高傲，与来自中西部小城镇、不爱出风头的杜鲁门相比，在共和党右翼分子眼里，他是个更加诱人的攻击目标。[10]1949 年，艾奇逊强调自己与阿尔杰·希斯（Alger Hiss）的友谊（其实两人不是好朋友），这让他陷入了更加糟糕的境地，因为后者被控犯有间谍罪。希斯本人在政府里是一个举止优雅、有自制力的标杆性人物，曾在常春藤盟校就读，也是 1945 年雅尔塔会议期间美方代表团的成员，那年晚些时候，他还帮着组织了旧金山联合国成立大会（那次大会期间，约翰·肯尼迪担任记者）。战后，他成了卡内基国际和平研究院的总裁。

1948 年，《时代》周刊一个名叫惠特克·钱伯斯（Whitaker Chambers）的编辑声称，20 世纪 30 年代，他和希斯曾在共产党内共事，希斯（当时在美国农业部工作）曾经给他一些政府的机密文件，让他转交给几个苏联人。希斯竭尽全力否认此事。作为众议院非美活动调查委员会成员，年轻的众议员理查德·尼克松固执地坚持调查这个案子。尼克松的一番努力毫无成果，直到有一天，藏在一个掏空的南瓜里的几卷缩微胶卷揭开了对希斯不利的时刻，南瓜

471

位于钱伯斯的农场里。初审陪审团因分歧没做出判决，然后，1950
年 1 月，第二个陪审团判定希斯犯有两项欺诈罪：否认给过钱伯斯
文件；坚称 1937 年以来从未见过钱伯斯。（指控其犯有间谍罪的诉
讼时效早已过期。）① 希斯身材瘦削，浑身透着贵族气息，衣着和
举止毫无瑕疵，让他掉进坑里，与衣衫不整、身材肥胖的钱伯斯对
垒的案件数个月来一直据各报的头条位置，尼克松借此案冉冉升
起为"右翼势力的英雄"。他宣称，美国存在一种"阴谋"，阻止
美国人民"知道真相"[11]。

　　这样一来，所有人都把目光转向了美国级别最高的外交官迪
安·艾奇逊。希斯的判决结果公布后，艾奇逊仍然堂堂正正地对记
者们说："我没有抛弃阿尔杰·希斯的打算。"共和党人立刻抓住了
这个机会。威斯康星州参议员约瑟夫·麦卡锡甚至将一场参议院听
证会叫停，以便报告"四分钟之前国务卿做出的这一荒诞的表态"。
麦卡锡大声问道，这是否意味着，艾奇逊也没有抛弃华盛顿其他共
产主义同情者的打算。与此同时，理查德·尼克松称，艾奇逊的说
法"让人恶心"，随后他把艾奇逊称为"儒弱的遏制学院的红色院
长迪安"（Red Dean of the Cowardly College of Containment）。几天
后，英国科学家克劳斯·福克斯（Klaus Fuchs）因间谍罪遭到逮
捕，被指控窃取原子弹机密，这正好为共和党所称存在必须揭露的
阴谋提供了佐证。[12]

---

　　① 阿尔杰·希斯被判入狱五年，实际入狱时间为三年。1996 年，他临终时仍坚称自
己无辜。——原注

共和党的矛头不仅指向共产主义。从希斯的判决里，保守派看出了他们长期以来谈论的关于精英的论断：老于世故的东部人接受了过多教育，他们偏爱大政府。"18 年来，"南达科他州共和党参议员卡尔·蒙特（Karl Mundt）提高调门说，"国家一直由'新政'支持者、公平交易提案支持者、错误交易者、希斯同情者管理，他们像布谷鸟钟上的钟摆一样在自由和共产主义之间来回摇摆。"[13]

II

希斯的判决于 1950 年 1 月 21 日下达。1 月 31 日，杜鲁门宣布了研发氢弹的决定。克劳斯·福克斯遭逮捕一事发生于 2 月 3 日。2 月 9 日，麦卡锡发表了一通演说，那演说犹如晴空里的一声霹雳，从彼时开始，固化了他在美国历史教科书里的地位。在西弗吉尼亚州惠灵（Wheeling），面对俄亥俄女性共和党俱乐部听众，麦卡锡宣称："美国国务院存在大量据称是共产党的成员，以及据称加入了间谍网的成员，我没工夫将他们的名字一一念出来，我手里有一份 205 人的名单——这份标明谁是共产党成员的名单是呈交给国务卿的，然而，这些人仍然在为国务院工作和制定政策。"麦卡锡没有证据，当时没有，后来的日子里也没有。在他的历次讲话中，数字刚刚调低到 57 人，接着又提高到 81 人，后来又变成了"许多"。实际上，麦卡锡手里根本没有名单，几乎可以肯定，他没有任何能够证明国务院的某人真的属于共产党的证据。[14]

甚至没人能说得清，麦卡锡是否真的对间谍或共产主义感兴趣。记者乔治·里迪后来成了第 36 任美国总统林登·B. 约翰逊（Lyndon B. Johnson）的助理，他的一番评论让人终生难忘："即使在莫斯科红场，麦卡锡也认不出谁是共产主义者——他根本分不清谁是卡尔·马克思，谁是演员格劳乔·马克斯（Groucho Marx）。"麦卡锡在家乡威斯康星州的名声拖了他的后腿，两年后的改选形势也容不得他乐观，他需要一个话题，以挽救他的政治命运。[15] 他认

473 为，他无疑找到了合适的话题。他骨子里是个推销员、演员，对他那种人来说，信息准确与否远不如吸引眼球来得重要，他具有臆想颠覆政权和臆想阴谋诡计的天赋，还具有让胆小的人和易受伤的人蒙受奇耻大辱的天赋。他是个懒人，不愿为自己的各种说法寻找出处，他主要依靠别人的说法和臆断。不过，他也非常精明：他早就看透了，许多人表面无所谓，心里却装着各种怨恨和恐惧——怨恨精英，恐惧其他人——真的，他自己就如此。[16] 像所有煽动者一样，他知道，人们似乎总是疑惑，这世界为什么不像他们设想的那样运转，人们想要的是一些简单的答案；他还知道，采用挑动情绪的方式，而非让人们思考的方式，更能迷惑这些人。此外，他清楚，只要制造一些耸人听闻的说法，人们就会以为，政府内部到处都是秘密听命于克里姆林宫的叛徒，这种说法必有真实成分。[17]

另外，麦卡锡对时机的把握非常到位，全国性狂热已经积累好几年，"双重震荡"和几个间谍案例突然将其推高了。还有，麦卡锡在惠灵的那些说法以及紧随其后［在科罗拉多州丹佛（Denver）、犹他州盐湖城（Salt Lake City）、内华达州里诺（Reno）］的一些说法确实让他荣登梦寐以求的报章头版头条位置——记者们都清

楚，麦卡锡是个无耻的骗子，不过，耸人听闻的故事会增加报纸销量。（指控越离谱，越能上头条。）很少有记者强行让麦卡锡为那些说法提供依据。他能让报纸销量大增，销量才是王道。[18]

尽管如此，参与报道麦卡锡的记者们看得出他究竟要做什么，看得出他一直故意让各种说法含糊不清，他所关心的唯有如何获得知名度，那意味着，他需要不断提出各种新说法、新指控。谎言一旦被揭穿，他也从不道歉，从不认错，反而会攻击指控他的人，或者干脆转向下一个目标。"跟乔（约瑟夫的绰号）对话就好比将双手插进一碗糊糊里。"这是当年乔治·里迪为合众社报道约瑟夫·麦卡锡时所说，那种体会让他觉得反胃，导致他退出了新闻报道行业。[19]自信心不足、喜欢讨好人的麦卡锡有严重的嗜酒问题（他最喜欢的事莫过于晚间与记者们在酒吧里称兄道弟），只要围着他转的那些新闻从业人员需要，他会特别乐于提供素材，如果有必要，他会编造一些新的指控。如果记者们想知道共和党领导层对这个或那个议题究竟怎么想，麦卡锡会非常开心地直接给罗伯特·塔夫脱办公室打电话，将记者们的问题甩给后者，然后将电话听筒转向屏住呼吸静静倾听的记者们。[20]

"麦卡锡主义"是后人给这个参议员的荒诞行为起的名字，这个词凸显了在几乎没有证据或完全没有证据的情况下公然调查共产主义者的冷酷行为，其做法之野蛮，完全玷污了行动目标的名声。 474
麦卡锡在美国变得家喻户晓，这让人们很容易忘掉，这一现象在他之前已然存在——最早的"红色恐慌"始于第一次世界大战刚刚结束，不仅形式不同，规模也小；自1946年和1947年以来，它不过是换了新马甲而已。不可否认，来自威斯康星州的参议员给第二场"红色恐慌"加足了燃料。

1950 年 6 月末，朝鲜半岛上突然爆发战争，更是加强了麦卡锡的地位。1910 年，朝鲜成了日本殖民地。1945 年日本战败后，苏联和美国将朝鲜一分为二，苏联人控制了北纬 38 度线以北的朝鲜半岛，美国人则掌管着 38 度线以南的部分。当初的设想是，朝鲜分裂是暂时的，不过，随着冷战紧张局势的深化，分裂延续了下来。无论是北方的共产党领袖金日成，还是美国支持的南方总统李承晚，两人都寻求控制统一的朝鲜半岛。朝韩双方纠纷不断，最终演变为大规模冲突。朝鲜军队夺取了南方的首都汉城，占据了有利位置，大有全面南下半岛、让金日成控制整个国家的态势。[21]

那次行动让华盛顿方面大吃一惊，不过杜鲁门迅速做出了回应。他向韩国部署了美军，以击退那次行动，还促使联合国安理会通过了一项谴责朝鲜的决议，号召各成员国派部队参战。（当时苏联代表无法否决该决议，因为苏联人正在抵制联合国，以抗议该机构拒绝恢复中华人民共和国在联合国的合法席位。）这样一来，尽管保卫韩国的行动由美国领导和控制，却成了联合国行动。杜鲁门将那次军事行动称作"警察行动"，那么做可以让他避开国会，避开正式宣战。那年夏末，在朝鲜战线后方大约 200 千米，在道格拉斯·麦克阿瑟将军率领下，联合国军在韩国西海岸的仁川实施了一次奇妙的两栖登陆，一举扭转了战局，形成了在初始分界线以北继续向北推进的态势。麦克阿瑟那么做超出了联合国授权，联合国仅授权各参战方保卫韩国，杜鲁门却指示自己的将军乘胜追击；总统嗅出了反驳的机会，对共和党指控他一年前"丢掉了中国"，他可以凭借大获全胜扳回一分。麦克阿瑟麾下各部队向着鸭绿江，向着中朝边界继续前压，直到当年 11 月，中国人民志愿军（应朝鲜政府之邀入朝施以援手）突然发动大规模攻势，将联合国军和韩国军队重新逼回了南方。在当初的北纬 38 度线附近，交战双方逐渐形成了僵局。

随着朝鲜那边的战事迅速升温，麦卡锡的言辞攻击也迅速升级。随着一些美军作战部队遭到朝鲜军队和中国人民志愿军的打击，无论是政府的人还是非政府的人，极少有观察人士胆敢谴责麦卡锡。他把丢掉中国和未能在朝鲜迅速赢得胜利归咎于美国国务院那些"嘴里含着金汤匙"长大的"漂亮男孩"和"同性恋者"，很少有人站出来反驳他。即使许多共和党议员私下里认为，麦卡锡的说法过于极端，他们却欢迎他的攻讦，因为他的目标差不多都精准定位到了民主党人和自由派身上，还因为他们看得出来，麦卡锡将那些人描述成享有特权、生活优渥的精英，这话说到了美国中部许多选民心上。那一年，麦卡锡收到上千份邀请，代表诸位共和党候选人发表演说，这比所有参议院同事加在一起收到的邀请还多。[22]

试图与麦卡锡作对的同事不仅稀少，而且自身得冒巨大的风险。新当选的共和党参议员玛格丽特·蔡斯·史密斯（Margaret Chase Smith）来自缅因州，是个温和派。1950 年 6 月初，通过一篇题为《良心宣言》的演讲，她抨击了麦卡锡的做法，随后亲身经历了一场"洗礼"。美国人民"恨透了也烦透了害怕说实话，以免对手用'共产主义者'之类的标签从政治上抹黑自己"。史密斯公开宣称，"言论自由在美国已不复存在"[23]。麦卡锡进行了猛烈回击，嘲讽史密斯和参议院共同起草宣言的人为"白雪公主和六个小矮人"。马里兰州民主党保守派议员米勒德·泰丁斯（Millard Tydings）所在的附属委员会查出，麦卡锡最初那些对国务院的指控均系伪造，并因此公开反对麦卡锡，结果被贴上了"只知道阿谀奉承的自由派"，以及"共产民主党人"标签。随后不久，除了来自俄勒冈州的非偶像派共和党议员韦恩·莫尔斯（Wayne Morse，后来他成了无党派议员，再后来他加入了民主党），其他几个人都疏远了史密斯，到末了，史密斯也悄悄打了退堂鼓。那年秋季，在改选过程中，麦卡锡的追随者四处散发一幅合成图，将泰丁斯污名化为美国共产党领袖厄尔·白劳德（Earl Browder）的同伙，导致他也丢了席位。[24]

约翰·F. 肯尼迪不是"六个小矮人"之一。相反，1950年，他批评的主要对象是杜鲁门和艾奇逊应对中国内战的方式，他抱怨的是政府在反间谍方面警惕性不足。他认为，阿尔杰·希斯罪有应得，杜鲁门稳重的财政措施挖了军事准备的墙脚。杰克还声称，他对杜鲁门决定派作战部队前往朝鲜持保留意见——他唯恐美国军队的摊子铺得过大，威胁到美国在其他地方遏制共产主义的能力，尤其在更重要的地区，例如欧洲。他指出，苏军在欧洲方向部署了80个师，以对抗北约的12个师。杰克认为，美国军队在朝鲜战争初期遭遇一连串失败恰恰证明"我们处于防务准备不充分状态"。就此，他提议增加税收，以支付战争开销和进行更广泛的军事建设。那年秋季，在哈佛大学公共行政研究生院（后更名为约翰·F. 肯尼迪政治学院）的一次研讨会上，杰克坦率地表达了对美国外交政策及其背后那些决策人的一些看法。他对学生们说，他对迪安·艾奇逊的领导持负面看法，他还说，杜鲁门总统否决《麦卡伦法案》是个错误，因为该法案授权对所有共产主义者及其共产主义前线组织进行注册管理，在国家出现紧急事态时可依据该法实施拘留。（国会几乎当即就推翻了总统的否决。）[25]

不止于此，杰克认识麦卡锡，而且跟他关系不错。像杰克一样，麦卡锡也是爱尔兰裔天主教徒；战争期间，他也在南太平洋服役（两人初次见面地点可能是所罗门群岛）；1947年，两人都是国会山新晋议员时，麦卡锡经常到乔治敦杰克家吃晚饭。① 有麦卡锡在场的那些夜晚，他表现出的随和及精力无穷都让杰克喜欢，尤妮斯也喜欢有麦卡锡在场。麦卡锡满嘴脏话，杰克对此满不在乎，他当水手那时，骂人也骂得相当溜。只要有时间，麦卡锡就会陪同尤妮斯在华盛顿和波士顿参加各种晚间活动，时常还会搭上尤妮斯的妹妹帕特里夏，麦卡锡也会前往海恩尼斯港看望肯尼迪一家。1950年6月，麦卡锡前往康涅狄格州格林威治（Greenwich），出席了罗伯特·肯尼迪的婚礼，新娘是埃塞尔·斯卡克尔（Ethel Skakel）。接下来那个月，在科德角参加尤妮斯的生日聚会时，肯尼迪兄弟姐妹"送给［麦卡锡］乘船待遇：将他抛到船舷以外，接着，尤妮

477

① 麦卡锡总是大言不惭地吹嘘自己的战争阅历，逢人便说自己在南太平洋期间号称"尾炮手乔"。1951年，据称因为执行过将近30次作战任务，而且受过伤，他受颁"飞行优异十字勋章"。与后来的许多说法相悖，当年他的确参加过战斗，不过，战时大部分时间他都是坐办公室的情报官，飞行员每执行一次作战任务，他都要提交一份事后报告。他从未在作战中受过伤；更有可能的是，一次他参加晚会时，在楼梯上踏空，崴了一只脚。——原注

斯像小姑娘一样开心地笑起来，将他按进水里"。罗丝给新婚夫妇
的一封信中写道："吸引所有人眼球和意外的是，参议员露出水面
时脸色煞白，呛水的同时拼命扑腾。他没有当场淹死实属万幸，因
为，知道吗，他来自威斯康星，可他从没学过游泳！"还有一次，麦卡
锡去海恩尼斯港看望肯尼迪一家时，在肯尼迪家的草坪上，肯尼迪家庭
队与邻居们组成的队伍一起打垒球，麦卡锡成了肯尼迪家庭队二垒和三
垒间的游击手，他连续四次出错，只好退场，来到了门廊上。（杰克
因为背痛突然发作，很早也退出了比赛，来到了门廊上。）[26]

　　约瑟夫·肯尼迪尤其喜欢麦卡锡，后者身上一些让别人感到不
适的东西，恰恰投约瑟夫所好：如厚颜无耻，对现政权火力全开的
言辞攻击，对高雅举止和外交的鄙视。据说他自己身上也有这些特
质，只是更少而已。大使很享受跟麦卡锡在一起时那种喧嚣与随
和，两人都鄙视左翼人士，均喜欢流言蜚语。"我可以直截了当地
回答你脑子里想到的问题，"数年后的 1961 年，约瑟夫对一名采访
者说，"我喜欢乔·麦卡锡，我一直喜欢他。每次去华盛顿，我都
会见他。每次他来棕榈滩，都会来我家喝一杯。我还邀请他来科德
角家里做客。"大使偶尔会打电话给麦卡锡，请他在政治策略和战
略方面出出主意。他好像从未对参议员言辞攻击过的那些受害人表
示过关切。[27]

　　在 1950 年中期选举中，麦卡锡追随者的战术得到了普遍应用。
在佛罗里达州，早在赢得普选之前，乔治·斯马瑟斯就利用肮脏
的、揭伤疤式的、乱扣红色帽子的方式赢得了初选，轻松击败了他
的导师克劳德·佩珀（Claude Pepper）参议员。斯马瑟斯评价佩珀

时说："乔［斯大林］喜欢他，他也喜欢乔。"在争夺加利福尼亚州参议院议席过程中，理查德·尼克松研究了斯马瑟斯的战术，将对手海伦·佳赫甘·道格拉斯（Helen Gahagan Douglas）当作无可救药的左翼同路人予以重击。（她"粉到连内衣裤都是粉色"，尼克松说，他话里的性别歧视同样奏效，等同于乱扣红色帽子战术。）尼克松轻松获胜。在伊利诺伊州，共和党人埃弗里特·德克森（Everett Dirksen）发誓将共产主义者及其支持者清除出国会，因而击败了现任民主党参议员斯科特·卢卡斯（Scott Lucas）。在纽约州，眼看竞争参议院席位注定失败，约翰·福斯特·杜勒斯（John Foster Dulles）就对手赫伯特·莱曼（Herbert Lehman）说了如后一番话："我知道他不是共产主义者，但我也知道，那些共产主义者站在他一边，去年本州投给亨利·华莱士的 50 万共产主义者选票都会转投给他，而不是我。"[28]

478

Ⅲ

那年秋季，杰克·肯尼迪在第 11 选区旗开得胜，同时，他也认真研究了全美各地的选举结果。[29]人们的猜测越来越多地转向了他为 1952 年做的各项计划，他是否会参加全州性职位竞争尤其引人关注。他自己很早以前就开始往那方面想了——在众议院连续干三届实在太多，谢谢——1950 年，马萨诸塞州发生了两场悲剧，杰克似乎从公众的反应里得到了额外的启发。2 月 11 日，前市长詹姆斯·迈克尔·柯利——他已经失去妻子，以及九个孩子里的五个——的女儿玛丽·柯利（Mary Curley）在接电话过程中突然倒地，死于脑出血。同一天晚上，在同一间屋子里，同一部电话机旁，玛丽的弟弟利奥（Leo）同样倒地，死因相同。双重灾难导致大量民众涌入市长家追思逝者——根据媒体的说法，大约五万人在冻人的天气里排起数条长龙，其中一人是众议员约翰·F. 肯尼迪。根据助理戴夫·鲍尔斯的说法，由于那次经历，由于亲眼看到脸色灰白的柯利与人们握手，对逐一经过灵枢的人们说谢谢，杰克深受感动。[30]

然后，10 月 2 日，约翰·"蜜糖菲茨"·菲茨杰拉德在波士顿去世，享年 87 岁。由于长期血液循环不畅，他已经患病好几个月，可是，不管怎么说，他的去世对杰克都是沉重打击。他们的关系一直特别亲近，从杰克小时候第一次陪姥爷一轮又一轮参加政治活动，或者一起前往芬威公园（Fenway Park）观看波士顿红袜队比赛起就很亲密了。两人都有随和的性情，脑子都快，对历史的感悟都带有浪漫色彩，都觉得投身政治是一种享受，也都具备超常的努力工作能力。比起父母，他的个性确实更像姥爷，即使杰克最终成了不同类型的政治家——沉默寡言、高贵典雅、彬彬有礼，没人会用这些词描述"蜜糖菲茨"。父亲去世时，罗丝正在巴黎度假，来不及赶回家参加葬礼。出席葬礼人数多达 3500 人，挤满了波士顿圣十字大教堂（Cathedral of the Holy Cross）。杰克代表肯尼迪家出席葬礼，一起去的还有尤妮斯、帕特、琼、泰迪。[31]杜鲁门总统发来了唁电，护枢人包括本州的两位参议员小亨利·卡伯特·洛奇和莱弗里特·索顿斯托尔，以及两位未来的众议院议长约翰·麦科马克和蒂普·奥尼尔（后者当时是州议会议长），还有柯利市长。从大教堂运送"蜜糖菲茨"的遗体前往最终安葬地时，沿途聚集了数万人，灵车经过时，一些人唱起了《甜美的艾德琳》。安葬地点是位于西罗克斯伯里（West Roxbury）的圣约瑟夫公墓（St. Joseph Cemetery）。

"他用一生热爱自己所在的城市波士顿，"这是后来杰克对姥爷的评价，"如今波士顿在回报他的爱。"送他的人们来自各行各业，"有伟人，有大人物，也有平民百姓"。先有柯利痛失家人，后有"蜜糖菲茨"本人，民众对他们的感情流露给杰克留下了深刻印象，让他更倾向于追逐更高的职位。莱姆·比林斯在回忆录中写道："两场活动场面盛大，蔚为壮观，其中有些东西让杰克深受触动，让他认识到，政治家超凡的影响力可以作用于普通民众的感情，而这种影响力在国会山那些走廊里往往遭到遗忘。"[32]此外，遭遇背靠背的悲剧时，公众立刻就表达了浓浓的情意——像邻里一样聚在一起——这促使杰克倾向于离开众议院（那里让人觉得与世隔绝，毫无生气），离开国会选区里的那些地区，去追求服务于更多人口的职位。

然而，经由哪条路线竞选州级职务尚不明朗，因为杰克在等待现任州长保罗·德弗的决定。如果德弗选择与受到普遍尊重的洛奇竞争参议院席位，杰克很有可能寻求州长职务；如果德弗不那么做，杰克即可放手一搏，与洛奇竞争。从一开始，杰克想走的就是后一条道路——他说过，竞选州议会席位，比"签订几份疏通下水道合同"的意义大不了多少，几乎没机会接触紧迫的国际事务议题。[33]如有必要，随时都可以选择在初选中与德弗抗争，全力以赴竞选参议院议席，只不过那样的战略需要冒一些巨大的风险，尤其需要考虑德弗的技巧，他久经历练，像个选票收割机，还要考虑他必将带进初选的作为现任州长的固有优势。[34]

所以，杰克的竞选团队一直在旁观和等待，与此同时，通过覆盖全州的雄心勃勃的演说计划，以及各种各样的媒体见面会，团队成员会让杰克尽可能多地接触选民们。最初几个月断断续续尝试过的那种方式，即每周四到周日返回老家马萨诸塞州，向愿意接纳他的听众——麋鹿会（Moose）会员、厄尔克思慈善互助会（Elks）会员、圣地兄弟会（Shriner）会员、吉瓦尼斯（Kiwanis）会员、"扶轮社"会员、海外战争退伍军人协会会员、消防志愿者、教会成员——发表演说渐渐成了规律；1951 年初到年末，杰克奔赴大大小小将近 70 个社团发表演说，每周跑的路多达 850 千米到上千千米。他的演讲基本上都会涉及当时最紧迫的一些政策性议题，当然也会涉及更宽泛的议题，他会敦促听众关注新消息，前往投票站登记，考虑加入公共服务队伍。

那年夏季，团队的两名助理乔·德古里尔摩和托尼·加卢西奥花费数周时间游历了马萨诸塞州的一些城市，为的是测试杰克在两种不同竞选中的受欢迎程度。"在我的建议下，托尼和我采取了一种形式，一旦我们到达一座城市，我们会分开行动，无论需不需要，我们都会刮胡子，理发，进餐馆，跟女服务员们以及其他人分别谈谈，"德古里尔摩回忆说，"当时我们要做的是，评估杰克、洛奇、德弗三人各自的优势。两周后我们才回来，接着我们又去了新贝德福德（New Bedford）和福尔里弗那一带，然后又去了劳伦斯（Lawrence）和洛厄尔（Lowell）。这些都做完后，托尼和我逐渐产生了一套理论，即德弗不可能再次当选，杰克·肯尼迪将他拉下州长位子易如反掌；杰克也有可能战胜洛奇，不过，与打败德弗相比，他跟洛奇比分胶着。"[35]

加卢西奥还独立完成了许多工作。全州有351个城镇，在一年时间里，他来来往往，最终走遍了每一座城镇。每到一地，他都会避开政治家，特意寻找当地受尊敬的市民——开店的店主、老师、律师、牙医——通过这些人的看法，可以衡量出杰克参选的潜力。如果对方表现出兴趣，加卢西奥会接着问，他们能否明白，他们已经在为可能的竞选做事了。许多人说明白，有些人说也许吧。他会把这些人的名字和地址都记下来，然后问对方，可否推荐个他应当拜访的人。

为促进儿子的利好，约瑟夫·肯尼迪像以往一样全力以赴，设法组建了一个遍及全州的组织——对两个方向的竞选都有用——还不停地做记者们的工作，让各报尽可能做有利于杰克的报道。为了更多地参与儿子羽翼未丰的竞选活动，约瑟夫甚至压缩了对众多商业利益的参与度。（战争结束后，他主动进军房地产行业，还收购了好几家油气公司。）他个人委托并付费的几次民调结果显示，杰克理应能战胜洛奇，但可能性不是特别大。父子二人更加强烈地相信，这正是他们必须投身的竞选。（几次民调结果还显示，莱弗里特·索顿斯托尔是更难战胜的对手，而他1954年才会参加改选。）

肯尼迪父子二人组成了如此不搭调的一对：关系如此密切，如

481

此让人喜欢，如此相互尊重；然而，在人类的动机和目的方面，在外交技巧和治国方略方面，在美国的世界性角色方面，两人的观点却如此迥异。儿子着眼于竞选全州性职位时，人们难免会以为，约瑟夫·肯尼迪肯定会设法避免与儿子公开唱反调，大家都想错了。1950 年 12 月，在一场刚刚兴起的、极有可能将杰克也拉入其中的"伟大辩论"（《生活》杂志用语）中，约瑟夫扮演了一次主角，他受邀前往弗吉尼亚大学法学院的学生法律论坛（无巧不成书，该论坛的主席是罗伯特·肯尼迪）发表演说，当时他拒绝了一名助理为他准备的不得罪人的讲稿——关于律师和公共事业——反而充满激情地临场发挥，阐述了鲜明的孤立主义对外政策观。他对台下的听众说，共产主义"既不是铁板一块也不是永恒的"，在没有外部压力下，最终会自行倒台。所以，华盛顿那些领导人应当而且必须撤回对海外的所有承诺，反过来集中精力增强美国的经济。毕竟，数百亿投向海外的钱，究竟成就了什么？少得可怜！杜鲁门那些政策确实是"自杀性的"，道德上也是错的。约瑟夫继续说，接下来，美国应当停止在朝鲜的战斗——在那边，中国军队最近大规模参战——美国应当从那边，以及从亚洲其他地区撤军，然后在欧洲也做同样的事。"支持法国在印度支那的殖民政策，或者，帮助李承晚先生在朝鲜半岛实现民主观念，这些跟我们有什么关系？……我们着眼于自己的事，只有在别人威胁到我们的生意和我们的国内事务时，我们再奋起干预，这样会更好。"[36]

为确保广泛的媒体报道，大使预先将演讲稿散发给了商界的朋友们。赫斯特新闻社的几份报纸热情参与，刊发了好几篇长篇节选和热情洋溢的社论。像以往一样，阿瑟·克罗克极尽赞美之能事，还报道说，"一个两党合作小组"正趋于靠拢约瑟夫的立场。甚至受人尊重的沃尔特·李普曼也发表了一篇题为《孤立主义浪潮》的专栏文章，谴责约瑟夫的"美国堡垒"硬核立场的同时，他也承认，这好像顺应了公众对哈里·杜鲁门的全球主义不断增长的怀疑。几天后，前总统赫伯特·胡佛发表了一篇面向全国的广播讲话，许多内容与约瑟夫的几个主题相互呼应，引得一些分析人士开始谈论一种针对国际事务的"胡佛–肯尼迪"立场。拥护者欢呼雀跃，不过，批评声也随之而来，两人被嘲笑为反动分子、绥靖主义者、天真的受骗者、克里姆林宫的同情者。《纽约时报》在一篇社论里似乎很得意地指出，苏联官方报纸《真理报》全文刊登了两人的讲话。[37]

约瑟夫·肯尼迪的政治立场实际上合情合理，而且他一直坚持这一立场。20世纪40年代的共产主义在他眼里是一种错误的社会制度，不过还算不上威胁到美国根本安全的制度。美国的地理优势和人口优势就是这样，没必要为民主资本主义的某种斗争满世界投送国力，没有那么做的迫切需求。此外，那样的斗争必将使财政部冒破产的风险，还会招来无尽的帝国主义干涉谴责。"无论是现在还是不久的将来，俄国人都不想要大规模战争。"约瑟夫早在1946年3月撰写的文章中就提到了这一点，他表达的观点后来得到同一时期相当多历史学家的赞同。斯大林是个现实主义者，头脑灵活，做事谨慎，他一贯的做法是，苏联的共产主义宏图大志必须服务于苏联作为国家的宏图大志，后一种志向是地区性的，而非全球性

482

的。批评约瑟夫的许多人思考问题更周全，虽然他们不同意这些观点，却承认这些观点，其中包括他儿子。他们强烈反对的是约瑟夫的如后说法：在欧洲实现力量平衡，或者今后在亚洲那么做，对美国来说并非利益攸关。对他们来说，1814 年托马斯·杰斐逊发表的宣言仍然有效："整个欧洲沦落为单一的君主政体不符合我们的利益"；我们宁愿发动战争，也不愿"眼睁睁地看着整个欧洲的力量由一只单一的手操控"[38]。

Ⅳ

1951 年 1 月，关于外交政策的"伟大辩论"蔓延到国会时，杰克很高兴离开所在的城市，他再次跟托比·麦克唐纳一起出游，又进行了一次大范围的欧洲行。有钱、在众议院有稳当的位置，真是一件幸事：可以抽身离开好几个星期，但凡涉及钱的事或政治代价，杰克都不必操心。永远都热衷于在旧世界度过时光的杰克同时也看到，这趟出游（耗费一个月时间，他和托比先后访问了英国、法国、西德、意大利、西班牙、南斯拉夫）也是一次机会，能为接下来那年可能竞逐参议院席位提升外交事务方面的资质。幸运的是，由于他和父亲在世界观方面不断扩大的裂痕，这趟出游也让他避开了记者们各种刁钻的提问。

一路上，杰克一直在记日记，前前后后记了 158 页，那本日记传给了后世子孙们。如今再读那本日记，除了典型的书写潦草和拼写错误，读者仍然可以从中看出，日记作者拥有新闻从业者那种犀利的目光，另外，看起来他非常像报道外交事务的记者：杰克整天交往的都是政府领导人、美国和外国外交官、记者，不太在乎与普通男男女女交往的事。即使他注意过身边的人和事，他也不认为有什么东西值得记述，不过，对有用的人和事，他确实拥有超常的观察力：

> 南斯拉夫——贝尔格莱德——像石头一样冰冷和潮湿——没有暖气——窗户上都是质量低劣的发白的帘子布——街上到处都是人群——部分原因是那里的商店太少。人们似乎很年轻，精力充沛，其中有许多士兵。铁托的军人……肩上都扛着机枪——他们的坎肩上都缀有红星。他们虽然看着强壮，却不健康——患病率（尤其是肺结核）是欧洲国家里最高的。

在贝尔格莱德期间，杰克拜会了约瑟普·布罗兹·铁托（Josip Broz Tito）元帅，拜会时长一个小时，地点在这位南斯拉夫领袖位于郊外的豪华别墅里。两年半以前，铁托跟斯大林分道扬镳，南斯拉夫成了独立的共产主义国家。杜鲁门当局满心期盼铁托的这一举动能成为苏联阵营其他国家学习的榜样，因此给他送去了经济和军事援助。在整个交谈过程中，铁托一直表现得和蔼可亲，富有魅力，一支接一支不停地吸烟，还奉劝杰克不要听信如后谣言：好几个华约国家——匈牙利、保加利亚、罗马尼亚——响应斯大林的命令，图谋在春季进攻南斯拉夫。他接着说，远期看斯大林似乎也不大可能计划进攻西欧，克里姆林宫领袖现有的麻烦已经够多了。

"我国人民对未来充满信心，"杰克记述了东道主的说法，"不过我
484 不是预言家，所以我们正在为最终可能发生的一切做准备。"铁托
接着还说，美国人正在玩莫斯科玩的游戏，在朝鲜半岛深陷一场打
不赢的战争。[39]

杰克说，一系列政治误判导致了1938年的慕尼黑会议，给世
界带来了极其严重的和持久的伤害。铁托对这一说法嗤之以鼻。铁
托谴责道，如果有人在1938年犯了愚蠢的错误，最可疑的是捷克
人。他们装备精良，有坚固的国防设施，理应站稳立场。然而他们
失去了勇气，没把问题想清楚，因而让希特勒抓住了良机。南斯拉
夫不会犯同样的错误，如果有必要，南斯拉夫会抵抗苏联军队。东
道主的激情表白和昭然的智慧让杰克印象深刻，不过他仍然坚守自
己长期以来的观点：慕尼黑会议是绥靖政策灾难性的副产品，错不
在捷克人，而在英国和法国。[40]

从杰克在日记本各处记述的内容看，他更愿意记述别人怎么
说，而非自己怎么想。无论如何，从这本日记记述的内容看，正如
他此前那次欧洲行一样，他与其他国家人民的交流加深了他对当代
社会复杂性的认识，以及对世界各地领袖们所面临的艰难抉择的认
识。他再次认识到，政治话术里美国人玩得炉火纯青的左派-右派
现实，在海外根本行不通。正因为如此，当意大利人应该做正确的
事，必须为自己的防务做贡献之际，"意大利经济却危在旦夕——
实在太穷了——必须对用于出口的食品给予6%的补贴，所以不愿
为重整军备而放弃经济复苏"。至于法国，法国人觉得自己被苏联
军事强国"压倒性的"国力碾压了，导致杰克"怀疑，原指望由

法国提供保卫欧洲的大部分地面部队是否还能实现"。美国驻巴黎大使大卫·布鲁斯（David Bruce）是个迷人且睿智的人，杰克从他那里听说，北约是欧洲的希望所在。[41]

离开贝尔格莱德后，杰克和麦克唐纳去了罗马，私下里拜见了教皇庇护十二世。两人在教皇面前跪拜，吻他的手，教皇则满怀深情地回忆了前几次与肯尼迪一家见面的场景。教皇赠予两个年轻人念珠串和天主教徽章，还分别为他们念了祈祷文。然后两人去了西班牙，在那里见了一些军官，他们的反共意志给杰克留下了深刻印象。然而，他们的武器非常落后，杰克觉得，他完全赞同大卫·布鲁斯在巴黎对他所说：西班牙需要美国的军事援助，应当让西班牙成为北约成员国。

返回美国后，杰克对自己那次欧洲行做了个微妙的评估，第一次是 2 月 6 日晚间，通过相互广播公司（Mutual Broadcasting Company）在全美各地 540 个广播电台发表全国性广播讲话，然后是在参议院外交关系委员会和军事委员会作证。广播讲话是一种面向公众的、说教式的讲话，如今的美国政治家不再采用。杰克的讲话全长 2500 个英文单词，内容涉及"若干西欧防务问题"。杰克借助日记里的一些内容，对走访过的那些国家做了一番全面回顾，他不遗余力地向听众说教："［法国的］税收构架似乎不大可能令国家给公众带来必须努力建设国防那样的负担，那里的直接税收仅占 15%，缺口用隐蔽税补齐。工资很低，物价很高，好像不存在有效的价格管控机制。对法国政府最普遍的批评是，它无法与劳动人民沟通，而共产主义者在这方面很成功。"

485

　　美国在大西洋彼岸的那些伙伴愿意做一些必要的承诺，扛起苏联施加的压力吗？令人不安的是，杰克没给出答案："欧洲抵抗意愿的坚定性和可靠性是个不容易分析出结果的主题。除了欧洲人民的厌战情绪，还有各个国家相互冲突的政治野心。他们对好不容易获得的经济复苏心存不安，重整军备会导致大量消耗，让经济复苏一夜归零，而那些国家内部上千万的共产主义者等的就是这样的机会。"[42]

　　不过，2 月 22 日，现身参议院外交关系委员会时，杰克提醒在场的人们，眼下不是过分危言耸听的时候。（当时主持听证会和召唤杰克发言的正是杰克的潜在竞选对手亨利·卡伯特·洛奇。）杰克告诉在场的诸位议员，他与欧洲众位领袖以及美国驻那边的代表们的交流让他确信，苏联人近期不会攻击西欧。"他们能得到的最好结果是双方僵持不下，其间他们可能会遭到原子弹轰炸"，但他们何必那么做！即使那样的行动会让他们获得一定程度的胜利，他们又该如何统治被征服的人民？喂饱这些人对他们来说都会是巨大的挑战。既然没必要，苏联人为什么还要赌那么大，杰克看不出理由——"尤其是，远东那些事都进展顺利。另外，斯大林是个老头，而老人一般都很谨慎。"杰克不反对在两个美军常驻欧洲师基础上新增四个师，不过他强调，欧洲人必须站出来，为他们自己的防务多做贡献。

　　不可避免的是，好几位参议员请杰克对他父亲在弗吉尼亚大学的演讲谈谈看法，老人家在演讲中敦促政府从欧洲撤军。杰克平静地回答，他和父亲对局势的看法有分歧：像许多美国人一样，肯尼迪大使认为，努力创建可行的欧洲防务态势近乎毫无希望；杰克自己却十分肯定，丢掉西欧那些"生产设施"，对美国的安全是潜在的大灾难，那意味着"我们必须竭尽全力拯救它。……这就是我的立场"。杰克说这番话时语气坚定："至于我父亲的立场，我认为，你们应当直接问他才对。"[43]

杰克·肯尼迪1951年考察欧洲之旅就这样圆满收官了。他喜欢访问欧洲大陆，踏入成年人行列头几年，那里的文化、政治、历史塑造了他。这一次，在20世纪的关键节点，他前前后后在六个国家接触了许多有意思的人和重要的人，深化了对西方盟国面临的一些问题的理解。返回美国后，他收获的是一批专注的和欣赏他的听众，还在参议院听证会上收获了敬意，他希望自己很快会成为参议院那些厅堂的正式成员。他还向外界宣示，他不是备受争议的父亲的跟屁虫。难怪《波士顿政治时报》（*Boston's Political Times*）会在头版头条发表一篇吹捧文章，标题为《肯尼迪新近得名"年轻一代美国政治家"》。[44]

由于旅行归来受到广泛关注，受此鼓舞，杰克开始为下一次海外之旅打基础，下一次他要从中东开始，在远东结束，时间暂定为夏末秋初。出席参议院听证会期间，杰克注意到，苏联在亚洲的扩张带来了不断增长的风险。4月，在波士顿出席马萨诸塞州纳税人基金会会议期间，他数次发言，详细阐述了这一点。他还感觉到，不断增长的不安情绪遍布整个殖民地世界。他告诫波士顿听众，针对欧洲帝国列强的"民族主义情绪"正蠢蠢欲动，其中隐含着对美国安全的重大威胁。杰克继续说，军事技术不足以阻止共产主义者控制这些地区，这意味着，对华盛顿和西方世界来说，重要的是支持那些吸引受压迫人民的东西。如果共产主义在亚洲盛行，原因一定是各种民主政权都提不出令人信服的替代方案。另外，美国政策的主要内容似乎是迫不及待地支持自称反共的所有人。"那么做让我们与一些腐败的和反动的集团成了同伙，他们的政策就是豢养不满情绪，而苏联共产主义正是在此基础上成长和繁荣起来的——如果没有我们的援助，那些集团可能很久以前就垮台了。简言之，无论我们在哪里发现反共政权，为维持现状，我们甚至不惜支持和维持腐败及暴政。"45

V

那趟秋季出行体量巨大，前后六周多时间，总行程超过四万千米，经停的地方包括法国、以色列、伊朗、巴基斯坦、印度、新加坡、泰国、印度尼西亚、法属印度支那、马来亚、缅甸、朝鲜半岛、日本。由于各种疼痛和疾病，作为众议员，杰克本可以让整个行程干净利落，比方说，每飞到一个首都，在当地见一两个人，给媒体留出拍照机会，然后迅速赶赴下一个国家，这么做可以得到人们的谅解。不管怎么说，议员们"寻找事实"的公费游通常都是这样。不过，那不是杰克·肯尼迪做事的风格，从来都不是。他希望亲眼看到事情本身，亲身感受事发地点，与更多的人当面交流（即使大多数时候都是事先安排好的各色人等）。这就需要更多的时间以及更好的规划。众议员杰克的团队花费数周时间做准备，忙于安排食宿和会议等。

事实证明，那次出行是一次意义深远的出访，不仅因为涉及实质性政策，也因为涉及一些个人因素。那次出访，陪同杰克的有 25 岁的弟弟鲍比，还有 27 岁的妹妹帕特里夏。尤其对两兄弟来说，那次出访令人耳目一新。两人从未一起度过那么长时间，至少他们成年以后，两人从未一起做过有意义的事——两人年龄相差八岁半，差距有点过大。杰克不知道事情会如何发展，他曾经半开玩笑似的告诉莱姆·比林斯，不知鲍比会不会是个"讨厌的跟屁虫"。至于鲍比，他没有任何担忧。杰克的机智、才华、优雅、战时的勇气——鲍比崇拜哥哥的一切。如今他会跟着哥哥，一起穿越大半个地球，一直陪伴他，不离左右。[46]

在性格方面，鲍比性情暴烈、好斗，他不像杰克，反倒更像故去的小约。而且，他比两个哥哥都古板。[47]鲍比一直跟母亲关系近，宗教方面像母亲一样虔诚，不过，他尤其在意父亲的爱和赞许。在米尔顿高中完成学业后，鲍比在美国海军预备队待了一阵（1944年至 1946 年），由于成绩不佳，他在哈佛大学 1948 届毕业班艰难度日，然后将目光投向了法学院。由于分数太低，达不到哈佛大学和耶鲁大学的入学要求，他无法实现自己和父亲的期盼。好在弗吉尼亚大学录取了他，不过是有条件的：他必须将在校期间的成绩提上去。[48]在学校所在地夏洛茨维尔（Charlottesville），鲍比赢得了粗野和好斗的名声，而且没几个朋友。[49]不过，他在班里混得还不错（只是他越来越倾向绝对论，也就是做判断非黑即白），1951 年春季毕业时，他的学习成绩在班里处于中等水平，最后一学年，他还

488

担任了法学院学生法律论坛主席。当时他已婚，迎娶的是一个名为埃塞尔·斯卡克尔的女孩，一个热爱运动、精神饱满、性格外向、信仰虔诚的天主教徒，1946 年杰克团队竞选活动期间的志愿者，也是妹妹琼的密友。在鲍比的婚礼上，杰克是伴郎，小弟弟泰迪是男傧相。

除了邀请父亲在法学院的论坛发表演说，鲍比还邀请了其他一些名人，其中有联邦最高法院大法官威廉·道格拉斯、哈佛法学院前院长詹姆斯·M. 兰迪斯（James M. Landis），两人都是老约的密友。随后，1951 年春季，在即将毕业之际，鲍比邀请到了乔·麦卡锡，他那次的演讲反倒不如事后在鲍比和埃塞尔家晚餐上闹出的动静出名。随着夜色越来越深，参议员喝的酒也越来越多，说话越来越语无伦次，到场的来宾一个接一个开溜了。在某个时间节点，麦卡锡骚扰了一位女性来宾。最终是鲍比把他扶到了床上。不过，那次事件并没让鲍比嫌弃麦卡锡议员。鲍比事后说："我差不多一见面就喜欢上他了。"[50]

1951 年 10 月初，杰克兄弟和妹妹三人启程了，他们首先在巴黎做了短暂停留。10 月 3 日，杰克前往欧洲盟军最高司令部拜会了艾森豪威尔将军。杰克又一次写下了详细的旅行日记，他在日记里草草记述了传奇指挥官对战后形势的看法：

> 艾森豪威尔看起来很结实。……严词谴责［拒绝承认批评过］战时达成协定的那些人。他说，他只是在打仗。和那些协定几乎没关系。严格说，在波茨坦，他请求杜鲁门不要惹俄国

人开战。……他认为,在波茨坦,只有一次谈话还算重要,杜鲁门提到支持他 1945 年参选总统,后来还多次这么说。……还说,64000 美元问题①为,克里姆林宫那些领导人究竟是不是狂热分子——空谈理论之人——或仅仅是冷酷的人——决心牢牢守住政权的人——如果是第一类,和平的机会比第二类小得多。……他很健谈——张口闭口都是他妈的——跟麦克阿瑟完全不是一类人,啰里啰唆的劲头跟麦克好像有一拼。他不相信我们建设的有限军力能把俄 [国] 吓到主动发动战争。[51]

杰克访问以色列期间,该国刚刚建国三年。像 1939 年第一次访欧洲那样,杰克是个客观的、富于同情心的观察者,他对以色列国父戴维·本-古里安(David Ben-Gurion)的领导能力印象深刻,同时也对阿拉伯难民遭遇的困境表示理解,以色列拒绝接受难民返回家园。吃过晚餐,回到饭店后,杰克——他喜欢诗歌,也许担心这看起来缺乏男子气概,他的这一爱好深藏不露——在日记本上草草记下了 1819 年雪莱创作的一首诗的四句。那首诗创作于那一年英国政府军向寻求议会改革的非武装抗议者开火,制造了发生在曼彻斯特的彼得卢屠杀之后。那首诗一直被称作非暴力抵抗原则的早期诠释,严厉批评了政府大臣西德默斯(Sidmouth)和卡斯尔雷(Castlereagh)。人们难免疑惑,杰克为什么摘抄了这一部分。

489

490

---

① 源于哥伦比亚广播公司电视台的一档名为《64000 美元问题》的节目,参赛者需回答多道常识题,答对得越多,奖金积累得越多,累积到最后一道题的奖金为 64000 美元。——编注

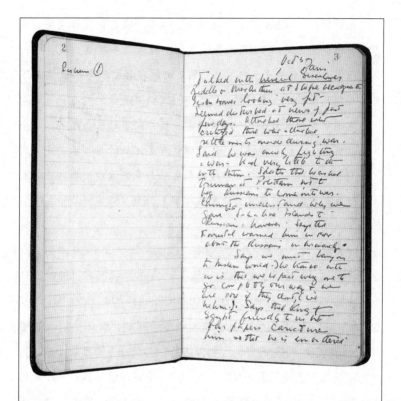

　　这是 1951 年秋季杰克日记里的一页。开篇部分的文字为："10月 3 日——巴黎——我跟艾森豪威尔、比德尔以及麦克阿瑟三位将军在盟军最高司令部相谈。艾森豪威尔看起来很结实——最近几天的消息好像让他很烦。"

无论原因是什么，今天读到这一部分的读者都会感到其中的不祥：

> 途中我遇到了谋杀——
>
> 他戴着像卡斯尔雷那样的面具——
>
> 看起来平静，却伴着阴森；
>
> 他身后有七条警犬相随。[52]

这次以色列之旅奠定了杰克整个出行期间的基本访问模式：他会在访问国拜访一些相关的高层领导人，以及美国和其他国家驻当地的最高外交代表，会见当地的记者和知识分子。有时候鲍比会参加，极少数时候，帕特也会参加；更多的时候，杰克是单独行动。[53]相同的场景，如果换一位政治家，一定会满足于简单地握个手，敷衍了事地闲扯几分钟，然后照个相，而杰克追求的是与对方展开严肃的对话。因而，在八年前战时盟国召开大会的德黑兰，杰克和美国驻当地大使洛伊·亨德森（Loy Henderson）进行了长谈，两人详细探讨了伊朗首相穆罕默德·摩萨台（Mohammad Mossadegh）几天前的决定，即收回英国控制的几处油田的决定。"英国人在这一问题上目光极其短浅，"亨德森告诉杰克，他指的是英国人未能让伊朗人分到足够多的好处，"可以说愚蠢至极。"然而，杰克拜会的那些英国官员没有显露任何担忧，他们十分肯定地告诉杰克，摩萨台是个小丑，在台上待不了多久。杰克怀疑这样的判断，他感觉，英国人在伊朗前景不妙——另外，扩大来说，美国在那里的前景也不妙。

　　紧张局势在巴基斯坦同样严峻——利亚卡特·阿里·汗（Liaquat Ali Khan）总理是那个国家的建国之父之一，杰克和鲍比同他进行过长时间会面后没几天，他就遭遇了暗杀者的枪杀。杰克在日记里记述道："在中东和远东，各种暗杀让那里的领袖们付出了沉重的死伤代价。"接着他罗列了前四年的一些暗杀事件。阿里·汗遭到谋杀，强化了杰克议员对那些新兴国家政治权力不稳定的感觉，也强化了他的如后认知：亚洲一定会成为美国外交政策越来越关注的重点。阿里·汗对来宾强调了克什米尔的重要性，巴基斯坦和印度两国均声称那地方属于自己，他还让来宾觉得，那一争议在最近任何时间段都没有和平解决的可能性。

　　下一站是印度，结果证明，贾瓦哈拉尔·尼赫鲁（Jawaharlal Nehru）是个冷漠但鼓舞人心的东道主，他对克什米尔问题不做任何承诺。他女儿英迪拉·甘地（Indira Gandhi）出现在总统府举办的午餐上。进餐期间，尼赫鲁大部分时间完全不理杰克和鲍比，反而向帕特频频献殷勤。不过，餐后他跟杰克又进行了一次深入交谈。在英国接受教育的尼赫鲁温文尔雅，自信心满满，很快就 62 岁了，喜欢放小抓大（杰克问道，印度军方可以部署多少个师，他轻快地承认自己不清楚情况），而且竭尽全力捍卫他的国家在冷战中的中立立场。得知肯尼迪三兄妹很快将访问印度支那，尼赫鲁将法国发动战争，打击胡志明领导的民族主义军事力量称作殖民主义必将失败的范例。在共进晚餐过程中，两人交谈时，尼赫鲁向杰克强调，共产主义提供给民众的是"某种为之献身的东西"，反观西方，西方只着眼于看得见的现状。法国人尝试用于打败胡志明的那种战争模式永远都无法阻挡共产主义；它只会加强共产主义，“因为战争附带的毁坏只会带来更多贫穷和更多需求”。

杰克认为，尼赫鲁的说法非常在理；4 月，在波士顿向纳税人组织发表演说时，他的确表达了相同的看法。杰克看得出这位印度领袖的人格魅力。他通常瞧不起那些不知道自己在说些什么甚至还喋喋不休于细枝末节的人，但在这方面他没太在意，因为他折服于尼赫鲁的沉稳和雄辩。“他只对那些微妙的和有层次的问题感兴趣，”杰克在日记里匆匆写下了这些赞许的句子，“完全同意尼赫鲁是印度的一切——精品。在民众中受欢迎到惊人的程度。”[54]

在泰国期间，肯尼迪三兄妹游览了一些景点，包括曼谷大皇宫，以及皇宫内的玉佛寺，杰克还拜会了泰国总理。离开泰国后，肯尼迪三兄妹接连访问了印度尼西亚、新加坡、马来亚、印度支那。马来亚的行程很短暂，却让肯尼迪三兄妹浮光掠影般见证了那个国家长期以来反抗英国统治的游击斗争：10 月 6 日，也就是他们抵达几天前，革命军设伏杀死了英联邦高级专员亨利·格尼爵士（Sir Henry Gurney）。那年秋季，紧张局势已经升级，随后进一步升高，杰克只身前往吉隆坡郊外数千米远一处采矿作业现场参观时，当地英国官员坚持为他派出携带重装备的警察实施保护。[55]

1951 年，约翰·F. 肯尼迪环球冒险之旅最重要的一站是印度支那，他在那里度过了十天。（“迄今最有意思的地方”，杰克写信告诉父亲。[56]）那是 10 月中旬的一天，阳光明媚，飞机在西贡新山一机场着陆前，杰克感觉到一种别样的期待，因为他知道，在更广泛的东西方冲突中，那里的战争已经变成主要冲突，已经从当初法国人和越南人直接冲突的态势转变为某种更广泛的东西，成了某种亚洲冷战政治中心的东西。此前一年半，华盛顿方面已经逐步增加美国对法国及其印度支那盟友的援助；而在另一边，毛泽东领导的中国政府也在增加（尽管相对来说微不足道）对胡志明领导的越南独立同盟会的援助。杰克知道，如此一来，印度支那战争肯定会对美国的外交关系产生重大影响，也会进一步对他的政治前途产生重大影响。①[57]

在机场迎接肯尼迪三兄妹的是前安南国王阮福晪，当时法国人委任他为象征性的国家元首。在杰克的记述里，他的样子像是，"借用著名编剧 S. J. 佩雷尔曼（S. J. Perelman）的话说——'在科瑞牌食用油里炸过一遍'"。让人吃惊的是，后来乘车前往西贡市中心途中，他们听到轻武器在不远处射击的声音。司机平静地解释说："越盟又在搞袭击了。"这不啻确凿的证据：三兄妹当时身陷一场枪战中，所谓"东方的巴黎"这种迷惑人的宣传不过是一层薄纸，其背后是极度的不安全和紧张。大量警察的存在也暴露了这一点，许多餐馆的前门廊上还挂着防手榴弹网。主要战斗发生在北部，越盟在那里集中了主要军力，不过，西贡处于双方争夺的核心地带。[58]

---

① 鉴于印度支那斗争在全球政治格局中不断增长的重要性，鉴于接下来美国在越南的作为，令人吃惊的是，杰克要么是第一个，要么是头几个访问那个国家的美国议员。第二次世界大战结束以来的同一时期，按人头计算，仅在那一年，访问意大利的美国众议员就达到 189 人。——原注

那天夜里，肯尼迪三兄妹在马杰斯酒店（Majestic Hotel）的屋顶酒吧消磨时光，他们时不时可以瞥见划过夜空的炮火，那是瞄准西贡河对岸越盟迫击炮阵地的法国人在开炮。"因为游击队，无法出城，"鲍比在日记里写道，"随着夜晚变深，一直可以听见射击声。"[59]

杰克急于更深入地了解当地态势的进展，第二天下午，他一个人直奔美联社分社负责人西摩·托平（Seymour Topping）的公寓，两人畅谈了好几小时。托平详细解释了为什么这场战争对法国人来说进展非常糟糕，可能不会好转：胡志明得到的支持太广泛，民众基础太深，还得到了毛泽东领导的北方邻国中国的支援。杰克对听到的说法感到震惊，后来，他又从年轻的美国领事馆参赞埃德蒙·格利恩（Edmund Gullion）那里得到了同样悲观的评估，后者还告诉他，对法国在战争中的前景，身在西贡的美国官员们的观点分为两派。[60]未来几天，在美国公使唐纳德·希思（Donald Heath）以及魅力超凡的法军司令官和高级专员让·德·拉特·德·塔西尼（Jean de Lattre de Tassigny）将军举行的数次记者会上，杰克提出了一些刁钻的问题。塔西尼将军的活力和自信给杰克留下了深刻印象，塔西尼坚称，法国和盟军会直面挑战，最终赢得全面胜利。然而，杰克对此表示怀疑。对众议员率直且质疑的态度，塔西尼向希思抱怨了几句。即使塔西尼用一顿丰盛的晚餐款待了肯尼迪三兄妹，还安排他们前往北方红河三角洲参观保卫河内的一些防御工事，杰克的怀疑仍未得到消除。[61]

"我们乘飞机飞越了三角洲那些稻田的上空，法国人和游击队在那

塔西尼将军（前排右二）与美国将军 J. 劳顿·柯林斯（J. Lawton Collins，前排左二）在河内，后排右边可见众议员肯尼迪的侧影（用圆圈圈出）。摄于 1951 年 10 月 23 日。

里殊死搏斗,正陷于胶着状态。中国人如果掌控了东南亚,他们一定会穿过这一地区,"数周后,返回美国本土的杰克发表了一次演讲,这是他演讲时所说的,"去年夏季,塔西尼上将的独子死在战场上,从那往后他开始拄拐,他用拐杖指着舷窗外。'只要能守住三角洲,'他说,'就能守住印度支那。如果丢掉三角洲,就会失去印度支那和整个东南亚,以及那里的所有资源和人力。'"杰克认为,想象中一切都是美好的,可如何避免塔西尼说的结果呢?他告诉听众,取胜的关键是,"让亚洲人自己承担斗争的重担,只要冲突在当地共产党人和西方帝国主义者之间进行,就不可能迎来胜利。这必须成为我们未来在远东所有行动的模式。支持这一地区人民的合法愿望,反对所有试图统治他们的人——无论这种人来自世界的什么地方"[62]。

杰克在越南记述的一篇日记与他上述演讲的用词相同,那篇日记写道:"我们在人们的想象里变得越来越像殖民主义者。因为每个人都相信我们控制了联合国,〔还〕因为人们以为我们的财富用之不竭。如果我们没有按照他们〔那些新兴国家〕希望的去做,我们定会挨骂。"他还说,美国官员们应当绕开那些衰落的欧洲帝国走过的道路,反而应当向外界证明,我们的对手不仅仅是共产主义,还有"贫穷和短缺""疾患和疾病""不公正和不公平",对数千万亚洲人和阿拉伯人来说,这些都是生活的特征。

鲍比对那些事的看法与杰克大致相同。"人们普遍认为,"鲍比从西贡写信给父亲,"如果在印度支那举行一次全民公投,共产党领袖胡志明至少会获得70%的选票。由于美国把大量战争援助给了法国人，我们被认定与法国人关系密切，结果是，我们也变得很不受欢迎。我们的错误在于，没坚持让法国人对当地进行明确的政治改革，以此作为提供援助的先决条件。就目前来说，我们在战争中陷得越来越深，到了想退都没有退路的程度。……以目前的情势，似乎看不出有什么光明的未来。"[63]

VI

杰克曾担心鲍比给他当游伴没准会是"讨厌的跟屁虫"，结果证明，他的担心毫无根据。自始至终，他发现弟弟有眼光、有活力、有欢乐。两人的关系变得更近了，有了一种从未有过的纽带。帕特可以看出两人关系中的这种变化，回家之后，家里其他人也都看出来了，两人也感觉到了这一点。杰克在日本东京病到差点死去——极有可能是他的艾迪生病突发——被美国军机紧急送往位于冲绳岛的海军医院，鲍比须臾不离他半步。[64]随着杰克的体温升高到超过 41 摄氏度，医生团队感觉可能无力回天时，弟弟的坚守让每个人紧绷的神经放松下来，其中也包括患者本人。

在这趟出游的早期阶段，杰克曾草草地抄录了英国著名诗人安德鲁·马维尔（Andrew Marvell）在《致羞怯的情人》（To His Coy Mistress）一诗里的句子，如今看，他抄录的句子专指他自己好像再合适不过了：

不过我总能听到背后

时间带翼的马车急急追赶。

后来，鲍比提到冲绳岛的吓人场景，"那边的每个人都认定他难逃一死"[65]。不过，他没死。没过几天，杰克恢复了以往的体魄，危机过去了，因此，兄妹三人继续余下的旅程，前往朝鲜半岛，那里的战争在北纬38度线附近陷入了僵局，根本看不见尽头。仅仅那里高低不平的险峻地势就让兄弟两人惊诧不已，让他们更好地理解了为什么对美国军方来说，此前的战斗如此富于挑战性。杰克进一步总结出，空中力量不足很关键：如果麦克阿瑟将军手里的飞机数量充足，前一年秋季，中国人向他的部队发动大规模反击时，绝不会让他屈服。

返回美国后，杰克不失时机地向人们介绍那次海外之旅，并且强调，美国人忽视了世界前进方向的危险性。他前前后后对好几群听众说，外交政策非常重要，其重要性确实超过其他一切。不过，对政治家们来说，选择并不容易，因为世界是个纷繁复杂的地方。共产主义在甲国的意义跟在乙国不同，跟在丙国又有不同；因而美国的政策必须与当地的实际相结合。

"不能说回国以后我对我们战后这些关键年份取得的成就感到满意，"11月中旬，杰克在相互广播公司面向全美听众的一档节目中说，"对所有已然发生的事，毫无疑问，不仅我不能，谁都不能责怪美国以及美国的政策。因为，无论美国做什么，亚洲日益高涨的民族主义阵痛都不可避免，无论是过去还是未来，做什么都无法避免。不过，考虑到在这个纷乱的世界上，我们对其他国家人民的独立的传统关切、我们的慷慨、我们消除贫困和不公的愿望，我原

496

本希望这些一定会让我们——无论发生什么意外——在全世界有许多朋友。可悲的是，我们不仅没交到新朋友，反而失去了一些老朋友。"最重要的是，亲自前往中东、东南亚、远东实地考察的经历向杰克证实，来自共产主义的"威胁仅靠动用军事力量去解决是不可能奏效的。必须引领各国人民去反对它，我们的各项政策必须指向这些国家的人民"[66]。

关于印度支那，几天后，杰克在波士顿商会（Boston Chamber of Commerce）讲话时指出，法国正"拼命试图抱紧从前的帝国的富足之地，打压共产党领导的民族主义起义"。

> 所谓忠心耿耿的当地政府只是名义上的。那不过是个傀儡政府，由从前效忠日本人、如今效忠法国人的傀儡操纵者频繁任命。我接触到的所有中立观察人士认为，在那里进行一次以胡志明和他那帮共产主义者为一方，以法国人为另一方的自由选举，肯定对前者有利。……在这场斗争中，我们和法国人是同盟，我们结盟不仅是为了反对共产主义，也是为了反对民族主义掀起的不断高涨的巨浪。我们成了"西方"，成了帝国——我们传统上鄙视的载体——的支持者，成了白种人的负担。[67]

12 月 2 日，在美国全国广播公司面向全美的电视节目《与媒体见面》（Meet the Press）中——此前从未有任何众议员出现在这档节目中——杰克继续谈论这一主题，他告诉记者团，在亚洲和中东，美国"身不由己地继承了［由一些欧洲列强帝国的］政策引起的大部分仇恨",如果这么做寻求的只是将自己的意志强加给其他国家,美国永远都不可能成功。[68]记者团成员梅·克雷格(May Craig)说,上级不允许朝鲜半岛的美军在战场上打赢,杰克对此温和地反击。杰克告诉她,军事胜利可能不会实现,因而在寻求通过谈判解决问题方面,政府做得对。("没错,我的确坚信,凡是能达成协定的,我们就该争取。")回答《新闻周刊》(Newsweek)记者欧内斯特·林德利的问题时,杰克说,若想在印度支那取胜,唯有依靠"当地人",给予他们民族自决权,以及行政自治权——还得定下明确的日期。"不然的话,这场游击战一定会蔓延和扩大,最终我们会被赶出东南亚。"[69]

从历史角度讲,杰克·肯尼迪1951年的亚洲行很重要,第二个理由(第一个理由是,那次出行让杰克和鲍比走得相当近)是:那次出行改变了杰克对美国针对"第三世界"外交的前瞻。早在前几个月,杰克已经摆脱如后过于简单化的想法:共产主义在亚洲的传播仅仅是或主要是因为国务院乱掺和。那次出行强化了他的思想转变。更重要的是,那次出行让他确信,美国必须与各新兴国家结盟,殖民主义已经是强弩之末,仅仅依靠或主要依靠军事手段,永无可能战胜共产主义。必须与生活在被殖民的国家以及刚独立的国家的人民面对面,必须了解他们的各种诉求和愿望。美国官员了解这些最基本的事实吗?杰克对此表示怀疑。杰克11月对记者们说,我们的"许多驻外代表似乎都在闭门做事","主要在他们自己有限的范围里活动,对派驻国的人民了解不多,完全不知道如下事实:他们的角色不只是打网球和喝鸡尾酒,而是向外国介

497

从亚洲返回美国后，杰克现身波士顿商会。摄于 1951 年 11 月。

绍美式生活的含义，同时向美国人介绍派驻国的愿望和目标"[70]。 **498**

在罗伯特·肯尼迪后来的评价里，那趟出行给哥哥"留下了非常重要的印象"。因为，那次出行显示，"从地中海到南海，所有那些国家……都在寻找自己的未来；他们与美国的关系会如何发展；在我们与他们的关系里，我们会做些什么；正确表达方式的重要性；我们与该国人民交流比仅仅与该国政府交流更重要，政府有可能是过渡性的、暂时的；印度支那战争的各种错误；法国政策的失误；未能支持当地人民是美国的失策"[71]。

在 20 世纪 50 年代余下的年份里，杰克全力以赴对付的棘手问题是，如何把解释共产主义和冷战动态与美国国内越来越热的二元政治辩论更巧妙地结合在一起。作为正在谋取高位、雄心勃勃的政治家，杰克心里清楚，许多选民喜欢简单的解释和快速的方案，此外，在即将到来的 1952 年选举中，共和党会利用每一次机会败坏民主党的名声，还会反复强调一个主题：在抗击美国国内的和境外的共产主义方面，杜鲁门所在的政党有软骨病，优柔寡断。

此外，杰克心里清楚，麦卡锡在美国仍然风头正盛。早在那年4 月，杜鲁门解除了道格拉斯·麦克阿瑟的职务，因为在如何指导朝鲜战争问题上，他公开与白宫唱反调。威斯康星州参议员麦卡锡谴责了这一做法，并且号召弹劾总统。那件事过后两个月，在参议院里，麦卡锡偏偏和乔治·马歇尔将军较上了劲。后者可是第二次世界大战时的美军总参谋长，后来又领导过国务院和国防部，是国家的象征、偶像，似乎是一个容不得非议的人。就是这样一个人物，麦卡锡指控他制造了"如此巨大的阴谋，如此黑暗的罪恶，此前人类历史上的一切恶行在他面前都是小巫见大巫。如此黑暗的阴谋一旦最终被揭露出来，那些参与者应当遭到所有正直的人永远唾弃"。麦卡锡还宣称，尤其需要指出的是，马歇尔故意安排手下丢掉中国，浪费了美国的威望和实力。民主党人被彻底激怒了，号召共和党的几位领袖谴责麦卡锡的言论。不过，麦卡锡的大多数同事保持沉默，右翼媒体对麦卡锡的评论却是大加赞扬。那年秋季，肯尼迪三兄妹还在亚洲游览时，威斯康星州参议员麦卡锡再次声称，国务院窝藏了许多共产主义者。[72]

那年10月，麦卡锡成了《时代》周刊封面人物——那是他到达巅峰的最可靠的标志。总编辑亨利·卢斯是个忠诚的共和党人，也是中国游说团成员，他极其反共，在那股狂潮中从未向任何人屈服过，但他看不上麦卡锡代表的那种简单化的民粹主义，除此而外，他觉得麦卡锡太粗糙，太野蛮。在卢斯看来，麦卡锡参议员的夸张和哗众取宠威胁到了诸多更为真实的反共努力，使反共名誉扫地。他还预感到，麦卡锡的狂潮已经达到巅峰。因而，借那次机会，《时代》周刊做了卢斯出版集团截至那时总体上一直没敢放手做的事：沉重打击麦卡锡，谴责他含沙射影卖力地攻击他人，以野蛮的攻击方式回答他人合理的提问，近乎不顾及也不尊重基本的社会礼仪。"像所有积极活动的煽动者一样，麦卡锡找到了可以煽情之所在，并充分利用了它。丝毫不顾及公平竞争，对准确的事实毫无敬畏之心，反而堵住了麦卡锡的政治前途。即使他的谴责会毁掉他人的名声，即使那些谴责会颠覆如后原则——未经证实的有罪之人即无罪——麦卡锡也毫无顾忌。他沉浸在战斗的快乐中，似乎从未意识到他那些指控的严重性。""'麦卡锡主义'成了当时的常用语,"文章承认,凡是与麦卡锡作对的人都会面临巨大的挑战,"他魁梧的形象会给即将到来的总统竞选活动投下阴影。上万人会走出家门聆听他的演讲,上千万人认为他是'了不起的美国人'(一名参议员同行最近送给他的称号)。"[73]

像往常一样,麦卡锡火力全开进行了反击,以"绝望的谎言"一说对《时代》周刊一通狂轰滥炸,还写信给众多广告商,说服他们停止跟《时代》周刊及其姊妹刊《生活》杂志和《财富》杂志做生意。在《时代》周刊有限公司内部,众多高管担心,卢斯判断公众舆情一向敏锐,但这次没准会判断失误——他们坚信,麦卡锡非但没有丧失公众的支持,反而赢得了更多支持。卢斯退缩了。他名下的数家杂志回到了较为安全的立场上:时不时责备一下麦卡锡参议员,有时也会夸夸他。各杂志总体上坚持的路线为,杜鲁门当局害怕共产主义,麦卡锡是个必要的抗衡力量。[74]

如果杰克·肯尼迪打算来年秋季寻求州级职务,以上就是他必须经历的道路,其中充满尔虞我诈;他知道这一点,他的助手们和密友们都知道这一点。在马萨诸塞州天主教徒里,麦卡锡一直深受欢迎。另外,他仍然是肯尼迪一家的朋友。他仍然享有共和党领袖们的支持,虽然他们认为他的人品让人讨厌,但他们同时也相信,他正在给本党赢得选票。(哈里·杜鲁门将麦卡锡描述为"克里姆林宫的财产"时,罗伯特·塔夫脱亲自出面为其辩护。)[75]与此同时,杜鲁门的受欢迎程度很低,而且还在降低——1951年从未超过32%。杰克相应地走了一条中间道路,在特殊问题上(其中包括对

500

华政策和军事准备），他通过大力宣讲与白宫截然不同的政策抬升了自己的反共资格。而接近年底时，杰克指出，指控共产主义者隐藏在外交机构里是"不可理喻的"[76]。

　　在当时的情况下，这是个聪明的战略。不过，在一场艰苦的战斗中迫使亨利·卡伯特·洛奇让出席位，这么做够吗？就此而论，杰克有机会发起战斗吗？在年关来临之际，保罗·德弗尚未决定是在州长官邸再干一届，还是瞄准洛奇的参议院席位。在他做决定前，约翰·F. 肯尼迪和他的团队什么都干不了，只能做些幕后准备，以及等待时机。

第十八章

两个精英

保罗·德弗确实不想竞选了——两个职位都不想要。事情再简单不过了，他烦了，烦透了在州议会大厦发号施令，烦透了政治，烦透了无穷无尽的诉求、党内的各种纷争，各种阴谋诡计永远是马萨诸塞州政治的一部分和重要的组成部分。德弗身材魁梧，有心脏病，他也担心自己的健康。此外，他更是清楚，任何一方的竞争都会是惨烈的——一方为共和党挑战者克里斯蒂安·赫脱（Christian Herter），德弗要做的是守住州长职位；另一方是小亨利·卡伯特·洛奇，与其竞争美国参议院席位。正由于所有这些，德弗州长从内心深处明白，他不能退缩。有太多人依靠他，指望他留在竞技场上。他是个公务员，正因为是公务员，他才必须留下。[1]

不过，保罗·德弗究竟应该竞争哪个职位？实话实说，他更喜欢前往首府华盛顿，他确信自己有能力，具备高效参议员的秉性，对自己的州和国家的各种需求反应迅速。但在两个方向的竞争中，华盛顿一方似乎更艰难。德弗悄悄委托他人在马萨诸塞州西部做了一次民调——一次双重民调：德弗对洛奇以及约翰·F. 肯尼迪对洛奇——结果显示，洛奇极有可能战胜德弗，而洛奇和肯尼迪双方会形成僵局，即胜负五五开。此外，洛奇在全州范围内是个久经考验的选票收割机，1936 年曾以 14.2 万选票差战胜詹姆斯·迈克尔·柯利，然后又在 1946 年以巨大的 34.6 万选票差大胜大卫·沃尔什。

经过数周痛苦的犹豫不决，1952 年 4 月 6 日，圣枝主日那天，保罗·德弗做出了抉择。"杰克，我还是参加改选，当那个候选人。"两人在波士顿公园附近的丽思卡尔顿酒店见面时，德弗直奔主题。"好啊，"杰克答道，"那我就竞选参议院席位。"杰克拿到了心仪的竞选入场券。[2]

这也是他父亲想要的竞选。只要儿子战胜洛奇，约瑟夫·肯尼迪整张脸都会漾满坏笑，也会逢人便说，本来儿子可以战胜最棒的对手——何必拐弯抹角呢？接着他会夸张地补充一句：与战胜马萨诸塞州的洛奇相比，赢下总统选举没什么难度。在约瑟夫看来，情况似乎很清楚，最近三年，杰克持续推动自己的名字获得全州认可，正在收获红利。内部民调显示，他与洛奇平起平坐，或略微领先。更重要的是，从根本上说，马萨诸塞州是民主党州，自美国第 30 任总统卡尔文·柯立芝当选以来，该州再也没推出过共和党总统候选人。如果杰克能确保本党选民支持自己，再多一些独立投票人的支持，他必将赢得选举。"让人觉得荒谬的是，在这个民主党州，选举一直由柯利家族、赫利家族，加上德弗把持，将近 20 年来，我们竟然还有几位共和党参议员，"老肯尼迪写信给一位朋友，

502

"洛奇在共和党内很弱势，那可是他自己的党，因为他能拿到民主党的选票，他总是当选，一直没人跟他竞争……他没遇到能堪大任的对手，而这对杰克来说易如反掌。"[3]

眼见儿子作为政治家已经成熟，老肯尼迪大受鼓舞。大使坚信，只要杰克的身体扛得住，他能做什么，以及能做到什么程度，就都无可限量。杰克对政策的掌控，他的国际经验，他迷人的人格魅力，他上镜的长相——这一切合在一起令人敬畏。大使看得出来，除了这些，还有另外的东西：在众目睽睽的光环下，儿子总是从容不迫，包括在新媒体电视镜头前。电视似乎注定要彻底改变美国的政治实践。12月，刚从远东回来的杰克在《与媒体见面》节目中圆滑的、吸睛的表现让人眼前一亮，明知他有无量前途的许多民主党人甚至也有这种感觉。美国全国广播公司节目总监约翰·F.罗亚尔（John F. Royal）彻底折服了，节目播出后，他立刻告诉约瑟夫·肯尼迪，杰克的表现让他想起音乐喜剧《娃娃从军记》（*Babes in Arms*）里孩子们的唱词："人们说我们是拿枪的娃娃兵，其实我们是身披铠甲的娃娃兵。""毫无疑问，杰克一次都没躲避镜头，或躲避电视观众。虽然他镜头不多，但所有技巧他都拿捏得恰到好处，而且他非常热情，信心十足。他肯定会是一员老少通吃的悍将。"老肯尼迪对此表示同意。那档节目的联合制作人劳伦斯·斯皮瓦克（Lawrence Spivak）经常以嘉宾身份参加各种节目，数周后，他在一篇文章中称："《与媒体见面》让杰克一劳永逸地成了有个性的大人物，这正是他要的！"[4]

4月6日，也就是跟保罗·德弗见面不久后，肯尼迪父子与大主教理查德·库欣（Richard Cushing）进行了核实，以确保杰克在圣周宣布参选资格不会有问题。大主教向他们保证，不会有问题。当天晚上，竞选团队对外宣布了一份正式声明。[5]"其他州在美国参议院都有充满活力的领袖，"该声明称，"以捍卫各州公民的各种权益和原则——那些人都有基于建设性原则的明确目标，他们会坚定不移地促进这些目标的实现。马萨诸塞州需要这样的领袖。"第二天，每一份早报都发表了同样的公告：肯尼迪反对洛奇进参议院。[6]

那天早上，每一个报章读者都没必要怀疑杰克·肯尼迪为自己设立的挑战会达到多大规模，尤其是，从全美范围看，那一年是共和党年。因朝鲜战争陷入僵持局面，哈里·杜鲁门的支持率很低，而且在进一步走低，他和他的党背上了沉重的负担。头脑冷静的总统看清了，自己面临的政治局面危机四伏，因而他谨慎地决定不寻求连任。此外，具体到洛奇，杰克面对的现任参议员由于廉洁和自立广受各类人的尊敬，他还是参议院外交关系委员会成员，能说一口流利的法语，身高1.90米，也是美国最具标志性的政治名人之一。洛奇的爷爷是第一代亨利·卡伯特·洛奇，曾经在马萨诸塞州叱咤风云二十载（1916年竞选参议院议席时，他仅以3.3万张选票差战胜"蜜糖菲茨"），还领导了反对伍德罗·威尔逊总统让美国加入国际联盟的努力。追溯到更久远以前，好几位洛奇家族成员和卡伯特家族成员为两个家族的财富和名声增砖添瓦，如今的参议员洛奇稳居其上，坐收渔利。 ［洛奇的天祖父乔治·卡伯特（George Cabot）在哈佛上过学，在1791年至1796年第二届美国国会当过参议员。］洛奇出身纯正，贵族血统，是新英格兰显贵的完

美典范，有时候会有点小脾气，诋毁者将其归咎于傲慢无礼。人们
称洛奇为英格兰精英里的精英，他仪态端庄、长相帅气、言谈举止
毫无瑕疵，肯定是所有电影演员经纪公司眼里本土建制派政治人物
的理想典范，而且，在前几次选举中，他赢得了各行各业选民们的
广泛支持，显示出让人印象深刻的能力。[7]

　　洛奇的参战履历也堪称典范，有助于他竞选任何职位。最初他
反对美国对外干涉，珍珠港遇袭事件后，他改变了观点。1942年，
身为参议员的洛奇参加了美国军队，在北非英勇作战。罗斯福总统
颁布法令，军队里的国会成员必须选择留在军队或离开军队，洛奇
离开了军队，然而仅仅是暂时离开：1942年赢得连任后，他放弃议
席，返回了作战部队，在美军第6集团军被委任为少校。同期的一
名军官回忆说，"他根本不怕死"，还多次因作战行动赢得了褒奖。
最著名的是，他一个人俘虏了德国国防军一个四人巡逻队，那一壮
举让他赢得了法国战争十字勋章和法国荣誉军团勋章。后来，他还
给塔西尼将军当过翻译官和联络官，此人正是约翰·肯尼迪后来在
印度支那见到的那个脾气暴躁的法国司令官。包括爱尔兰裔天主教
徒在内，马萨诸塞州的选民们一直在关注洛奇的战争经历，待从战
争中返回时，他比以往更受欢迎了。[8]

　　不足为奇的是，国会山好几位同事建议杰克·肯尼迪不要跟洛
奇交手。1952年初，在小阿瑟·施莱辛格和夫人玛丽昂（Marion）
位于剑桥地区的家里的正式午餐上，伊利诺伊州参议员保罗·H.
道格拉斯（Paul H. Douglas）对杰克说，洛奇好像是个无法战胜的
对手，特别是在共和党人提名德怀特·D. 艾森豪威尔参选总统的

504

情况下。何不先在众议院积累些资历，或者，干脆去角逐州长职位？杰克毕恭毕敬地倾听，几乎没说话。他已经从佛罗里达州参议员乔治·斯马瑟斯那里听到过同样的说法，后者于1947年跟杰克一起进入众议院，并于1950年赢得了参议院席位。斯马瑟斯或许是杰克在华盛顿地区最要好的朋友。斯马瑟斯认为，杰克是拥有超强政治天赋的年轻人，不过，像道格拉斯一样，他也力劝杰克好好待在众议院里伺机而动。他的想法基于如后理由：如果竞逐参议院席位不成功，不啻政治自杀。斯马瑟斯说，这次杰克大概率成功不了，必须考虑全国民众对杜鲁门的厌倦，以及洛奇在上次选举中以绝对优势战胜了——据信无人能战胜的爱尔兰裔天主教徒——大卫·沃尔什。[9]

　　几位参议员的建议没能奏效。在肯尼迪一家人看来，所有顾虑都被一笑置之。杰克的妹妹尤妮斯后来说："每次杰克走进家门，总会响起一片呼喊。……'杰克去竞选参议员，肯定把洛奇甩一条街！'"[10]

505　　在所有重要方面，两人极其相似，这更让他们的竞争吸引眼球。两人都个头高挑，身材瘦削，长相帅气。两人都毕业于哈佛大学，在二战中功勋卓著。以政治作为终身职业前，两人都在新闻行业里干过。两人的先辈都是孤立主义者，而他们自己却是支持对外援助的国际主义者；在国内事务方面，两人都倾向于政治中心华盛顿。外人都觉得他们两人深谋远虑、脚踏实地、彬彬有礼；两人都在压力下长大成人。将两人对比一下，洛奇显得更文雅，更圆滑，在大庭广众中口才更好；而杰克显得更孩子气，更初出茅庐。不过这些区别都无关紧要。至少一定程度上，两人身上的贵族标签似乎也能随意互换，对此，保罗·德弗的评价为："杰克是第一位新英格兰地区的爱尔兰精英。"[11]

或者，用詹姆斯·麦格雷戈·伯恩斯的说法："在美国政界，猎人和猎物双方如此相像确实罕见。"[12]

II

杰克的竞选活动早就摆好了架势，立刻就能开始。早在1951年，方向尚不明确之际，他已经决定发动全州范围的竞选活动，在位于鲍登街的公寓的墙上挂了一幅马萨诸塞州地图。在地图上，他和戴夫·鲍尔斯在他访问过的每一个大大小小的社区都钉上了图钉，然后他们又一起规划如何覆盖那些空白片区。"他经常会说，'妈呀，我们在那边还是一片空白'，"鲍尔斯回忆说，"然后他会伸手指向马萨诸塞州西部斯普林菲尔德、奇科皮、霍利奥克那一带，那时我就会说：'那好，我们现在就着手干。'"然后就会打电话，很快，众议员肯尼迪就会多出一些前往那些地方免费演讲的安排。至1951年末，"我们给［全州］所有39座城市"都钉上了图钉，鲍尔斯说。至1952年4月，杰克宣布竞选时，该州西部较小的城镇也都被钉上了图钉。[13]此外，每到一个地方，助手们会把杰克见过的每一位名人的名字和地址做好记录。这些信息会誊写到宽7.62厘米、长12.7厘米的索引卡上，然后归置到现有的、从议会大厦竞选办公室弄来的人名库里。其结果是：竞选活动尚未开始，

506 杰克·肯尼迪实际上就已经跟全州每一个社区都建立了联系。

　　为管理竞选活动，杰克找来了马克·多尔顿律师，后者从 1946 年杰克第一次竞选就开始追随他。鲍尔斯也是上次竞选活动的元老，另外还有三位元老级的本地员工：弗兰克·莫里西、乔·德古里尔摩、托尼·加卢西奥。团队里的其他干将都是新人，首先要说的是为人刻薄、个性鲜明的肯尼·奥唐奈，他从哈佛大学时代（当时他是校橄榄球队队长）就是罗伯特·肯尼迪的朋友，作为轰炸机投弹手，战时他执行过 30 次飞往德国上空的任务，其中一次还在敌人和盟军前线之间紧急着陆。当年早些时候，鲍比说服他放弃了造纸公司的职位，以便加入刚刚启动的竞选活动。拉里·奥布赖恩（Larry O'Brien）是个身材魁伟、和蔼可亲的政治瘾君子，来自斯普林菲尔德，他也签约加入了团队——他常对朋友们说，杰克·肯尼迪是个新型的爱尔兰裔政治家，值得尊重，很有礼貌——负责广告和公关，很快就以选民注册和选区管理成绩证明了自己的价值。后来他和鲍尔斯两人成了远近闻名的"爱尔兰黑手党"（Irish Mafia），或称"爱尔兰兄弟会"（Irish Brotherhood）的核心成员。这个组织有一小批忠诚且非常能干的助手，他们配合得非常默契，通过只言片语或面部表情的微小调整即可相互理解。[14] 此外，约瑟夫·肯尼迪还利用了一些自己人，尤其是詹姆斯·兰迪斯，一个久经沙场的"新政"支持者，肯尼迪家族的世交，当过哈佛大学法学院院长，某种程度上可以充当竞选团队与剑桥地区知识分子之间的联络人；约翰·哈里曼（John Harriman），《波士顿环球报》金融版写手，他成了团队的演讲稿写手；J. 林恩·约翰斯顿（J. Lynn Johnston），律师，当时在帮助大使管理芝加哥的商品市场（Merchandise Mart），那可是当年全球最大的建筑；还有当时正在向尤妮斯求婚的萨金特·施赖弗，为加入竞选团队，他向位于芝加哥的肯尼迪企业集团告了一段假。竞选总部落脚在波士顿金融区的核心，位于基尔比大街（Kilby Street）44 号。

即使不完全像一些历史学家后来所说，约瑟夫·肯尼迪是一股无处不在的力量，他也确实无处不在。他在贝肯街（Beacon Street）84 号弄了套公寓，以便就近参加活动，那地方靠近杰克所在的鲍登街。[15]约瑟夫·肯尼迪使出了老到的政治招数，他主动参与战略和战术决策，尤其是关于广告布局的决策，而且他的支票簿永远处于敞开状态。根据一些吓坏了的初级助理的说法，他甚至会指点人们开会时应当坐在什么位置。候选人觉得，他有必要阐明自己的权威，在初期的一次会议上，他宣称，他委托父亲全权处理所有花钱事务（杰克高调宣称"我们认可你扮演那一角色"，这说法引来满屋子人一片笑声），同时为自己保留了有关竞选策略、信息发布、讲稿撰写等核心决策的基本权责。[16]

父子两人往往能达成一致，这种类型的大问题绝不能与现实混淆，早在 1952 年以前就这样了：约翰·F. 肯尼迪早在上学时就是行政管理和历史爱好者，在政治上完全自己做主。就政治判断力而言，他相信自己比父亲强，在赚钱方面，父亲是个奇才，不过，在判断人心方面，父亲少了一根筋。对世界以及美国在其中的角色，两人的看法不同，两人对美国民主的看法也不同。在竞选活动中，但凡出现这样的碰撞，杰克总能胜出。

"大使24小时连轴转工作，"一名演讲稿写手后来说，"他总是不停地咨询他人，接收各种报告，查找各种问题。杰克是不是该把这个问题拿到电视上谈？另外一件事该登什么样的广告？他会找一些专家过来，听取意见，让想法变为现实。所有这些他都在贝肯街那套公寓房的一间办公室里做。不过，所有最终决定都由杰克自己做。"[17]

尽管前期做了那么多工作——一整年在全州各地演讲，许多是在小村子里，在小规模人群面前；内部民调；督促媒体进行有利的报道；组建竞选团队——竞选活动起步阶段却仍然磕磕绊绊。马克·多尔顿聪明、友好、随和，有那么点神经质倾向，像这样又大又复杂的全州性竞选活动，让他当经理，显然是给他安错了角色。此外，在如何组建队伍方面，一直没人给他下达清晰的指令。竞选团队在组织战线方面乏善可陈，杰克对此表示震惊和不满，虽然如此，他的表态也只是装装样子而已——肯尼·奥唐奈后来回忆说，候选人非常清楚，组织工作一直没做的原因是，他没授权任何人做这事。[18]杰克需要经常在华盛顿露脸，在国会尽义务。他把启动工作都交给了父亲，而父亲利用每一次机会将倒霉蛋多尔顿折腾得够呛。

"我们正在走向灾难，"肯尼·奥唐奈回忆说，"竞选活动唯一一次有点起色是约翰·肯尼迪……想办法回到马萨诸塞州按住他父亲时。……一天，众议员跟我大吵了一顿，我告诉他，唯有找个能跟他父亲说得上话的人，竞选活动才能得到掌控。没人有胆量跟他父亲说话，毫无疑问，我也没这资格。除非鲍比来，要么团队根本没法运转。"杰克勉强同意了奥唐奈的说法，还请奥唐奈联系鲍比。

从法学院毕业后，鲍比刚刚在司法部找了份工作。奥唐奈按照杰克的指示做了，他先是跟鲍比一起进晚餐，在餐桌上谈了一次，然后是好几通电话。不过，鲍比表示反对，他刚刚有了工作，家里有个孩子要养活，还有一个将要出生。此外，他对竞选活动知之甚少。另外，他不像哥哥，对政治有内在的兴趣。他对奥唐奈说："我只会把事情弄得一团糟。"然后他们挂断了电话。不过，这事鲍比想得越多，越觉得自己没得选——对家人忠诚是第一位的。几天后，他给奥唐奈打电话说："我准备过去了。我把整个事情想了一遍，我认为我必须这么做。"[19]

　　到波士顿接管运营的烂摊子时，鲍比刚满 26 岁。他身材颀长，皮肤晒得黝黑，一笑就露齿，顶着一头蓬乱的头发。他刚来就定下了基调，他每天上午 8 点半到达基尔比大街，一直干到半夜，只要是工作日，天天如此。每天一早，他往往是第一个开门的人，也是晚上最后一个锁门的人。他并不介意做一些琐事，例如粘信封，挨家挨户敲门。一天，他决定在车流人流巨大的、连接查尔斯敦和波士顿北城的大桥旁边的大楼侧面悬挂一张写着"肯尼迪进军参议院"的巨幅海报。"你开车送我过去，"鲍比对戴夫·鲍尔斯说，"我自己去挂那幅标语。"为了够着他希望的挂标语的高度，鲍比必须爬到长梯最高处的横杆上站稳。"在底下扶梯子时，"鲍尔斯回忆说，"我心里一直在打鼓，万一他掉下来摔断脖子，我该怎么向大使和杰克交代。我还暗自想道，如果我像他那么有钱，我肯定会回家，躺到摇椅上，而不是像他那样爬到梯子顶端。"[20]

　　初级助理们都听说了，他们必须整天保持忙碌状态，不然的话，鲍比会在他们每人手里塞一支笔，催促他们赶紧工作。很快，他们就把鲍比到来以前那段时间称作"革命以前"，将新的现实世界称为"革命以后"[21]。一些人心想，鲍比不过是大使的代言人。但他们惊讶地发现，情况正相反，这年轻人不光会反对父亲，而且真的反对父亲，这恰恰证明奥唐奈的直觉是正确的。很快，那老头退到了阴影里，人人都希望他待在那里——他仍然在管事，仍然固执己见，仍然是工头，不过已经躲进幕后。那些旧时代的跟班满心希望在竞选活动中扮演中心角色，例如他手下忠心耿耿的干将弗兰克·莫里西助理，但他得到的任务越来越少。

509　　　颇具讽刺意味的是，一定程度上，鲍比是他老爸的延伸，因为人们从老爷子身上总结出的那些特性没过多久都转移到了鲍比身上。也就是说，大家都认为，鲍比不讲情面、说话刻薄、冷酷无情、目中无人、性情暴烈。（"如果这里有人不喜欢我，我不在乎，只要都喜欢杰克就行。"这是他常常挂在口头的说辞。）他缺少圆滑和尊重，他公开宣称，他管理的组织只忠于杰克·肯尼迪，而不是忠于民主党，或德弗州长及其团队，这让州建制派政治老手们感到震惊不已。有好几次，鲍比跟别人的矛盾冲突达到了动拳头的边缘。不过，即使那些怀疑者也得承认，鲍比能办成事，他做事很有成效。也许，至少不太为人所之的是，每次他代表哥哥公开讲话，哪怕仅仅说上一两句，他也会非常怯场，变得很胆怯，有时会以一种可爱的方式表现出来。"我哥哥杰克来不了，"他嘟嘟囔囔说起了早前的一件事，"我妈妈来不了，我姐姐尤妮斯来不了，我姐姐帕特来不了，我妹妹琼来不了，如果我哥哥杰克能来，他肯定会告诉

一人为全家：候选人在竞选活动总部与弟弟妹妹在一起。自左至右为尤妮斯、帕特、鲍比、杰克、琼。

你们。洛奇的投票记录相当糟糕。谢谢大家。"[22]

鲍比和拉里·奥布赖恩设计了一种组织构架，在这个构架里，遍布全州的竞选活动"秘书们"将起到常规民主党机构影子单位的作用，也即一种超党派的体系。为了这一角色，竞选活动需要的帮手应当是此前极少参与或从未参与过竞选活动的人，应当是非政治的或不关心政治的人，以及不拥戴州一级政党的人。托尼·加卢西奥手里有现成的这类人的名单，那是他花费一年时间跑遍全州期间收集的，如今派上了大用场。[23]最终，286 名这样的"肯尼迪秘书"将代表候选人出征，还有一支两万多人的志愿者大军做后援。（因此就有了奥布赖恩的"政治第一定律"：竞选活动参与者越多越好。）前来帮忙的人确实多，反而成了负担，这也帮着解释了戴夫·鲍尔斯何以做出了几个精明的决定。第一个决定是：虽然杰克·肯尼迪不会面临竞争激烈的初选，但他有责任整合出一个至少有 2500 个签名的参议员候选人提名表。鲍尔斯突然想到，为什么停留在 2500 这个数字上？何不干脆超越它，在截止日期到来前拿到更多签名？候选人同意了，在数周时间里，工作人员适时地收集到的签名百倍于需要的数量——总共 262324 个——他们递交的签名用了上万张纸。[24]

鲍尔斯回想起，曾经有人对他说，25 年来，他在参议员候选人提名表上多次签名，但从未有人谢过他。鲍尔斯因此做出第二个决定，让志愿者们为 20 多万签名人中的每个人打印一份感谢信。鲍尔斯推测，那些收信人都会因为这一举动受感动，而志愿者——其中绝大多数是女性——也会有事做。"这些女孩每到午餐时间会蜂拥而至，都想做些事，我们每天都得有新项目，"鲍尔斯回忆说，"每天晚上下班后，她们会再来，在 5 点到 7 点或 6 点到 8 点待在这里，想做打字工作。我们常常会有多达 200 个女孩。"为节省邮费，充分利用志愿时间，大部分情况下，感谢信都是派人直接送上门，常常由来自史密斯女子学院和卫斯理女子学院之类院校的女学生们成群结队送上门——这么做只会加深那些收信人的印象。[25]

大约好几百名其他志愿者被安排每晚打电话。每名志愿者会得到一张表单，其中列出了某一特定社区的民主党人与无党派人士的姓名和电话号码，以及需要传达的内容，还有一张附表，其中列出了约翰·F. 肯尼迪对一些关键政策的态度。如果碰上无法回答的问题，志愿者会做好记录，由位于基尔比大街竞选总部的某个人给那人回电话，以补足缺失的信息。选举日之前，志愿者会给以前联系过的那些人再打一轮电话，催促他们去投票，同时询问是否需要派车送他们前去投票。

注重细节成了竞选班子的标志。在约瑟夫·肯尼迪的指导下，小心翼翼准备的各种广告在有可能斩获最大阅读量的时间段投放到了全州范围内各家报纸的版面上。一份制作精良的八个版面的小报在全州范围内被送进了千家万户，专门用来为杰克在南太平洋的英雄壮举唱赞歌，同时送出的还有《读者文摘》重印的、约翰·赫西为《纽约客》杂志撰写的报道 PT-109 的文章。（那份小报最终的印数大约为 120 万。）在伍斯特县丘陵地带一些说法语的社区，竞选班子制作了一份录音，由候选人的母亲用法语录制。针对波士顿城内和郊区的一些特殊族群会有不同的对策。竞选班子里甚至还有一些针对特定职业的委员会——医生支持肯尼迪委员会、牙医支持肯尼迪委员会、教师支持肯尼迪委员会等。久经历练的政客们无论多么不情愿承认，也都对所见所闻印象深刻。6 月，波士顿市长约翰·B. 海因斯（John B. Hynes）跟杰克一起参加科普利广场（Copley Square）的集会时，他惊讶于现场有两套（而非一套）处于工作状态的提词器，他不明白为什么要那样——结果其中一套中途坏了，竞选团队的助理们不动声色地启用了备用提词器。海因斯立刻明白了，现场工作人员是一帮完美主义者。[26]

竞选团队也在下大力气拉拢全州的非裔选民，他们的人数在 5 万到 7 万，主要生活在波士顿的罗克斯伯里区和多切斯特区。各种信件投递给了这样的选民们，其中引述了杰克长期以来对民权的支持，黑人记者也跟踪报道杰克在这一议题上的投票记录和各种演讲。[1952 年 1 月，在众议院大厅的一次演讲中，杰克呼吁杜鲁门总统就美国全国有色人种协进会（NAACP）官员哈里·T. 摩尔（Harry T. Moore）及其妻子哈丽雅特（Harriet）在迈阿密遭谋杀一事立即展开联邦调查。圣诞节当晚，一些种族隔离主义者事先安放的一颗炸弹杀死了这两人。随后数月，杰克一直在引导人们关注这一案件，这在黑人媒体上获得了好评。] 此外，竞选团队成员做好了计划，让杰克有足够的时间于 8 月和 9 月返回波士顿，前往六个人口主要为黑人的投票区发表演说。察觉到洛奇在这一话题上的脆弱性——1946 年，洛奇参议员仅在其中一个投票区获胜——竞选团队借此猛批共和党，同时警告非裔选民们，不要相信洛奇会捍卫黑人的进步事业。[27]

记者尼克·布赖恩特（Nick Bryant）发掘出一份特别有意思的　512
文件，足以洞察那一时期杰克对种族问题的看法。那是一份手写的
竞选演讲提要，演讲也许发表过，也许没发表。候选人的开场白强
烈且庄重："生活里最糟糕的莫过于种族偏执。"然后他删掉了
"偏执"（bigotry）一词，代之以"偏见"（prejudice）。接着他又将
替换下来的词加进后一个句子："最低劣的莫过于偏执。"从这往
后，杰克将民权事业与反共联系在了一起："那些不把美国同
胞——不论种族、肤色、来源——当美国同胞看待的人是在营造一
种特殊的气氛，共产主义种子会在其中茁壮成长。"可能是担心听
众不得要领，接下来的句子强调了如后观点："强力的民权计
划——该计划足以保障每个美国人通过公平竞争得到机会，以改善
自己和家人的生活，唯有我们国家能做到这一点——对美国的不断
强大和进步至关重要。"接下来的内容为，审视洛奇以往在民权领
域的弱势表现，与杰克自己的表现做了一番对比，然后是简短的结
束语："我希望前往参议院，继续为民权立法而斗争。"[28]

在上述演讲草稿里，杰克通篇没提及黑人群体每天遭受的侮
辱，也没提出任何具体设想，以结束美国南方延续到当时的种族
隔离做法——也许这标志着他对种族议题的想法有限（在竞选参
议院议席过程中，无论是在这篇讲稿里，还是在其他讲稿里，杰
克均没有显露对黑人不满情绪的政治根源有多深的兴趣），或者，
这仅仅反映出他坚定的信念，由于他是在马萨诸塞州竞选，而非
美国南方的密西西比州，他没必要对南方的做法浪费精力。无论
如何，在这一问题上，能发出如后呼吁，他就很知足了：所有美

国人在学校里、在法庭上、在军队里，都应受到"良好对待"（good treatment）。[29]

Ⅲ

5月和6月召开竞选集会尚属太早，不过可以举办一些特定的活动。初选期间，1946年即将结束那几天，在剑桥地区指挥官酒店专为女性选民举办的茶话会大获成功，那场景依然历历在目，因此肯尼迪团队策划再举办一系列类似的"茶话会"，时间多数定在星期天，地点则定在全州范围的一些饭店的舞厅里或高中体育馆内。

513 "尊敬的约瑟夫·P.肯尼迪夫人及其儿子约翰·F.肯尼迪众议员将于周日举办招待会"——这是印刷在光洁的白色卡片纸上、烫有金边的请柬上的内容；请柬封装在华贵的牛皮纸封套内，受邀者的信息都是手书到封套上的，然后装到盒子里，送往相关的城镇，以便盖上当地的邮戳。出席者有机会亲耳聆听候选人和母亲的简短发言——有时候杰克的一个或几个妹妹也会轮番发言——还会受到主办方人士的列队欢迎。招待会上有茶水、蛋糕以及各种甜点，多数时候还会有乐队在现场演奏。恰如1946年一样，现场反应非常火爆。第一场茶话会于5月18日在位于伍斯特的班克罗夫特酒店（Bancroft Hotel）举行，参会的女性多达5000人；第二场茶话会于接下来那周在斯普林菲尔德举行，规模堪比第一场。在福尔里弗的招待会上，戴夫·鲍尔斯手里拿了个人流量计数器站在门口，以计算入场的女性，数到2000人时他就放弃了。[30]

　　杰克也亲自参与了这些茶话会的初期规划。4月末，他邀请远房表妹、人称"波莉"的保利娜·菲茨杰拉德（Pauline "Polly" Fitzgerald）来他的公寓商议怎样推进此事最好。"我希望在伍斯特办一场茶话会，就当是竞选活动的开场，"杰克对保利娜说，"我希望你来为我办这事。"保利娜当场答应了。杰克还对她说，希望有正式的请柬，请柬上的文字应当标明，持柬人可带他人入场。保利娜同意了，随后两人商定，在请柬右下角印上"客人已受邀"（Guests Invited）字样，那意味着持柬人可随意带人入场。"这样一来，某种程度上可一举两得，"保利娜后来说，"也就是收到请柬的女士会觉得自己非常幸运，邀请的是她本人，但没收到请柬的那些人会知道，她们也会受到邀请。"[31]

　　"首先要说的是，"在伍斯特茶话会上，杰克做简短发言时说，"出于某种奇怪的原因，马萨诸塞州的女性比男性多，而且她们更长寿。其次，我姥爷，就是已故的约翰·菲茨杰拉德，36年前竞选美国参议院议席，与他竞争的对手正是我的对手的爷爷亨利·卡伯特·洛奇，我姥爷仅以三万张选票差落败，当年的选举不允许女性投票。我希望，通过加深女性选民们的印象，最终我会轻松补上这样的差距。"[32]

　　伍斯特茶话会的结果让杰克兴奋不已，事后，他在酒店走廊上碰到了保利娜，彼时杰克已经与人握手好几个小时，浑身疲乏，不过仍然处在亢奋状态。他心想，她显然会办事。他对保利娜说："到我这儿来一趟，咱们谈谈组织更多茶话会的事。"很快，保利娜获悉，她被任命为招待会总策划人，而全州性招待会总数最终达到了36次，出席的女性超过七万人。保利娜后来说，对她以及所有

514

参与者来说，工作非常艰辛，不过总的来说值得，"因为杰克身上有一种东西，这东西就如此传达给了他人。对所有为杰克工作过的女性来说，他身上有一种难以言说的东西，让每个女性都感觉杰克需要自己为他做点什么。那是一种无法假装的东西"[33]。

　　毫无疑问，正如前几次竞选活动一样，那是性魅力使然——杰克的微笑、他蓬乱的头发、他帅气的长相、他优雅的举止、他的未婚状态。不过，远不止这些。约翰·F. 肯尼迪的公共形象何止是吸引人。早在1946年那些家庭聚会上，以及早前竞选期间磕磕巴巴的演讲中，他的性魅力就很明显。六年后的今天，这依然同样明显。他的对手事后也承认这一点，并告诉一名采访者，杰克·肯尼迪"具备非凡的和当之无愧的人气，是个集万千宠爱于一身的人。实际上，我喜欢他。在竞选过程中，人们会找出对手的各种错误，然后利用这些错误。不过，具体到肯尼迪，人们就不那么做了"。数年后，皮茨菲尔德的一位前市长回忆时也说了相同的话："杰克身上有一种东西——我也说不清那到底是什么——让人们愿意相信他。无论是保守派还是自由派，双方的人都会告诉你，杰克跟他们站在一起，因为他们愿意相信情况如此，他们也想跟他站在一起。他们不过是想确认自己的观点与他的观点一致。"[34]

　　剑桥地区的茶话会仍然在指挥官酒店举办，一名记者的报道如下：

　　　　大约两个小时期间，女人们排着从未间断的长队慢慢走过舞台，与肯尼迪家族的人一一握手，双方含混地互相介绍一番，说些客套话，然后她们通过一个侧门走进大堂，那里人头攒动，仍然挤满了等候与迎宾队伍见面的人。宽敞的大堂一侧摆放着几张长桌，桌子旁边有一些面露疲态的女服务员——正在为客人们倒茶、倒咖啡、端甜点。（后来有报道说，总消费量为 8600 杯饮料。）……尽管现场有几个人的衣服上溅上了饮料，还有两个人晕倒，但茶话会的氛围很欢快，到处都是亲切的交谈声。大约［晚间］10 点半，舞厅里的握手活动终于圆满结束，肯尼迪一家虽然面带倦意，却仍很坚定，他们都来到大厅里与人们一起饮茶。[35]

记者注意到了这些茶话会最显著的几个特点之一：茶话会都是　　515
家庭性质的，而且特别迷人。尤其是罗丝·肯尼迪，都 60 岁的人
了，还那么时髦和年轻，作为女东道主，她赢得了广泛赞誉。竞选
助理们往往会事先为她写好讲稿，不过，那么做显然多余。她每次
都用自己准备的讲稿，无一例外，而且多数时候她不拿讲稿，她会
描述养大九个孩子的经历（她经常会拿出个道具类的东西，例如装
满索引卡的收纳盒，卡片上记录着孩子们生病、接种疫苗、修补牙
齿的信息），同时很艺术地、幽默地举出父亲"蜜糖菲茨"的一些
事例插科打诨。与他人单独谈话时，罗丝·肯尼迪会显得冷淡，尽
管如此，面对一群人时，她的社交本能无可挑剔，肯尼·奥唐奈称
之为"在恰当的时间说恰当的事，奏响的永远是正确的音符，这本
事天衣无缝"。罗丝张嘴来了几句意大利语，就迷倒了波士顿北城
那些意大利裔，她还告诉人家，她就在邻近的地方长大。在多切斯

　　除了大规模招待会，诸如这幅照片显示的小型家庭聚会也是竞选活动的核心部分。照片右侧戴珍珠项链者为杰克的母亲罗丝，左侧穿白裙者为妹妹帕特里夏。

特区，她则心情轻松地回顾了在多切斯特高中的经历。她甚至会根据不同的场合调整自己的着装，每次前往不那么富裕的地区，她会放弃自己更喜欢的昂贵的巴黎时装，换上依旧优雅得体的时装。从一个活动场所赶往另一个活动场所途中，她多次在车上换装。[36]

与此同时，除了罗斯玛丽，罗丝的其他几个女儿好像也无处不在，有的挨家挨户登门造访，有的在全州各女性俱乐部登台演讲，有的在播放杰克从政以来的电影资料，有的在波士顿市内和市外主持各种家庭聚会，有的在茶话会上抛头露面。[①] 琼还兼任基尔比大街竞选总部办公室经理。鲍比的妻子埃塞尔也参与了活动，生下约瑟夫·P. 肯尼迪二世（Joseph P. Kennedy Ⅱ）当晚，她甚至还在福尔里弗发表了一篇竞选演说。"我为杰克疯狂，"埃塞尔激动地说，"而我只是他的弟媳。"[37]

516

Ⅳ

1952 年参选活动期间，剧烈的背疼经常困扰杰克，虽然他身边的人都清楚这事，但这仍然是个巨大的秘密。5 月，在斯普林菲尔德消防队的一次亮相活动中，为配合摄影记者，杰克勇敢地同意顺着消防杆从三楼滑到一楼。他落地时背疼得脸都变了形。接下来几

---

① 如果有人问起罗斯玛丽，竞选团队会说，她在"威斯康星州当老师"。当时久未露面的还有泰迪，那年他 20 岁，由于在哈佛大学一年级考试中作弊，学校将他开除了。后来他参了军，哥哥 1952 年竞选期间，他大部分时间常驻欧洲。1953 年秋季，他再次申请入学哈佛，得到了批准。——原注

天，背疼未见明显好转，他被迫用拐杖支撑才能外出活动。助手们担心这会影响竞选，随即解释说，杰克未能在几个竞选办公室露面是因为战争期间的一处旧伤复发——这么做显然是为了唤起人们对战时英雄的同情。他们坚称，这件事很快会过去，杰克的总体健康状况很棒。真实情况是，整个夏季和秋季，候选人肯尼迪的疼痛几乎没断过，每当漫长的一天结束，整个人躺进澡盆的水里，他才会感到有所缓解——或者，下午的日程比较宽松，在两场活动之间赶场的间隙，他也会感到解脱。止疼药只能缓解一时，不足以消除疼痛。通常情况下，走进礼堂发表演说前，鲍尔斯或另一名助手会拿掉杰克的拐杖，悄悄藏到一边，以便观众里没人能看见拐杖。杰克会大步流星地走进会场，身材精瘦，肌肉有力，猛一看似乎年轻有为，身体健康。完成简短的演讲后，只要有可能，杰克会巧妙地利用一架钢琴或一面墙做支撑，和助手们站成一排，在痛苦中数个小时与人们握手。唯有找不到这类支撑，疼痛又难以忍受，助手们才会将拐杖给他拿出来。[38]

517　　杰克毫不动摇地督促自己勇往直前，他已经看见胜利的曙光，胜利几乎唾手可得，他生怕一松劲，整个竞选活动会前功尽弃——他的政治前途亦会就此结束。整整六个月来，他跑遍了全州，从科德角到伯克希尔（Berkshires），所有大城市他都会前往八九次，小城镇至少得去一次，所到之处，他必须不停地握手，发表演说，经常在飞行期间以奶酪汉堡充饥。"如今我们实际开始工作的时间为——这绝不是夸张——每天一早 5 点或 5 点半，"弗兰克·莫里西回忆说，他的任务就是每天一早将候选人唤醒，晚上安排他上床睡觉，"我们的演讲是根据规划得滴水不漏的日程安排的，需要在全州范围内活动，我们常常干到夜里一两点，然后安排他上床睡觉。"每当实在喊不醒候选人，莫里西就会耍个小手腕，他会拿起电话听筒，假装打电话。"我会说：'老约，实在对不起，我们得取消第一个……'每次我刚把'取消'俩字说完，杰克一定会大喊一声，然后起床，接着开始新的一天。我们总是重复这套把戏。"[39]杰克更愿意每天晚上回鲍登街的家里睡觉，这让莫里西的工作变得更加不轻松。与就近找个饭店开房相比，家里有杰克熟悉的床垫，床垫下边垫了块硬板。但这么做意味着每天会更加漫长，耽搁在路上的时间会更多。

有时候，夜深时分，候选人会跟几名助理一起前往查尔斯敦的施拉夫特小食店（Schrafft's），一边喝奶昔一边商讨战略问题，直到店家打烊，他们才离开。然后他们会到杰克的公寓继续谋划。酒精饮料很少出现。竞选活动期间最流行的一个桥段是，劳累的一天结束时，杰克会说："哥儿几个，咱们得喝一杯吧？"几名助理会像鸡啄米一样点头，然后杰克会带领大家前往饮品店，为每人点一杯巧克力奶昔。[40]

一直以来，杰克的团队不断地尝试制造竞选话题，但始终不太成功。吉姆·兰迪斯和另外几个人找到一个理由，指责两位共和党参议员——洛奇和莱弗里特·索顿斯托尔——应当对本州工业下行以及失业问题负责。考虑到保罗·德弗州长在同期竞选活动中吹嘘说，在他的领导下，本州经济呈现一派喜人形势，前述说法就显得让人尴尬了。另一个攻击洛奇的理由是，据说他在参议院没有尽到该尽的义务。一份题为《洛奇的伎俩》的团队内部文件指责参议员可能会逆转政策。在夏季的几个月里，参与竞选的左派和右派双双对洛奇发起了攻击：左派指责他反对杜鲁门当局公平交易立法的关键内容，包括涉及住房问题和劳工问题的内容；右派指责他过分支持杜鲁门的对外政策，在反共方面过于谨慎。人们还指责洛奇赞成从朝鲜半岛撤出美国军队，笼统地说，他太胆小，在两党间脚踏两只船。与之形成鲜明对比的是，杰克·肯尼迪勇于反对行政当局对外政策的多个层面。就此而论，一份竞选文件披露，肯尼迪众议员"与［俄亥俄州共和党人罗伯特·］塔夫脱的立场更趋一致，与洛奇相比尤其如此"[41]。

与参议员塔夫脱进行对比，这是约瑟夫·肯尼迪的主意，也是英明的一步棋。马萨诸塞州保守派对共和党内部发生的事感到失望，约瑟夫从中看到，杰克有机会赢得保守派的支持。与塔夫脱竞争共和党总统提名时，德怀特·D. 艾森豪威尔将军得到了越来越多的支持。不管怎么说，提名最终会归于塔夫脱，因为他是个广受尊敬、禀赋超凡的议员——他在耶鲁大学完成了高等教育，之后毕业于哈佛法学院——为了这一时刻，他已经等候12年，而且始终对共和党矢志不移。（别人给他起的外号"共和党先生"只能让他感到骄傲。）[42]该党东部建制派可能已经选定此前有过三次提名的人，不过，塔夫脱坚定地认为，在绝大多数基层党员里，他比杜威更得人心，后者两次获得提名，两次败选。也许事情真的如此，不过，他没把艾森豪威尔的候选资格算进来。1951年秋季以来，随着两党都在追捧艾森豪威尔，这位五星将军在公开场合总是对自己的计划闪烁其词，部分原因是，他还不确定自己会否参选。他的竞争脾性让他倾向于参与其中，不过他将其深深地隐藏在了阳光的性格之后。他早已肩负起一份更重要的工作——监督 1944 年登陆欧洲大陆的成果——让他屈就于有可能既肮脏又让人丢脸的提名大战，他不会感到其中有乐趣。[43]

　　然而，在共和党内东部派别的敦促下，以及内心关切的驱使下，艾森豪威尔渐渐转向寻求共和党内提名。艾森豪威尔的关切是，一旦塔夫脱当选总统，没准他会把国家急剧带往孤立主义方向，甚至可能让美国退出西方同盟。① 1952 年 1 月，艾森豪威尔同意报名参加新罕布什尔州初选；4 月，他申请解除自己在巴黎担任的北约司令官职务，以便回老家竞选共和党提名，他的申请得到了批准。事后看，这种观点十分吸引人——接下来的争斗结果都是事先注定的，著名将军和他的军人风度以及爽朗的笑容必然会引领他战胜行事僵化且毫无个性的塔夫脱——但有意思的是，两人间的争斗实际上充满敌意，不分上下。那年 7 月，进入芝加哥党内年会竞争阶段后，在获得参会代表支持层面，塔夫脱确实明显领先。不过，艾森豪威尔的势力组织得更好，在会场上也表现得更好，因此他笑到了最后。塔夫脱及其许多支持者怀着深深的怨恨离开了芝加哥。[44]

　　在第一轮投票中，艾森豪威尔决定性的胜利掩盖了共和党内深

519

---

　　① 民主党原指望艾森豪威尔会同意当他们的旗手，结果竹篮打水一场空：他是个彻头彻尾的共和党人，与有权势的企业家交往远比与自由派对手交往更舒服。他仅仅给罗斯福投过一票，那还是 1944 年，仅仅因为当时他战争时期。1948 年，他支持杜威，而非杜鲁门。——原注

层次的矛盾。为巩固胜利，艾森豪威尔接受了一个内含孤立主义要素的党纲，在号召"解放"东欧各国的同时谴责杜鲁门的遏制政策。党纲公开抨击1945年的《雅尔塔协定》，谴责民主党人在政府部门窝藏叛国者。作为对保守派让步的姿态，艾森豪威尔接受党内选择理查德·尼克松当他的竞选伙伴。[45]加利福尼亚人尼克松很快兑现了选他的承诺，兴致勃勃地攻击"没有脊梁骨的"杜鲁门及其政党。至于民主党总统候选人，温文尔雅、口才极好的伊利诺伊州州长阿德莱·史蒂文森（Adlai Stevenson），尼克松将其称作"绥靖主义者"，手里握有一本"懦弱的遏制共产主义学院院长"迪安·艾奇逊颁发的博士学位证书。[46]

亨利·卡伯特·洛奇是艾森豪威尔候选人资格的主要背后推手之一，若不是因为这个，上述纷乱不可能在马萨诸塞州的参议员竞选中掀起什么波澜。像其他人一样，洛奇也特别希望将军辞掉巴黎的职务，返回美国参加总统提名竞争；1952年1月，为将军在新罕布什尔州候选人资格登记表上填写姓名的人正是洛奇。接下来几个月，洛奇成了艾森豪威尔事实上的竞选经理，在芝加哥大会的斗争中，他成了主要战略家。[47]其结果是，整个夏季，洛奇分心了，几乎没太在意自己的竞选活动，也很少返回马萨诸塞州。更糟糕的是，他代表艾森豪威尔做的那些事，让他疏远了州里支持塔夫脱的保守派，其中一些人发誓甩手不管参议院竞选的事了，另一些人走得更远，发誓支持约翰·肯尼迪。巴兹尔·布鲁尔（Basil Brewer）是塔夫脱在马萨诸塞州的竞选经理，也是新贝德福德《旗帜时报》（*Standard-Times*）的出版人，该报在马萨诸塞州东南部拥有大批读

者。布鲁尔让报纸将赞美洛奇的论调改成了对其进行谴责，将其称 520
为"杜鲁门的社会主义新政支持者"。与约瑟夫·肯尼迪见面后，
布鲁尔开始为杰克的候选人资格背书。[48]

V

洛奇在加勒比海悠闲地度了个假，9月初，距正式选举还有两
个月，他才把主要精力转向自己的竞选。截至那时，杰克已经全力
以赴四个多月，在全州各关键选区取得了重大进展，包括劳工和女
性。（8月22日，马萨诸塞州劳工联合会在其年会上发声支持肯尼
迪。）[49]洛奇对助手们表示，他对最终大获全胜信心十足。不过，他
向对手提出挑战，进行一系列辩论，暴露出他的心虚——"让他随
便选地方和地点"[50]。肯尼迪团队同意进行两轮辩论。第一轮定在9
月16日，地点在沃尔瑟姆（Waltham）南城初中（South Junior
High School），现场听众爆满。辩论双方均尊重对手，严肃认真，
双方均满足于点到为止，还互相说了些好话。不过，挑战者的冷
静、率直，以及沉稳的风度，直截了当地承认民主党过去20年来
犯过一些错误，使他赢得了更多掌声。同时他也强调，他所在的政
党的各项政策必须放到涉及大萧条、纳粹威胁、第二次世界大战、
恢复和平等复杂的挑战性大背景下加以考虑。"必须在这样的大背
景下判断我们的作为——不能只是马后炮，那样的话，所有事都易
如反掌，所有人都是智者。声称所有胜利归于两党合作，失败归于
民主党，或许政治上有好处，却不合常理。"杰克还提醒现场听众，

他所在的政党在促进劳工权利方面，在制止剥削孩子和女性方面，在制定最低工资法方面发挥了重要作用。[51]

　　为《华盛顿明星报》报道那场辩论的记者玛丽·麦格罗里（Mary McGrory）判定，杰克明显是赢家。"他从头到尾镇定自若，握有所有事实，迷倒了在场的每一个人。"杰克一如往常，对自己要求严苛，感觉仅仅与对方打了个平局。不过他也承认，助手们说得对，鉴于洛奇的经验、名望、受欢迎程度，平局等于赢。洛奇本人也这么看，他知道自己未能将更年轻、更稚嫩的对手打趴下，未能重挫其锐气。听众席里沃尔瑟姆的一个本地人的反馈是，与洛奇相比，他更看重肯尼迪："他俩我都喜欢。"[52]

　　沃尔瑟姆那场辩论仅仅通过无线电广播进行转播，不过，作为时代变迁的标志，第二轮辩论的场地换到了纽约市的一个电视直播间。波士顿一家电视台进行了直播，成千上万人打开电视观看了播出。两人共同面对新媒体时，挑战者再次坚持己见，看起来显得更从容。[53]约瑟夫·肯尼迪激动万分，他曾经培养孩子们面对镜头时从容不迫，随着夏季过去，他愈加坚信，小小的带有雪花点的黑白屏幕在美国未来政治中越发重要。关于儿子应当如何利用电视、如何着装、如何讲话、目光应当看向何处，大使不断地做着战略规划。杰克则不用扬鞭自奋蹄，他勤奋地工作，以便磨炼自己的技巧，7月，他甚至到哥伦比亚广播公司一所"电视学校"报名入学。他的初期表现好坏参半——他读稿子时往往会陷入单一沉闷的语调——不过，通过实践，他得到了提高。由于天生反应机敏，善于思辩，在没有稿子的场合，他反而表现得更好，更容易融入舞台，让自己的魅力自然释放。

10月，波士顿电视台 WNAC-TV 播放了两期30分钟的电视竞选特别节目《与肯尼迪一家喝咖啡》（*Coffee with the Kennedys*）。节目由罗丝主持，露面的嘉宾有候选人和他的几个妹妹。女主持人坐在客厅的长沙发上，首先欢迎观众收看节目，然后介绍了自己的家庭，还解释了她为什么相信儿子的理想人品适合在美国参议院代表马萨诸塞州。她谈到了儿子青少年时期取得的成就，他早年就对政治和历史感兴趣，以及他父亲在英国担任大使期间，他遍游欧洲获得了不可估量的经验。接着，镜头切换至众议员的竞选总部，然后镜头又分别切给了杰克的两三个处于工作状态的妹妹。节目组邀请观众踊跃打电话，向候选人提问，电话费由节目组承担。节目结束前，杰克在现场逐一回答提问，同时请求有车族在投票日当天志愿搭载志同道合的投票人前往投票站。杰克的竞选团队并不仅仅满足于节目本身，而是在全州范围内组织了5000个观看现场，鼓励每一位当地主持人——不变的是，几乎都是女性——邀请10名到15名朋友前去收看节目。[54]

感觉到问题的洛奇最后几周加倍努力，每天工作16小时，并且尽可能多地跑遍全州每个角落，结果却发现，无论他走到哪里，杰克·肯尼迪总是抢先一步去过那地方，例如站在工厂门口迎接前来上班的工人，在晚餐桌上与资助人聊天，与志愿者站成一排合影，凡此等等。[55]有人事后估算过，杰克每握五次手，洛奇才握一次。尽管如此，现任参议员仍然因旅途中所见所闻欣欣鼓舞——他见证了各个活动现场的氛围以及参与民众的规模。说实话，许多选

522

民同时喜欢两位候选人，两人似乎在太多方面实在太相像，包括两人政治上走的都是中间路线。戴夫·鲍尔斯回忆道："包括民主党人在内，人们会说：'天呐，实在太糟了，他的对手竟然是洛奇，因为这两人我们都需要。'洛奇有着同样的名声，他和杰克·肯尼迪完全是同类人。他是共和党的杰克·肯尼迪。一些人将杰克·肯尼迪称为民主党的亨利·卡伯特·洛奇。马萨诸塞州民众觉得，两个人我们都需要，但其中一人必须倒下，实在让人惋惜。"[56]在一些核心议题上，甚至经验老到的记者们也看不出两人有无细微差别，尤其在对外政策领域。两人在竞选风格上也大致相似：专心致志于一些议题，沉稳并善解人意，对政治操弄和人身攻击唯恐避之不及。

两位候选人甚至还得面对一个共同的麻烦：如何应付约瑟夫·麦卡锡。在美国政界，这个喜欢玩火的参议员虽然争议不断，却是个厉害的人物，当时他也在威斯康星州参加改选。过去两年间，麦卡锡已经使一名记者所称"独一无二的以假乱真术"趋于完善，即将一套又一套捏造的说法当事实陈述，一旦这些"事实"受到质疑，便加倍捏造。[57]那年秋季，麦卡锡主义战术横行一时，共和党众多候选人在竞选口号中提出朝鲜问题、共产主义和腐败的问题（K1C2），用以敲打民主党人。尼克松在冲锋陷阵中起到了领头羊作用，甚至艾森豪威尔也以红色诱饵实施政治迫害。助手们生怕艾森豪威尔在麦卡锡的主场将其得罪，敦促他在密尔沃基（Milwaukee）的演讲中删除对恩师乔治·马歇尔将军的溢美之词，比如将"最深的爱国主义"用于"服务美国"。（我们不妨回顾一下，前一年夏季，麦卡锡在参议院的一次长篇演讲中将马歇尔斥为叛国者。）相反，在密尔沃基，艾森豪威尔的部分演讲内容简直就是麦卡锡口吻的翻版。他声称 20 年来，对共产主义的纵容渗入华盛顿高层，那意味着"实际上一定程度上污染了联邦政府的每一个部门、每一个机构、每一个司局、每一个科处。那还意味着，主管政府的是一群被欺骗麻醉了头脑的人"，导致美国丢掉了中国，使东欧"许多国家拱手让人"。与此同时，在美国国内，接受共产主义不啻让一些"嘲笑和挖苦"存在威胁的人掌管政策制定，放纵他们"取得最肮脏的胜利，即叛国"[58]。

洛奇本人不喜欢麦卡锡，而且厌恶其煽动性的做法，不过他心里非常明白，在马萨诸塞州 100 万爱尔兰裔天主教徒里，3/4 的人给予麦卡锡广泛的支持，其中许多人喜欢麦卡锡傲慢的风格以及厚颜无耻的策略。所以，像艾森豪威尔一样，参议员小心翼翼地行事，与麦卡锡保持距离的同时，尽量避免公开批评他。出于党内团结的利益需求，麦卡锡向洛奇提议，他前往海湾之州（即马萨诸塞州）为其助选，洛奇本想接受，却听到了对方提出的如后条件：他必须公开出面，亲自邀请麦卡锡。"条件是我设定的，"麦卡锡扬扬得意地对保守派资助人小威廉·F. 巴克利（William F. Buckley Jr.）说，"我对〔洛奇的竞选团队〕说，如果洛奇公开邀请我，我就去波士顿为他站台，而他绝不会那么做——他会丢掉哈佛的选票。"[59]

不过，如果洛奇改变主意又会怎样？如果他断定，对他而言，哈佛选票远不如爱尔兰裔的选票重要，又会怎样？那是肯尼迪团队最担忧的。正因为如此，虽然麦卡锡属于对立的党派，历史上从未与马萨诸塞州有过实质性交集，但在前述问题上，杰克面临着微妙的两难选择。一方面，麦卡锡是肯尼迪家族的朋友，他跟约瑟夫·肯尼迪的关系尤其好。另一方面，如果追随麦卡锡，就会丢掉太多选票，尤其会丢掉"南方人"（波士顿南城人），还会丢掉全州许多地方的城镇人口。而且，拥抱这个威斯康星州参议员的风险包括丢掉自由派人士、知识分子、劳工领袖的支持。奔赴马萨诸塞州为竞选四处游说前，阿德莱·史蒂文森咨询了萨金特·施赖弗的意见，想知道他前去帮助杰克竞选，如何才能帮到点子上。施赖弗请他只做三方面的事：告诉支持杰克的选民们，杰克支持杜鲁门公平交易法的那些自由层面；强调杰克非常愿意坚守原则性的和大胆的政策立场，包括为华盛顿特区的黑人群体代言；管好嘴巴，不要攻击麦卡锡。施赖弗还说，杰克对共产主义和颠覆的态度越强硬，越有机会剥离一部分共和党人对洛奇的支持，他们正因为洛奇挖了罗伯特·塔夫脱候选人资格的墙脚无处发泄。此外，麦卡锡在马萨诸塞州非常受欢迎，包括在民主党内。"在这边，强调反共一事怎么说都是好事。"施赖弗说道。[60]

524

　　杰克不像父亲那样对麦卡锡热情有加，他只是看到，公开反对麦卡锡会落入陷阱。1952年2月，决定当年秋季角逐哪一个州级职位前，杰克出席了哈佛大学斯皮俱乐部的老友聚会。一个发言人庆幸哈佛大学既没有创造出阿尔杰·希斯（实际上他毕业于法学院），也没有创造出麦卡锡时，据说杰克提出了如后反对意见：唯有希斯值得受此谴责，因为他确实犯了叛国罪。不过很明显，那年

　　竞选活动最后几天的肯尼迪和阿德莱·史蒂文森。两人的后边是德弗州长。

冬季，杰克的观点处在变化过程中。前一年秋季的远东之旅让他
对如后说法产生了怀疑：共产主义者在海外攻城略地，一定程度
上是因为美国人表里不一或能力不足。接下来，他与州里有影响
力的学术单位的交流加深了他的这些怀疑。与此同时，让他印象
深刻的是，对各院校的鄙视传遍了四面八方，那种鄙视后来被冠
名为"麦卡锡主义"。杰克私下里跟朋友们说，麦卡锡"就是个
下等爱尔兰人"，他会污染每一个接近他的政客。杰克决心与其保
持距离。[61]

　　杰克这种保持距离的态度无法讨好州内的犹太选民，他们对麦
卡锡极度不信任，也早已对杰克有所警觉，因为据称他父亲抱有反
犹主义。[美国国务院发布了数份报告，描述了肯尼迪大使 1938 年
与德国驻伦敦大使赫伯特・冯・迪克森数次见面。1949 年 7 月，
525 《犹太时代周刊》（*The Jewish Weekly Times*）刊文进行了回应，文章
的标题为《德国文件称肯尼迪持反犹观点》。] 几位犹太领袖请求
杰克谴责威斯康星州参议员麦卡锡，不过他拒绝响应。"以前我就
跟你说过，我反对麦卡锡，"杰克对菲尔・法恩（Phil Fine）说，
后者是杰克手下联络犹太团体的首席联络官，"我不喜欢他做事的
方法，不过眼下我正在竞选职位。尽管我说反对他可以得到某位数
的选票，但一旦我真的说反对他，我肯定会丢掉……两倍于某位数
的选票。我跟你说，你必须相信我，我会在正确的时间做正确的
事。"[62]随后是与犹太社区领袖的一系列见面会，以及在各犹太人居
住区举行的竞选活动，还出现了一个支持杰克候选人资格的"朋友
委员会"。该委员会资助了一次晚餐，地点在波士顿俱乐部，到场

的 300 人基本上都是犹太人，杰克向听众介绍了他 1951 年对以色列的访问，拜会本-古里安，以及在众议院支持以色列的投票记录。杰克觉得，他的一番话仍未打消人们的疑虑，因而他问道："你们还想要什么？记住，是我正在竞争参议院议席，而不是我父亲。"这是现场听众一直在等待的最明确的声明，大厅里爆发出一片掌声。[63]

　　直到大选当天，肯尼迪阵营最担心的莫过于奇迹降临在洛奇身上：洛奇和麦卡锡会神奇地一起出现在一个万众欢腾的集会上，一起高举双手，掀起一轮头版头条消息，导致大量爱尔兰裔天主教徒离开自己，奔向现任参议员。民间流传的证据表明，约瑟夫·肯尼迪有可能出手按住了此事，要么就是亲自给麦卡锡打了电话，让他不要介入洛奇的竞选活动，要么就是让专栏作家韦斯特布鲁克·佩格勒（Westbrook Pegler）以他的名义给麦卡锡打了电话。约瑟夫也许还给了威斯康星州参议员数千美金，后者刚刚做完一个价格不菲的手术，据说差点破产。（杰克事后否认父亲寻求过麦卡锡帮忙。）[64]即使确实发生过约瑟夫干预一事，似乎也不具有决定性意义，至少从洛奇事后提供的证词看如此。洛奇坚称，将麦卡锡挡在马萨诸塞州选举之外，主要责任在他，而不在约瑟夫·肯尼迪。洛奇告诉麦卡锡的传记作者戴维·奥辛斯基（David Oshinsky），在最后一刻，他问麦卡锡"是否会来马萨诸塞州参加反对肯尼迪的竞选活动时，在任何情况下都绝不提及我。他告诉我他不能那么做，他会支持我，不过他绝不会说约瑟夫·肯尼迪儿子的坏话。我告诉麦卡锡：'谢谢，那就不必了。'所以他根本就没

526

来这里"①[65]。

洛奇将最后一搏寄希望于麦卡锡，因为在竞选活动最后的日子里，内部民调显示他落后了。在马萨诸塞州选民中，艾森豪威尔大幅领先于史蒂文森；在竞选州长职务方面，克里斯蒂安·赫脱眼看就要赶上保罗·德弗；洛奇自己却远远落后于对手，每一项指标显示的都是这么个结果。没了麦卡锡的帮助，他只好寄希望于如后两件事：一些摇摆选民"返回家乡"为现任参议员投票；他还可以借助艾森豪威尔的影响力。游戏的结局尚未到来。不过，洛奇知道，杰克因人数占优胜券在握。他必须持续加大努力，将竞选活动集中在波士顿，只要在这地方实实在在地打进一个楔子，他就会得到一次机会。因为，即便他在全州其他地方不占优，那个地方也依然是共和党的天下。（全州460万居民中，3/4的人生活在以这座城市为核心往外辐射70千米的半径内。）[66]杰克以洛奇在国会的投票记录攻击他——由于杰克自己在国会也经常缺席，这不啻一次鲁莽的声明——洛奇就势声称，他和杰克"1952年都不在华盛顿，不过原因各不相同。一个不同是，我不在是为了让艾森豪威尔入主白宫，在忙工作；而他不在，是为了自己在马萨诸塞州的竞选"。杰克喊出的口号是，他会为"马萨诸塞州做更多事"。几天后，在震惊之余，参议员发表了如后评论："让我好奇的是，他是否真想在国会

---

① 洛奇的竞选团队甚至为麦卡锡起草了一份演讲稿，其中重点强调洛奇的反共资质。"洛奇从不寻求为自己涂脂抹粉，"那份讲稿的一个段落写道，"不过我希望马萨诸塞州的人民都知道，无论什么时候，一旦出现与共产主义威胁有关的事，他正是我们大家可以完全托付的人，他不仅会说自己反共，而且他一定会真的脱掉外衣，投身到工作中。"（摘自亨利·卡伯特·洛奇存档文件Ⅱ，第18号胶卷。）——原注

做他理应做成却未能做成的那些事。"肯尼迪"本来有特别棒的机会帮着咱们州成事,却以可悲的失败告终"。他像"听话的羔羊"一样坐在国会里等候"行政当局告诉他什么时间以及怎样投票,这一坐就是六年。与此同时,我投票支持了 91 项立法提案——其中 32 项成了法律"[67]。

这一连串攻击似乎在选民中引起了共鸣,让杰克的团队大为光火,也为他的前景敲响了警钟,洛奇正在为最后的冲刺夯实立足点。更让人担忧的是,史蒂文森的总统竞选活动显然遇到了越来越多的麻烦——如果他在全国翻车,很可能会把杰克也带进沟里!

想当初,刚开完党代会那段时间,史蒂文森曾经显得特别强大,他的正直、口才、智慧给政界人士和普通选民都留下了深刻印象。(在一次集会上,一名支持者大声喊道:"史蒂文森州长,所有有识之士都投你的票。"他回复说:"那还不够,女士。我需要绝大多数。")史蒂文森秃顶,长着一双鱼泡眼,自带温和的、文明的、有学问的气质,智性和自嘲在他身上相结合,让他整个人特别讨喜。他对待政治那种清风傲骨,刚开始固然讨人喜欢,不过,随着竞选活动的推进,却产生了问题。史蒂文森认为,热情地与人握手既愚蠢又不体面——漫长的一天结束后,在小径上漫步时,他向一个朋友抱怨说:"也许所有这些事里最让我觉得可悲的是,候选人必须把手伸进潮水般伸过来的手里,然后抓住不知道谁的一只手,说:'很高兴认识你。'随后又意识到,他从未见过,或许再也见不到那个人。"[68]即使有一批厉害的演讲稿写手辅佐,如阿奇博尔德·

527

麦克利什、约翰·赫西、伯纳德·德沃托（Bernard DeVoto）、阿瑟·施莱辛格，见到让人恼火的演讲段落，史蒂文森也从未想过亲自动手修改，他会让听众等候，甚至让人们自由活动，直到自己准备好。他有时会非常暴躁、犹豫不决，对政治广告和各种新技术非常鄙视——他憎恨电视，避而不用提词器。更糟糕的是，虽然史蒂文森有教养的态度在自由派人士以及其他对他崇拜得五体投地的人面前会产生奇迹，他却苦于无法得到足够多和更加广泛的选民的支持。人们崇拜他的高雅，崇拜他出口成章且都是警句，能擘画出以道德和理智为特征的理想化的美国蓝图。至10月底，仅剩少数死忠的支持者还在支持他怀揣一线胜利希望，与从战争英雄蜕变的政治家抗争。

杰克·肯尼迪和阿德莱·史蒂文森是毕业于乔特中学（史蒂文森来自1918届毕业班）的校友。1952年秋季，两人都不知道，他们在余生中注定会成为彼此政治生涯中的核心人物。

VI

在争夺基层选民的最后阶段，杰克和洛奇两人均以闪电战手法相互攻击——他们分别走访了住宅区、购物中心，甚至还登门造访了一些家庭，全力以赴争取领先——人人都以为，保守派报纸《波士顿邮报》一定会支持共和党的几名候选人竞争州一级职务，出乎所有茶余饭后议论国事之人的意料，该报在头版社论中为杰克·肯尼迪和保罗·德弗背书。该报的出版人约翰·福克斯（John Fox）

是个喜欢炫耀、白手起家的百万富翁，一年前刚刚买下这份陷入困境的报纸，然后让这份报纸的编辑主基调紧急向右转。他宣称，杰克坚定地反共是他为其背书的主要原因，不过，他也因为洛奇对他不理不睬，以及无论是罗伯特·塔夫脱还是麦卡锡都没有公开表示支持参议员大为光火。起草好背书文章后，福克斯试图联系杰克·肯尼迪未果，却联系上了候选人的父亲，两人在文章发表前夕一起小酌了一杯。福克斯回忆说，听说社论的事以后，约瑟夫大喜过望，还询问能否做点事回报他。福克斯向其解释了《波士顿邮报》的财务困境，然后——此事数年后才为人所知——当即从肯尼迪家族的家长那里收到了 50 万美元贷款。在后来的年月里，两人均极力否认那是一笔回报款。约瑟夫·肯尼迪坚称，那是纯粹的商业往来，60 天内连本带利收回了。[69]

后来，突然间，洛奇有了救兵：艾森豪威尔竞选总部宣称，将军的全国性竞选活动最后一站落在了马萨诸塞州，大选前夜，一个星光璀璨的全明星队将前往波士顿花园（Boston Garden）表演。这一消息在肯尼迪团队成员中激起了极度的悲伤——一场以共和党旗手为特征的激动人心的集会毫无疑问会把许多摇摆不定的选民拉向洛奇一边，尤其是，艾森豪威尔在竞选总统投票中似乎会横扫全州。洛奇激动万分，那场活动喧嚣且充满活力，却没有完全如他所愿。原定由洛奇发言介绍艾森豪威尔，他花费了数小时润色发言稿，然而，当艾森豪威尔登上主席台时，热情的欢呼声如此狂热和漫长，由于担心广播和电视网络超时，洛奇的发言被迫取消了。身在主席台的洛奇强忍心中的郁闷，做出笑脸，暗自思忖这是怎么了。洛奇的一个资助人事后沮丧地对他说："我们不理解你怎么了，在最紧要关头，你竟然没出面为将军做介绍。"[70]

11 月 4 日，大选当天，杰克展示出平静和十足的信心，甚至跟朋友托比·麦克唐纳开起了玩笑，两人谈论的是败选的洛奇会在艾森豪威尔政府里谋到个什么差事。不过，杰克内心翻江倒海——他母亲在回忆录中记述道，她仍然记得那天看见过杰克好几次，其中一次，她看见儿子在"1952 年选举日当晚相当不淡定"，不停地在各房间里进进出出，一会儿脱下外衣，一会儿又穿上。候选人对助手们说，不管怎么说，大家各尽所能完成了工作，站上了强有力的位置，有望将据称不可战胜的洛奇拉下马。他还补充说："我想不起来还有什么该做而没做的事。"[71]

除了等待，杰克的助手们没有任何事可做，大家开始揣测各种未知的结果。头天晚上，花园那场盛大的晚会究竟会产生多大的影响？《波士顿邮报》引人注目的公告会不会让大量选票转向他们那边，或者人们的投票决心早已坚定不移？在偏远地区就国家大事代表杰克做的那些基础性工作会有多大成效？杰克在波士顿城区能不能积累足够多的多数，以战胜洛奇在其他地方的优势？德弗自夏季以来明显的弱势会不会掣肘杰克的候选人资格？

看样子，那天晚上波士顿接收到的初步反馈信息有利于挑战者。不过，传过来的各种报告显示，艾森豪威尔在林恩（Lynn）和布罗克顿以巨大的差距收割了选票，肯尼迪团队开始有了担心。肯尼·奥唐奈回忆说："无论最初有多乐观，立刻都消失了。"[72]时间移至夜里 11 点，情势已经非常清楚，艾森豪威尔在全州至少获得了 20 万票压倒性优势。这一数字让整个民主党的票仓陷入危险。杰克待在鲍登街的公寓里，他从父亲以及父亲的几位密友那里得到的都是悲观的报告，他给鲍比打了个电话。看起来双方差距特别小，的确让人忧虑，鲍比表示同意，不过他敦促哥哥重点关注自己团队内部的重要指标：杰克的总票数与 1948 年杜鲁门的票数之比。鲍比说，这样对比出的数字依然乐观——数据表明，杰克与杜鲁门当年的结果持平或稍稍领先，包括偏远地区也如是，在那些地方，德弗和史蒂文森的得票都少于总统在 1948 年拿到的数字。不过，鲍比也承认，前景仍然不明朗。大约午夜时分，《波士顿环球报》记者约翰·巴里（John Barry）在电视上露面了，他宣称，根据现有的情况推测，事情很"清楚"，德弗已经落败，无缘州长，肯尼迪也输了。[73]

候选人抓起外衣，步行前往不远处的竞选总部，他想亲眼看看内部指标。"我们都站在那里，"奥唐奈回忆杰克大步流星走进来那一刻的场景，"我们的衬衣都'光彩照人'：满是酸臭、汗臭，领带歪斜，或没系领带，都撸起了袖子。空气里满是难闻的咖啡味，甜甜圈的气味更甚，香烟和雪茄都在冒烟。"杰克扫了一眼现场，面无表情地说："如果这就是胜利的样子，最好别让我看到失败的样子。"他坐到一把金属椅子上，毅然决然地、一言不发地开始计算那些数字。他很快看出来，弟弟没向他撒谎：他们仍有可能胜利。[74]

凌晨 3 点，德弗的竞选班子打来电话说，按照他们的数据推算，两个人都会输。肯尼迪团队回复说，他们的计算结果显示，杰克会以微弱多数赢。不过，奥唐奈仍然记得，那是当晚最让人沮丧

530

的时刻，"因为德弗不是那种轻易认输的人"[75]。让人心情更加沉重的是，虽然新闻报道出言谨慎，留有回旋余地，但其说法与州长的说法一致。鲍比仍然记得，团队成员一个接一个悄悄溜出了竞选总部。时间移至凌晨 4 点，留在屋子里的人已经屈指可数。后来，伍斯特的反馈信息过来了，清楚地显示杰克在那边小小地赢了一把（差额为 5000 票），欢庆的喊声响彻了屋子，因为那意味着，洛奇已经没有地方可以扭转败局。尚未计算的选票已经所剩无几。团队成员们又回来了，人人脸上挂着期待。随着黎明的到来，肯尼迪团队不再怀疑：他们获得了最终胜利。[76]

然而，洛奇似乎不急于承认败选，在杰克这边也引起了一阵恐慌：难道他知道什么他们不知道的内幕？难道他那边还藏着什么扭转乾坤的妙招？选票计算出错了吗？

早上 7 点半，在基尔比大街临窗观察的几个肯尼迪团队成员看见个头高挑、腰背挺直的洛奇走出不远处的总部。"每个人都得对他客气点，"杰克·肯尼迪告诉他们，"他进来时大家都跟他握个手。"那个共和党人根本没过来，他钻进一辆等候的豪华轿车，车子从肯尼迪的指挥所旁一闪而过。对这种明显的轻慢，杰克恨得牙痒痒（"这王八蛋，"杰克嘟囔了一句，"他居然做得出来，难以置信！"），不过转瞬间也就过去了。在一封 7 点 34 分送达的电报里，洛奇承认了败选，一举扫除了所有怀疑。胜利终于来了，约翰·F.肯尼迪在美国参议院赢得了一个席位。[77]

最终统计数据能说明一切：杰克最终得票 1211984 张（51.35%），洛奇最终得票 1141247 张（48.35%）。两人差了约 7.1

万张选票，大约就是出席肯尼迪茶话会的人数。挑战者在波士顿的几个黑人投票区也斩获了绝大多数选票。在州长竞选中，德弗以很小的差距败给了赫脱。在总统争夺战中，无论是在全美范围还是在马萨诸塞州，艾森豪威尔均大胜史蒂文森。（让民主党感到不祥的是，艾森豪威尔还赢了得克萨斯、佛罗里达、弗吉尼亚三个南方州，自南北战争后重建时期以来，共和党在这些州仅赢过一次。）共和党同时还控制了国会参众两院。让民主党在美国全境抬不起头的那个夜晚，在民主党执掌政府 20 年后垮台的那个夜晚，杰克·肯尼迪异军突起，成了一座明亮的灯塔。[78]

531

他是怎么做到的？在如此势均力敌的一场竞选中，许多事都可以被称作具有决定性——例如，洛奇的竞选活动启动得晚；塔夫脱势力对他的支持不足；大使的资金投入；茶话会；《与肯尼迪一家喝咖啡》节目；肯尼迪团队在"地面战"（这是后来的说法）中使用上万名志愿者——不过，毫无疑问，候选人下决心推进"竞选活动前的竞选活动"，在全州范围内踏遍 351 座城市里的每一座城市（以及 175 个工厂和公司），以树立知名度，前后耗时超过一年，这起到了至关重要的作用。按照肯尼·奥唐奈的说法，那些小型社区的确是重中之重，从肯尼迪在各小型社区总是领先史蒂文森和德弗 4 个或 5 个或 6 个百分点即可看出。"获胜的差距其实就来自那里。我们在这些小型社区花费了太多时间，做了太多工作，亲自见了所有该见的人，在那一刻都得到了回报。在全州其他地方，杰克扛住了艾森豪威尔浪潮般的冲击。"甚至在参议员脚下最坚实的地盘上，即埃塞克斯县，杰克也跟他打了个平手。[79]

接下来得说说罗伯特·肯尼迪，他在关键时刻加入团队，并以实际行动证明了自己的价值。这兄弟二人完全不同——年龄不同，性情不同，长相不同。杰克更牢靠，更独立；鲍比不讲情面，对家人更忠诚。在杰克眼里，生活里的灰色地带更多，这部分源于他在战争中的经历；鲍比看问题更绝对，更相信二元的光明与黑暗。杰克更圆滑，更沉稳，处理事情更轻描淡写；鲍比则更生猛，更富于进攻性——两个人里鲍比更爱强词夺理。杰克跟父亲的关系更好一些，鲍比跟母亲的关系更好一些，为此常常会出现一些啼笑皆非的结果。"鲍比更像父亲，"最高法院大法官威廉·道格拉斯说，那一阶段，他与这兄弟二人颇多互动，"而杰克更像母亲。……鲍比更直接、好动、精力充沛，杰克则更深思熟虑、更有学问、更爱动脑子。"由于前一年一起经历了海外深度游，两人的关系明显非常亲密，这毫无疑问。在竞选团队里，两人做的一切高度同步，朋友们和团队成员们从第一天就看出来了。杰克心里清楚，有个在百分之百时间段可以完全放心托付的政治搭档，既忠诚，又肯干，还重视结果，何其重要；弟弟正是这样的人。[80]

"肯尼迪1952年的竞选活动几乎就是我见过的最完美的政治竞选，"拉里·奥布赖恩回忆说，他见证的竞选活动可谓不少，"那是一次竞选活动的典范，因为它必须是。那年，在马萨诸塞州，最没有希望打败亨利·卡伯特·洛奇的人正是杰克·肯尼迪，若没有非同寻常的政治努力，他不可能获胜。"[81]当然，奥布赖恩心里非常清楚，仅有努力是不够的——谁是候选人也非常重要。聆听过杰克演讲的那些人，关注过几场辩论的那些人，或看过《与肯尼迪一家喝咖啡》特别节目的那些人，熟悉他的从军经历和他那著名家族的那些人，都感受到了他的吸引力，当时的以及后来的无数事实再清楚不过地证明了这一点。另外，每天都有无数志愿者蜂拥至基尔比大街，询问能帮什么忙。正如记者保罗·希利（Paul Healy）于选举数个月后在《星期六晚邮报》上刊文指出的，洛奇技术娴熟，受人尊敬，自带"无懈可击的马萨诸塞州家族姓氏和卓越的战争履历"，不过，这些东西肯尼迪身上都有，他还多了一个特质："他让人们都乐意为他做点什么。"希利写道，在竞选活动期间，每个女性都想"当他妈妈或嫁给他"。据称，一位逻辑混乱、既投了艾森豪威尔一票又投了杰克一票的波士顿女性回答提问时是这么说的："啊，这个，我怎么可能投票反对那个漂亮小伙呢？"一名共和党观察人士抱怨说："波士顿 18 岁到 28 岁的每一个女孩都认为，让肯尼迪当选是一次神圣的十字军行动，这究竟是怎么回事？"[82]

保罗·希利还提到了可能有利于肯尼迪的另一件事——他天生的羞怯，这让他不会看起来油嘴滑舌，而且相当具有欺骗性，使他的精明和无限的驱动力深藏不露。或者，恰如奥布赖恩所说："他算不上天生的政治家。从性情上讲，他太内敛，太不擅长交往。不过，他清楚自己想要什么，为达目的，他会全力以赴做该做的一切。"[83]

无论是当时，还是事后，还有一件事让 1952 年洛奇与肯尼迪之间的竞争非同寻常：肯尼迪竞选活动达到的深度成了一种新型的个性化政治的典范，为强化候选人的形象精心炮制，广泛依赖各种各样的媒体（包括电视），小心避免与其他竞选团队密切合作（保

罗·德弗得知此事后非常懊恼）。在特定时间瞄准特定受众而精心

533　设计的广告也是其主要特征，还有就是由专业人士实施的内部民调。即便肯尼迪家族不是首先使用这些竞选要素的人，他们也用这些要素制定了战略，在实战中强化了这些要素，以前很少有人这么做。这么做需要大量资源。虽然许多历史学家常常夸大金钱在1952年马萨诸塞州竞选中的作用——与当年全美各地其他地方的参议院议席争夺战相比，肯尼迪团队的总开销大概也没多出多少，部分原因是民主党的竞选活动严重依赖志愿者的劳动，挣薪水的岗位相对很少——但毫无疑问，肯尼迪团队充分利用大使的财富为上述开创性的工作付钱，他们比当年的常规做法提前了好几个月。（1952年，政界老油条们嘲笑肯尼迪家族竞选总部开张得过早，选举六个月前就开张了；如今再也没人敢嘲笑这样的行动了。）[84]

选举过后的那个星期日，杰克在新闻访谈节目《与媒体见面》里露面，距他在这档节目里初次登场大约过去了一年，他的初次登场相当有预示性。主持人劳伦斯·斯皮瓦克捧场说，杰克取得了"轰动性的胜利"，鉴于艾森豪威尔在总统选举中压倒性的胜利，杰克的胜利似乎尤其令人惊异。斯皮瓦克接着说，这次胜利让本次节目的嘉宾成了"全国瞩目的、新英格兰地区最重要的民主党人物"，然后他问杰克是怎么做到的。"在马萨诸塞州，我付出的努力比参议员洛奇多多了，"杰克答道，"当时他在为艾森豪威尔将军干活儿，我觉得，当时他还以为，那么做可以保住他在马萨诸塞州的位置。"[85]

杰克沉浸在胜利的氛围里，尽情地乐在其中。他已经走上返回

国会山的路，不过，这次他有了新角色，更重要的角色。他意识到，一些伟大的事即将到来，也许不仅在事业方面如此。伴随着竞选活动的喧嚣，杰克已经开始和一个女性交往，早在一年前，他们在一次晚宴上第一次相遇，他已经爱得足够深，因而他问助理戴夫·鲍尔斯，是否觉得男人和女人之间 12 岁的年龄差距会过大。鲍尔斯答道，正相反，他的未婚妻就比他小了 12 岁。鲍尔斯对杰克·肯尼迪可谓知根知底，他怀疑杰克早在提问前心里就有了答案。[86]

第十九章

杰姬

女方的全名为杰奎琳·李·布维尔（Jacqueline Lee Bouvier），昵称"杰姬"。杰克第一次见到她是 1951 年春季，在乔治敦的一次晚宴上。当时女方刚刚大学毕业，即将过 22 岁生日；男方处于众议员的第三个任期，很快将满 34 岁。当晚的东道主查尔斯·巴特利特和夫人玛莎（Martha）早在那之前很久就想撮合这两人，那还是 1948 年，在长岛他弟弟举办婚礼期间。当时肯尼迪离场太早，他们的努力没出结果。[1] 这次两人的邂逅成功了。那场晚宴的详情已查无可查，不过，当晚结束时，两人来到杰姬的车子旁边站住，众议员羞涩地问了句："要不咱们找个地方喝点什么？"女方刚要作答，两人同时看见车里后排座椅上藏着一个年轻帅气的华尔街经纪人，名叫约翰·赫斯特德（John Husted），当时他是杰姬的约会对象。他那么做显然是想给杰姬意外的惊喜，然后送杰姬回家。杰克立刻打了退堂鼓，那件事似乎就此画上了句号。[2]

然而，巴特利特夫妇堪称最坚持不懈的两口子。（杰姬后来回忆说，那两口子"做媒做到了厚颜无耻的程度"。）那年晚些时候，圣诞节期间，两口子又制造了一次相遇，地点在棕榈滩，当时巴特利特夫妇去那里看望肯尼迪一家，杰姬和母亲以及继父当时正在那里度假。如果当时杰克和杰姬有过约会，也是极其短暂的约会。后来，1952 年春季，听说杰姬与赫斯特德解除了婚约，巴特利特两口子再次邀请杰克和杰姬到他们家出席晚宴，时间为 5 月 8 日傍晚。那次是两人关系中最重要的一次约会。杰姬后来说，她立刻感觉到，杰克对她的生活"必将产生深刻的、或许让她不安的"影响。当时她还有过如后深刻印象："这个人根本没打算结婚。"杰姬跟一个朋友说，当时她吓坏了，预见到自己会心碎，不过她很快认定，即使跟这个人有一场心碎的经历，那也值了。肯尼迪的回忆则直白得多："我隔着芦笋靠近她，提出跟她约会。"[3]

535

肯尼迪一家人的说法是这样的：杰克一开始就被迷住了。"我哥哥真的是在晚餐上第一次遇见她，就立刻爱上了她，"杰克最小的弟弟泰德说，"全家人立刻也知道了，她对杰克来说非同一般。全家眼看着他们的关系一步步发展。我还记得那时她来科德角，融入了全家人的生活。杰克被她的聪明才智迷住了，他们一起看书，一起画画，有说不完的话，还一起散步。"多年来，莱姆·比林斯见过的杰克的女友可能比任何人都多，因而，某种意义上说，他成了此种关系的鉴赏家，他说自己"立刻就看出来，杰姬跟杰克以前约会过的其他女孩都不一样。她更聪慧，更文艺，更实际"[4]。

不管怎么说，由于竞选参议院席位必须全力以赴，在最初的交往中，两人极少见面。杰姬去过海恩尼斯港一两次，追随杰克参加过几次竞选活动（在福尔里弗和昆西）。由于处理立法方面的事，杰克短暂前往华盛顿期间，他们会看场电影。巴特利特夫妇 5 月 8 日的晚宴过后六个月左右，两人也就见过那么几面，好在作为补偿，两人没少通电话——助手们回忆说，经常看见候选人在漫长的一天竞选活动后躲进电话间给杰姬打电话。"他会从那边的某个牡蛎餐馆给我打电话，背景里全是硬币撞击的声音，他会约我下周三在华盛顿看电影。"杰姬说。她喜欢看法语电影，但她会由着杰克。"他喜欢看西部片和内战时期的影片，他不是那种送鲜花送糖果的人，所以他常常送书给我——例如《乌鸦》（*The Raven*），讲的是萨姆·休斯顿（Sam Houston）的一生，还有约翰·巴肯写的《朝圣者之路》。"杰姬则会回赠讲述法国历史的书和诗歌。[5]

536　　　随着杰克在 11 月初的选举中获胜，这对恋人很快弥补了失去的时间，他们的素材足够各社会专栏做出如后报道："那年冬季，前往约瑟夫·肯尼迪位于棕榈滩的泳池下水的那些有钱人，如果没在泳池边看见杰奎琳·布维尔姣好的身材，一定会感到惊讶。"人们猜测，风度翩翩的当选参议员和光彩照人的布维尔小姐的婚礼未来可期。[6]

人们不禁会问，约瑟夫·肯尼迪——从不羞于利用广泛的媒体关系散布有利的消息——是不是这些故事的幕后推手，这些故事在选举过后传播得似乎太快了，不禁让人起疑。长期以来，大使坚信，儿子的政治前途有赖于他安顿下来以及成婚。三十多岁仍然单身，难免让人对此人生活态度的严肃性、成熟性，以及性取向产生疑问。考虑到杰克已有的声誉——一个有女人缘的男人，很难想象

　　热恋期间的杰克和杰姬。走在前边的是鲍比的妻子埃塞尔。拍摄于华盛顿特区。

537 会有人相信他一直未订婚是因为同性恋，不过约瑟夫不想冒任何风险。更确切点说，在约瑟夫的头脑里——他儿子似乎也这么认为——美国选民们希望，著名政治家都应当有夫人，每个人都应当显得对核心家庭有担当，都应当维护美国中部传统的价值观，或者，至少把表面文章做足。1952年巡回演讲期间，杰克曾经对助手们念叨，如果他胜选，他会想办法在相对短的时间内成婚。杰姬·布维尔美丽、有教养、受过良好教育，还是天主教徒，满足各方面的条件。而且约瑟夫·肯尼迪也乐于接受她。

Ⅱ

尽管无法与十年前杰克全身心疯狂地爱上因加·阿瓦德相提并论，就算杰克脑子里藏着不可告人的政治算计，强有力的证据也能表明，他是真心迷上了杰姬。"我还从来没遇见过像她一样的人，"这是他早前对戴夫·鲍尔斯所说，"她和我认识的所有女孩都不一样。"[7] 杰姬不像杰克的几个妹妹，没那么精力充沛，不那么吵闹，也不像他许许多多女朋友那么性感招摇，她恬静内敛，让杰克喜欢。杰姬不那么过分看重自己，不过她睿智，坚忍，她的仪态满满都是自信、优雅、精致。她也很漂亮，拥有夺人心魄的异域风采，有一双分得很开的明眸，两片丰唇，还自带一种天生的时尚感，杰克在欣赏的同时只恨自己这方面不足（不过也许这算不上巧合，因为杰克的助手们注意到，认识杰姬后没几周，杰克开始越来越注重自己的外表和着装，比方说西装的剪裁和衬衣是否合身等）。杰克认为，杰姬有着和自己类似的幽默感，尤其让杰克开心的是杰姬的讽刺意味。另外，杰姬像杰克一样，也喜欢分享各种八卦，还痴迷于旧世界——杰姬喜欢的是法国，杰克喜欢的是英国。[8] 杰克的外语能力一般，让他讶异不已的是，杰姬的法语超级棒，还能说一口流利的西班牙语，德语也足以应付日常。除了这些，杰姬像杰克一样喜欢读书。"杰克欣赏她，"查克·斯波尔丁后来说，"只要杰姬一出现，杰克真的很开心。人们可以从杰克的眼睛里看出来。他的眼睛会满屋子追着杰姬，看她究竟要做什么。杰克对杰姬的兴趣是其他众多女性无法替代的。"[9]

反观杰姬，她爱杰克的长相，更爱他头脑机智，心智敏锐，还爱他的荒谬感，以及他对历史和书面用语的爱好。让杰姬印象深刻的是，杰克那么年轻，竟然写出一本关于欧洲走向战争的书，还那么受欢迎；杰克送给她一本签了名的《英国为何沉睡不醒》后，她的想法更多了——她立刻狼吞虎咽般通读了全书，接着又读了第二遍。杰克以往的感情经历没准会让其他女人畏葸不前，杰姬却好像把它当成了内心安逸的源泉。杰姬是那种与人保持距离的人，正如一位传记作家所说，她可能会"疏远而不是断然拒绝一个狂热的、能说会道的恋人，如果那人给得太多，过于热切，并因此想得到或索要对等的回报"[10]。杰姬不像杰克那样对政治感兴趣，却欣赏杰克针砭时下流行的浮夸很有一套，张口闭口拿伪善和虚荣当笑料，而这些都是杰克择定的政治生活的重要组成部分。

杰克天生的好奇心迷住了杰姬。"过去每每想到他，最让我感到庆幸的是，"杰姬后来说道，"无论我对什么有兴趣，杰克都会跟

538

着感兴趣。……我阅读 18 世纪的书籍时，他会从我手里把书抢走，拿去阅读，我对路易十五的那些情人还不了解时，他就全知道了。"他痴迷历史人物，欣赏人类经过努力——无论在哪个领域表现出的精湛技艺——铸就的业绩，这让杰姬既崇拜，又产生了共鸣。杰姬还说，每次出席晚宴，杰克总会有问不完的问题，他跟现场的其他政治家不一样，那些人通常仅谈论自己。[11]

　　需要补充的是，在杰克和杰姬两人交往的等式两边，若不是另一个因素，杰姬很可能不会看追求者第二眼，这一因素就是杰克的财富。虽然杰姬长大的地方位于纽约相对有特权的区域——她家在帕克大道（Park Avenue）拥有一套复式公寓，在富人区东汉普顿（East Hampton）有一套消夏公寓——但在布维尔家，经常会出现差钱之虞。即便杰姬的母亲二婚后家里的财务状况极大地改善了，杰姬依然敏锐地感觉到，事实上她自己没有任何财富。母亲更是强化了她的这种认知。"他根本不是真有钱。"对杰姬交往的这个那个公子哥，母亲珍妮特·布维尔（Janet Bouvier）总是嗤之以鼻，包括约翰·赫斯特德。但对杰克·肯尼迪，母亲则无法这么说。"杰克会让人激动不已，要说还有他不加掩饰的性事，"这是记者南希·迪克森的说法，她与杰克有过几次约会，"不过人们必须认识到，当初可没人想过他是当总统的料。尽管他长得帅，有吸引力，可华盛顿有的是有吸引力和有权势的男人，只是别人都不像杰克那么有钱。"[12]

539　　当然，伴随杰克而来的不仅有他的钱财，还有他那些关系过于密切的、精力过剩的一大家子人。杰姬一上来就跟大使搞好了关系——随着时间的流逝，除了杰克，一家人里她最喜欢的是老约——她跟罗丝的关系则总是客客气气的、小心谨慎的。不过，她跟年轻一代肯尼迪女孩们的关系总是颇费周折，包括跟罗伯特的妻子埃塞尔，后者总喜欢嚷嚷，爱挑事，许多人讶异于"埃塞尔比肯尼迪家的孩子们更像肯尼迪家的人"。肯尼迪家的喧嚣是杰姬从未见识过的一种喧嚣类型，她怎么做都无济于事，只好放任他们嘲笑她柔弱的、像洋娃娃一样的说话声，以及她端庄精致的仪态。下午划船时，杰姬带来了肉酱、蛋奶饼、葡萄酒，引得肯尼迪家小辈大笑不止，因为他们仅仅带来了花生酱三明治。他们管她叫"媛"（the deb），这种叫法取自"初入社交界的名媛"（debutante）一词。他们还在背后模仿她的仪态，刻意笑话她，在他们看来，她总是"端着"。杰姬则将她们称作"啦啦队的女孩们"。杰姬的身体比人们通常看到的更强壮也更协调，不过她仍然讶异于肯尼迪一家人对运动项目狂热的偏好。（在家里的草场上参与触式橄榄球比赛时，大家都挤成一堆之际，杰姬对杰克的一个助理说："快告诉我，如果抢到球，我该往那边跑？"）她还向妹妹李描述了肯尼迪一家对各种比赛令人不安的偏爱，比赛时他们像"大猩猩那样一个接一个扑上去摞成人堆"①。杰姬还注意到，在吃饭期间，肯尼迪一家甚至都抢着表现谁说话最多，谁嗓门最大。杰克用他那典型的轻描

---

①　一位到访海恩尼斯港的客人谈到一天之内参加 14 场运动的事，包括帆船、水上滑板（两次）、触式橄榄球（两次）、网球（两次）、蹦床、游泳、海滩慢跑、棒球等。他还提到了吃沾沙子的三明治，补充说，他的努力让他"好像仅仅比埃塞尔少参加了三个项目"。（Martin，*Hero for Our Time* 76.）——原注

淡写的方式说自己的女朋友："敏感，与我妹妹们的率性和精力充沛反差明显。"[13]

在那些喧闹的家庭晚餐上，杰姬通常寡言少语。一次，杰克说："给你一分钱，说说你在想些什么。"满屋子人都安静下来，满怀期待地等候着，听到的却是："如果我把它们都告诉你，那就不是我的想法了，对吧，杰克？"[14]

"杰姬毫无疑问特别烦政治，特别烦肯尼迪家那种特别具有挑衅性的友情，［那种友情］与她的本性格格不入，"阿拉斯泰尔·福布斯后来说，"我觉得，幸运的是，她看得出来，这跟杰克的本性也真的大不相符。杰克忠于自己的家人，是他们中的一员，同时又不是他们中的一员。"杰姬认定，杰克比他们更敏感，没那么外向。[15]

杰姬和杰克的一些熟人注意到，他们两人还有一个共性：他们都有竞争意识，包括互相之间。两人的关系确立不久，常常一起玩"大富翁"、中国跳棋和文字游戏，如"文字分类"游戏，杰克通常是赢家。在这类比赛中，每当杰姬发挥得好，甚至超越他之际，他就会上火着急。（玩拼字游戏，杰姬几乎战无不胜。）"从一开始，他们的关系里就有玩闹的因素，"莱姆·比林斯回忆说，"杰姬跟他如天作之合，那是杰克喜欢的几样东西之一。不过，其中也有严肃的成分——谁会赢？"[16]

"杰克将杰姬看作志同道合的伴侣，"莱姆·比林斯继续说，"我觉得他知道他们两人非常相像。两人小时候的成长环境都不是世界上最好的，都学会了在成长中弥补自己的不足。"[17]也就是说，他们的过去以复杂的方式影响了他们。杰姬在成长期间没遇到杰克那样的健康问题，不过，她跟妹妹李在家庭机能失调的氛围里强忍着度过了不堪的童年。她们的父亲约翰·韦尔努·布维尔三世（John Vernou Bouvier Ⅲ）是好卖弄的纽约证券交易所的成员，自称身世可追溯到参加过美国独立战争的法国兵；母亲珍妮特·布维尔（娘家姓李）是白手起家的百万富翁的女儿，其父因一系列风流烂事和长期财务失败总是卷入各种酒后寻衅。这双父母总会当着两个姑娘的面互相抹黑，这种行为会如何影响两个女儿，旁人只能猜测；至少一定程度上，杰姬的反应是，躲开这个世界，躲开其他人。杰姬找到的逃避方法是读书和骑马，她年龄很小就参加马术比赛，在曼哈顿麦迪逊广场公园举行的全美马术锦标赛上，她甚至赢得过两项初级赛冠军。

杰克（约翰）·布维尔的超凡魅力足以和他的难以捉摸相提并论。他的祖先从法国移民到费城，当年遭受的反天主教偏见和韦克斯福德郡的帕特里克·肯尼迪遭遇的如出一辙。布维尔皮肤黝黑，留着一抹像电影演员克拉克·盖博一样的上髭，自视甚高，自私固执。他定期前往体育馆健身，用日光灯保持黝黑的肤色，人们给他起了好几个符合他花花公子身份的诨号，他都欣然接受——"黑兰花"、"黑酋长"，最常用的是"黑杰克"。大家都说他是个人见人爱的好伴侣，健谈，喜欢美食，他淫荡的生活方式附带补偿性质，至少在某些女性眼里如此。"在布维尔那个年代长着花花肠子的人里，他有点另类，"他的一个情人说，"对他来说，女人不仅是藏品，实际上他喜欢女人在身边作陪，喜欢女性的眼光，以及女性生活里的社会属性。"他的一双女儿与母亲的关系不如跟他的关系近，

541

即使在两人离婚后，珍妮特改嫁人称"休迪"的休·D. 奥金克洛斯（Hugh D. "Hughdie" Auchincloss）后亦如此。后者是个和蔼的、文静的圣公会教徒，还是位于弗吉尼亚州的标准石油公司的继承人。珍妮特是顶流的社会活动家，脾气特别暴躁。她经常拿一双女儿出气，尤其是杰姬，比如数落她的长相及穿衣品位。甚至杰姬勤奋好学和喜欢读书也常常遭到她斥责——珍妮特像同一时期同班的许多女性一样信奉如后哲学：男人们瞧不起和他们一样有学术兴趣和职业目标的那些女性。如此说来，她的女儿们应当发展如后一些必备技巧：如何让男人们感到舒畅和受重视，她们自己的抱负应当指向成为高效的家庭主妇。[18]

"当然，对两个女孩来说，父母总是吵架，对她们会有影响，"杜鲁门·卡波特（Truman Capote）说，他后来认识了布维尔姐妹，跟妹妹李走得尤其近，"那让她们做人做事都小心翼翼，总的来说，她们有点怕人，怕与别人交往。……我觉得［杰姬］甚至在小小年纪就能认识到，母亲是那种可怕的控制狂，是个怀有社会野心的狠角色；而父亲则是个特别特别淘气的男孩，每次把手伸进点心盒，总会被抓现行。当然，两个女孩更喜欢父亲。如果必须选择，谁都会这样选，对吧?"[19]

根据传记作家芭芭拉·利明的说法，杰姬将母亲对她做出的许多最刻薄的评价都内化了——她个头太高，身高达到1.70米，皮肤太黑，胸部太平，形体太像男孩。"鉴于珍妮特坚称杰姬的身材完全缺乏诱惑力，她刻意让自己养成诱人的言谈举止，例如小声说话、童稚般的嗓音。……还训练自己举手投足特别卖弄风情，在他人面前表现得像个弱不禁风的傻瓜，这与真实的她形成了反差，她

小杰奎琳和父母在南安普敦骑行和狩猎俱乐部第六届年度马展。摄于 **1934 年 8 月**。

原本是个身体强健、头脑聪明、充满好奇的青年女子。"[20]

杰姬15岁时，家人将她送到了位于康涅狄格州法明顿（Farmington）的波特女子高中（Miss Porter's School），那是新英格兰地区最受人尊敬的女子精修学校之一。当时那所学校仍然在延续一个世纪前建校时的办学理念：年轻女性接受教育的核心目的是被培养成讨丈夫欢喜的伴侣。杰姬极其反对这一文化理念——她在学校年鉴上列出的自己的人生抱负为"绝不做家庭主妇"——不过仅仅是在一定程度上，无论是在当时还是在随后的年月里，杰姬似乎从未质疑过如后理念："嫁得好"应当是人生的主要目标。她也从未质疑过类似的想法：女人应当通过自己的男人以及让自己的男人做出成就过好自己的一生。[21]杰姬是个优秀的学生，她的平均分一直保持在"A-"档。她还参加话剧表演，加入了马术俱乐部，还帮着编辑校报。不过她也喜欢独处。她的同屋仍然记得，晚自习后，其他女孩都去参加社交活动，"杰姬却很少参加，她乐于独自待在屋里，读书、写诗、画画……她天生是个独来独往的人"[22]。

离开波特女子高中后，杰姬去了位于纽约州波基浦西的瓦萨学院，那之前，她在罗得岛州纽波特成了社交名媛，奥金克洛斯夫妇在那地方拥有一处房产。（"年度社交女王，"一名纽约社会新闻专栏作家称，"是杰奎琳·布维尔，一位拥有深色秀发的白人女郎，她拥有一些古典特征，以及德累斯顿瓷器一样的细腻。她镇定自若，说话柔声细语，聪明睿智，领衔的社交名媛该有的她都有。"[23]）杰姬是瓦萨学院大约200名新入学的女性之一，她选修了几门文学课和历史课，还加入了大学校报编辑团队，以及戏剧小组

（作为服装设计师）和艺术俱乐部。学生们都喜欢她，同时她也很神秘，浑身散发着一种冷漠甚至孤傲。她的一个同学说："别人从来都猜不透她在想什么，或者她的真实感受。"[24]

大学里的男生们经常给杰姬打电话，她身上的神秘感更增强了对男生的吸引力。"那些年轻人不断地尝试各种伎俩，想让她跟他们出去，"利蒂西娅·鲍德里奇（Letitia Baldrige）说，在波特女子高中，她比杰姬高一年级，未来数十年，她一直都了解杰姬的情况（包括后来她作为白宫社交秘书时对杰姬的了解），"她的时尚感增强了其古典式的美貌，这一点在她青少年时期已经很明显。"利蒂西娅赞赏地说，她常常会找一条简单的裙子和衬衫往身上一套，配上一条恰到好处的腰带，外加完美的身姿和举止，总是显得那么精致干练。"人们从来挑不出她身上的毛病。"虽然杰姬接受过很多次约会——她会前往普林斯顿大学、耶鲁大学、哈佛大学看橄榄球赛，参加舞会——但她总是避免答应任何人。每当某个青年男士陪着她乘出租车回来，她一定会对司机说："接着打表。"那些陪着回来的男生立马就蔫了，因为他们意识到，跨过前门肯定没戏。[25]

杰姬不喜欢瓦萨学院——她认为，这所学校过于墨守成规，位置太偏僻——不过，她特别喜欢 1949 年至 1950 年第三学年在法国的学习经历，大部分时间，她在索邦大学学习法国历史和艺术史。所有课程都用法语讲授。后来杰姬回忆说，让她激动不已的是，在那边，她不必掩饰自己的聪明才智，不必掩饰她真的对学术有兴趣这一事实，同时她还过上了一种多姿多彩的社会生活。几乎每天夜里，她都会离开出租屋，前往时尚的、有点拥挤的 16 区里的莫扎特大道，在丽兹酒吧（Ritz Bar）、花神咖啡馆（Café de Flore）、圆亭咖啡馆（La Coupole）点一杯咖啡或葡萄酒，呷饮料的同时欣赏塞纳河两岸的夜景，直到很晚才返回出租屋。她经常逛博物馆和画廊，也经常看歌剧和芭蕾舞。她的法语最初不过是中等水平，后来变流利了。她也与几个人约会过，最初是一个法国外交官的儿子——抱负远大的青年作家奥蒙德·德凯（Ormonde de Kay）。一些文献称，她和迷人的美国青年作家小约翰·P. 马昆德（John P. Marquand Jr.）在电梯里时失去了处女身，后者是同名小说家的儿子。（据说，通向马昆德的公寓的电梯"卡"在了两层楼之间，那之前马昆德将同样的伎俩用在好几名女性身上。）[26]

最后一学年，杰姬没返回瓦萨学院，她找了一所更城市化的大学，转学到了乔治·华盛顿大学。1951年，她从该校毕业，获得了法国文学学位。有意思的是，后来她找了份与中情局有关的工作，不过，要么是她没坚持，要么是她没收到面谈邀约，后来没了下文。相反，她申请并赢得了《时尚》杂志巴黎大奖赛设计和编辑能力杰出奖，击败了该大奖赛的1200名参赛者，且有机会在巴黎生活，为这家杂志工作。[①][27]

---

① 杰姬的申请短文充分展现出她的写作天赋和自嘲式的幽默感，以及她母亲那令人窒息的影响："我个子高，1.70米，头发为褐色，方脸，不幸的是，我的两只眼睛相距太远，为我配一副眼镜要耗时三周，以便制作宽度合适的鼻梁架。我没有引人注目的形体，不过，如果选对衣服，足以显瘦。有时候，我会犒劳自己，穿一身看似巴黎时装的仿制品出门，常常惹得我妈追出门喊，左边的袜子没穿正，外衣右排最上边的扣子快掉了。我这才意识到，这是不可饶恕的罪恶。"在一篇探讨自己希望认识的三个人的补充短文里，杰姬选的三个人分别为法国诗人夏尔·波德莱尔、英国作家奥斯卡·王尔德、俄罗斯芭蕾舞团创始人谢尔盖·佳吉列夫。（摘自巴黎大奖赛申请材料，杰奎琳·肯尼迪·奥纳西斯的私人文件，1号资料盒。）——原注

然而，她拒绝了那个奖赏——她母亲和继父认为，她在国外待的时间太长了，她自己也担心，如果去了巴黎也许就再也回不来了——反而在《华盛顿时代先驱报》谋了个职位（因加·阿瓦德也在那里工作过），以"摄影师兼采访女郎"身份向人们提出一些轻松愉快的问题，同时拍下问答时的照片。（问题包括："温斯顿·丘吉尔曾说，配偶不在一起吃早饭，婚姻就有机会维持得更久，你同意这说法吗？""男人应该戴结婚戒指吗？""如果跟玛丽莲·梦露约会，你会跟她聊什么？""你希望自己的儿子长大后成为总统吗？"）她的起始周薪为 42.5 美元，不出几个月，她的周薪便提高到了 56.75 美元。有一次，她把马萨诸塞州新选出的参议员当成了采访对象，给他照了相，还把他的回答报道了出来，问题针对的是青年助理在参议院工作中扮演的角色。[28]

544

Ⅲ

顺理成章的是，1953 年 1 月 20 日，在德怀特·D. 艾森豪威尔总统就职舞会上现身的约翰·F. 肯尼迪，胳膊上挽的人正是杰奎琳·布维尔。当时正是美国首都令人兴奋的时刻，新当选的参议员尽情享受着每一分钟。杰克一开始就发现，和吵闹的、更为平民化的众议院相比，参议院俱乐部式的、院校式的氛围更让他喜欢。参议院强调礼仪、传统、教养，恰恰对上了他的脾性，以及他对历史的感悟。他在孩提时代读过的那些书里讲述的立法领域的巨擘们都在这里踱过步——亨利·克莱（Henry Clay）、丹尼尔·韦伯斯特

（Daniel Webster）、罗伯特·拉福莱特（Robert La Follette），还有其他许多人。美国历史上许多重大的政策性决策都是在这里艰难出台的，尤其在过往漫长的历史时期，在制定政策上国会比行政机构拥有更大的权力。国会至高无上的年月很早以前就过去了，不过，甚至是现在，与身在众议院相比，作为参议员，肯尼迪可以指望自己得到更高的关注度，尤其在外交事务领域。[29]如果说，过去他仅能偶然做到与政府、司法系统、新闻媒体最高层的那些人深交，如今他则可以经常这么做，而且再也不必利用大使儿子的身份动用家族财富获取众议院席位，他只要做好自己就行——迎着1952年共和党压倒性的优势，英勇神奇的候选人劈波斩浪，将不可战胜的小亨利·卡伯特·洛奇拉下了马。

大获全胜没过几周，杰克的光芒在一定程度上变暗了。但人们仍然将他看作杰出人物，不然的话，国会山的民主党新人名单将会黯然失色。不过，无论是在民主党机构内部还是在全国性媒体上，当年极少有文献预见到他会成就伟业。一帮学术界的观察人士甚至还质疑肯尼迪的自由派资质，以及他对麦卡锡主义保持沉默，另有一些人对他的天主教信仰，以及信仰多大程度上会约束他的野心表示怀疑。主流媒体的怀疑论者质疑他父亲在整个过程中发挥了多大影响，胡乱揣测他的家族财富在其获胜中扮演了什么角色，还非常好奇他年轻的长相和灿烂的微笑怎么就吸引了女性选民，据称他好像重点依靠的是女性选民。[30]

在参议院第一天，肯尼迪在民主党席位方阵最后一排就座。坐在他右侧的是能言善辩、激情四射的休伯特·H. 汉弗莱（Hubert

H. Humphrey），来自明尼苏达州的他刚进入任期的第五年；坐在他前边的是广受尊敬的自由派人士——来自伊利诺伊州的保罗·道格拉斯，当时他也是刚进入任期的第五年。在他不远处还有个人，也是1948年届的成员，即身材高大、满脸都是肉的少数党新领袖，来自得克萨斯州的林登·约翰逊。还有两个威严的南方人，分别是来自佐治亚州的理查德·拉塞尔（Richard Russell），他第一次当选参议员的时间是1932年，以及1944年届的J. 威廉·富布赖特（J. William Fulbright）。越过民主党人的一片后脑勺，在更远处，隐约可见1947年跟杰克一起当选众议员、因为刚刮过胡子下巴露出青皮的理查德·尼克松，当时他已是新的副总统，因此扛起了参议院议长一职。环顾大厅的杰克心里清楚，他不过是这些人里的小工，是大鲸鱼群里的一条小鱼。他知道，基于资历、名望、各委员会主席身份，参议院有层级构架，在最初阶段，也可能在很久以后，他的影响力会受到严重制约。不过这没关系：他已经来了，已经身在参议院大厅里，拥有了一个属于自己的座席。[31]

怀着攀龙附凤想法追随肯尼迪的一些人注定会大失所望。他们 546 早晚会像前辈们一样认识到，对肯尼迪一家忠诚，不会有结果。托尼·加卢西奥是肯尼迪在哈佛大学时期就开始交往的朋友，他花费一年半时间踏遍马萨诸塞州，以杰克的名义帮着建起了遍布全州的竞选机构，其间忍辱负重，乘坐的都是公交，吃的都是下等餐馆糟糕的伙食，干的都是苦力活，当时他希望的不过是有机会在华盛顿的肯尼迪办公室谋个职位。根据他在竞选活动中的贡献，这似乎是非常合理的回报。几周过去了，他没听到任何消息。终于，杰克给他打来了电话，不过他听到的并非希望的消息，参议员对他说的是："我手头没钱了。"[32]

六年前，秘书玛丽·戴维斯在肯尼迪刚到众议院时就跟他在一起了。常规情况下，她每周工作七天，包括星期天在家工作。当她提出为自己加薪，不曾想遭遇的却是肯尼迪的抵触。其实玛丽的要求与搬到一个更大的办公室相称，因为她的责任将有所增加。她提醒杰克，如今她的年薪是 4000 美元，一个新当选的纽约州众议员提议给她 6000 美元年薪。肯尼迪会否补足差额？不会，肯尼迪回答，他只能提高到 4800 美元。玛丽另招了几个助理秘书，以帮助打理办公室的日常，肯尼迪仅同意支付那些人不超过 60 美元的周薪。

玛丽简直不敢相信自己的耳朵："60 美元一周！你肯定是在开玩笑。我找的人没谁会接受那个报酬的工作。我必须有得力的、能干的员工顶班，如果没有，我就别想有自己的生活。"

肯尼迪说："玛丽，在查尔斯敦找个糖果师才 50 美元一周。"

"没错，那你找糖果师当你的参议员办公室雇员好了，他们可是连豆子的类别都分不清。如果你想那样，我就不管了。"

就这样，两人你一句我一句争论着，谁都不肯让步。玛丽认为，她和其他雇员都应该享受参议员办公室雇员的现行工资标准才对；对于肯尼迪来说，父亲一再敦促他严控办公经费，他不能同意玛丽的要求。在肯尼迪看来，工作人员再怎么说也是雇员，你不干会有人干。大使也这么认为。以市场价要挟索取补偿的那些人，其忠诚度堪忧，可以走人。玛丽·戴维斯走人了。[33]

那年 1 月，有希望在肯尼迪办公室谋得职位的人之一是来自内布拉斯加州的 24 岁律师，名叫西奥多·索伦森。他个头高挑，激情四射，国字脸，戴一副玳瑁镜架的眼镜，出身自林肯（Lincoln）一个进步的、政治上活跃的家庭——其父是丹麦裔美国人，在州首席检察官位置上兢兢业业干了两届，竞选州长失利，是参议员乔治·诺里斯（George Norris）的亲密盟友；其母是俄裔犹太人的后代，主张女性参政，深度参与各种进步事业和女性选民联盟（League of Women Voters）的工作。年轻的西奥多·索伦森的名字源自西奥多·罗斯福总统，他的生日还与哈里·杜鲁门相同。上高中时，他是辩论队的明星；在内布拉斯加大学期间，他成了大学优等生荣誉学会（Phi Beta Kappa）会员，然后以全年级第一的成绩从该校法学院毕业，在校期间他还参与编辑法律评论刊物。一个朋友评论说，他在"子宫里就参与竞选了"。他参与过民主党地方竞选活动，还积极参与民权运动，甚至帮着种族平等大会（Congress of Racial Equality，CORE）在内布拉斯加州建立了分支机构。他与卡米拉·帕尔默（Camilla Palmer）结婚，后者很快为他生下了三个儿子里的老大。不过，随着美国政治中心的召唤，索伦森不久后将刚组建的家重新安置到了华盛顿，并着手让自己成名。起步阶段，他在美国国家安全局当律师，然后受国会山的吸引，换了个工作，成了国会一个低级别委员会的法律顾问。在该委员会期间，他聚精会神地关注了 1952 年的选举。民主党糟糕的表现让他大失所望，不过，马萨诸塞州年轻的胜利者让他印象深刻，引起了他的兴趣。转过一年，他开始走近肯尼迪。

547

肯尼迪对看到的申请文件表示满意，尤其让他印象深刻的是一封推荐信对索伦森的美誉：他"能写出达意的、容易理解的文章"，还将其描述为"胸襟开阔的自由派，不是那种怒气冲天的人"。肯尼迪暗自思忖，由于他需要在全国范围树立形象，有个来自美国腹地、说话带强烈自由主义想法的人，走到哪都吃得开。接下来是两次面谈，第一次持续五分钟，地点在参议员办公室外，当时肯尼迪就想把那岗位交给索伦森。而索伦森对那次见面的描述为："那次简短的见面期间，让我震惊的是，这个毫不做作甚至普普通通的人，其实是个背景异乎寻常、家财万贯、毕业于哈佛、得过战斗英雄勋章的人。他没有让我觉着他是个大人物，他似乎只是个不错的人。"[34]

索伦森有个一直困扰他的问题，他觉着，那问题在第二次面谈时非问不可：麦卡锡和麦卡锡主义是参议员职业中绕不开的问题，为什么直到此时他都避而不谈？对这一单刀直入的问题，即便杰克感到吃惊，他的表情也没有流露任何波澜，他平静地答道：他不赞成麦卡锡的策略，也不认为他的所有指控都站得住脚；考虑到麦卡锡与肯尼迪家族的密切关系，以及麦卡锡在马萨诸塞州爱尔兰裔天主教选民中得到的广泛支持，他处在一种尴尬的地位。索伦森认为，这解释足够了。索伦森同时还有机会成为来自华盛顿州的参议员亨利·杰克逊的雇员，不过他清楚自己该做什么：他要搭来自新英格兰地区的年轻的民主党新星的顺风车。[35]

结果成就了当代美国政治史上最非凡的一对组合。从一开始，这两人就特别合拍。肯尼迪喜欢索伦森思考问题的方式，不仅如此，肯尼迪还喜欢贯穿索伦森自由主义做派的务实倾向。或许是受了参议员的影响，年轻的助手认为，理性的说教反而会比感性的说教更让他感动。这与索伦森推导的论断相吻合："具有理性担当的自由主义者比具有感性担当的自由主义者更可靠。"索伦森还是个不知疲倦的工作狂，为推进肯尼迪的事业，他可以做到心无旁骛（包括忽视他妻子和孩子们的需要），因而他成了参议员的密友，他对肯尼迪的影响力很快超越了泰德·里尔登，后者曾负责众议院肯尼迪办公室的运作，如今负责的是参议院肯尼迪办公室。[36]索伦森是这世上最稀有的生物之一：他是助手，不过他有能力亲手处理实质性政策，在演讲稿和文章里——文章均署名参议员本人——以流畅和脱俗的简约方式明晰地表达所有细枝末节。不久后，人们已经无从分辨各篇文章的哪一部分出自两人里谁的手笔，人们只好想当然地认为，作品由作曲者（肯尼迪）和作词者（索伦森）共同创作。他们成了政治领域的百老汇天才组合罗杰斯与哈特（Rodgers and Hart）。当年只有24岁的索伦森不像老板那样饱经世事，构思演讲稿和文章的宏大主题时，他既没有政治经验也没有生活经验——尤其是涉及对外政策的那些讲稿和文章——不过他学得快，是个聪明的模仿家，尤其擅长找出肯尼迪想借用的历史典故。以堪称典范的政治术语具体化参议员的想法时，他行文的节奏和语言的精炼可与丘吉尔的行文媲美。[37]

不过，仅有模仿是不够的。从索伦森到来那一刻起，杰克·肯尼迪的演讲增添了一种新味道，有了更大的范围和力度，也更加简约，还变得更有诗意，更容易让人记住，不再过于纠缠数据和细节。两人很快形成了一种基本模式，由参议员草拟——常常是口述，由秘书打印——他究竟想通过演讲（或文章）传达什么，然后由索伦森将其变成一份草稿，再由肯尼迪编辑。索伦森往往会进一步润色，然后肯尼迪还会进一步调整，直到他走到讲台后边才停止修改。肯尼迪经常会在飞行途中和实际演讲过程中做些修改。（肯尼迪常常会在最后时刻成为即兴演讲专家，完全不看手里的稿子，现场发挥。）长期以来，肯尼迪一直痴迷于修辞艺术和超级演说家的成功秘诀，他经常听丘吉尔的各种录音，研究林肯历次演说的文本，然后与索伦森交流从中体会到了什么。索伦森给了他一本《世界经典演讲集锦》（*A Treasury of the World's Great Speeches*），肯尼迪不仅自己阅读，还推荐他人阅读。肯尼迪演讲时，索伦森经常出现在第一排，记录下演讲过程和听众的反应，查找哪些地方达到了预期，哪些地方不如预期，然后提出改进建议。索伦森注意到，肯尼迪似乎从不反感哪怕是特别严厉的评价。他后来撰文称，参议员"平静地接受各种批评"[38]。

　　两人的合作无论多么密切，他们之间也纯属工作关系。工作之余，他们从不交往，两人也从未变成像样的朋友。索伦森很快意识到，无论是在工作场合还是其他地方，老板是那种将关系划分得一清二楚的人。肯尼迪一向重视朋友关系——例如乔特中学时期的、哈佛大学时期的、在海军服役期间的——而工作人员不过是雇员。蒂莫西·里尔登跟肯尼迪在一起的时间足够长，可谓了解内情，对这种互动方式，他总结道："杰克有能力让身边的人们都围着他转，就他个人来说，没必要将他们都当哥们……不过他能从他们身上得到想要的东西。"索伦森对这样的安排没有异议——或者，至少他嘴上这么说。"一起工作的 11 年里，我们一起参加社交活动的次数屈指可数，所以我能记住每一次活动。"索伦森临终时写道。不过"我从没想成为他的狐朋狗友，我只想成为他信任的顾问。我觉得幸运的是，我得到的正是那一角色"。多年后，索伦森才觉得，称呼肯尼迪为"杰克"比称呼他"参议员"更顺口。[39]

肯尼迪将工作人员看作一帮能够从他们身上"得到想要的东西"的人，虽然这做法有点残忍，但也具备情有可原的一面。他选择了 40 岁的伊夫琳·林肯（Evelyn Lincoln）当他的私人秘书，伊夫琳也是内布拉斯加人。杰克一直称呼她为"林肯夫人"，她是一个在众议院连任两届议员的民主党人的女儿。像索伦森一样，伊夫琳也是"东漂"到华盛顿闯荡的人，在华盛顿大学拿到了学位，后来嫁给了政治学家、人称"阿贝"的哈罗德·林肯（Harold "Abe" Lincoln）。伊夫琳看出肯尼迪正成长为一颗新星，1952 年向肯尼迪在众议院的办公室递交了求职申请（当时她正在佐治亚州一个众议员的办公室做全职文秘）；后来，赢得参议院席位后，肯尼迪雇用了她。 550

她很快发现，学习过程犹如一道陡峭的曲线。伊夫琳费了九牛二虎之力才学会破译肯尼迪"凌乱的笔迹"，学会应付他的坐立不安和粗枝大叶。肯尼迪口述文本时从来都坐不安席，他会在屋子里来回走动，或者来回抢一根高尔夫球杆，或者在几间屋子之间走来走去，嘴里却念念有词，一刻不停。衣服类物品以及公文包等经常会落在饭店的客房里和火车站。像前任玛丽·戴维斯一样，伊夫琳经常得一轮又一轮打电话，直到找到他随手乱丢的物品为止。参议员会随手将电话号码写在一张张小纸条上并塞进口袋里，随后会掏空身上的所有口袋，将纸条堆在办公桌上，一通乱翻后仍然找不到正确的号码。他会扯着嗓子喊："'林肯夫人，汤姆的号码是多少？'大多数这种场合，我根本不知道他说的汤姆是谁，更别提去哪儿给他找汤姆的号码了。"[40]

让杰克印象深刻的是伊夫琳的忠诚、耐心、努力工作的能力，不过，他也质疑过伊夫琳是否有能力应付重要来电，以及纷至沓来的信函。他和索伦森探讨过炒掉伊夫琳，不过，伊夫琳每天都会出现在她的办公桌旁，未来十年，包括到白宫以后，她也会继续这么做。她的忠诚始终如一，肯尼迪注意到了这一点，而且逐渐也忠于她。后来肯尼迪对索伦森说："如果我现在说：'林肯夫人，我把杰姬的脑袋割下来了，你能给我拿个盒子吗？'她肯定会说：'太棒了。我这就给你拿。你睡好了吗？'"[41]

IV

摆在新当选的参议员面前的问题是，怎么做才能让自己出人头地。作为传统上不那么活跃的新手群的成员，扩大影响力的出路本来就没几条，还有更不利的因素，即他得离开五个久负盛名的委员会——外交关系委员会、军事委员会、拨款委员会、司法委员会、金融委员会。他反而还得和另外两个委员会继续合作：劳工和公共福利委员会、政府运作委员会（后者受约瑟夫·麦卡锡的领导）。

在这两个实体里，作为少数党的初级成员，肯尼迪处于阶梯最底
层。鉴于他和洛奇在竞选中都在向对方发问，焦点是谁会为马萨诸
塞州做得更多，因而他决定，最初的努力方向是，为马萨诸塞州及
其周边的新英格兰地区制定经济发展规划，这很有意义。索伦森对
这一主题知之甚少，他飞往波士顿，与一帮专家协商此事，其中有
哈佛大学经济学家西摩·哈里斯（Seymour Harris），以及身材瘦削
和话语简洁的哈佛法学院前院长吉姆·兰迪斯，后者眼下全职为约
瑟夫·肯尼迪工作，参议院竞选活动的立场文件正是他撰写的。

551

　　很快便有一套雄心勃勃的促进地方经济发展的规划出炉，其中
有超过 36 项建议。1953 年春季，杰克·肯尼迪利用三篇精心起草
的、特别乏味的演讲稿——每次演讲耗时超过两个小时——进行了
阐述，大标题为《新英格兰的经济问题：国会行动计划》。他描绘
的场景是在历史上和成就方面富足的地区如今在各个领域面临诸多
挑战，尤其是工业产业，为寻求廉价的、没有工会的劳动力，工厂
正在向南方各州转移。（他指出，过去七年，仅马萨诸塞州就有 70
家纺织厂要么关闭要么转移到了南方，致使当地失去了 2.8 万个工
作岗位。）与此同时，马萨诸塞州的渔业和林业也在衰竭。肯尼迪
号召协调行动，使商业活动在整个新英格兰地区多样化和扩大化，
通过税收优惠政策阻止企业进一步重新布局；通过职业再培训拓展
就业机会；提高最低工资标准（从每小时 75 美分提高到 1 美元）；
出台为中产阶级改善住房的计划。为复兴这一地区，联邦政府的角
色有限，却至关重要——他说，华盛顿必须确保"在发展经济时保
护公平竞争"[42]。

在参议院的几次演讲中，索伦森证实了他异乎寻常的价值，另外，他以肯尼迪的名义起草了好几篇文章，发表在重要刊物上，那些文章让参议员的名字出现在广大读者眼前。比方说，刊登在《纽约时报杂志》（*The New York Times Magazine*）上的《新英格兰怎么了?》一文，以及刊登在《大西洋月刊》上的《新英格兰和南方》一文。后文否认参议员有发动地区经济战的企图，反而坚称，需要出台一些政策，以促进"整个国家的经济稳定和完整"。在如后大背景下，美国局部地区必须存在竞争："基于自然优势和自然资源的公平竞争，利用自身条件和自身环境提升国家经济，而非打压国家经济。"[43]

552

虽然 1953 年前七个月美国以外发生了一些重大变化，但由于肯尼迪在参议院地位低下，他几乎没机会在对外政策方面发声。首先，3 月，莫斯科方面传出了令人震惊的消息：约瑟夫·斯大林去世了。他的死亡在世界各地引发了各种反应——包括英国，温斯顿·丘吉尔再度在那个国家执政——无论克里姆林宫新领导层由哪些人组成，改善冲突型关系的机会来了。德怀特·艾森豪威尔和脸色永远阴沉、经验老到的国务卿约翰·福斯特·杜勒斯却无动于衷。两人均认为，无论是在国际政治还是在国内政治领域，在冷战方面与苏联达成重大妥协，几乎得不到什么好处。当年晚些时候，在西方领导人的一次会议上，对于后斯大林时代的新苏联，艾森豪威尔用如后粗俗的描述引发了欧洲人紧张的笑，他声称，俄国就是个"站街女，即使换上新裙子，或穿着缝缝补补的旧裙子，裙子底下毫无疑问还是原来那个妓女"[44]。

与此同时，艾森豪威尔和杜勒斯两人都明白，"解放"苏联掌控的大地是个艰巨的任务，很大程度上，欧洲分裂好像是既定之事。竞选游说期间高喊的夺取冷战绝对胜利的口号只能往回收。不过，两人达成了共识，必须出台一项新政策——或者，至少也得给原有政策换个名称——以取代杜鲁门的"遏制"政策。在他们的头脑里，以及选民们的头脑里，该政策与杜鲁门无效的中国政策以及在朝鲜战场上形成的僵局有关。他们将自己的战略称作"新面貌"（New Look），该战略强调的是，用空中力量和核武器取代大规模常规军力，部分原因是艾森豪威尔希望削减联邦预算（流行的说法为"少花美元多办事"）。1952 年 11 月，世界上第一颗氢弹试爆成功，受此鞭策，艾森豪威尔亲自监督核武器大规模储备计划——他任期开始时，美国的核弹保有量为 1200 颗，任期结束时为 22229 颗。[45]

斯大林之死对世界局势还有一个重大影响：给止步不前的朝鲜战争谈判注入了动力，促成了 1953 年 7 月的停战协定。在战前的边界，也就是北纬 38 度线附近确立了划分南北双方的分界线，在两边之间建立了非军事区，结束了三年的血腥战争。美军中有 54246 人战死，103284 人受伤。将近 500 万亚洲人在战争中死去——200 万朝鲜平民和 50 万士兵；100 万韩国平民和 10 万士兵；至少 100 万中国人民志愿军战士[①]——朝鲜战争成了那个世纪最血腥的战争之一。[46]

553

---

① 根据中方研究，牺牲的中国人民志愿军官兵达近 20 万人。——编注

朝鲜问题在美国国内有着广泛的影响。美国未能速战速决，公众对战争的胶着状态失去耐心，这些毫无疑问在1952年的竞选中帮了艾森豪威尔，伤了史蒂文森。在总统对国会的权力游戏中，由于议员们总是听命于白宫，战争也强化了总统的权力。（杜鲁门从未要求国会宣战，他认为，作为总司令，他拥有广泛的权力在他希望的地方动用军队。他的继任者们都会遵从这一先例。）[47]此外，战争始于"谁弄丢了中国"激辩正酣的痛苦时期，点燃了美国的党派政治。包括共和党领导层在内的共和党议员们谴责杜鲁门及其助手们"对共产主义太软弱"，一开始未能阻止战争，然后又全力投入其中；他们的言辞攻击强化了杜鲁门团队在谈判中绝不让步的决心。

朝鲜战争对美国外交政策的影响甚至更大。由于战争的催化，中美之间的对抗明确了北京和华盛顿之间再无和解可能，另外，李承晚和蒋介石必将成为美国大规模援助的接收方。美国与日本的结盟得到了加强，美国与澳大利亚和新西兰签署了共同防御协议。美国军人的数量从战后的低位59.1万人增加到超过150万人，还往欧洲派遣了四个师，杜鲁门当局还启动了重新武装西德的计划。最后，朝鲜战争还让总统下决心做了战争爆发前拒绝做的事：批准大幅增加军费。的确，军费预算从1949年的140亿美元蹿升到了1953年的520.8亿美元。朝鲜战争停战协定签署后，军费降了下来，但从未达到战前水平。整个20世纪50年代，年度军费始终徘徊在420亿美元到490亿美元。[48]苏联领导人发誓要与这样的军事建设相抗衡，其结果是，美苏两国间展开了大规模军备竞赛。因此，约翰·F. 肯尼迪进入参议院时，美国的外交政策已经全球化和军事化，放在五六年前，他进入众议院时，这种策略几乎是难以想象的。

对艾森豪威尔的冷战政策，肯尼迪没有异议。每一个身处 20 世纪中叶的有经验的和有进取心的美国政治家都能理解的事，肯尼迪早已牢记在心：在美国国内政治领域，坚决反共是唯一可行的姿态。鼓吹有必要与莫斯科或北京共处，可能是出于理智判断，可能是精明的地缘政治策略，但是，对个人事业而言，这可能会招致巨大的风险——何必冒这个险呢？最好声称永远提高警惕，严厉谴责任何妥协迹象。[49]另外，肯尼迪确实坚信，苏联威胁是真实存在的，甚至在斯大林死后亦如此；不用别人说服，肯尼迪也知道，西方各列强必须在华盛顿的率领下保持团结一致和立场坚定。"实际上我们是地球上最后的希望，"肯尼迪在波士顿大学代表队俱乐部（Boston College Varsity Club）发表讲话时称，"在中立主义、逆来顺受、自我孤立、无动于衷等相互冲突的浪潮中，如果我们立场不坚定，一切都会失去。"不过，肯尼迪不是喷火的"冷战分子"——这说法指的是将反苏斗争看作最基本的军事斗争——正如此前两年他的所作所为一样，1953 年，他仍在质疑美国对亚洲和非洲迅速发展的反殖民斗争的态度。早在那时，即 20 世纪 50 年代初期，肯尼迪已经凭直觉认识到后来被称作"软实力"的东西何其重要——不以武力和胁迫相威胁即可拉拢和说服的能力。[50]

1951 年，肯尼迪第一次前往法属印度支那时，那里的战争给他留下了深刻的印象，让他产生了特殊的兴趣。关于战事，肯尼迪紧盯

554

媒体的各种报道，时不时还咨询一些人，例如美国驻西贡领事馆前官员埃德蒙·格利恩。肯尼迪访问西贡期间，后者悲观的分析在肯尼迪身上引起了共鸣。肯尼迪甚至让杰姬为他翻译了一些法文报告。[51]对法国人来说，自肯尼迪访问以来，那里的战事持续恶化，甚至在美国不断提高物资援助水平后依然如此，援助包括轰炸机、运输机、坦克、海军舰艇、卡车、自动武器、轻武器、弹药、无线电设备、医疗和工程设备，此外还有大量且持续不断的资金援助。[20 世纪 50 年代初期，格雷厄姆·格林（Graham Greene）曾经在西贡度过冬季，亲眼见证了美国存在感的增强，他的经典小说《安静的美国人》（*The Quiet American*）一开篇的场景是 1952 年的印度支那，故事的叙述者福勒（Fowler）眼前出现的是"他们从几架崭新的美国飞机走下来时，灯火通明"。] 1953 年初，随着法国国内越来越多民众醒悟过来，巴黎领导层开始悄悄考虑通过谈判解决那场战争，最终被一些美国人告知了如后几个字：你们必须待在那里。[52]

555　　　肯尼迪认为，战争进程如果像当时那样进展，几乎没机会或完全没机会获胜，这种观点受到了埃德蒙·格利恩的鼓励。在印度支那的几座主要城市外围，胡志明的军队越来越强大；即便在城里，民众对法国人及其越南盟友的支持也处于弱势。除非等到法国人将实际权力——包括金融的、军事的、政治的——移交给越南人，持久和平才可能实现。肯尼迪承认，即使那样也不一定够，不过，至少它代表着重要的第一步。4 月，肯尼迪请助理研究员普丽西拉·约翰逊（Priscilla Johnson，后来成了普丽西拉·约翰逊·麦克米伦）调查法国人在印度支那的经费使用情况（他怀疑绝大部分经费都直接用在了军事行动上，结果证明他的猜测完全正确），同时检视法国人是否接近于将真正意义上的政府管理权移交给了越南非共产党人。（普丽西拉的结论是，他们没那么做。）5 月初，肯尼迪参议员带着普丽西拉的报告私下里告诉约翰·福斯特·杜勒斯，美国应当对法国人采取强硬的策略，他坚称美国的后续援助应取决于法国人做出如后改变："让当地民众……觉得他们得到的不是虚幻的独立，而是实实在在的独立。"[53]

　　杜勒斯知道，肯尼迪的论据很有力。那年春季，美国政府严重依赖法国人推进战争进程，也严重依赖法国人承诺给予越南、柬埔寨、老挝三个"有关国家""全面独立"，却不可避免地遇到了法国人的如后反应：如果最终结局必定是法国人放弃在东南亚的各种利益，法国为什么还要坚持血腥的军事斗争？对这一问题，无论是当年还是接下来几年，美国人都拿不出好的答案，只好妥协，接受法国人含糊的保证：独立肯定会在未来某一未明时刻到来。合逻辑的结论应当是这样的：既然不存在让人满意的军事解决方案，华盛顿就应当反过来推进基于任何可行性条件的谈判解决方案。不过，杰克·肯尼迪可不那么看，至少当时是这样。1953 年春季，反共的越南民族联盟领袖吴廷琰访问华盛顿期间，肯尼迪见了他，并留下了深刻印象——也许，仅仅是也许，吴廷琰是个有可能凭一己之力建立民主国家的人物。从夏季到秋季，肯尼迪参议员一直在倡导加倍向法国人提供援助，使其努力实现真正的民主改革。不过他中途停了下来，不再强推这样的最后通牒：拿不出支撑真正改革的具体证据就不再提供援助。他反而提出，美国援助"必须以下述方式执 556

行，即利用所有可行的方式鼓励有关国家的人民实现他们所希望的自由和独立"[54]。

这其中的讽刺意味很难让人看不出来：尽管美国一直以来将自己的信誉置于法国人的军事斗争背后，美国提供的军事援助一直在增加，但与以往相比，胜利离殖民军越来越远。因而，肯尼迪参议员强调，美国未来的所有对外援助都应当与允许独立绑定，从而在印度支那人民中激发出对美国的支持，目前他们对军事斗争极为冷淡——他们有充分的理由这么做。离开广泛的支持，打败胡志明革命的所有努力根本没机会获得成功。[55]

V

与此同时，杰克和杰姬之间的恋情也在继续迅速发展，1953 年孟夏，杰克求婚了。详情比较混乱，不过，杰克似乎是通过越洋电话求婚的，当时杰姬在英国报道伊丽莎白二世女王的加冕典礼，另外，杰克还事先征得了杰克·布维尔的同意。（那之前他给杰姬发了封电报：文章都很棒，不过我想你，爱你的杰克。）杰姬害羞地说，很快会给他答复。杰姬返回时，杰克去接机，当场送给她一颗 2.88 克拉的梵克雅宝订婚钻戒，钻石镶嵌在一颗 2.84 克拉的翡翠上。杰姬当场答应了。不过也有一些迹象表明杰姬至少曾经短暂犹豫过。接到最初的求婚电话后，杰姬好像立刻从伦敦跑去了巴黎，见了小约翰·马昆德，两人重叙旧情，一起过了好几天。杰姬无法确定的是，她能否真的跟肯尼迪一家长期和睦相处。她也无法确定，作为政治家夫人，需要应付让人精疲力竭的各种竞选活动、不断侵扰的媒体关注、没完没了的晚宴，其中没有艺术家、作家、音乐家以及其他有意思的人，唯有政治家及其配偶，生活会变成什么样。[56]

　　毫无疑问，杰姬也吃不准是否受得了自己的男人喜欢拈花惹草。早在一年前，两人刚开始约会时，杰姬就在一封信里做过如后表述："他某一方面像我父亲——喜欢追逐，到手后就腻了——一旦结婚，还需要证明自己依然有吸引力，所以会跟其他女人调情，让人生气。我见识过那场景，差点要了我妈的命。"[57]还有，1953 年 1 月的一天晚上，莱姆·比林斯把杰姬拉到一边，跟杰姬说了些她似乎早已知道的事。"那天晚上我告诉她，我认为她应该意识到，杰克已经 35 岁，"莱姆·比林斯后来说，"这辈子交往的人特别多，认识许许多多女孩——莱姆·比林斯说这些事，让他看起来像个对朋友特别不忠的人——所以她必须做到从一开始就非常包容。杰克从来没跟任何女孩长久过，一个 35 岁的男人是非常难以相处的。而她对我说的事特别宽容，接受了我告诉她的一切。"（人们难免会猜测，比林斯 20 年前爱过杰克，或许依然爱着，他如此珍视与杰克的友谊，仍然视其高于一切，难道将秘密锁在心底的比林斯将杰姬当成了对手，在与杰姬争抢杰克的时间和感情？）[58]

　　查克·斯波尔丁说得更露骨，在他看来，杰姬对杰克的交往方式不仅仅是包容，杰克的那些小错"让她对杰克的兴趣更浓了"，也让杰克更迷人，更像她父亲。"那些危险的男人让她更兴奋，毫无疑问，杰克·肯尼迪身上就有那种危险成分。"在另一场采访中，斯波尔丁说，杰姬"一般不会受到男人的诱惑，除非遇上像'黑杰

557

克'那样危险的人。这非常明显是弗洛伊德式的心理情境之一。我们都这么说——甚至杰克也这么说，他不那么喜欢弗洛伊德，不过他说，杰姬有一种'恋父情结'。让人惊讶的是，杰姬在其他事情上那么聪明，对这事好像却有点懵"[59]。新近出版过作品的一位传记作家是这么说的：在杰姬看来，会劝退一些女人的特性反而让杰克更吸引人。"杰姬认为，杰克不走寻常路，无法预测，反而更让人激动。他细致入微，惊喜连连，就像她父亲以前的样子。另外，如果杰克·肯尼迪像黑杰克·布维尔一样，也有那么一点点危险性，那样更好；至少他不会像她差点嫁给的那家伙那么平庸和无聊。"此外，杰姬多年来一直在忍受母亲对她的长相横挑鼻子竖挑眼，如今美国的黄金单身汉和著名的花花公子向她求婚，而后者与众多电影明星、女继承人，以及人们垂涎的一众女性纠缠不清，这只会给她带来加分。[60]

如果以上说法显得过于夸张——杰姬喜欢她的追求者放荡的生活方式，这说法真的可信吗？——至少可以这样说，她接受即将发生的一切。她崇敬的父亲长期拈花惹草，影响了她对男人们的预期，还致使她深信，男人们天生倾向于对妻子不忠。在她看来，男人们像这样欺骗妻子并非故意残忍，这不过是固有的自然法则之一。一次，访问伦敦期间，一个男性熟人提醒她注意杰克·肯尼迪游离的目光总是追着女性跑，她耸了耸肩，不当回事。"所有男人不都这样，"她对那男人说，"看看我父亲不就明白了。"或者，她甚至可以补充说，看看杰克的父亲不就明白了，很难说他是美德的光辉榜样。杰姬在参加《时尚》杂志巴黎大奖赛的文稿里还引用了英国作家奥斯卡·王尔德的名言："圣人和罪人之间唯一的区别是，每一个圣人都有过去，每一个罪人都有未来。"[61] 也有如后可能：杰姬也许认为她可以改变杰克，或者，同意结婚这一事实本身即可改变杰克。无论人们说什么，对订婚一事，杰姬表达的都是喜悦，她立刻将消息通知了亲朋好友，还说，她已等不及跟她的男人结婚了。[62]

　　杰姬将第一个电话打给了父亲的姐姐。"莫娣姑姑（Aunt Maudie），我就想告诉你，我跟杰克·肯尼迪订婚了，"杰姬说，"不过，你暂时别告诉任何人，因为那么做对《星期六晚邮报》不公平。"惊诧不已的姑姑问为什么。"《晚邮报》明天会刊登一篇关于杰克的文章，"杰姬解释说，"标题还上了封面，那标题是《杰克·肯尼迪——参议院里快乐的青年单身汉》。"杰克几周前就知道文章会发表，看过之后，他表示，他不喜欢保罗·希利写的这篇文章，因为文内记述的是个神气活现的议员，其中有这样的描述："一大把随意梳理的褐色头发遮住了右边的眉毛，让他看起来永远像是刚洗过澡。"此人最喜欢在华盛顿到处飙车，坐在"加长的敞篷车里，车篷敞开，不戴帽子"，旁边坐着个迷人的女性。这完全不是杰克想传达给公众的政治家形象。让他不安的是，文章作者希利几乎没提他描述的对象还有另外一面——做事认真、勤于思考、对政策问题颇有见地，尤其是涉及国际事务时。文章让杰克特别恼火，而且向他证明，赶紧结婚是明智的。[63]

　　尽管杰姬与准婆婆相处时小心翼翼，她还是提起笔，用独特的、潇洒的字体给罗丝写了封信："在我看来，很少有人能做到你所做到的——创造一个建立在爱、忠诚、快乐上的大家庭。如果我跟杰克能接近做到你所做到的，我就很知足了。如果你看到我做错了什么，希望你向我指出来——因为我清楚，你永远都挑不出错，除非错误不可避免。"[64]

559　　　两人订婚的消息于 1953 年 6 月 24 日正式对外宣布，随后通过各种报刊迅速传遍全美各地。《纽约每日新闻报》（*New York Daily News*）头版头条的标题为《参议员为摄影女郎丢掉了单身汉身份》。"9 月之后，参议院就再无快乐的单身汉了，"这是该文的开场白，"从华盛顿到波士顿，从棕榈滩到好莱坞，满怀希望的社交名媛们都可以开始放下嫁妆了。"《波士顿先驱报》的标题为《迷人王子退场》，文内有这样一句话："对美国女性来说，昨天是很艰

560　难的一天……"《纽约时报》在文章里还附了好几幅两人的照片。《时代》周刊的表述为，肯尼迪参议员已经"订婚，对象是撩人的 23 岁社交名媛杰奎琳·布维尔，她曾经是《华盛顿时代先驱报》摄影师兼采访记者"[65]。接着，在海恩尼斯港和奥金克洛斯夫妇名下的、位于罗得岛州纽波特的滨海庄园哈默史密斯农庄（Hammersmith Farm）举行了两场订婚晚会。壮观的哈默史密斯农庄由弗雷德里克·劳·奥姆斯特德（Frederick Law Olmsted）设计，拥有一个巨大的花园和一座主建筑，建筑内部号称有 12 个全套卫生间以及同等数量的壁炉。① 婚礼也将在纽波特举办，日期定在 9 月 12 日。

---

① 在两场晚会中，海恩尼斯港那场更喧闹。其中一个活动是寻物游戏，将最大的物体带到现场的人可获得大奖。帕特里夏·肯尼迪去了海恩尼斯城，用搭线方式启动了一辆公共汽车，将其开回了家。（Perret, *Jack*, 192.）——原注

　　1953 年 6 月，刚刚订婚的年轻的小两口在海恩尼斯港接受销量巨大的《生活》杂志采访。那次采访的文章附有一张大照片，发表在 7 月刊上，文章标题为《〈生活〉杂志追求一位美国参议员》。

杰克对朋友费伊说过一番高明的话：在他这个年龄段结婚"既可以说太年轻，又可以说太老"。说太年轻是因为，他还没准备好放弃单身汉生活方式；说太老是由于他已然 36 岁，被困在了现在的生活方式里，仅仅一场教堂仪式不能完全改变其既有的日常做法。另外，正如杰克向费伊承认的，他心里清楚，他竞选成功的程度有赖于他对女性的吸引力。"改变意味着远大政治前途的终结，因为，时至今日，政治前途仍然完完全全基于传统的性吸引力。"[66]

在追求杰姬的过程中，杰克依然不停地与其他女性约会。经常是伊夫琳·林肯为他一手安排。"他是个花花公子，没错，"伊夫琳回忆说，"我从没见过这种事。那些女人一天到晚不停地给他打电话。对他愿意交往的那些人，我多多少少会做些安排。我会给她们打电话，告诉她们去哪儿跟他见面一起吃晚餐，整天都是这些事。"不过，杰克从没请伊夫琳给杰姬打电话。"既然杰克不让我给她打电话，我就知道，她肯定不是一般人。"[67]

婚礼数周前，杰克和托比·麦克唐纳前往法国的里维埃拉地区短暂休假期间，杰克的父亲——偏偏是他父亲——担心他可能因为婚事变得"焦躁不安"，因而自找麻烦。"我希望他会……特别留意要见的人，"约瑟夫·肯尼迪写信给麦克唐纳，后者已婚，有理由行事谨慎，"毫无疑问，由于已经成为美国参议员，他再也不能把什么事都当作理所当然。这就是他愿意且心甘情愿付出的代价。"[68]麦克唐纳是否将信息传达给了杰克，已无从查证，不过，显然两人在租来的游艇上和岸上组织了大量聚会。一天，杰克在昂蒂布角遇到一个英国朋友，对方把他介绍给了两个 20 岁出头的瑞典

女性。当晚就开始了四人约会，与杰克成双入对的是古尼拉·冯·
波斯特（Gunilla von Post），一个身材娇小、特别漂亮的金发女郎，
来自一个有钱的家庭，跟他爱过的北欧人因加·阿瓦德十分相像。
他们一起跳舞、闲聊，还聊到了各自的家人，后来杰克提议开车送
古尼拉回伊甸豪海角酒店，杰克青少年时在那里度过一段难忘的时
光。古尼拉的说法为，他们在温暖和煦的微风吹拂中一起坐在那
里，远眺地中海，直到夜深人静。在某一时间点，他们接吻了，
"我的呼吸都凝滞了"，古尼拉后来说，跟杰克聊天很轻松，"每次
他提问，好像他真有兴趣得到答案"[69]。

古尼拉回忆说，杰克突然冒出一句话："下周我就要回美国结
婚了。"她还记得，杰克告诉她，如果早一个星期遇见她，他一定
会把"婚事彻底取消"。即使杰克真的说过这种话，考虑到取消婚
姻对他的生活和事业意味着什么，似乎也不大可能让人相信那是他
的真实想法。不过，也许那时刻他太激动，身边的女人太让他着
迷，他敏锐地感觉到，单身汉的日子、自由自在地追求快乐的日子
不久即将结束。将古尼拉送到地方后，杰克问，能不能上去跟她过
一夜，古尼拉拒绝了（"不行，亲爱的杰克，我只想祝福好运与你
同行，希望你一切顺利"），杰克随即驾车离开了。[70]

VI

在珍妮特·布维尔的想象里，女儿的婚礼应当是精心安排的、
安安静静的，要远离那些照相机的镁光灯。新郎官的父亲却另有主

561

意。约瑟夫·肯尼迪坚信，这必须是当季的社交大事，结果的确如
他所说，原因是，为整件事出资的既不是休迪·奥金克洛斯，也不
是黑杰克·布维尔，而是他老约。他希望通过这一庆典吸引级别最
高的媒体关注，他要把这件事办成当初资助好莱坞巨制那样火红。
正因为如此，出席圣玛丽教堂（St. Mary's Church）仪式的来宾名
单有将近 600 人（教堂仅能容纳这么多人），那座教堂是褐色砂石
砌成的哥特式复兴建筑，其历史可上溯到 1849 年，晚宴在哈默史
密斯农庄举办，参加人数多达 1200 人。老约于 7 月 12 日飞到了纽
波特，与珍妮特一道敲定最后的事项。他预订了 600 瓶香槟，以及
一个高达 1.22 米的五层婚礼蛋糕，还让新闻部门安排各大报章进
行广泛报道，包括《纽约时报》和《华盛顿邮报》。

　　肯尼迪家族的家长显然依旧在孩子们的生活中占据着主导地
位，即使孩子们成年很久后亦如此。正如老约主导了纽波特豪华阵
容的大部分内容，让新娘和新郎以及新娘的父母都成了旁观者，那
年早些时候，他同样主导了女儿尤妮斯与萨金特·施赖弗的婚礼。
（施赖弗苦苦追求尤妮斯十年，终于赢得了新娘。）那场婚礼，大使
同样全力以赴，将仪式安排在了曼哈顿圣帕特里克大教堂（St.
Patrick's Cathedral），由红衣主教弗朗西斯·斯佩尔曼（Francis
Spellman）主持。接下来的宴会安排在了纽约华尔道夫酒店大宴会
厅里，有 1700 位来宾莅临。"我找到了一个特别像我父亲的男
人。"尤妮斯向出席婚礼的一些来宾透露。相应地，《波士顿环球
报》刊发的那场婚礼的照片，其内容并非新婚夫妻，而是新娘和
她父亲。[71]

早在婚礼数天前，肯尼迪和布维尔两家的联姻活动就在纽波特开始了，有一次是为新婚夫妻举办鸡尾酒会，接下来是第二天傍晚由休迪·奥金克洛斯在克朗姆贝克俱乐部（Clambake Club）主办的有 18 名单身汉出席的正装晚会。杰克最要好的哥们都出席了——许多人在婚礼那天担任男傧相，包括莱姆·比林斯、托比·麦克唐纳、查克·斯波尔丁、查尔斯·巴特利特、乔治·斯马瑟斯、本杰明·史密斯、詹姆斯·里德——费伊是各场活动的司仪。伴郎罗伯特·肯尼迪好不容易对新郎说出了背下来的祝酒词，杰克立刻起身，为新娘祝酒，然后对来宾们说："把酒杯都扔进壁炉！我们再也不会用这些杯子了。"在场的所有男人学着俄罗斯皇家卫队的样子，将昂贵的水晶酒杯扔进了火堆里。奥金克洛斯的脸立刻拉长了，不过他还是指示侍者赶紧换上新酒杯。杰克再次起身祝酒。"也许这是让人无法接受的习惯，"他声称，"不过我想再次表示对即将迎娶的这位姑娘的爱。为新娘干杯。"现场每个人都再次举杯祝酒，再次将水晶高脚杯扔进壁炉里。奥金克洛斯受够了：接下来一轮，侍者端上来的器皿都换成了普通玻璃杯。[72]

以下是斯波尔丁对那一晚的回忆：

> 杰克全身心沉浸在欢乐中，但我有种奇怪的感觉，杰克在用第三只眼观望现场的一切，好像那只眼在他身子以外，在屋子的某个角落里，以一种疏离扫视着现场。能看出和能感觉到那一点是一件非常奇怪的事，不过它确实存在。我记得当时我割破了手，杰克立刻出现在我身旁，看着我的伤口，让我必须去医院。

563

这就是他人品的一部分，让人们愿意接近他。关心人，体谅人，最重要的是，他是即将发生的事的一部分，但第三只眼看见我出了事。我知道这事说来奇怪，不过我总觉得他有第三只眼。[73]

婚礼那天，破晓时分，天空晴朗，有微风。像母亲一样，杰姬本想要个不一样的婚礼，规模小，更舒适，来宾都认识新婚夫妻，也关心新婚夫妻。而她得到的是不同的东西：数千位来宾，绝大多数人她从未见过，还有成群结队的记者和摄影师将她的一举一动都记录下来。杰姬 11 点到达教堂并参加仪式之际，3000 名旁观者组成的人群冲破了警方设置的数道警戒线，有那么一瞬间，人们似乎有意要闷死她。她尽力保持镇静，微笑中含着羞涩，她穿着乳白色的塔夫绸礼服，内穿紧身胸衣，长裙蓬松。还有更让人失望的：由于父亲头天晚上自斟自饮，宿醉未醒，无法亲手将她交给新郎。（珍妮特·布维尔·奥金克洛斯不许他出席婚礼前的晚宴。）还好，继父荣幸地接过了那一角色，黑杰克则在最后一刻悄悄来到教堂，在最后几排找了个座位，悄无声息地坐下了。一个观察者说，杰克和伴郎鲍比沿着过道走到接近圣坛的位置站好，兄弟两人看起来"长得太帅，晒得太黑，让人难以置信"[74]。仪式由肯尼迪家族的挚友理查德·库欣大主教主持，举行了婚礼弥撒，还宣读了教皇庇护十二世专门发来的祝福。在基督教圣歌《天神赐粮》（Panis Angelicus）和《圣母颂》（Ave Maria）的伴奏下，一对新人跪在饰满鲜花的圣坛上，朗诵了结婚誓言。

随着参议员和肯尼迪夫人走出教堂，聚集的人群再次向前涌动，根据《纽约时报》的说法，新郎满脸是笑，"而新娘则显得有点吃惊"[75]。前往哈默史密斯农庄参加婚宴的汽车拥堵了将近一千米，新婚夫妻站在迎宾队伍里，与来宾握手超过两个小时。在室内和室外鸟瞰纳拉甘西特湾的草坪上，两个地方都摆满了自助餐，新娘和新郎为人们奉上切成块的婚礼蛋糕时，身穿白色上衣的侍者们用托盘托着香槟四散开来，还有管弦乐队在现场演奏。来宾包括影星玛丽恩·戴维斯（Marion Davies）、词曲作家兼歌唱家莫顿·唐尼（Morton Downey）、好几位参议员和众议员、本州的议员们（包括第 11 选区杰克的继任者蒂普·奥尼尔），以及约瑟夫·肯尼迪的一帮熟人，都是实业家和商业巨头。休迪·奥金克洛斯和珍妮特的朋友在人数上少了很多，多数为中上层白人新教徒——大多数是共和党人——在婚宴过程中，他们单独聚在一起，压低声音议论着：不许杰克·布维尔亲手将女儿交给新郎，他究竟遭受了什么厄运？在熬人的婚礼过程中，新娘和新郎需要摆出各种姿势，让摄影师们拍照，杰姬仅拒绝了一次，因为摄影师请她站住，用香槟酒杯跟丈夫碰杯。只听她说："太迂腐了。"[76]

夜幕降临时分，最后几位客人离开后，约瑟夫·肯尼迪有十足的理由感到满意：这的确是一场盛大的社交庆典，未来几天，从美国东海岸到西海岸，大大小小的报刊都会刊登新婚夫妻的各种照片，以吸引人们的注意。就连平素比较保守的《纽约时报》都忘乎所以地撰文称，这场婚礼"远超 1934 年吸引全美眼球的阿斯特和弗伦奇的婚礼"[77]。

新婚夫妻已经踏上幸福的蜜月之旅。两人首先前往纽约，在华

　　肯尼迪夫妇与参加婚礼的人们在一起。新郎左边的人依次为乔治·斯马瑟斯、莱姆·比林斯、托比·麦克唐纳、查克·斯波尔丁。麦克唐纳前边的人是杰姬的妹妹李，最前边的人是埃塞尔·肯尼迪，后排最右边的人是费伊。

尔道夫酒店过了一夜，然后前往墨西哥港口城市阿卡普尔科（Acapulco），住进一座墙体为粉色灰泥、可以俯瞰太平洋的别墅里。杰姬之前跟母亲和休迪·奥金克洛斯去那里时，那地方把她迷住了。[78]到那里之后，杰姬首先给父亲写了一封充满情意的信，恳请父亲谅解；至于杰克，他给父母发了封电报："我终于理解狂喜的真正含义了。我会永远将杰姬置于心中最神圣的位置。谢谢爸妈让我配得上她。"[79]几天后，新婚夫妻飞到了加利福尼亚，首先在圣巴巴拉（Santa Barbara）附近的圣伊西德罗牧场（San Ysidro Ranch）住了段时间，然后继续向北，到了蒙特雷半岛（Monterey Peninsula），之后到了旧金山，那里是费伊和妻子安妮塔的家。（"天呐，她长得太美了！"婚礼之前，在哈默史密斯农庄第一次遇见说话轻声细语的杰姬后，费伊对杰克感叹道，"不过，等你老了耳朵背了，想听明白她说什么就有点费劲了。"）在加利福尼亚的最后一天，杰克跟随费伊一起去看旧金山 49 人队的橄榄球赛，他将杰姬交给安妮塔，后者带着杰姬去了海湾地区的一些景点。"我敢肯定，对杰克来说，这似乎是一次很寻常的安排，"费伊写道，他承认杰姬生气了，"担任公职的压力——更别提一个老水手和他妻子了——常常会破坏年轻新娘期盼的那种蜜月。"[80]

566

　　返回东海岸后，新婚夫妻的各种压力并未结束。结婚以前，两人没在一起居住过，他们尚未准备好应对婚姻生活中的错综复杂情势。两人都在感情上保持沉默，都以自我为中心，都在想方设法向对方敞开心扉。杰克的工作日程排得满满当当，大部分时间，他只好将杰姬独自留在家，周末亦如此。杰姬后来说，即使杰克在家，他也

　　新婚夫妻在婚宴上与鲍比、帕特、尤妮斯、泰迪、琼享受幸福
时光。

似乎永远都在忙，她"还不如一个人待在阿拉斯加"。杰克比照父母的榜样，没意识到他的缺席——无论是字面意义上讲还是略带夸张——伤害了两人的关系。即便一开始两人没住在自己家——他们租下了华盛顿乔治敦丹特片区（Dent Place）3321 号，那是一座建于 19 世纪的逼仄的小房子，还没准备好住进去——而是住在海恩尼斯港，伤害也无可避免。在海恩尼斯港，杰姬必须忍受肯尼迪一家像强迫症一样的运动偏好，严格遵守到点吃饭的规矩也让她难掩愤怒，好在她发现，海风不断吹拂的科德角海滨总是一片祥和。杰姬画了一些水彩画，约瑟夫·肯尼迪坚持将其中几幅挂在房子的几面墙上——其中一幅画的内容为，一群年轻的肯尼迪在海滩上，画面还注有一行字："谁都不许带走这画，老爸全权拥有。"[81]杰姬和公公都意识到，他们称得上精神契合，两人常有数小时都说不完的话。杰姬喜欢公公，信任公公，公公对她亦如此。

杰姬还写了一首诗——一首献给丈夫的颂歌，模仿自斯蒂芬·贝尼特的长诗《约翰·布朗的遗体》——以下是那首诗的结尾部分：

乘着风 穿过海 他去了彼岸

所有一切随他而安

他会建起帝国

他会儿孙绕膝

其他都会倾圮

山涧清泉流淌

567

　　爱自心田激荡

　　他却永世不宁

　　他要踏破铁鞋

　　找到金色羊毛

　　所有一切 随他而安

　　所有一切 都会乘着风 穿过海[82]

　　读到诗的杰克欣喜异常，他想公开发表这首诗，却遭到杰姬的拒绝。杰姬告诉他，这是他们两人间的私话，就像情书，不能公开。杰克同意了，不过并非不折不扣——他克制不住自己，想跟家人以及一两个朋友分享。他还给杰姬读了阿兰·西格的《我和死亡有个约会》。杰姬后来轻轻松松地背会了这首诗，包括如下杰克最喜欢的诗句：

　　也许他会拉住我的手

　　领着我走进黑暗王国

　　合上我的双眼，终止我的呼吸……

　　但我和死亡有个约会

　　是今年春天再次光临北方之际，

　　是夜半在某个战火纷飞的小镇，

　　我发过誓，言即出，行必随，

我绝不食言，错过约会。

婚后第一个秋季，杰姬还给当年八岁半的妹妹写了本带插图的书，书名为《为珍妮特而作：万一哪天你想结婚，这本书可以讲清楚婚姻究竟是什么样》。书的开篇是一幅画，描绘的是杰姬送丈夫上班，接下来用文字描述了两人在一起的生活。一幅插画的内容为夜晚的国会大厦穹顶，除了一扇亮灯的窗子，到处都是黑暗。"如果他不在家，唯一的灯光亮着"，这是插画的题注，至少"人们知道，国家是安全的"。母亲珍妮特·奥金克洛斯即使表扬杰姬，往往也会话里带刺，但对《为珍妮特而作》一书，她的评价为："以美的方式深深打动了人。"[83]

在波特女子高中上学时，杰姬的雄心是"绝不做家庭主妇"，虽然如此，如今她却真的成了家庭主妇。"我给他的生活带来了一定程度的秩序，"这是后来杰姬对他们婚后最初几个月的评价，"我们在家吃得好——不再像他以前那样仅有主食。他早上出门时再也不会一只脚穿褐色的鞋子，另一只脚穿黑色的鞋子。他的衣服也都熨烫整齐了，他去机场也不再慌里慌张了，因为箱子都是我给他收拾的。"[84]杰姬还上了厨艺课，加入了一个桥牌俱乐部，为了有更多时间跟丈夫在一起，她还学习了高尔夫球。（一次，两人在高尔夫球场泡了一下午，杰克温和地建议她坚持练习骑马。）

10月，作为特邀嘉宾，这对年轻的夫妻应约参加《面对面》（*Person to Person*）节目时，杰姬毫无疑问清楚自己的角色。那是爱德华·默罗主持的一档哥伦比亚广播公司的半小时热门电视节目。

568

一根接一根烟的主持人介绍参议员时说，绝大多数美国男孩梦寐以求的所有事情，他在 36 岁均已实现。当时坐在沙发上的杰姬紧挨杰克，采访地点在波士顿鲍登街杰克以前的"单身汉寓所"里，杰姬身穿雅致的印花连衣裙，与杰克保守的西装十分搭调。默罗向杰姬提出的问题没几个，她回答时声音虽轻，却很迅速，充分显示出她为丈夫取得的成就骄傲不已。在默罗的点拨下，杰克站起来，在镜头前逐一展示战争期间获得的纪念品——PT-109 的鱼雷艇模型、刻有求救文字的闻名于世的椰子壳，以及以小约瑟夫·肯尼迪的名字命名的驱逐舰的照片。然后他描述了哥哥英勇赴死时的情形，默罗打断他，向他抛出一些容易回答的问题，涉及公共政策以及他建议的"启发心灵的读物"。（显然杰克事先做过准备，他顺手拿起身边的一本书，面对镜头，开始阅读第一次世界大战时期的诗人阿兰·西格临死前写给母亲的一封信的片段，那封信十分感人。）[85]

"我要做的最主要的事就是想方设法哄丈夫高兴，"杰姬后来说道，"他不可能——也不愿意——娶个试图跟他分享高光时刻的女人回家。我认为，我能做的最好的事就是替他分担。杰克整天生活在没完没了的政治里。如果回到家还要拍桌子，他怎么能休息好？"杰姬对一名记者坚称，以及稍微有点过分地强调——她从未提及从一开始就雇用了帮工这一事实——"我喜欢做家务。如果一切都井井有条，饭菜好吃，鲜花常新，我就特别满足。我喜欢做饭，不过我做得不怎么好。我特别在意食物，不过我算不上好厨子。"[86]

至于杰克，正如他不清楚量身定制的西装和货架上的成品西装

有明显差异，他也基本上感觉不出时髦的家居环境和不讲究的家居　**569**
环境有什么区别。他几乎欣赏不了美食美酒，只要有牛排、奶酪汉
堡，再来点冰激凌，即可获得极大的满足。妻子介入他的生活后，
事情有了变化。"她可不愿意接受肯尼迪的那种生活氛围，"杰克的
英国朋友大卫·奥姆斯比-戈尔回忆说，后来他也成了杰姬的密友，
"在自己家，关于孩子们的行为，关于健康的食物，关于漂亮的家
具，家要像家的样子，她有自己绝不妥协的一些标准。"杰克一开
始有点不乐意，后来他变了，甚至变得乐意分享杰姬的感觉，至少
一定程度上如此。大卫·奥姆斯比-戈尔接着说："我记得杰姬有次
出门买回几把18世纪的法国椅子或什么的，杰克咕哝了几句'这
又何必呢，这么花钱有什么意义——我的意思是，不就是椅子嘛，
只要能坐，就是把好椅子——弄得这么花里胡哨有什么意义'。怎
么说呢，那就是他当初的反应，后来他渐渐开始变得对其他东西有
品位了，到末了，还真在乎这些东西了。"[87]杰姬拓宽了杰克对艺术
的鉴赏力，改善了他的行为举止。在杰姬潜移默化的引领下，杰克
甚至变得有点时髦了，他更偏爱单排双扣西装，常常还是细直条纹
的，永远熨烫得平平整整。他还第一次真正领会了什么样的衬衣配
什么领带，穿错鞋子会毁掉一整套时尚。

　　杰克变得如此注重衣着打扮，有次他对查克·斯波尔丁说：
"你这套西装太没品位了。"当他意识到自己说了什么之后，两人禁
不住爆发出一阵大笑。[88]

　　另外，在更多实用领域，杰姬很快证明了她有多重要，即便她
曾经怀疑自己能否跟上丈夫的智力。（"他的脑子永远在转，永远好

奇，永远有疑问。如果让我画他，我会画一个小身子扛着个巨大的脑袋。"[89]）杰姬继续为杰克做法文翻译，包括关于印度支那战争的各种报告，以及塔列朗、伏尔泰、戴高乐等人的作品。杰克则会把杰姬翻译的一些警句和妙语穿插进他的一些演讲稿。杰姬还帮着将杰克变成了更好的演说家，诱导他放弃了鼻化音、尖嗓音，以便换成深沉的、更浑厚的嗓音。（一个发音教练给过杰克同样的建议，有那么一段时间，为发出低沉的声音，杰克每天早上会花费数分钟，像狗一样汪汪几声。）在泰德·索伦森的帮助下，杰姬还让杰克降低了语速——有时候，杰克的一些同事会觉着跟不上他极快的语速——还调整了他的调门，让他演讲时挥动双手，强调重点，以便在讲台上减轻烦躁。变化并非立竿见影，但随着肯尼迪在演讲技巧方面的持续努力，随着他和索伦森在演讲稿合作方面渐入佳境，变化渐次显现，杰克的演讲明显更有成效了——擅长利用节奏和有感染力的修辞，他成了沉稳的、真正擅长沟通的人。[90]

1954 年 1 月，随着约翰·F. 肯尼迪和年轻的妻子将住所安置在华盛顿乔治敦的房子里，他有理由感觉事情都还不错。他在参议院有了立足之地，得到越来越多老资格同事的尊重，他们欣赏他稳重的性格、他的勤奋好学，以及他对待政策问题时镇定、理性、略带幽默的态度。他有幸碰上了在一代人里都难得一遇的政治助理泰德·索伦森，还在州里得到广泛支持。他迎娶了美丽的、睿智的、精致的新娘杰奎琳·布维尔，他欣赏并陶醉在新娘欧洲式的鉴赏力里。他们的婚礼在美国全境得到广泛报道。对杰克和杰姬来说，如果婚后最初几个月的各种生活形式和需求最终被证明是一种挑战，那么杰克认为他有幸得到了杰姬，他确信在他眼里杰姬代表着一种政治资产。可是，随着新年翻开新的一篇，一切都变得没那么美好了。杰克·肯尼迪当时还不知道这一点，1953 年是他的奇迹年，接下来注定会是个非常不同的年份。

第二十章

黑暗的日子

I

1954 年必将成为约翰・F. 肯尼迪的噩梦之年，这理应算不上什么真正的意外。不管怎么说，两个突然爆发的问题对他来说都不是新问题。第一个问题的确从他出生开始就伴随他，其形式为先天性脊椎问题，也许战时在南太平洋数次受伤让情况变得更糟糕了。1953 年，他有过几次剧烈的疼痛，7 月中旬，他甚至在乔治・华盛顿大学医院住了几天，正式的诊断结论为"疟疾"并发症。9 月，在结婚庆典现场，朋友们曾经担心，也许他在教堂里的圣坛上无法下跪——或者，他能跪下去，却无法站起来。不过，他若无其事地走完了程序，在接下来度蜜月期间，他一瘸一拐地陪在新娘身边，表现相当好。（疾病未能阻止他婚礼前夕参加在纽波特举行的一场触式橄榄球赛，那场比赛在他脸上留下了划痕，那是他传球时冲进灌木丛的结果。）虽然疼痛发作得越来越频繁，但人们似乎有理由期盼他像以往一样，情况糟糕时借助双拐，其他场合一切如常。

第二个问题虽然很难说是全新的问题，却始于近几年，即名为

麦卡锡的人间大麻烦。四年来，自威斯康星煽动者在西弗吉尼亚惠 572
灵以臭名昭著的演说突然登上历史舞台，肯尼迪的战略就一直是回
避麦卡锡议题。对麦卡锡提出的各种指控及其战术，肯尼迪有过担
忧，但他只是私下里说说，公开场合尽可能不谈。麦卡锡是肯尼迪
家族的世交，尤其受约瑟夫·肯尼迪的追捧和崇敬。1953 年 5 月，
麦卡锡亲赴尤妮斯和萨金特·施赖弗的婚礼。同一年，在大使的敦
促下，麦卡锡雇用了罗伯特·肯尼迪，在他领导的下属常设调查委
员会担任助理顾问。鲍比虽然只干了七个月，但他一直对麦卡锡忠
心耿耿，鲍比的妻子埃塞尔亦如是。[1] 1953 年 9 月，肯尼迪家族的四
个人参加了麦卡锡与琼·科尔（Jean Kerr）的婚礼，他们是老约、
鲍比、帕特、琼。[2]

　　杰克心里非常清楚，除了家族关系，在马萨诸塞州爱尔兰裔天
主教徒巨大的人口基数里，麦卡锡拥有广泛的和扎实的支持。不
过，出于理智的考虑，杰克不打算支持麦卡锡——在他看来，麦卡
锡是个愤世嫉俗、不老实的恶人。麦卡锡则嘲笑杰克看重的立法程
序和参议院良好的风气。另外，杰克也清楚，若想保住民主党对他
的大力认可，尤其是未来某一时刻竞选更高职位之际，若想赢得党
内提名，他必须与麦卡锡保持距离。如果有人看见他取悦麦卡锡，
他就无法指望获得哈佛大学和麻省理工学院知识分子阶层的支持，
他做梦都想得到这些人的支持。

　　杰克能做的唯有以待来日——在两个问题上均如此——1954 年
初，他把主要精力投入一个更加具有国家形象的工程上。1 月，让
海湾之州选民们大吃一惊的是，杰克宣布支持圣劳伦斯航道（St.

Lawrence Seaway）项目，那是个拟议中的穿越加拿大东部、将大西洋和五大湖连接在一起的河道运输系统。美国一届又一届总统、加拿大行政当局、工程及运输专家们一直在努力促成此事，所有人都强调它对美国整体国民经济的价值，尤其是对美国中西部的价值。持反对意见的是新英格兰各区域利益集团组成的联盟，尤其是波士顿港，该航道的开通必然会降低航运资费，使波士顿港受到威胁。他们的共同努力足以扼杀这一项目。正如肯尼迪指出的，在这个项目上，经过 20 年审时度势，马萨诸塞州没有一个参议员或众议员投票支持该项目。

现在情况变了。在参议院会议厅里，就航道议案起立发言时，肯尼迪承认，究竟该往哪边走，他曾经一度很痛苦。他对参议院里的同事们说，两边都有诸多令人信服的理由，而最好的理由是支持这一提案。基于泰德·索伦森做的调研，肯尼迪宣称，航道不会像一些人声称的那样造成伤害，也符合美国的国家利益，而且，无论美国做出什么决定，加拿大人极有可能自行建造航道。肯尼迪知道，等待他的将是波士顿码头工人的敌对反应，但他仍然坚持说，航道只会对码头造成轻微伤害，长期看，码头肯定会从更大的经济环境里获得好处。对家乡人就他所持立场的批评，他说："用如此狭隘的观点看待美国参议员的作用，让我无法接受。"来自反航道议案关键州的一位参议员转变立场，这在辩论中影响极大，议案最终获得了通过。5 月，艾森豪威尔总统签署了法案。《波士顿邮报》谴责肯尼迪"毁了新英格兰"，甚至一些友好的社论文章也说，他这是在玩政治自杀。波士顿市议会的一个朋友建议杰克不要参加即将举行的圣帕特里克节游行，以防遭到人们的嘘声，或者更糟。杰克没把警告放在心上，他参加了游行——遭遇的仅仅是非常有限的抱怨。肯尼迪从这件事里总结出了非常重要的教训：对政治老巢赞同的议案，可以简单地投出反对票；做正确的事，最终不会遭受极其严重的损失。有些人同意这一说法。"如果说这辈子我见过什么人凭良心和择优做决定，"肯尼迪父亲的律师乔·希利（Joe Healey）说，"那一定是杰克·肯尼迪就圣劳伦斯航道议案做的决定。"[3]

一个想法在杰克的脑子里形成了。他对索伦森说，在美国历史上，一些参议员值得大书特书，为坚持原则，他们不惜丢掉前途，也要与大众观点相抗衡。在赫伯特·阿加（Herbert Agar）所著《工会的代价》（*The Price of Union*）一书里，以及塞缪尔·弗拉格·比米斯（Samuel Flagg Bemis）所著《约翰·昆西·亚当斯和美国外交政策的基础》（*John Quincy Adams and the Foundations of American Foreign Policy*）一书里，他读到过如后描述：差不多一个半世纪前，亚当斯在类似的投票中反对海湾之州狭隘的经济利益观，支持杰斐逊总统 1807 年对英国实施禁运，因此忍受了各种各样的攻击。何不为亚当斯以及其他几个表现出同样政治气概且活着讲述事实的人编写一部令人信服的人物特写？杰克请索伦森做些挖掘工作，收集些相关资料。[4]

蒂普·奥尼尔如今坐上了杰克在众议院的议席，从航道议案里，他看出杰克有更大的目标。"我知道，早在 1954 年，杰克提到他倾向于投票支持圣劳伦斯航道项目之际，他就有竞选总统的严肃

574 想法，"奥尼尔回忆说，"整个东北代表团都反对那个议案，因为，航道一旦开通，也就扼杀了波士顿港，那是离欧洲最近的港口。波士顿所有报纸、商船队，以及码头工人都反对那一议案。不过，杰克想告诉人们，他不是目光短浅的人，他有真正放眼全国的视野。他承认，航道会伤及波士顿，虽然如此，他也支持该项目，因为它会给整个国家带来好处。"[5]

II

在印度支那问题上，肯尼迪也坚持一条"独立自主"的路线。随着 1954 年的到来，对法军来说，前景比以往任何时候都更加黯淡。不过，巴黎的那些领导人顽固地要将战事继续下去，他们觉得有必要为他们招致的死亡"正名"（一种"沉没成本"态势，12 年后，在越南，美国人自己也会陷进去），而且，他们的美国资助人绝不会支持撤军的想法，他们支付的金额在战争相关费用占比中越来越高。对德怀特·艾森豪威尔和国务卿约翰·福斯特·杜勒斯来说，在更广义的冷战斗争中，印度支那是关键舞台，那意味着法国必须坚持战斗。他们利用每一次机会告诉巴黎同行们，七年的战争并非一无是处，反胡志明事业既是"正义的"，也是"必要的"，因而军事形势好转之前，法国和西方可以就各项条款做主之前，应当避免谈判。[6]

"如果印度支那倒了，" 1953 年 8 月，艾森豪威尔在西雅图的一次讲话中借用多米诺骨牌理论警示说，"立刻会有好几件事发生。

拥有宝贵的锡和钨的马来亚半岛会变得防无可防，印度会陷入包围圈。还极有可能失去各方面富足的印度尼西亚。……所以大家必须明白，在这相互关联的某个点位上，必须阻断它。必须现在就阻断。法国人正在做这件事。"几天后，与两位英国官员共进午餐时，总统告诉他们，从战略上讲，印度支那比朝鲜更重要，那里是瓶子的颈部，重要的是要把塞子塞到位。那意味着，即使需要追加大额拨款，国会也必须支持在越南进行一年或 18 个月"全方位的"努力。副总理查德·尼克松的论调与此大同小异，杜勒斯国务卿同样亦步亦趋，后者还在国会发言中说，印度支那战败会在"整个远东和东南亚地区引发一系列反应"[7]。

　　对这样的思维方式，肯尼迪参议员也未能避免。1954 年 1 月末，利用在纽约布鲁克林区大教堂俱乐部（Cathedral Club of Brooklyn）发表演说的机会，他发出了警告：胡志明长期坚持的反法国殖民主义运动在越南人民中赢得了广泛支持，几乎可以肯定，他在自由选举中会赢。肯尼迪接着说，无论是在军事上还是在选举中失败，失去印度支那一定会对西方安全形成严重打击——"毫无疑问，短时间内，缅甸、泰国、马来亚、印度尼西亚，以及其他新近独立的国家，都可能在一系列连锁反应中走向共产主义"。最让人震惊的是，强调军事手段以及核反击威胁的美国行政当局似乎没制订阻止这一结果的计划："共产主义向前推进依靠的不是军事进攻，而是地方暴乱和政治形势恶化，用核反击对抗共产主义，价值何在？"[8]

　　1954 年 3 月，法国看样子很快会输掉战争，美军参谋长联席会议主席阿瑟·雷德福（Arthur Radford）海军上将警告说，这样的结果不可避免会导致失去东南亚剩下的地方。[9]艾森豪威尔在4月6日举行的美国国家安全委员会会议上支持了这一观点，他镇定地做了如后比喻。"印度支那是一排多米诺骨牌里的第一枚牌，"当时的会议记录写道，"如果那个国家倒下，它的那些邻国会紧随其后一个个倒下，这一过程会在哪里结束？总统说，如果将军说对了，这一过程结束之际就是美国陷入巨大的困境之时。"[10]第二天，艾森豪威尔在记者会上正式提出了他的理论："最终，人们必须借助所谓的'多米诺骨牌倒塌'原理做更周全的考虑。人们立起一排多米诺骨牌，然后推倒第一枚骨牌，最后一枚骨牌将要发生什么也就注定了——它很快也会倒掉。所以，一旦一场崩溃开始，它必将带来极为深刻的影响。"[11]

这可真是个稀世的理论！某个国家倒向共产主义，会引发一长串其他国家效仿，这种事从未发生过。即使换成一种更弱的形式，想象一下，仅有短短一排多米诺骨牌，这理论与现实似乎也没有半点关系。中国是世界上人口最多的国家，1949年走向了共产主义，不过那件事并没有导致多米诺骨牌式的倒塌（虽然许多人担心，如果没有美国领导的军事干预，韩国没准会如此）。即便如此，在那个十年余下的年月以及后来，多米诺骨牌倒塌理念会主宰美国人的想象力，让关于越南以及必须在那边做点什么的公共谈论变得风靡一时。

当年艾森豪威尔最关心的是即将发生在奠边府的一场大战，那里是越南西北偏远地区靠近老挝边境的一处前哨基地。出乎意料的是，北越指挥官武元甲将中国援助的重型火炮安置到了几处山顶，使位于山谷平原的法国驻防部队陷入重围。至 3 月底，越盟的军队炸毁了驻防部队的飞机跑道，收紧了对主基地的包围。意识到该战役象征意义上的重要性——它已经在全球媒体上引发轰动——为挽救法国人岌岌可危的处境，白宫开始考虑美国以空袭形式直接进行军事干预，其行动代号为"秃鹫"（Vulture）。（一些美国分析人士甚至还考虑动用战术核武器。[12]）政府官员们清楚，国会对美国单方面干涉的企图保持着高度警惕，尤其要指出的是，令人沮丧的和血腥的朝鲜战争刚结束不久，因而杜勒斯引入了"联合行动"（United Action）概念，意在联合非共产主义国家集体承诺"保卫"印度支那以及其他东南亚国家。

杰克·肯尼迪对此表示怀疑。4 月 6 日，他在参议院发表了一通颇具震撼力的演讲，猛烈抨击行政当局对那场冲突缺乏坦诚。他说，已经到了"让美国人民知道印度支那真相"的时候。参议员接着说，"联合行动"有其合理性，他个人准备支持有限的多边军事行动，以免越盟取得全面胜利。不过他也担心，这样的政策不知会把美国引向何方："将金钱、物力、人员投入印度支那丛林，如果连远期的胜利都毫无希望，注定会危险而徒劳，且极具破坏性。"说得更直白些，美国有能力让世界的那一地区出现重大改变吗？"美国的军事援助无论有多少，都无法征服一个无处不在同时又不存在的敌人，'敌人等于人民'，敌人得到了人民的同情和暗中支持。"杰克强调，任何让人满意的结果都有赖于法国给予"有关国家"完全且完整的独立；若非如此，就永远都别想得到当地人足够

577　的支持。如果法国人迈不出这一步，接下来，美国无论如何都不能将人员和装备"投入毫无希望的两败俱伤的斗争"。肯尼迪在演讲结尾处引用了托马斯·杰斐逊的说法，他意在强调，至关重要的是让公众知道真相，而不是隐瞒事实。[13]

　　肯尼迪对"联合行动"勉强的和有限的支持在两党许多同僚中引起了共鸣，同样引起共鸣的还有他的论断：获得更多当地人的支持是赢得胜利的先决条件。一些议员走得更远，他们怀疑美国的军事干预能否做到"有限"。"一旦摇动战旗，"理查德·拉塞尔参议员声称，他的话在十年后仍然以先见之明直击人心，"摇动的就是整个国家，也就没有了退路。一旦让美国空军卷入其中，那么，整个国家也就卷入了。"一旦整个国家卷入其中，地面部队就会紧随其后。拉塞尔说，他早已"厌倦眼睁睁地看着美国军人被当作角斗士派往世界各地的每个竞技场"[14]。肯尼迪表示同意，同时反复强调他的疑虑：即便采取军事行动，也几乎不可能带来显著的成果。讨论接着转到了"联合行动"的现实意义，来自蒙大拿州的民主党人迈克·曼斯菲尔德（Mike Mansfield）问肯尼迪，前一周约翰·福斯特·杜勒斯在位于纽约的海外记者俱乐部（Overseas Press Club）演讲时抛出这一概念之际，他认为杜勒斯脑子里究竟想到了什么。

　　"可以说暗示了一切皆有可能，"肯尼迪回答，"而他当时的意思是，美国将采取最后手段。"

　　"那指的是什么？"

　　"战争。"[15]

那年春季，在一场接一场演讲中，肯尼迪一直坚持这一警示性说法。他出席了库克县（Cook County）民主党人在芝加哥举办的一次晚宴，并在讲话中强调，美国"不可能拯救那些不想得到拯救的人"，在地区和洲际防御领域，那些亚洲国家必须有所作为。"印度支那应该给了我们教训，"肯尼迪继续说，"如果我们的事业明显是公正的，如果我们推行支持所有被压迫人民的传统政策一向是真诚的，尽管我们在与各殖民强国和朋友们交往时会遇到让人不快的压力，放眼长远，我们的事业也会更加强大。"在洛杉矶演讲时，肯尼迪宣称，关于印度支那当地的真实情况，美国人民被骗了。在新泽西州普林斯顿演讲时，就如何看待越南独立运动真正的本质和重要性时，他哀叹美国似乎很无能。在一档电视采访节目中，实际上肯尼迪将印度支那称作一个失败的事业，并警告称，如果美国动用战斗部队干预，注定会失败，因为毛泽东领导的中国共产党人一定会扩大战果。[16]

最终，国会拒绝支持在印度支那采取军事行动，除非英国也参与其中。与富于同情心的历史学家和传记作家普遍认可的情况不同，1954 年，德怀特·艾森豪威尔在越南问题上更希望动武——对军事干预，他比其他人更迫切，至少想得到空中轰炸授权——他当时采取了更热切的和更协调一致的政府行动，力劝英国领袖搭乘美国战车，然而毫无进展。对于多国军事干预很有希望拯救法国于危难之中，英国首相温斯顿·丘吉尔和外交大臣安东尼·艾登表示怀疑，他们还担心，即使那么做不会导致与苏联发生灾难性战争，也会导致与中国发生灾难性战争。艾森豪威尔拒绝单独行动，因而那年春季没发生美国军事干预一事。[17]

取而代之的是，法国战败后，以及越南在北纬17度线（表面上暂时）分裂后，艾森豪威尔做出了承诺：美国在越南南方建设并维持以吴廷琰为首的非共产党政权。时间将证明这是个致命性的决定，不仅对艾森豪威尔的总统任期如此，对未来三届美国总统任期亦如此。

Ⅲ

那年春季，肯尼迪对印度支那局势的评论深深触动了消息灵通的观察人士和普通选民，影响力甚至超过他在圣劳伦斯航道项目上大胆的投票。他以往的讲话从未有如此广泛的影响，来自全美各地的信函如雪片般飞进他在参议院的办公室。绝大多数人赞赏他对军事干预持怀疑态度，正如一名选民所说，赞赏他"［还］没忘涉及亚洲的问题就应当考虑亚洲人"[18]。从东海岸到西海岸，各报的社论都注意到了他警示性的说法，同时指出，在复杂的外交政策领域，他是所在党冉冉升起的领袖。"睁大眼睛注意年轻的民主党参议员约翰·肯尼迪，"《布鲁克林鹰报》（*Brooklyn Eagle*）的一名专栏作家宣称，"他正在为全国性竞选积蓄力量，例如成为副总统候选人。"《纽约时报》令人尊敬的军事记者汉森·W. 鲍德温（Hanson W. Baldwin）说，肯尼迪对印度支那战局的评价比白宫提供的评价更准确；专栏作家沃尔特·李普曼在提供给全美各报的专栏文章里给出了相同的说法。[19]

其他人评论说，肯尼迪的知名度越来越高，这意味着在即将到来的中期选举中，在民主党内，他会被当作政治老将一样加倍利用。的确如此，在整个春季和初夏，他走遍全美各地，为民主党参加参众两院竞选的候选人站台——他在博伊西（Boise）、芝加哥、帕萨迪纳（Pasadena）、哈特福德（Hartford），以及其他地方出席晚宴并发表讲话，为出席者们打气，火力全开狠批共和党，尤其是白宫里的艾森豪威尔。5 月中旬，刚参加完妹妹帕特和英国演员彼得·劳福德（Peter Lawford）在纽约举行的婚礼没几天，肯尼迪就来到马萨诸塞州莫尔登，专程为托比·麦克唐纳发表讲话，后者正以民主党人身份在主要由共和党把持的第 8 选区竞选众议员。（麦克唐纳后来赢了选举，再后来，他在众议院有了个长期且稳固的席位，任期超过 20 年。）

肯尼迪大量出差的行程严重损害了他虚弱的身体，对他的新婚生活也没有任何好处。各报纸和杂志渴望报道这对漂亮夫妻，编辑们刊出了各种专题报道描述这对模范夫妻：丈夫和妻子一起工作、学习、参加社交活动。实际情况却大不一样，杰克跟一些女性的厮混仍在继续。像婆婆在其婚姻初期的经历一样，杰姬总感觉自己孤身一人长时间无所事事，在艺术方面也没什么办法让自己提升兴趣。在杰克的建议下，杰姬在乔治敦大学外交学院（Georgetown's School of Foreign Service）报名学习美国史（那所大学唯有这门课招收女生），师从朱尔斯·戴维兹（Jules Davids）教授，她的平时成绩为 80 多分，期末考试成绩为 89 分。杰克和弟弟鲍比以及莱姆·比林斯三人在巴尔的摩报名参加了一个快速阅读班，杰克这么做是为了应付参议院的大量工作，杰姬在当地也找了个速读班。（让人惊奇的是，小两口都成了极速阅读者，凭借出色的记忆力，两人在复述方面得分极高，尤其是杰克，他能快速记住书里和备忘录里的内容，随后轻轻松松地概括整段，这一能力总会让身边的同侪惊讶不已。）不过，两人也经常拌嘴，杰克总是数落杰姬有恣意挥霍的习惯，杰姬总是为杰克在家数小时不停地打电话谈工作而愤怒。"就好像我嫁给了一阵旋风，"杰姬后来对一名记者说，"就我眼里看到的杰克来说，一定程度上，政治是我的敌人。"[20]

580　　杰姬想方设法试图营造一种家的生活氛围，她甚至寻求杰克秘书伊夫琳·林肯的帮助，让她请求杰克减少工作量，尽量赶在晚餐时间回到家。有那么一段时间，这方法奏效了，不过杰克很快又回到老路上，一晚接一晚工作到8点或更晚。为保证杰克每天吃上正规的午餐，杰姬会让他带上家里做好的饭菜，或者让司机为他送去用瓷盘盛好盖好的饭菜。虽然做饭从来不是杰姬的强项，她却特意参加了法式厨艺班。她还把他们的结婚照装进两个特别漂亮的相册。杰克为杰姬所做的一切感动，不过，显然还没感动到他愿意改变自己的习惯。两人之间的紧张氛围依然存在。随着时间的流逝，杰克渐渐开始理解杰姬远离政治、公共生活和华盛顿的风俗习惯的想法，但一开始他觉得这既让人尴尬，又让人觉得反常，妹妹们习惯于整天与政治为伍，而杰姬与妹妹们的风格截然不同。

　　站在杰姬的立场，用她的话说，她努力应对杰克"激情的"特立独行，也就是说，杰克热衷于与男性朋友厮混，与异性胡来。对
581　杰克的不忠，杰姬依然在朋友们面前替他辩解。她坚持说，所有男人都欺骗自己的妻子，她父亲就这样，杰克的父亲在他之前也这样。

杰姬走出家门前往乔治敦大学上课，当时她在重温美国史。

她说，她喜欢出嫁。[21]不过，不管怎么说，欺骗太伤人，尤其是他们结婚还没多久。（杰姬曾经幻想，杰克喜欢拈花惹草，部分源于他招女性喜欢，这想法似乎在他们说出结婚誓言后很快便消失了。）即使杰克大部分时间走他父亲的老路，在交往中小心谨慎，杰姬仍然能感觉出究竟发生了什么。至少有一次，杰克实在——这也像他父亲——太粗心大意，在一次聚会上，杰克看上一位漂亮女性，跟对方一起突然就消失了，让杰姬陷入了极大的困境，感觉受到了莫大的羞辱。[22]

　　杰姬的本能是自责。她这辈子，母亲一直挑剔她的外表、她穿衣的品位、她的体形，母亲还说，但凡名副其实的男人都不会对她满意；也许这恰恰证明，母亲最懂她。杰姬做出的反应是改变自己的外貌——将头发剪短，改成奥黛丽·赫本那样的发型，将自己的衣柜装满最潮的巴黎新品，她做的一切不过是让自己在丈夫面前更有吸引力。杰克喜欢杰姬的新样子，然而不忠行为仍在持续。情况似乎是，最初阶段，杰姬从未想到，问题可能出在杰克身上，他具有某种世界各地所有男人都不具备的东西，那东西导致他如此作为。[23]

　　让杰姬更加沮丧的是，她无法满足人们对肯尼迪家的儿媳结婚第一年就该怀孩子的期盼。两人难以怀孕的原因不清楚，不过，这或多或少与杰克 1940 年在哈佛四年级时感染性病有关。从那往后好几年，他间或抱怨排尿时有烧灼感。1952 年的一份病历称，他抱怨"不同程度的尿意窘迫"。或许，正因为丈夫得过淋病，杰姬感染了衣原体，那可以帮助解释她怀不上孩子的原因。（1954 年，小两口实际上受孕成功，不过杰姬很快流产了。）杰姬的传记作家莎拉·布拉德福德（Sarah Bradford）的猜测毫无疑问是对的：杰克好像从未告诉过杰姬他患性病的情况，另外，"如果结婚第一年甚至第二年她成功地怀上孩子，即可让她免遭随后好几年经历的一些伤心事和婚姻难题"[24]。

肯尼迪内心深处依然渴望从前未婚时的生活。只要条件允许，他就会混迹于纽约社交圈，出没于有夜生活的各个场所，比方说斯托克俱乐部（Stork Club）、摩洛哥饭店（El Morocco）、富人举办的各种晚会，通常他身边总会有个举止优雅的女性。古尼拉·冯·波斯特是前一年夏季肯尼迪结婚前在法国南部认识的年轻的瑞典女性，据她说，1954 年 3 月初，杰克用印有参议院信头的信笺给她写过信，暗示他计划 9 月重访法国里维埃拉地区，希望届时在那边与她相见。杰克还试着往斯德哥尔摩给她打了电话，不过没给她留下电话号码。那年夏季，杰克又给她打过电话，请她 9 月初在法国相见。两人的会面没有发生，因为杰克从海恩尼斯港发了封电报："行程推迟了。"[25]

实话实说，那年夏季，政治和身体两方面都要求杰克留在国内。时间移至春季末，情况已经很清楚，在麦卡锡问题以及他那套做法方面，参议院发起最后的较量，杰克·肯尼迪的一部分政治前途与他如何应对这一问题联系在一起。1953 年年中那几个月，威斯康星州参议员已经将手臂伸得过长，各种马虎的习惯和冲动的风格终于让他过于得意忘形。然而，他仍然是一股可怕的力量——直到1954 年 1 月，美国全体选民中仍有半数人对他抱有好感（与之对

582

应的是，不喜欢他的人仅占 29%）。邮寄到肯尼迪参议员办公室的邮件显示，在爱尔兰裔天主教徒居多的马萨诸塞州，麦卡锡的支持率仍然偏高。不过，那些信件也揭示出，选民中存在深深的裂痕，一些人指责麦卡锡不顾事实的煽动行为，其他人则发誓永远支持他。肯尼迪的反应是，走狭窄的中间道路。"得悉你支持麦卡锡参议员，我谨向你表示感谢，"肯尼迪给菲奇堡（Fitchburg）的一名女性回信，"我一向坚信，对我国内部的共产主义威胁，以及它在国际事务前沿的推进，我们必须保持警惕。然而，这么做的同时，我们也必须谨慎维持我们的传统关切：在惩罚有罪之人时保护好无辜的人。"[26]

给选民们回信，杰克可以采取上述立场，但在参议院投票时，他会怎么做？对麦卡锡分子的极端主义做法，过去他一直无动于衷，过于理性，过于温和。1953年，杰克和民主党自由派一起反对麦卡锡及其支持者们所称的哈佛大学校长詹姆斯·柯南特所持观点与"美国人民的普遍观念"格格不入，明确支持柯南特担任驻西德高级专员。[27]肯尼迪还反对麦卡锡支持的查尔斯·波伦担任驻苏联大使，还投票否决麦卡锡的朋友罗伯特·李（Robert Lee）在美国联邦通信委员会任职（原因是李不具备资质）。杰克和参议院民主党人一起阻止麦卡锡的密友斯科特·麦克劳德（Scott McLeod）——当时他在国务院担任安全主管——就政治议题发言时，支持麦卡锡主义的激进报纸《波士顿邮报》在一篇社论中指责杰克蓄意妨碍麦克劳德值得赞扬的行动，即从雾谷（Foggy Bottom，美国国务院）清除"共产主义热爱者"。"肯尼迪参议员没认识到，将共产主义

583

者清除出政府不是党派问题，"该报声称，"如果他还想保留自己的政治生命力，就应当咨询几位马萨诸塞州坚定的和忠诚的民主党人，他们像麦卡锡参议员一样一心一意决心将共产主义清除出政府。"如果杰克注意到了这篇社论，他也藏得很深：不久后，他带头抵制麦卡锡的另一个朋友欧文·布鲁斯特（Owen Brewster）在麦卡锡负责的政府运作委员会担任首席顾问。[28]

即便许多美国人已经认定，应当尽一切可能谴责麦卡锡，因为他的名字已经越来越成为一种恫吓行为的象征，恫吓对象包括公务员、教师、作家，以及其他据认为持非正统观念的人，肯尼迪却依旧行事谨慎，不愿意直接谴责这个威斯康星州参议员。肯尼迪在这个问题上保持沉默并不反常——比方说，参议员莱弗里特·索顿斯托尔也来自海湾之州，尽管他的家族与麦卡锡没什么关系，但他在这一问题上比杰克说得更少。〔索顿斯托尔面临改选，他不想得罪支持麦卡锡的爱尔兰裔选民，1954年上半年，他一直保持沉默，他的民主党对手福斯特·弗科洛（Foster Furcolo）同样如此。〕包括所有参议院民主党人在内，其他许多参议员也都闭紧了嘴巴，以免选区的选民们不快。德怀特·艾森豪威尔私底下瞧不起麦卡锡和他怪异的行为，行动上却小心翼翼，说话也弯弯绕绕，为麦卡锡主义的影响叹息的同时，却没有点名批评这个参议员。[29]

麦卡锡将他的矛头对准了美国军队，声称里面存在共产主义者。作为这一灾难性言论的结果，参议院对他的清算即将到来。这一话题的起源过于复杂，不过，1954年3月，军方指控麦卡锡和他的主要助理罗伊·科恩（Roy Cohn）为G. 大卫·沙因（G. David

Schine）寻求优惠待遇，后者曾是麦卡锡参议员团队的成员，后被征召入伍。麦卡锡反驳说，军方一些领导不过是企图使他调查共产主义在军队那一部门的影响偏离轨道，将沙因当成人质，意在全面
584　阻止调查。对于在白宫里的骄傲将军来说，麦卡锡对军方的攻击实在太过分；当时他的政府发动了一场幕后行动，旨在孤立麦卡锡。[30]参议院也成立了一个委员会，以处理这些指控，少数党领袖林登·约翰逊看出，有个机会可以让麦卡锡受到的广泛欢迎遭受毁灭性打击，因而他安排电视转播随后举行的数场听证会。

　　那是个历史性的分水岭。当年全美只有无线电广播全程直播了军方和麦卡锡方听证会，电视台网不愿意那么做［唯有羽翼未丰的美国广播公司以及很快将要消亡的杜蒙电视网（DuMont network）进行了180分钟全程报道］，但上千万美国人看到了麦卡锡野蛮和霸道的行径，足以对他疯狂地指控军方人士的场景自行做个判断。在许多人看来，麦卡锡就像冷酷的江湖骗子，近几个月，他的民调数据原本已经萎缩，接着进一步下滑。电视曾经将麦卡锡捧上天，如今却将他拽了下来。1950年，麦卡锡第一次崭露头角时，全美总计有500万台电视机；1954年，电视机如雨后春笋般增长到了3000万台。

　　不过，并非每个人都抛弃了麦卡锡，他的核心支持者大约占美国人口总数的1/3，听证会结束时以及结束后，他们更加坚定并支持他。许多爱尔兰裔美国人特别顽固，这些人里就有老约和鲍比·肯尼迪——在他们眼里，麦卡锡是他们中的一员，他反对高高在上的精英，是个坚定的、勇敢的斗士。[31]

　　因而，当来自佛蒙特州的精力充沛的共和党人拉尔夫·弗兰德斯（Ralph Flanders）提出一项动议，剥夺麦卡锡担任的各委员会主席职务，以此对他进行限制时，一些关心此事的议员发出了小声的抱怨。这样的行动没有先例可循，仅得到极少数人支持。所以，7月末，弗兰德斯转而提出，由参议院严词谴责麦卡锡，他的行为有失参议员身份。弗兰德斯说，麦卡锡只是个孩子，是那种成长过快的"坏小子丹尼斯"（Dennis the Menace），因为他展示出跟孩子们一样的"极其无知"，"误闯……进了最可怕的情境里，跌跌撞撞地穿过了成人们的世界"。在国会山听他演讲的许多人点头附和。然而，在秋季竞选活动即将开始之际，面临改选的议员们却不想疏远死硬的麦卡锡支持者。新闻记者知道其中的原因。"如果索顿斯托尔参议员现在就对麦卡锡问题表明立场，"绍斯布里奇（Southbridge）出版的《晚间新闻报》10月初刊发的文章写道，"还不如在政治上自杀更直接。"肯尼迪盯住了少数党领袖林登·约翰逊，看他会号令民主党往哪边走，索顿斯托尔则盯住了肯尼迪。[32]

　　对谴责麦卡锡的决定，肯尼迪选择了支持，但仅在有限范围内支持。在一次精心起草的演讲中，肯尼迪打算支持这一行动，他说这件事"既不涉及威斯康星州初级参议员的动机，也不涉及他的诚信"。他还提醒大家，不要凌驾于"适当的程序这一基本概念之上，不提任何值得谴责的行为，为谴责而谴责某人"。他接着说，很久以前，不端行为不会招致人们的谴责，包括弗兰德斯以及其他大多数人，当时没人公开提出反对；所以，当下的任务是，分辨出麦卡锡当前任期开始以来，也即1953年1月以来发生的特定的、有必

585

要谴责的做法。在肯尼迪看来，最突出的事例是军方和麦卡锡方听证会。他主张，那场听证会向人们生动地展示了来自威斯康星州的参议员如何玷污参议院的荣誉和尊严——无论是个人攻击，还是授权罗伊·科恩使用侮辱性语言和报复性威胁攻击军方。

1954 年 7 月 31 日傍晚，站在参议院一间拥挤的会议厅后方的泰德·索伦森手里拿着一摞老板的发言稿，他已经做好分发讲稿的准备。不过，当晚没安排肯尼迪演讲或发言。来自加利福尼亚州的共和党多数党领袖威廉·诺兰（William Knowland）坚决反对以上决定，提议成立一个特别委员会应对该问题，将各种形式的投票成功地推迟到了中期选举以后。谁都可以明显感觉出，整个会议厅里的人们都松了一口气。虽然自由派组成的一个 12 人小集团反对拖延，其中包括来自明尼苏达州的休伯特·汉弗莱和来自伊利诺伊州的保罗·道格拉斯（此二人面临当年秋季的改选竞争），但另外 69人投票支持了诺兰的动议，包括肯尼迪和索顿斯托尔两人。

IV

12 月，参议院最终处理麦卡锡问题时，杰克·肯尼迪没有涉及其中。1954 年美国国会开会期间，杰克一直处于病痛中，孟夏时节，他必须使用双拐才能走动。X 光片显示，他的第五节腰椎凹陷，有可能是他服用治疗艾迪生病的皮质类固醇所致。他申请搬到离会议厅较近的新办公室，这样就不必在坚硬的大理石地板上走长路。不过，资历制度挡住了他的计划。在两次清点到会人数之间，他常常选择待在会议厅里，而不是返回自己的办公室。7 月，他在贝塞斯达海军医院（Bethesda Naval Hospital）短暂地住了一段时间，痛苦并未得到减轻。参议院刚刚休会，他就赶往海恩尼斯港休息，然而病情未见任何好转。纽约的医生们建议，可能的话，做个脊柱融合手术。不过，长期以来为杰克看病的波士顿莱希诊所的医生萨拉·乔丹不建议那么做——那年夏季，在海恩尼斯港房前的门廊上，她说，手术过程极有可能要他的命，因为艾迪生病以及杰克采用的疗法极大地增加了感染致命菌落的机会。（类固醇是免疫抑制剂，会让感染变得容易，感染程度也会更严重。）莱希诊所的同事们都同意她的看法，不过，参议员本人倒不害怕。[33]

"杰克决心做那个手术，"罗丝·肯尼迪后来说，"他告诉他爸，即使危险程度高达一半，他宁愿去死，也不想在余生中拄着双拐瘸腿走路，因疼痛变成瘫子。"实际上，大使已经因为严重的手术失误失去了一个孩子（罗斯玛丽），他恳求儿子不要那么做。"约瑟夫一开始试图让杰克相信，即使摆脱不掉轮椅，他也能过上丰富多彩的人生，"罗丝回忆说，"他对儿子说，不管怎么说，看看罗斯福，尽管身体有残疾，他也走完了不可思议的一生。"[34]

"别担心，老爸，"杰克安慰约瑟夫，"我会挺过来的。"[35]

总体上说，1954 年是个让人反感的政治年份，尽管如此，肯尼迪住进纽约特殊外科医院（当年人们说到这家医院时用的是它以前的名字——骨折和残疾医院）之前，他还有另一项让人反感的任务需要完成。马萨诸塞州参议院议席的竞选活动日益升温之际，杰克感受到强大的压力，他必须出面支持民主党同僚福斯特·弗科洛。不过，他也感到了内心的纠结。就他个人而言，他更喜欢索顿斯托尔，两人共事顺畅，都拥有务实的感知力。实际上，杰克对弗科洛反而没什么感觉，后者是个野心勃勃的律师，在斯普林菲尔德执业，同时在马萨诸塞州主管财政。1952 年杰克与亨利·卡伯特·洛奇竞争时，他仅仅给予杰克不冷不热的支持。弗科洛聪明，博览群书，曾经是剧作家，先后毕业于耶鲁学院和耶鲁法学院。不过，杰克将其看作州势力范围内甚或具有全国影响力的对手，杰克看不起他，认为他徒有其表。[36]

　　1954 年 10 月初，肯尼迪住进医院做手术前，两人的积怨终于爆发了。杰克本已同意参加一档波士顿电视节目，为民主党整体背书，包括福斯特·弗科洛以及州长候选人罗伯特·墨菲。他从科德角直接飞了过去，到达演播厅时，他浑身痛楚，还发着烧。弗科洛晚到了将近一个小时，节目即将开播时才入场，而且一进门就抱怨说，他读过肯尼迪支持他们的发言稿，太弱了。原本就对弗科洛迟到感到不满的杰克立刻反驳说："福斯特，你胆子挺大，开播了才来，还敢提修改。"他还冷冷地补充说，他没忘 1952 年竞选参议院议席时弗科洛那种冷漠的姿态。有那么一瞬间，那档节目似乎不播了，不过秩序很快恢复了，节目也顺利播出了。虽然如此，杰克没有直接提弗科洛的名字，还省略了对索顿斯托尔的批评。媒体在报道时称，两个民主党人公开决裂了，肯尼迪身边的助理们也承认，那次杰克让个人感情影响了政治判断力。接下来，弗科洛在竞选中败北，肯尼·奥唐奈将杰克规避弗科洛称作"杰克·肯尼迪一生唯一错误的政治举动"[37]。

10 月 10 日，杰克住进了医院。头一天，在波士顿丽思卡尔顿酒店进午餐时，杰克一身轻松地对曾经的和未来的助理拉里·奥布赖恩说："拉里，我要的就是这效果。我要的是治好或治死。"外科医生团队在接下来那年某期《外科学档案》（*Archives of Surgery*）杂志上发表了一篇文章，将他们的患者称作"一个 37 岁的男性"，患有艾迪生病，其症状表现出独一无二的复杂性。

> 骨科会诊结论为：腰骶融合术结合骶髂关节融合术，同时完成两台手术，可能会解决他的问题。由于所涉的两台手术会带来严重程度的创伤，以及由于患者患有艾迪生病，肾上腺皮质功能不全，我们认为，实施这两台手术有风险。然而，由于不进行手术干预，此人会丧失行动能力，我们只好决定实施这两台手术。如有必要，可分成不同时段和两个过程完成，同时组织一个精通内分泌学和外科生理学的团队，有助于对这位患者进行术前、术中、术后管理。[38]

手术团队清楚，这将是一台试验性手术，成功概率极低。（最终，医生们还将认定，考虑到可能的效果以及各种风险，这台手术并非必要。）医生们三次推迟了手术时间。终于，10 月 21 日，他们实施了手术，为稳固腰椎，首席医生菲利普·D. 威尔逊（Philip D. Wilson）用螺丝钉将一块金属板固定在杰克的骨头上。身在海恩尼斯港的约瑟夫·肯尼迪担心得要命，那天夜里，他根本无法入睡。罗丝回忆说："他满脑子都是小约给他写的最后一封信，就是小约临死前写的那封，他在信里向父亲保证，任务没有危险，他肯定会回来。那记忆实在痛苦，事实上老约哭了，哭声在暗夜里特别响，把我都吵醒了。"[39]

老约的担忧是对的。术后三天，儿子出现了感染，抗生素无效。杰克的体温升到惊人的高度，进入了昏迷状态。大半夜，一家人被紧急召集到医院，现场还来了位神父，以便主持宗教方面的临终仪式——在杰克身上，这种事已经是第二次了。杰姬·肯尼迪一直挽着公公的胳膊，以便有个依靠，并且一支接一支地吸烟。她后来说，她这辈子第一次"真的祈祷了"。第二天，大使当着记者阿瑟·克罗克的面哭了。"当时他坐在办公室里面对我的椅子上，他告诉我，当时他以为杰克死定了，说着就哭了。"[40]在国会山，杰克濒临死亡的各种谣言不胫而走。伊夫琳·林肯也得到了消息：老板没几个小时了。

然后，突然间，杰克恢复了知觉，恰如他以往多次做过的那样，他躲过了看似不可避免的与死神的约会。他病得很重，切开的刀口足有20厘米长，久久不愈，不过他已经脱离危险。表达心情得到解脱和给予鼓励的电报和信函纷至沓来——教皇庇护十二世祝愿他全面康复的电报内含"天助的承诺"。访问波士顿期间，艾森豪威尔总统在美国全国天主教妇女理事会（National Council of Catholic Women）发表讲话时说，他希望并且祝愿肯尼迪参议员"尽快全面康复"[41]。好几周时间里，在昏暗的房间里，杰克平躺在床上，大部分时间无法动弹，这种状况一直持续到医生们认为他前

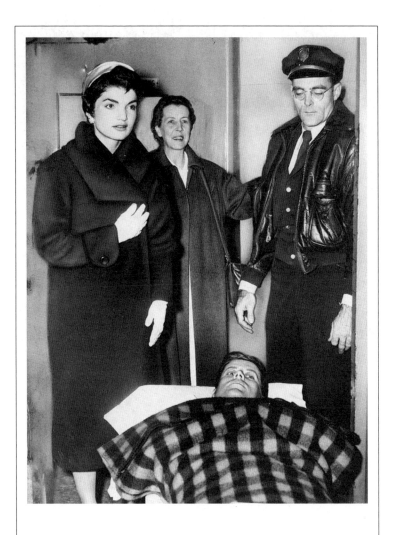

　　1954 年 12 月 22 日，再次骗过死神的参议员在杰姬的陪同下离开医院，以便前往棕榈滩康复。

往佛罗里达州可能会康复得更快些。他赶在圣诞节前被运到了位于棕榈滩的家里。

那一时间段，参议院终于就谴责麦卡锡进行了投票表决，裁决对麦卡锡不利，67 票对 22 票，支持他的共和党人仅有半数，没有一个民主党人支持他。[42]几乎可以肯定，如果肯尼迪在场，他也会投出谴责票。当年夏季，在相同的有限条件下，他曾经计划那么做。他不喜欢那个参议员荒诞的行为和粗暴的做法，在任命柯南特、波伦、李等人的问题上，他毫不犹豫地反对麦卡锡。（更重要的是，每一个投票的民主党人都选择投出谴责票，如果想象肯尼迪投出相反的票，是不是太不合理?）另外，在此有必要说清楚，如果肯尼迪想参与投票，他可以做到。住进医院时，肯尼迪没给留守国会的助理泰德·索伦森下达任何他不在场时该如何操作的指示。索伦森没采取任何行动。他担忧的是，如果他宣称肯尼迪支持对麦卡锡进行谴责，参议员的父亲和弟弟会迁怒于他。另外，正如他后来所说，他"担心——无疑是正确的——如果他本想回避某个问题，我却试图去找他，岂不是自讨没趣"[43]

肯尼迪未能就谴责麦卡锡的最终决议进行投票，这导致他接下来数年烦恼不断，尤其是他被民主党自由派攥在了手心里，他们认为，他的道义立场充其量是墙头草。他为自己辩护的主要法律说辞——参议院的作用像陪审团，缺席审判的陪审员不能将自己的想法预先披露——在这些批评者面前显得苍白无力。他们正确地指出，实际上麦卡锡不是在接受审判，还有，他过去四年的表现本来也是众所周知的。在他们看来，情况明摆着：肯尼迪的行为完全基于他的家族与麦卡锡之间的关系,他唯恐会疏远威斯康星州煽动者背后数量庞大的守旧的支持者群体。假如肯尼迪指示索伦森行使权力,支持对麦卡锡进行谴责(具体做法为,就某项议案,对立双方的两名缺席议员可通过参议院一项所谓的"结对"程序事先表明立场),未来他就会免于许多烦恼。然而,想当初,他决定不那么做切合背后的逻辑。当时右翼的《波士顿邮报》在头版社论中猛烈抨击新英格兰地区的议员们投票反对麦卡锡的行为是"按照克里姆林宫的意图行事",约翰·肯尼迪不是该报的攻击目标之一。[44]

被推进手术室前,肯尼迪对查克·斯波尔丁说的一番话很能说明问题。"知道吗?"他说这话时做沉思状,"我清楚地知道〔完成手术后〕下楼时会发生什么,那些记者会围在我的担架床四周,大概会有95张极其热切的面孔俯视我。这些家伙里的每个人都会对我说:'参议员,眼下你怎么看麦卡锡?'知道我会做什么吗?我会把手伸到背后,接着会'噢'地大叫一声,然后把床单盖在脸上,暗自希望赶紧离开那地方。"[45]

谴责麦卡锡的投票标志着"麦卡锡时代"的正式结束(虽然称不上麦卡锡主义的终结)。从那往后,在参议院会议厅里,麦卡锡仍会继续发表好战的讲话,不过,能听进他讲话的同事越来越少。在中期选举中,民主党赢了,并且控制了国会参众两院,麦卡锡的势力受到了制约。在他看来,更糟糕的是,媒体不再关注他。投票阶段,他酗酒的程度本已很深,后来变得更严重了,他还一阵接一阵陷入深度抑郁。1957年5月,他死于急性肝炎,原因是长年过度饮酒。罗伯特·肯尼迪始终对他死心塌地,听到消息后他哭

590

了，还飞往威斯康星州出席葬礼。约瑟夫·肯尼迪对麦卡锡的遗孀说，听到参议员去世的消息，他感到无比"震惊和深切的悲痛"[46]。

V

漫长的术后磨难期从纽约开始，后来挪到了棕榈滩，杰姬·肯尼迪一直不停地在丈夫床边忙前忙后，成了事实上的护士长和他坚定的精神支柱。"杰姬对他实在太好了，"记者及朋友查尔斯·巴特利特回忆说，他 11 月前往医院探望，"她拥有这种几乎不可思议的能力，对这种事应付裕如。她在他床边一坐就是好几个小时，握住他的手，给他擦额头上的汗，喂他吃饭，扶他上床下床，给他穿袜子穿拖鞋，大声给他读书，背诵牢记在心的诗，为了逗他笑还给他买傻到家的东西和玩具，陪他下棋，玩'文字分类'游戏，玩'20 问题游戏'。"查克·斯波尔丁附和说："她插手他的一切，尽力做能做的一切，帮助他渡过难关。那些认为她不过是个轻浮的社交女孩的人最终会认识到自己犯了天大的错误。杰姬的作用大得很。"她把他的枕头拍松，给他带来关于家人朋友的闲言碎语，给他讲人们热议最多的新电影。她还把他喜欢吃的糖果偷偷带进医院。她知道，朋友们来医院看他，会转移他对疼痛的专注，所以她力劝朋友们尽可能常来医院看他。"杰克感觉很不好，"这是她常说的话，"赶紧过来吧。"[47]

甚至陌生人也被找来做这种事。一次，杰姬和妹妹李在曼哈顿出席一个晚间活动，她们遇到了迷人的影星格蕾丝·凯利（Grace

Kelly)，因参演乔治·希顿（George Seaton）的影片《乡下姑娘》（*The Country Girl*），她即将获奥斯卡奖。姐妹两人邀请格蕾丝跟她们一起去医院给杰克打气，后者同意了。她悄无声息地溜进病房——在姐妹两人的建议下——对着杰克的耳朵小声说："我是新来的夜班护士。"根据当时的报道，格蕾丝可能穿着护士服，也可能没穿，肯尼迪有可能把她当成了护士，也有可能茫然地看着她。由于麻药的作用，他什么都无法理解。而格蕾丝·凯利回忆说，他"一下就认出了我，对我真是太甜蜜了，让我立马放松了"[48]。

有时候，杰姬会显露出完全不同的一面。普丽西拉·约翰逊一年前的春季给参议员当过助理研究员，偶尔会被他追求。11月的某个周末下午，她去了趟医院，当时杰姬也在。"她一身黑色套装，惊为天人，"普丽西拉回忆说，"正在床边嬉闹，嬉笑声和欢笑声响成一片，同时还吃着杰克的饭菜，一会儿她就要跟以前的老情人约翰·马昆德一起进晚餐了。"在前助理看来，杰姬打扮得如此精致，如此妖娆和迷人，似乎明显是在勾引丈夫，让他生出点妒意。她成功了。"我当场意识到，她是个女演员，一个真正优秀的女演员。她爱他，想让他知道他对她的感情，让他真正感受到这一点。"[49]

在棕榈滩，杰姬继续扮演主要看护人的角色。多年后，她开玩笑说，1954年的圣诞节是个"可怕的"事情。"那段时间，我们一直围着法定继承人转。"不过，尽管一天又一天十分劳累，杰姬仍然十分用心，即便每天投入的时间越来越多，挤占了她的睡觉时间，她也从无怨言。她丈夫一直特别虚弱，体重一直在118斤以下，经常感染，高烧不退。他的伤口既深又有化脓，需要反复清

592

理，这种事杰姬都是一声不吭就做了。"杰姬技术娴熟地、轻柔地、平静地清理伤口，"罗丝·肯尼迪后来说，"没对任何人说是怎么做的。"正如她在纽约所做的一样，她给杰克洗澡，喂他吃饭，给他读书，给他讲故事，她还添了一项新活动：让杰克像他心目中的英雄丘吉尔一样学习画油画。尽管杰姬做出了种种努力，杰克仍会被一阵又一阵忧郁和痛苦包围。前往佛罗里达看望肯尼迪的朋友们将这些都看在了眼里，如费伊、戴夫·鲍尔斯、莱姆·比林斯等人，近在咫尺的家人更是如此。（费伊在佛罗里达住了十天，比林斯住了一个月，这或多或少说明杰克在朋友们身上激发出了怎样的忠诚。）有时候，杰克会认真考虑他也许必须放弃参议院的席位，大家都很担心，他正失去活下去的意志。[50]

　　按照肯尼迪夫人的说法，挽救他生命的是写作计划。一年前的冬季，杰克曾酝酿就政治勇气和代议制民主的真正含义写点东西。这一主题天生适合他：他曾经是学历史的学生，此外，从青少年时期开始，他一向痴迷于公共事务领域有勇有谋的人物。在 1954 年不同的时间段，几个熟人推荐了一长串美国参议员供他挑选，都是宁愿政治前途受损也要坚持原则的人物。专栏作家阿瑟·克罗克推荐的是罗伯特·塔夫脱，泰德·索伦森力荐杰克将内布拉斯加州的同行乔治·诺里斯包括进去。杰克在一本演讲集里读到了丹尼尔·韦伯斯特 3 月 7 日的演讲，以及废奴主义者对这篇演讲的谴责。1954 年春季，杰姬在乔治敦大学师从朱尔斯·戴维兹的课程好像也起了作用——戴维兹活灵活现地为学生们讲述了美国的政治史，每到晚间，杰姬和杰克总会讨论课上讲的主题以及这门课的阅读材料。当时参议员阅读的赫伯特·阿加的另一部作品——《伟大时刻》(*A Time for Greatness*) 明确号召美国民众带头奔向更好和更公平的世界——或许进一步激发了他的灵感。[51]

1955 年初，写作计划形成了势头。肯尼迪认为，它的体量应当超过杂志文章，应当是一本书的规模，其特点为概述能够代表不同地区和不同政治色彩的参议员。《英国为何沉睡不醒》一书出版已经过去 15 年，它是作者青年时期的一个转折点；而新作必将证明是他的另一个里程碑，尤其是这部作品将让他更深入地窥探自己的政治哲学。如同写作前一本书一样，肯尼迪关注的是民主社会领导人的责任问题——他尤其关注的是，如果政治家坚信选民们和自己所在政党倡导的行动路线错得离谱，他究竟该怎么办。

当年的以及后来的怀疑论者都有一种感觉，肯尼迪的新书主要是为了尽全力弥补他在谴责麦卡锡的决议上没参与投票的失误。毫无疑问，这是部分原因。不过，值得反复强调的是，早在麦卡锡危机爆发几个月前，杰克就已经在构思如何调研。当时他过于繁忙，没有多余的时间关注这一项目；如今，在佛罗里达的滨海地区，他整天平躺在床上，时间一抓一大把。"由于疼痛太剧烈，杰克每次只能睡一两个小时，"他父亲回忆说，"所以，为了忘掉疼痛，他只好做些研究工作。"肯尼迪家的男人们不怎么看重帕特里夏的丈夫彼得·劳福德，不过，他对妻兄的自律和努力深感震惊："他背上的病真的很严重，不过他坚持挺过来了，而且……平躺在床上期间他还坚持写书。"[52]

"这个项目救了他的命，"杰姬说，"在分散他对疼痛的注意时，帮着引导了他的所有精力。"[53]

　　正如该书作者在前言里所说，杰姬的作用至关重要："若不是我妻子杰奎琳从一开始给予的鼓励、协助、批评，本书几无可能成书。在我康复的日日夜夜，她给予我的帮助让我毕生都难尽谢忱。"杰克实在端不住书时，杰姬就给他朗读，同时还要为他做翔实的笔记，她还说服杰克就好几章书稿内容寻求戴维兹教授的指教。[54]她与泰德·索伦森协调各种后勤事项，在写作方面，索伦森是肯尼迪的主要合作伙伴。在位于华盛顿的参议员办公室里，索伦森与一帮文秘助理合作，将杰克口述的录音打印成文，将他电话口述的内容直接打印成文，还打印各种研究资料以及草拟好的各个章节。索伦森还征求过一些历史学家和其他一些专家的意见。国会图书馆立法资料服务部的员工将他们需要的书报成箱打包，一部分送到了棕榈滩，另一部分送到了参议员办公室索伦森手里。

　　哪些人物可入选这本书，做重点介绍，最终由肯尼迪决定。虽然这本书各章节的草稿很大一部分出自索伦森的手笔，一些章节还着重收录了戴维兹和吉姆·兰迪斯的想法，负责整本书的结构、主题、论据的却是参议员。索伦森虽然在许多方面天赋异禀，却不具备这方面的能力——27 岁的他不具备切身的政治经验，实在太嫩了点，此外，他掌握的美国历史在细节方面与老板相比差距明显。肯尼迪尤其注重的篇幅包括第一章和最后一章，以及第二章的主要内容，第二章介绍的是约翰·昆西·亚当斯——当初正是亚当斯的事迹启发杰克想做这个项目。他还写了赞誉亚当斯的许多散文，最终却未能收入这本书。杰克常常趴在床上工作，用一只无力的、撑开的手托住沉重的白纸；天气好时，人们会给他在小院里或门廊上支一张躺椅，让他躺上去。某些章节他是对着录音机口述的，或者由在当地雇的打字员为他打印出来。索伦森回忆说，每天差不多都一样，肯尼迪总会给他下达指示，都是关于"需要寄过去的一些书籍，需要准备的一些备忘录，需要核对的一些出处，需要汇总的一些资料。扫描的材料超过 200 份书籍、杂志、国会的文字记录、旧报纸的文章，以及我父亲跟诺里斯往来的信函，还有其他材料"[55]。

"政治就是丛林，"肯尼迪在笔记中写道，"纠结于做正确的事和待在办公室里——纠结于地方利益和国家利益——纠结于政治家个人的好处和民众的好处。"此外，"我们在政治生活中始终坚持像学术领域那种异常高——高到够不着——的标准。我们认为，将一座公园或一条道路之类的项目修建在朋友们的地产附近就是贿赂——不过，如果允许上了优惠名单的朋友们以更高的价格购买即将出售给没上优惠名单的人的债券，情况会怎样？……私有企业制度……放任不合规的个人行为，同样的行为在上市公司就是欺诈"[56]。

"寄去其中两章的草稿，请查收，"2 月 4 日，索伦森写信给肯尼迪，"虽然这两章的长度和设想的差不多，你肯定想改用更华丽的笔锋，添加更精致的历史细节［这是我在林肯中心高中（Lincoln Central High School）以外学到的唯一的美国历史］，但我必须说，这是我们有史以来海量投入的最宏大的任务；就算跟历史学家爱德华·吉本创作《罗马帝国衰亡史》（*Decline and Fall of the Roman*

Empire ）相比，他也不会比我们写得更快。"同一天，索伦森还往棕榈滩寄去了两个人的传记，一个是密西西比州的卢修斯·拉马尔（Lucius Lamar），另一个是密苏里州的托马斯·哈特·本顿（Thomas Hart Benton）。2 月 14 日，索伦森又寄去了其中两章的草稿，一章是关于约翰·泰勒（John Tyler）的，他是弗吉尼亚州参议员，后来成了美国副总统、总统；另一章是关于得克萨斯州的萨姆·休斯顿的（仅后者最终收进了终稿）。另外，索伦森还单独封装了"一些参考文本，以备你扩展和改写这几章时使用"[57]。

写作进度让肯尼迪心生忧虑，或许他们进展得太迅速，过于冒险，会整出个"二流"作品；他琢磨着，是否应当后退一步，从档案资料里挖掘更多原始素材整合进书里。不过，索伦森坚持继续推进，他向老板保证，这本书的成败取决于它涉猎广泛的解释性说法，以及人物传记的丰富多彩，而非"什么全新的、从未披露的事实，或能否整合繁多的史料"。不管怎么说，这不是什么学术大师的作品，而是一位政治家写的书："比整本书的叙事更重要的是这样的事实：本书出自一位美国参议员的手笔，参议员在讲述它们对当下的意义和启示，弄清其中的模式，在开篇和结尾两章探讨政治勇气究竟是怎么回事。从没有哪位参议员或作家这么做过。"[58]

一份手稿渐渐开始成形。1955 年 2 月，肯尼迪返回纽约再次接受手术（外科医生们将金属板以及刺入骨头固定金属板的螺钉移除了，然后，医生们用移植物质替换了破碎的软骨组织。手术似乎有效，不过，患者根据医嘱在床上多躺了好几周），也未能打断工作进程。4 月，1940 年曾拒绝《英国为何沉睡不醒》手稿的哈珀兄弟出版公司初步通过了这部新作品，支付了 500 美元预付金，并且指派埃文·托马斯二世（Evan Thomas Ⅱ）担当这本书的编辑，他是社会主义运动领袖诺曼·托马斯（Norman Thomas）的儿子。3 月和 5 月，索伦森两次前往棕榈滩，每次停留十天，为的是跟肯尼迪一道将各章节的草稿定稿。① "杰克的工作方式为，"索伦森后来回忆说，"将所有材料收拢，包括我的和他的，拿铅笔勾勾画画，用自己的说法口述成新文本，然后用铅笔勾勾画画，再口述成新文本——他从不亲自动手打字。"索伦森第一次去棕榈滩时，肯尼迪只能终日躺在床上；他第二次去时，肯尼迪已经可以坐起来，甚至可以短时间坐进海水里。[59]

Ⅵ

这本 266 页的书最终收录了八名美国参议员的人生特写——约翰·昆西·亚当斯、丹尼尔·韦伯斯特、托马斯·哈特·本顿、萨姆·休斯顿、埃德蒙·G. 罗斯（Edmund G. Ross）、卢修斯·昆塔斯·辛辛纳特斯·拉马尔、乔治·诺里斯、罗伯特·塔夫脱——他们甘冒自毁前程的风险，违背自己的选民，违背自己的政党，违背自己所在的地区，采取了不受欢迎的政治立场，表现出过人的勇

596

① 索伦森妻子的预产期是 3 月第二周，不过，他对肯尼迪说，为了这书，他愿意赌一把。"我老婆说，她的直觉告诉她，这孩子不会早出生。所以，如果你想让我 3 月第一周［在棕榈滩］，我这边没问题。"（摘自索伦森 1955 年 2 月 8 日致肯尼迪的信，泰德·索伦森的私人文件，7 号资料盒。）肯尼迪认为事情没那么急迫，因而索伦森那个月晚些时候才过去，当时孩子已经出生。——原注

气。肯尼迪和索伦森两人对历史编年学的了解不够充分，尽管他们在这方面得到了专业人士戴维兹和兰迪斯的帮助，但他们笔下的人物没有一个能突破表面的肤浅，书里某些部分的编排堪称混乱。[60] 尽管肯尼迪笔下生风，写活了拉马尔（南北战争期间，拉马尔在南方邦联军担任军官，不过，后来他大力主张南北双方和解），这本书却遗漏了这个密西西比人坚定的种族主义观点和白人至上观点。[在盛赞北方废奴主义者查尔斯·萨姆纳（Charles Sumner）一年后的 1875 年，拉马尔竟然说出了"未被征服和不可征服的撒克逊民族至高无上"。] 同理，这本书还附庸了当年流行的说法，将南北战争后的重建时期描述为黯淡时期，战败的和疲惫不堪的南方被一伙纠合到一起的恶人再次打趴下了，后者包括北方重建主义者（或者，当时的说法为"外来投机分子"）、混混（与北方重建主义者合伙的南方白人）、"傲慢的"前奴隶。这样的描述对撒迪厄斯·史蒂文斯（Thaddeus Stevens）之类的共和党激进派持负面看法，与当年占支配地位的学术观点一致，不过，这种观点很快会被一大波更加细致入微地评价那一时期的研究成果彻底颠覆。[61]

　　这本书的人物刻画谈不上睿智，也谈不上有历史深度。鉴于某些部分明显让人觉得有摘抄痕迹，也无法让人认为这本书体裁新颖，它的主要贡献——无论是这本书刚出版时还是当下——在于它涉猎广泛的解释性说法，在肯尼迪下功夫最多的两章（即第一章和最后一章）里，这一点体现得尤为明显。直言不讳且引人入胜的前言内含许多幽默的旁敲侧击，无论是在语气上还是在风格上，都会让人联想到 20 年前上大学时肯尼迪给莱姆·比林斯写信的情景

（包括大量使用破折号）："如果开诚布公地告诉选民们，我们无能为力，他们会认为，我们对底层的人们毫无同情心。如果我们努力过，失败了——通常是遭到代表其他利益方的参议员的抵制——他们会说，我们跟其他政客一样。我们能做的唯有躲进国会山的衣帽间，趴在某个富于同情心的同事肩头大哭一场——或者回家对我们的妻子大喊大叫一通。"不过，前言的核心思想是严肃的，其标题为《勇气和政治》。前言大力主张的是，在崇尚妥协的民主政体中，最重要的是必须具备"一切皆有可能的意识"。肯尼迪坚称，绝对论者严词谴责所有妥协都是不道德的，这种谴责是目光短浅的，因为公共政策的各项决策往往涉及困难的抉择，常常意味着从一长串糟糕的选项中进行挑选。

597

　　狂热分子、极端分子，甚至那些受良心驱使毫不动摇地坚持原则的人，这些人永远会感到失望，因为政府未能尽全力落实他们的所有原则，未能谴责他们的对手。……［不过］如今我的一些同事受到批评，却是因为他们缺乏明确的原则——或者，人们用睥睨的眼神看他们，将他们视作容易妥协的"政客"——他们总是忙于调解、平衡、解释公众舆论的力量和派系，这是保证国家团结、让政府能够运转的最关键的艺术。良知时不时会引领他们的立场因原则趋于更加强硬——然而，理智会告诉他们，无论是公平的还是残缺的提案，总比根本没提案好，唯有通过互相让步达成妥协，提案才能依次得到参议院、众议院、总统、全体国民的批准。[62]

对肯尼迪来说，人们可以在政策层面，也应当在政策层面妥协，而非在原则层面妥协。"我们可以就政治立场妥协，"肯尼迪写道，"并非我们自己妥协。我们可以解决利益冲突，同时不放弃我们的理念。"实际上，理想主义者、改革者、反对派非常重要，因为他们会防止政治形势单纯变为机会主义、权宜之计、追求名利。最重要的是，"妥协并不一定意味着懦弱。的确，反对选民的极端主义观点时，和事佬和妥协者往往会直面最严峻的政治勇气的考验"，而他们对国家的忠诚已经"完胜所有个人的和政治的考量"[63]。

并非入选这本书的八个人都被描绘成了"和事佬和妥协者"；仅有几个人对原则的承诺是绝对的，并且寸步不让。肯尼迪还告诉这本书的读者们，他并不完全赞同每一个过往历史人物的立场。不过，他坚称，入选这本书的八个人有个共同点：他们都因为看到了更大的好处而超越了狭隘的利益，为了让参议院不再"像一大群机器人一样只知道忠诚地反映选民们的意愿，或者像一群趋炎附势者一样只知道预测和跟随公众情绪的浪潮"[64]，他们都彰显出了勇气。

约翰·昆西·亚当斯正是如此，他忽略了马萨诸塞州和新英格兰地区各种狭隘的利益，支持了路易斯安那购地案和《禁运法案》。来自肯尼迪家乡州的丹尼尔·韦伯斯特同样违背了选民们和自己所在党的意愿，超越了地方主义，还大力倡导国家主义，因而促成了1850 年妥协案。托马斯·哈特·本顿则成功地阻止了密苏里州加入几个正在闹分裂的南方州。萨姆·休斯顿是南方民主党人里唯一投票反对1854 年《堪萨斯-内布拉斯加法案》的人。堪萨斯州的埃德蒙·罗斯与其他六个共和党人一起反对弹劾美国第 17 任总统安德鲁·约翰逊（Andrew Johnson）。南北战争后重建时期刚过不久，密西西比州的卢修斯·拉马尔致力于让人们放弃派系斗争，实现全民团结。因为敢于反抗来自伊利诺伊州的众议院议长约瑟夫·坎农（Joseph Cannon）专横的控制，乔治·诺里斯赢得了人们的赞誉。由于深信美国宪法禁止事后追溯法，近期刚刚辞世的罗伯特·塔夫脱生前大胆地反对纽伦堡审判，并因此收获了赞誉。肯尼迪解释说，尽管一些参议员非常坚定地参与各种斗争，让人印象深刻，却因为"深知其斗争得到家乡选民们的支持"而没有被收录进这本书。[65]

最后一章回归了几个更宽泛的主题。对今天的我们来说，这一章的意义在于，我们可以通过它了解肯尼迪对政治和领导力的看法，还可将它作为一种长期有效的镇静剂，以应对定期在全美民众中出现的对政治和政治家的冷嘲热讽。肯尼迪告诉读者们，代议制民主是一份苦差事，和独裁体制不同，民主政体中的领导人不能将他们的意志强加给社会。"作为人民，我们是老板，我们可以得到想要的那种政治领导，无论结果好坏，我们提出要求，后果自负。"肯尼迪既称颂妥协又称颂勇气（他最推崇的勇气有可能是抵御极端主义的温和派），而且他认为，唯有在全国性议题上——挑战政党的、地域的、选民的忠诚度等涉及良知的问题上——"勇气才能得到验证"。与此同时，肯尼迪还说，他这本书并非刻意为了独立而赞誉独立，也并非在暗示，每一项政策性议题都有正确的一面和错误的一面。"恰恰相反，"肯尼迪写道，"我赞成墨尔本首相发表过的一些看法，当年年轻的历史学家 T. B. 麦考利（T. B. Macaulay） 599

的批评让他愤愤不已，他却说，麦考利好像所有事都尽在掌握中，而他只要有一件事尽在掌握中就满足了。"[66]

接着，肯尼迪引用了林肯的如后一段话："世上很少有什么东西是好到家的或坏到家的。尤其在政府制定政策领域，几乎每件事都是好与坏难解难分的组合，因而我们需要持续不断地就两者谁占优做出最好的判断。"[67]

肯尼迪说出这样的话，可能是受了一次长谈的影响。大约在那一时间段，他与长期以来的朋友大卫·奥姆斯比-戈尔进行了一次长谈。肯尼迪告诉这个英国人，他阅读美国历史时悟到了如后教训：每个严肃的政治问题通常都有两面。在不断地追求简单明了的解决方案时，无论是左派还是右派，狂热分子都没有掌握这一基本点。"这并没有妨碍他做决策的能力，"奥姆斯比-戈尔后来提到那次长谈时作如是说，"不过这确实能防止他说出后面这样的话：'我知道我方是正确的，对方彻头彻尾错了，此外我什么都没得到。'而且他再也不会有那样的态度了。他还说，尤其对政治家而言，生活中难以接受的事情之一是，终于认识到对方的确有非常充分的理由。这是他说过的最不带党派偏见的话。"依照奥姆斯比-戈尔的说法，肯尼迪甚至一度怀疑"他是不是真的生为政治家，因为，每当他真的用心仔细研究对方的论据时，往往会被说服。当然，如果仅仅因为某事攻击他，而且是带党派偏见的、常规类型的讲话，他会置之不理。不过，如果他认为对方反对他的立场十分在理，他总会对对方提出的论据留下深刻印象"。

"他心里清楚，如果是作为美国总统，或者真的在公共领域有一定地位，好也罢，不好也罢，必须得有人做决定，得有人承担做决定的责任，"奥姆斯比-戈尔继续说，"得有人全力以赴。不过，如果有人认为自己是万能的，是眼观六路的，或者必须永远是正确的，这想法本身就愚蠢至极。人们所能期望的最好的结果不过就是，自己似乎比其他人做对的概率高一些。在应对人类事务方面，这样思考问题体现了高水准的谦恭。他认为，那些觉得事情很简单、答案明摆着的人，都是危险人物。"[68]

1955 年 7 月，手稿即将完成之际，杰克邀请妹妹尤妮斯和另外几个人就书名出出主意。他告诉他们，他脑子里已有四个选项：《勇气可嘉的人》、《八个勇敢的人》、《点到的人》和《勇士群像》。肯尼迪得到的回复五花八门，他自己决定不再考虑《勇气可嘉的人》。他曾经考虑随后又放弃的一些书名包括《爱国者》和《参议院里的勇士》。最终，埃文·托马斯二世和出版社的同事们做出了决定：书名为《当仁不让》。[69]

那年夏季，肯尼迪和索伦森两人忙着应付一帮学者提出的各种建议，主要来自以下几个人：詹姆斯·麦格雷戈·伯恩斯、阿瑟·霍尔库姆（他是教过肯尼迪的哈佛老师）、阿兰·内文斯（Allan Nevins，他要为这本书作序）、小阿瑟·施莱辛格，后者 7 月初提供了一份用单倍行距打满四页纸的评论。（肯尼迪要求施莱辛格在"提出批评、评价、建议时，无论多重大或多不起眼，务必做到不讲情面，直抒己见"，这位历史学家真的做到了知无不言、言无不尽，他评价说介绍韦伯斯特那一章问题多，介绍塔夫脱那一章完全没有说服力。"如果政治才能意味着具备看出真问题的能力，"这是

600

他对前一人物那章的评价，"那么，起草1850年妥协案的那些人根本算不上政治家。韦伯斯特既从未看出南方控制北方联邦是个政治问题，也未看出奴隶制是个道德问题。"至于塔夫脱严词谴责纽伦堡审判，无论他的理由多么正当，跟参议院也没关系。另外，人们"很难想起塔夫脱还做过其他什么与政治勇气有关的事"。肯尼迪对这两章相应做了些修改，当然他未能做到让施莱辛格完全满意。）8月初，肯尼迪通知托马斯二世，只要索伦森收到内文斯的最终修改意见，他会立刻将终稿邮寄过去。[70]

VII

对于接着完成最后的步骤，索伦森感到很荣幸，因为在那时，肯尼迪已经放下工作，前往法国南方度假。此前几个月，他的身体逐渐康复。3月1日，他第一次扔掉双拐走路；第二天，他冒险前往海滩漫步，杰姬和戴夫·鲍尔斯两人跟着他，为他保驾护航。从那往后数周，他的身体状况注定会有几次反复，有时他必须长时间躺在床上，不过，一切正在向好的方向发展。他的体重增加了，体质也在稳步增强。离开华盛顿七个月后，1955年5月23日，他凯旋了。家人和朋友们全体出动，前往国家机场接机。航班从棕榈滩过来，同机抵达的还有杰姬和妹妹琼。后来，在国会山门前的台阶上，杰克为电影新闻摄影师和电视新闻摄像师、欢呼的游客们，以及碰巧在现场的南方纺织工人代表团摆出拍照姿势。在参议院办公大楼里，参议员走进362号办公室房间时，前台员工全体起立鼓掌，他自己的办公室早已挤满等候的记者。办公桌上摆着许多祝贺他返回的信函和电报，在它们之中有个特别大的果篮，纸条上写着"欢迎回家"，签名为"迪克·尼克松"[71]。

其中一名记者的问题是关于他即将到来的38岁生日。"我很期待，"回答问题时，肯尼迪轻笑，"毫无疑问我很高兴走出37岁。"

艾克会再次参选吗？

对这个问题，杰克回答："我不知道。"

总统在各方面的势力是不是仍然像他当初入主白宫时一样强大？

"这个嘛，近来我的天地非常小。我得说，在棕榈滩时，他似乎还站得挺稳当。"这说法赢得了满屋子笑声。[72]

如果杰姬曾经希望丈夫前行时多加小心，放慢节奏，渐渐回归日常，她很快就会大失所望。在杰克的指导下，团队为他安排了雄心勃勃的日程，起点为6月3日前往位于伍斯特的圣母升天学院（Assumption College）发表讲话，紧接着是6月5日前往波士顿大学发表毕业演讲，然后是6月9日参加杰斐逊－杰克逊纪念日晚宴。当月16日，他又参加了哈佛同年级学生们的第15次聚会。[73]

不过，大病初愈后，重大活动发生在6月10日，那天他在海恩尼斯港做东，举办了一次野餐会，招待近300名州议员和法律助手，包括参与1952年竞选活动的"秘书们"，还有许多对他从来不感兴趣的人。招待宾客的杰克下身穿斜纹布裤子，上身穿运动衫，脚蹬运动鞋，看样子既年轻又精力充沛。此举明显意在向马萨诸塞州民主党人宣示，他回来了，比以往任何时候都健康。这一招很管用。"那次活动我记得最清楚的是他的身体活动自如，"肯尼·奥唐奈回忆说，"没有了拐杖。他们还打了垒球和其他球类，那是一次超棒的远游。"在奥唐奈的印象里，最重要的是，参议员对普通民众的吸引力丝毫没有减弱。

602
　　　杰克·肯尼迪的魅力像以往一样毫不逊色。他站起来了，无论是身体还是精神，都再次回归健康。候选人强大的吸引力显现了出来。担心他有可能回不来，担心与杰克·肯尼迪站在一起有危险，这样的想法偃旗息鼓了。许多常规意义上的政客用怀疑的眼神看待杰克，将他当作外来人、有钱人家的小孩、轻量级选手，如今他们在他身上看到了其他东西。他们看到的是自己的政治前程和马萨诸塞州民主党的前途。如今他们认识到，最好跟胜利方站在一起，对中坚分子来说，那意味着跟杰克·肯尼迪站在一起。[74]

　　然而，他已经不再是从前的那个肯尼迪。诸如奥唐奈、鲍尔斯、索伦森等跟他关系密切的合作者都注意到，长时间的病痛折磨改变了他，让他变得更加严肃，更加果敢。长期以来，他一直坚信自己活不过45岁，正如他对妻子所说，他觉得实现目标的压力更大了，目标即确立他在"历史上的地位"。数年后，记者约瑟夫·艾尔索普说："我一直认为，他从未真正严肃地看待过自己的事业，我的意思是，他从未在自己的事业上设立长期的、高远的目标，直到 1955 年他经历了那场非常严重的疾病。……我觉着，他得了那场病，内心深处肯定发生了某些非常重要的事，因为，和从前相比，走出疾病后，他成了个非常严肃的家伙。从死亡谷的阴霾中走出来的他展现了极大的勇气，其实他一直就有这样的勇气。"[75]

这说法并不十分贴切：早在 1955 年年中之前，肯尼迪"长期的、高远的目标"就已经很明显——按理说，早在 1946 年第一次竞选众议院议席时就开始了。不过，摆脱了让人痛苦不堪的手术和术后恢复，走出来的是一个更加严肃、更加专注的政治人物，这样的描述的确符合实际。同样符合实际的还有，从磨难中走出的生机勃勃的肯尼迪有了体魄更加强健的名声。从这方面说，那段经历确实增强了他的公众形象。报刊编辑们认为，肯尼迪那段经历是让人难以抗拒的好素材，他刚刚举行了高调的、社交性质的婚礼，随即立刻跌入了巨大的灾难，这一事实本身就令人唏嘘。参议员挂着双拐走进医院，身边是深爱他的、勇敢的、面带微笑的杰姬，这样的照片出现在全美各地的报刊上，让拒绝向疾病低头，且最终击败疾病的帅气议员和战斗英雄的故事更加可圈可点。[76]

对熟悉肯尼迪的那些人来说，他的突然好转让人惊诧不已：差点死在纽约一家医院的病房里才过去八个月，没有器械的帮助似乎永无可能再次行走才过去四个月，政治前途好像也一去不返了，约翰·F. 肯尼迪却回来了。这绝不是说他完全康复了，不过，他比以往任何时候都好得多，而且，他即将成为迄今从未成为的人物——一个享誉全美的人物。

603

第二十一章

冉冉升起的新星

1955 年 9 月 23 日傍晚，正在科罗拉多州度假的德怀特·艾森豪威尔早早就上床了，他习惯如此。当天，他打了 27 洞的高尔夫球，离开球场时，他抱怨消化不良，胸口发热。后来，不适感消失了。不过，他只吃了一点点晚餐，然后就上床了。午夜 1 点半，因为胸口剧烈疼痛，他醒了过来。玛米·艾森豪威尔（Mamie Eisenhower）看了丈夫一眼，认定情况不妙，立刻叫来了几名医生。当天下午，确诊结果出来了：64 岁的总统心脏病发作。[1]

紧接着，全美到处都出现了疯狂的传言。他能活下来吗？即使能活下来，他的身体会不会无法支撑正常办公，或者，至少他再无精力应付一年后的连任竞选活动？如果他不再参选，谁会被提名为共和党总统候选人？对民主党参选来说，这又意味着什么？好像是要凸显全民的担心，26 日星期一，纽约证券交易所发生了自大萧条以来最大的跳水。[2]不足为奇的是，1955 年年中，艾森豪威尔仍然非常受欢迎，而且支持率还在攀升。他引领美国经济度过了短暂的

衰退期，再次为华盛顿带来了财政收支平衡。他扩大社会福利，让
上千万人受益。在海外，艾森豪威尔在朝鲜实现的停战似乎站稳了
脚跟，并且避免了在其他地方部署军队的承诺。与中国在中国海域
几个沿岸小岛——马祖岛和金门群岛——发生的危机至少暂时得到
了缓解。与此同时，超级大国之间的关系也是稳定的，随着尼基
塔·赫鲁晓夫领导的苏联寻求缓解东西方之间的紧张关系，一些观
察人士甚至说，冷战出现了"缓和"。1955 年 5 月，赫鲁晓夫打破
了为期十年的僵局，同意将苏联军队撤出奥地利（1945 年以来为
盟军占领），允许那个国家独立，成为中立国。7 月，在瑞士日内
瓦举行了四方首脑会议——那是自十年前波茨坦会议以来的第一
次——虽然那次会议没有产生任何实质性成果，但它似乎预示着一
个冲突更少的世界秩序。

　　从瑞士返回的艾森豪威尔受到了疯狂的欢迎，他的支持率达到
了 79%。通常情况下，《纽约时报》记者詹姆斯·赖斯顿（James
Reston）轻易不会用热情洋溢的词语报道，却撰文称："艾森豪威
尔总统受欢迎的程度已经超越合理的理解范围，必须将其作为棒球
运动那样的全民现象记录下来。这种事已经不再是非凡的政治现
实，反而成了一种全民的爱情，政治学者对此事的分析无法让人满
意，我们可能得将其交给精神分析师分析了。"[3]

　　赖斯顿的说法在共和党战略家们的耳际回响，犹如天籁之音，
同时他也道出了如后问题：大多数公众将这些发展成就归功于艾森
豪威尔个人，而不是他领导的政党。也就是说，离开艾森豪威尔，
共和党会陷入弱势。的确，当年年中的民调显示，来年秋季，如果

共和党换旗手，好像无论是谁都会弄丢总统职位，另外，国会里的席位同样会严重流失。相应地，在总统尚未心脏病发作的那些日子里，党内官员们都对总统宣布参选寄予厚望；事情发生后，他们又都焦虑万分地等候明确的诊断结论。艾森豪威尔的病情渐渐好转了，不过，他始终未就自己的意愿表态。他曾经私下对新闻秘书詹姆斯·哈格蒂（James Hagerty）承认，几个最有可能的共和党继任者都不具备领导国家的能力，包括副总统理查德·尼克松。在他看来，民主党那边同样一片黯淡——包括1952年的被提名人及伊利诺伊州前州长阿德莱·史蒂文森、纽约州州长埃夫里尔·哈里曼、田纳西州参议员埃斯蒂斯·基福弗（Estes Kefauver），这三个有希望的领跑人确实都"不具备入主白宫的能力"[4]。

这是个毫不留情的评价，无论如何，好几个民主党人突然间有机会一显身手。然而，就在几周前，他们还满心欢喜地对阿德莱·史蒂文森说，下次选举时，他必须举起党的旗帜，眼下他们却变得小心谨慎起来，默不作声地琢磨起自己的前程。史蒂文森意识到了其中的危险，努力争取各方支持，包括1952年冷落过他的来自南方的党的忠诚拥护者。[5]民主党活动频率猛增，没逃过媒体的关注，而媒体此时重点讨论的是该党排位第二的潜在候选人会是谁。数不清的人名如浮光掠影般闪过，包括来自马萨诸塞州的初级参议员。长期以来，史蒂文森对约瑟夫·肯尼迪颇多猜忌，尽管如此，他也意识到对方的进取心和压倒性气势，也能看出让大使的儿子成为竞选伙伴有诸多好处，当然他也考虑过，杰克承担这一角色过于年轻，经验不足。尤其是，对富兰克林·罗斯福和哈里·杜鲁门两人未能阻止共产主义在东欧和亚洲发展，一些信天主教的民主党人颇为不满，而杰克·肯尼迪（恰如1952年选举时反映的那样）在这方面能抗衡艾森豪威尔令人惊异的强势。对史蒂文森来说，天主教徒的选票是他的弱项——他知道这一点，所有人都知道这一点。这类选民知道，史蒂文森已经离婚，他投身为蓝领阶层的各种关切而奋斗，让他们当中许多人兴奋不已，但这也帮不了他什么。此外，肯尼迪进入候选人名单必将给民主党带来地域上的平衡，即使他本人并非真正意义上的南方人。伊利诺伊人史蒂文森承认，这么做可以聚集起相当可观的集群优势。

II

即便如此，关于史蒂文森-肯尼迪候选组合的各种猜测当时还只是乱放的枪和拼凑的消息，与当年相比，事后看它们才值得注意。不过，那些消息之重要，足以引起肯尼迪一家和杰克的高级助理们的注意。早在9月12日，总统心脏病发作11天前，泰德·索伦森就从昂蒂布角给参议员写了封信，提醒他注意史蒂文森竞选团队正在考虑让他作潜在的竞选伙伴，前景诱人。[6]那之前好几天，每年夏季赶赴法国南方休假的约瑟夫·肯尼迪给儿子泰迪写了封信：

> 昨晚我们参加了在蒙特卡洛举办的盛典，杰克提前到达，607
> 在我屋里更衣。像往常一样，他来的时候没戴袖扣，脚上穿着

不配套的袜子，没穿内裤。所以，他离开时穿了一双我新买的苏尔卡牌袜子，一条苏尔卡牌新内裤，用了我手头仅有的一对袖扣。……他想打开饭店房间里的一扇纱窗时弄伤了，结果又挂上了双拐，幸亏他没多动脑子，接着蛮干，不然他可能得长期拄拐了。他对待生活的总体态度好像相当乐观。不断有谣传说，人们正考虑让他当副总统，他对此相当有兴趣。我认为，对杰克来说，这是很长时间以来我听到的最蠢的主意之一。[7]

当时杰克的欧洲行已经进入第二个月，国会刚刚休会，他就前往欧洲开始休假了。杰姬也去了，不过，一开始两人去了不同的地方。此前几个月，杰克的病痛和康复所带来的两人间的亲密渐渐淡去，婚姻也重新出现了紧张迹象。杰克重拾以前的日程安排——长时间工作，到处演讲，而杰姬则将大量时间花在四处看房上。7 月上旬，杰姬的丈夫尚在美国时，她已经出发前往伦敦，妹妹李及其丈夫迈克尔·坎菲尔德（Michael Canfield）住在伦敦高档社区贝尔格莱维亚（Belgravia）的一套时尚的公寓里。[迈克尔是哈珀兄弟出版公司老板卡斯·坎菲尔德（Cass Canfield）的养子，后者即将出版杰克的书《当仁不让》，而迈克尔是美国驻英国大使温思罗普·W. 奥尔德里奇（Winthrop W. Aldrich）的私人秘书。]姐妹两人像往常一样无话不说，喜欢跟对方在一起，在伦敦社交场所露面时，极其时髦的李像姐姐一样有超高的回头率。7 月底，杰姬和李去了巴黎，两人从那边又去了里维埃拉地区，迈克尔早已在昂蒂布为她们租好一套公寓，然后在那边与姐妹两人会合。[8]

与此同时，在托比·麦克唐纳的陪同下，杰克在纽约登上了开往法国诺曼底地区勒阿弗尔的"合众国"号（SS United States）邮轮，并于 8 月 10 日抵达那边。两人立刻动身前往瑞典西南沿海旅游胜地博斯塔德（Båstad），杰克与古尼拉·冯·波斯特约好在那边的斯堪尼花园酒店（Hotel Skånegården）密会。自前一年夏季的聚会流产以来，他们一直互通信件，杰克在佛罗里达康复期间亦如此。杰克问古尼拉想不想来美国，古尼拉反驳说，杰克应该来瑞典看她才是。杰克在回信里委婉地说："其实咱们两人的计划是一回事。"杰克在另一封信里说，虽然旅途劳顿，"去古尼拉那边路途遥远——却很值得"。根据古尼拉的说法，1955 年 7 月，杰克给她打过电话，他们说好接下来那个月在博斯塔德见面。一封确认信很快寄到了古尼拉父母位于斯德哥尔摩的家里——古尼拉的母亲通过电话将那封信的内容给她读了一遍。[9]

"我跑向杰克，心脏狂跳不止，"古尼拉事后就 8 月 11 日与杰克见面那一刻写道，"一下扑进他的怀抱里，我们紧紧地抱在了一起。见到他我真是太高兴了，语言无法形容我当时的感受。"古尼拉有一种无法遏止的感觉：杰克对她的渴望犹如她对杰克的渴望一样强烈。不然杰克冒着有损健康和有损事业的风险，大老远跑来和她在一起，图的是什么？"我相对没什么经验，"古尼拉接着说，"杰克的温柔是发自内心的。他说：'古尼拉，我们为这次见面等了两年。这似乎太好了，不像是真的，而我想让你幸福。'我第一次觉得可以完全放松下来，可以在一个男人的注视下为所欲为，他不仅尊重我、牵挂我，还明显爱我。我全身心信任他。"[10]

608

至于托比·麦克唐纳，刚到瑞典不久，他就遇到了一个瑞典女子。四个人一起开着租来的汽车在瑞典最南部的斯科讷亚省度过了一周田园诗般的日子，那一带星星落落散布着古老的庄园式的房子和教堂，那些总会让杰克想起爱尔兰和科德角（的沿海地带）。每每看见这个那个地标式建筑，手握方向盘的杰克总会激动地大喊："那是什么？"然后他们会走下车好好看看，杰克常常需要用双拐作支撑。古尼拉将杰克介绍给自己的朋友和家人时，他们都对这位来自美国的、迷人帅气的政治家（竟然还是个"参议员"）赞叹不已。"他好像对别人施了魔法似的，那之前和之后我都没见过那场面。每个人——无论是男人、女人，还是孩子——都被他迷住了，都喜欢靠近他。"古尼拉的母亲和父亲显然赞成那一段婚外情，只要两人有希望终成眷属即可。肯尼迪从未向古尼拉提及自己的妻子，不过麦克唐纳悄悄告诉她，杰克的婚姻并不幸福，他在杰姬身边远不如在她身边这么自由自在，如此放飞自我。根据古尼拉的说法，那美妙的一周结束于瑞典南部滨海小镇于斯塔德（Ystad）一个规模宏大的庄园里举办的传统的瑞典小龙虾晚会。接下来那一夜，在浪漫的缠绵中，她的追求者不断地在她耳畔说："我爱你，古尼拉。我好爱你，我快要为你疯了，我要尽我所能和你在一起。"[11]

肯尼迪从瑞典飞到了法国尼斯，以便前往昂蒂布角跟杰姬以及坎菲尔德夫妇会合。上次杰克到那里，还是两年前和古尼拉一起在伊甸豪海角酒店里，两人迎着夜晚的海风，耳鬓厮磨，说悄悄话。眼下，在等候杰姬之际，杰克给古尼拉写了封信，提议尽快再见一面。他说，跟妻子团聚，"根据我现在的感觉，一定很复杂——我的瑞典女孩［姑娘］。我所做的不过是坐在阳光里，远眺大洋，同时心里想着古尼拉。……爱你的，杰克"。肯尼迪夫妇和坎菲尔德夫妇很快见到了威廉·道格拉斯-霍姆及其夫人蕾切尔（Rachel），他们慵懒地连续晒了好几天太阳，夜晚返回城里。道格拉斯-霍姆夫妇很快就喜欢上了杰姬，他们欣赏她的机智和睿智。后来，传记作家莎拉·布拉德福德询问道格拉斯-霍姆，肯尼迪夫妇之间的关系究竟怎样，后者说，这很难讲，因为他们两人的感情没那么外露。"杰克身上不会有像那样的东西。所以外人永远看不到他们拥抱，互相示爱，手拉手，没有那类东西。"不过，威廉·道格拉斯-霍姆认为，杰姬好像更爱丈夫。"杰姬也没那么外露，不过她真的爱他，他们之间的关系可以用乐趣形容，跟他们在一起会有很多乐趣，会有很多笑话，她经常拿他取笑。跟他们在一起很好，有乐子。不过，正如我说过的，他们不是那种多情的伴侣。"[12]

　　这趟出行，杰克毫无疑问收获了大量提醒：在他与世界级领袖们交往过程中，杰姬是无价之宝。一次，与数位法国高官会晤时，杰姬为杰克做翻译。由于杰姬的优雅，而且她明显熟悉那个国家的历史和艺术，她得到了那些人以及现场其他人的交口称赞。"她拥有18世纪交际花该有的一切才智和诱人的魅力，"评价杰姬与旧世界的名流互动时，克莱尔·布思·卢斯后来作如是说，"杰姬用她那双大眼睛注视那些男人时，他们都融化了。欧洲人对这个没有免疫力。"[13]

　　根据古尼拉的说法，数周后，肯尼迪从波兰给她打过电话，说是跟父亲谈过与杰姬离婚，以便和她结婚一事。他说，老肯尼迪的反应是："你肯定疯了。"[14]杰克·肯尼迪很有可能真的在电话上跟瑞典情人说过这样的话，而他真的跟父亲有过这样的对话反而不足信。1955 年年中那几个月，他的政治前景一派光明，比以往任何时候都敞亮，在某个时间节点，梯子的最高层有可能已经在他的掌握中。根本不需要父亲开口，杰克也明白，如果与年轻的妻子离婚（结婚不过两年），毫无疑问会让这一切悉数崩塌。尤其需要说明的是，他们的结合经过所有媒体大肆报道，已经广为人们接受。对于信天主教的政治家来说，其教会坚持认为，结婚誓言神圣无比，这方面风险也更大。如果父亲真的跟儿子谈过这一问题，他教诲的肯定也是儿子早已烂熟于心的内容。

古尼拉的父母意识到，女儿很可能只会得到永久情妇的身份，于是二老出面干预了，迫使她终止这段情缘。从那往后没多久，古尼拉跟一个瑞典人订婚，接着就完婚了。恰如肯尼迪跟因加·阿瓦德的交往一样，从那往后，他们的关系也就结束了，而肯尼迪则继续与她保持着联系。"去年夏天我跟你一起度过了一段美好时光，"1956 年，肯尼迪用参议院的信笺写了一封信，"那是我此生一段美好的回忆——你太棒了，我想你。"[15]

Ⅲ

1955 年 10 月初，杰克·肯尼迪和杰姬乘船返回美国，于当月12 日抵达纽约。杰克直奔珍妮特·特拉维尔（Janet Travell）医生在曼哈顿的诊所，她是治疗疼痛方面的专家，杰克第一次找她看病是几个月前的事。杰克告诉医生，这趟出行期间，他背部左下侧总是出现肌肉痉挛，还辐射到左腿，导致左腿使不上劲；大部分时间，他只好使用双拐。他经常够不着左脚，无法穿袜子，无法坐到矮点的椅子上。前一次见面时，特拉维尔诊断出肯尼迪身体左侧比右侧小——左半边脸稍小，左肩偏低，左腿明显偏短。让人惊奇的是，这么多年来，经过这么多治疗，此前没有一位医生看出这一问题。这导致杰克每迈出一步的动作总是有点摇晃，致使他脊柱侧面几条肌肉紧绷。初诊过程中，特拉维尔开出的处方包括：将杰克左边那只鞋的鞋底加厚，将右边那只鞋的鞋跟修薄；还给他注射了"普鲁卡因"，人们更熟悉的名称是"奴佛卡因"。这一次，医生给患者增加了用药剂量，还建议患者增加运动量，然后打发他离开了。

　　肯尼迪意识到，他很喜欢特拉维尔，喜欢她那轻柔的女性的触摸，外加她那命令式的举止，她的权威得到了各种顶级证书的佐证。接下来数周，杰克会定期离开华盛顿，每次离开一天，乘飞机赶赴与医生的约定。而医生认为，杰克是个模范患者——她接受杰克的症状，至少不烦他的症状，而且总是乐于尝试看似合理的方法为他治疗。[16]

　　特拉维尔的各种尝试似乎很有效。时间移至当年年底，患者的体重已经增加到 152 斤，这是杰克历来最重的体重，而且他感觉好多了，很长时间他都没这样了。他的容貌也变丰满了，成熟了，他的嗓音亦如此。无论看他的相貌，还是听他说话，人们都不再认为他比实际年龄更年轻。

611

返回华盛顿工作的肯尼迪。摄于 **1955** 年秋。

杰姬则遭遇了一场身体方面的损伤。秋季的一个周末，在海恩尼斯港，她壮起胆同意加入全家人一起玩的那种橄榄球混战。她使出浑身解数过人时，自己却翻滚着倒在地上，痛苦地大叫起来。在新英格兰浸信会医院，医生们确诊她踝骨骨折。她膝盖以下打了石膏，在医院住了五天。在弗吉尼亚州北部玛丽伍德（Merrywood）母亲的庄园康复期间，杰姬继续寻找房子，早在春末启程赶赴欧洲前，她就开始找房子了。她念念不忘位于麦克莱恩（McLean）希科里希尔（Hickory Hill）的一座殖民地时代的、乔治王朝风格的三层砖房，其中有好几间客房、数座马厩、一个泳池，波托马克河在不远处流过。她喜欢那些高大的树木、绵延起伏的丘陵，以及那些马厩（只要条件允许，她仍然喜欢骑马）。杰克看上的是那里的历史渊源：南北战争时期，那里是乔治·B. 麦克莱伦（George B. McClellan）将军的指挥所。他们花费 12.5 万美元完成了那笔交易，杰姬立刻开始对主建筑进行大规模装修。杰姬以为，那地方也许会成为他们的家，让他们的婚姻幸福，他们还可以在那里养家，度过余生。1955 年末，也是在那里，他们有了好消息：杰姬发现自己怀孕了。[17]

那年整个秋季，德怀特·艾森豪威尔的心脏病发作和预后占据了全美各报的头版头条。他在丹佛康复期间，每天都有公告披露他的康复进展。10 月 10 日，总统在丹佛军医院室外坐着晒了会儿太阳。14 日是总统 65 岁生日，照片上的他面带微笑，坐在轮椅上，位于医院楼顶，看起来很放松。不过，那一形象掩盖了病情的严重性。直到 10 月 23 日，他才第一次站起来；直到 26 日，他才在没人搀扶的情况下走了几步——当时仅仅是在寝室里走了几步。时间移至 11 月 11 日，在心脏病发作 49 天后，艾森豪威尔才康复到可以乘坐飞机返回华盛顿。欢迎的人群聚集在国家机场，其他欢迎的民众则站在通往白宫的道路两侧。即便是当时，总统仍然身体虚弱，大部分时间，助手们和医生们不让他面对公众。1955 年余下的时间，他都在宾夕法尼亚州葛底斯堡的家里度过。1956 年 1 月 9 日，他才在华盛顿的办公室里重新开始履职——当时距他离开首都，开始要命的暑期休假已经过去五个月。[18]

艾森豪威尔会再次参选吗？随着新年到来，政治预言者无法确定，这尤其给民主党总统候选人竞选增添了耍手腕的空间。（共和党则保持着等待的态度。）11 月 15 日，阿德莱·史蒂文森宣布参加大选；11 月 17 日，埃斯蒂斯·基福弗紧随其后宣布。埃夫里尔·哈里曼做好了一切准备；有非常可信的谣传说，实力强大的参议院多数党领袖——得克萨斯州的林登·约翰逊看样子也要参选。后者的参选前景让约瑟夫·肯尼迪十分着迷，在他看来，与包括史蒂文森在内的其他所有可能的民主党参选人相比，约翰逊更胜一筹。虽然身体康复的艾森豪威尔有极大可能战胜所有对手，但只要约翰逊排在候选人名单首位，差距就会小很多。因此，大使做了个规划，他把规划提交给了约翰逊团队，以及罗斯福的前顾问汤米·科科伦（Tommy Corcoran）。如果约翰逊宣布参选，并承诺选择杰克作为竞选伙伴，他老约一定会在财务方面资助他们。科科伦适时地将这一提议报告了约翰逊，后者拒绝了，宣称自己不会参选。[19]

看样子，杰克从未接受过老约的计划，约翰逊拒绝老约的提议也没让杰克感到意外。用杰克的思维方式看待这一问题，如果这个得克萨斯人垂涎这一提名（杰克毫不怀疑得克萨斯人会如此），像老约在提议中要求的那样，将自己的双手束缚起来几乎就没意义了。如此说来，在争夺名单头牌时，林登·约翰逊的胜率不大——根据杰克的估算，阿德莱·史蒂文森仍然是没有悬念的领跑者，无论谁寻求第二的排位，都应当将目光聚焦在史蒂文森身上。

就杰克而言，这样想问题很合理。史蒂文森的确输了 1952 年大选，不过他仍然是民主党名义上的头目，仍然深受许多州级领导人和普通民众拥戴，依旧是党内众多知识分子难以割舍的最爱。1952 年，史蒂文森无疑遭遇了一面倒的失败，尽管如此，事后来看他的失败似乎是预先注定的：依据前述推理，没有哪个民主党人会祈祷击败大受欢迎的艾森豪威尔，尤其是民主党已经令人不快地持续统治美国 20 年，当时国家还深陷不受欢迎的朝鲜战争无法自拔。即便在当时，史蒂文森表现得也比许多人认为的好得多——在全美范围内，他获得的选票比杜鲁门 1948 年的票数还多了 300 万张。此外，自上次大选以来，史蒂文森的权力地位更加稳固，他在全美各地发表受欢迎的演讲。由于他一贯为人正派，讨厌夸夸其谈和陈词滥调，一向提倡崇尚美德和理性，他赢得了广泛的赞誉。"当散布谣言和欺世盗名成为全国性政治运动时，" 1954 年初在迈阿密海滩，针对约瑟夫·麦卡锡问题发表指向明确的讲话时，他声称，"我们美国人陷入了大麻烦。不仅民主党人如此，我们所有人都如此。"[20]

杰克看到了史蒂文森的吸引力及他所传递的信息，并且赞同他

的基本想法——杰克自己的书眼看就要出版，他在书里特意强调，
在民主国家，基于理性的、以事实为基础的论述至关重要，而且他
与这个伊利诺伊人都喜欢将诗意和权力糅在一起。杰克和史蒂文森
并非关系密切的盟友，不过，在那一阶段，两人相处得不错。[21]对杰
克来说，很重要的一点是，杰姬崇拜史蒂文森，希望他排在候选人
名单首位，而且，与这对夫妇交往的大多数朋友也有这样的想法。
让杰克感兴趣的是，下层民众对史蒂文森-肯尼迪组合的潜在前景
议论颇多，在秋季的几个月里，这些议论非但没有销声匿迹，如果
说有变化，也是更多了。[22]因此，杰克要求泰德·索伦森就民主党方
面起用天主教徒参选副总统的各种益处做一番调研。索伦森全力以
赴投入任务中，广泛收集各种材料，包括新闻方面的和学术方面
的。他还更进一步，建议肯尼迪 11 月 22 日在华盛顿举行的备受瞩
目的新闻发布会上为史蒂文森公开背书。索伦森的推理基于两个方
面：早点公开背书会增加肯尼迪的曝光度；"更重要的是，这么做
就有机会消除所有关于你是否健康的疑虑。每当这里的人们议论你
的名字有无可能上候选人名单时，我听到最多的就是这个问题"[23]。
（不过，杰克为史蒂文森背书一事推迟到了 1956 年 3 月 8 日。他告
诉记者们，他推迟是为了让史蒂文森在即将到来的新罕布什尔州初
选之前得到"最好的帮助"[24]。）

614　　　索伦森的 17 页调研报告于 1956 年冬季完成，标题为《1952 年
和 1956 年的天主教选票》，该报告仔细研究了美国北部和西部 14
个关键州天主教选民们的投票结果，这些州以前都是民主党州，
1952 年放弃了史蒂文森，转投了艾森豪威尔。报告的结论为，这些

州在投票中都转向了共和党。索伦森利用民调数据、选举结果、学术研究等论证说，长期以来，在这些州，天主教选票起到的都是关键作用——如果没有天主教选票，民主党早在1940年、1944年、1948年的历次选举中就输了。此外，在1952年的选举中，也是在这些州，史蒂文森比其他竞选众议院和参议院席位的天主教民主党候选人得票率都低，部分原因是他的离婚，以及人们对他的印象：他是个自由派和知识分子，对共产主义不够强硬。在索伦森看来，结论明摆着：如果能为史蒂文森配上个信天主教的竞选伙伴，通过这一手段将这些传统的民主党选民拉回原来的阵营，加上民主党在南方的势力，结果会是决定性的，能让伊利诺伊州前州长赢得选举。反之，如果没有这些选民的支持，史蒂文森不会有现实的通向胜利的道路。

不过，艾尔·史密斯输掉1928年的选举又该如何解释？这难道不足以说明，候选人名单上有天主教徒是个巨大的风险？调研报告揭示，这种事就发生在不久前——1928年是共和党年，是禁酒令的"干派"（drys）支持者之年。无论哪个民主党人参选都会输掉。至于史密斯输掉的四个州，那些都是南方州，此前多年，那几个州一直是坚定的民主党州。从那往后，画风变了，如今天主教选票变得比以往任何时候都更重要。间接评论其他潜在的副总统候选人提名时，索伦森说，确实，在1956年的选举中，民主党依靠农场选票或南方选票赢下的机会远不如重新夺回天主教徒广泛的支持稳妥。[25]

"鉴于意大利人、捷克人，以及其他前移民的后代逐渐成熟起来，"索伦森在报告里引用民意调查员塞缪尔·卢贝尔（Samuel Lubell）的原话，"眼下天主教投票势力达到了巅峰。"此外，索伦森强调，广泛的调研显示，与非天主教徒相比，天主教徒的投票比例更高，在任何情况下这都是关键点。不过，考虑到全美国的人口分布，情况更是如此：在 14 个关键州，天主教徒特别集中，在选举人团里占 261 张选举人票（必须再多 5 张选举人票才能赢得 1956 年的总统选举。)[26]

615　　　索伦森的调研报告完成之前，他和肯尼迪两人就不动声色地将调研中的发现透露给了一些支持他们的记者。《观赏》（*Look*）杂志专栏作家弗莱彻·克内贝尔（Fletcher Knebel）是个诙谐而尖刻的写手，兼职写政治小说［包括《五月的七天》（*Seven Days in May*）］。那年 2 月，他与肯尼迪和索伦森见了一面，两人给他留下了深刻的印象，而且他得到了一份调研报告的纲要。他撰文称，肯尼迪拥有竞选副总统的"民主党人所需的一切特质"：帅气、年轻、出众的参战履历、自由派政策立场、非同寻常的收割选票能力。此外，克内贝尔指出，在全国性选举中，他的宗教信仰不仅不会成为麻烦，反而会成为优势，将在美国北部以及东部各州天主教人口中激发出巨大的选票效应。[27]

IV

　　若不是 1956 年初发生了另外两件事，提升了肯尼迪的名望，前边说的事也许就偃旗息鼓了。第一件事为，《当仁不让》一书于 1 月初正式出版。这本书正式发行前，《纽约时报杂志》以《政治勇气的挑战》为题刊发文章，从书里摘录了相当多内容，主要摘自第一章。《波士顿环球报》、《哈珀斯杂志》（Harper's）、《读者文摘》、《科利尔杂志》（Collier's）也摘录了部分内容。[28] 对广大美国民众来说，在那个年代，印刷精美的杂志是最重要的信息源，因此这些出版前的宣传活动至关重要——《读者文摘》和《科利尔杂志》分别有 1000 万册和 370 万册发行量——大大刺激了这本书的预订量。一些著名刊物的评论文章不吝溢美之词，让肯尼迪受到进一步鼓舞。政治记者卡贝尔·菲利普斯（Cabell Phillips）在《纽约时报书评》头版的评论文章中盛赞，"就政治职业操守议题，由一位顶流政治家亲笔撰写一本经过深思熟虑和有说服力的书，让人耳目一新，深受启迪"，书中刻画了几位参议员，每个人"都在某个危急时刻守住了自己的原则，顶住了由偏执、地方主义、从众心理引发的民众的暴怒"。作者作为观察人士，感同身受，"做他的本行绝对不是半吊子，而是满怀理想、鲜有幻想、基础扎实的熟练工。对于值得尊敬却基本上遭到滥用的一个职业，这本书堪称恢复了其名誉"[29]。

其他报刊的做法如出一辙，《星期六晚邮报》赞扬肯尼迪承认"为了让民主政府能够运转，妥协是必要的"。还称赞他认识到，参议员必须"根据自己的良心行事，不要考虑选区的选民们怎么想"。《芝加哥论坛报》的说法为，那是一本"非同凡响的书。……他把几个美国政治家写得璀璨夺目，他们在历史的重要关头展现出某种罕有的伟大"[30]。欧文·D. 坎汉（Erwin D. Canham）在《基督教科学箴言报》（*The Christian Science Monitor*）刊文提醒作者未来前行时需多加小心，"因为他为政治操守设立了过高且难以企及的标准"。其实，坎汉是在用这种方式夸奖肯尼迪，他接着评论道："一位美国参议员，一个自立的年轻人，曾经行事勇敢，做事缜密，进而做出了这样的研究成果，不仅铸就了非凡，还有益于社会。这是肯尼迪参议员在高高竖起的桅杆上展开的一面猎猎飘扬的大旗。愿他的旗帜永远飘扬。"其他报章同样给予肯尼迪高度评价，例如《休斯敦纪事报》（*The Houston Chronicle*）——"让人爱不释手"；《克利夫兰实话报》（*Cleveland Plain Dealer*）——"年内都可能难得一遇的好书"；《华尔街日报》——"一本催人奋进、特别引人入胜的书"；以及全国各地的其他报刊的正面评价。

在波士顿，市议会通过了一项决议，要求学校委员会将《当仁不让》一书作为历史课的重要组成部分列入教学计划。市议员加布里埃尔·F. 皮耶蒙特（Gabriel F. Piemonte）称赞这本书为一堂"伟大的民主课"。在其他许多城市，这本书很快也成了高中阅读书单上的重点图书，未来数年，在美国许多地方，这本书一直在阅读书单上。[31]

肯定会有一些不和谐的声音，查尔斯·普尔（Charles Poore）在《纽约时报》"时代书评"版面刊文称，他发现，肯尼迪称颂的那些人"展示的最突出的勇气恰恰与选择他们当领导的民意背道而驰"，令人担忧。例如，肯尼迪滔滔不绝地为埃德蒙·罗斯的一些行为辩护，后者 1868 年凭关键的一票使安德鲁·约翰逊总统免遭弹劾，还因此维护了宪法，肯尼迪却没以"足够的篇幅描述全体美

国人民长期以来的善意。在过去，无论哪个时期的煽动分子如何大
声疾呼，美国人民一向维护宪法政府"。此外，普尔还提出了如后
质疑：肯尼迪声称，在具体事务上，书中人物之一的乔治·诺里斯
的做法对或错无关紧要，因为诺里斯展示了勇气，对自己真诚。难
道说，勇气一旦用在某一具体目的上就不重要了？"这好像是在促
使人们为了勇气而崇尚勇气，无论它出现在什么地方。这说法有几
个方面无法让人接受。……某种程度上，人们对真勇气的看法与展
示出勇气的原因是融为一体且密不可分的。"尽管普尔提出了一些
批评，但他也称赞《当仁不让》一书"可读性极强"，让人印象至
深，因为它收录了几个"极其不同的"人物。普尔在文章中还赞扬
肯尼迪是"脚踏实地的人，也是崇尚理想主义的内行"，因为他
"欣赏墨尔本勋爵的如后说法：英国史学家麦考利好像所有事都尽
在掌握中，而他只要有一件事尽在掌握中就满足了"[32]。

　　这本书的销售从一开始就十分火爆，很快就上了各种畅销书榜
单，一连好几个月都在榜单上。（三年内，这书的精装本售出了18
万册，平装本售出了50万册。）再没有人认为约翰·肯尼迪不过是
个新来的参议员，如今他被冠以参议院非官方历史学家、受尊敬的
政治操守捍卫者头衔。苏联对美国的生活方式构成了威胁，而这本
书则向广大读者保证，民主会产生视国家利益高于个人野心的众多
领导人，他们相信如后格言——没人能垄断真理，因而在面对复杂
的社会问题和政治问题时，理智的民众可以有不同的解决方案。所
以民主具备最终获胜的能力。外文译本很快也出现了，包括希伯来
文、日文、印度古吉拉特文。这本书正式发行一个月后，2月7日，

肯尼迪成了在纽约市举办的美国国家图书奖晚宴的特邀演讲嘉宾，照片上的他由两位受人尊敬的文学名人相伴：美国作家约翰·奥哈拉（John O'Hara）和诗人 W. H. 奥登。[33]

后来，尤其是这本书获普利策传记奖之后，一些批评人士却指责说，他们认为，一个实际上并未参与写作的人挂名出书是欺世盗名。肯尼迪死后数十年，仍然有人在发出这样的指控。[34]这种异议很大程度上毫无根基。首先，毫无疑问，在写作方面，在这本书的构思和框架方面，肯尼迪发挥的作用比这些批评人士所说的更大。这本书宽泛的主题以及总体结构都出自他的设想。当年造访佛罗里达的那些朋友都证实，肯尼迪在完成手稿方面特别努力，证实这一点的还有将他的口述打印成文的秘书们，更迫不及待地证实这一点的还有杰姬·肯尼迪。[35]（如果没有索伦森和朱尔斯·戴维兹，即使文笔可能稍有逊色，肯尼迪也极有可能出版一本类似的书；但如果没有肯尼迪，《当仁不让》一书可能不会问世。）其次，那个世纪中叶——以及后来——美国政治家获得他人的重要帮助，以个人名义出版书籍，这是一种标准做法。例如，美国国会里每个人都知道，近些年，以埃斯蒂斯·基福弗的名义出版的畅销书《美国的犯罪》（*Crime in America*），主要是他手下的工作人员为他创作的。[36]

毫无疑问，无论是当时还是后来，无论是肯尼迪、索伦森，还是参与该项目的其他人，谁都没想过他们可能做了不道德的事。索伦森为参议员的许多演讲稿和文章做出过巨大的贡献，为什么就不能帮着写一本书？按理说，肯尼迪应当拒绝领取普利策奖，不过，很难想象他（或其他与他情况类似的人）真会那么做——那么做不啻他亲自宣告造假行为，很可能会对他的名誉造成永久性伤害。说得更直白些，在核心方面，肯尼迪是这本书的作者，他的这种信念从未动摇过，直到生命最后的日子里，他一直认为，获得普利策奖或许是他此生最值得骄傲的事情。[37]

V

《当仁不让》一书让肯尼迪立刻收获了政治红利，提高了他在民主党内的地位，该党对似乎很博学的名义领袖阿德莱·史蒂文森膜拜已久。[38]对民主党在华盛顿的诸位领袖以及全美各地的活跃分子来说，该书提高了肯尼迪的社会地位，让他成了一颗冉冉升起的新星，也是必须加以考虑的一股力量。（当初肯尼迪坚决主张这本书必须有地域上的广度，对南方人着墨不能少，如今的结果证明了他的先见。）那年春季，肯尼迪也因为这本书得到进一步帮助，在另一方面取得了明显进展，即为夺取马萨诸塞州民主党组织控制权，他进行了惨烈的幕后斗争，以便更好地提高他在史蒂文森身边的地位。这方面，肯尼迪长期以来与州党部若即若离，让他在党的州级层面像个外人，原本这也不算事（党的州级组织几乎没有实权），不过，州级管理委员会控制着参加 8 月在芝加哥召开的民主党全国代表大会州级代表资格的遴选。

3 月初，艾森豪威尔宣布将再次参选总统后不久，肯尼迪参加了上述委员会的一次会议，请求委员会给予他支持。他心里清楚，

在最好的情况下，他的前景也是个未知数。该委员会的主席是来自
州中部、肥胖矮小的洋葱农场主，前酒馆老板，名叫威廉·伯克
（William "Onions" Burke），绰号"洋葱"。他是詹姆斯·迈克尔·
柯利的门徒、麦卡锡的支持者。更重要的是，"洋葱"是众议院多
数党领袖约翰·麦科马克的亲密盟友，后者出身自南波士顿的工人
阶级，1928 年来到华盛顿，一路奋斗到如今的领导地位。唯有来自
得克萨斯州的众议院议长萨姆·雷伯恩（Sam Rayburn）比他地位
高。虽然麦科马克和肯尼迪同为爱尔兰裔天主教民主党人，两人却
从未走近过——麦科马克一向不信任心里装着世界的常春藤联盟的
学生，肯尼迪虽然很尊重这位长者，但他也明说过，对方不是值得
学习的榜样。不仅如此，麦科马克还反对提名史蒂文森为总统候选
人，而是全力支持埃夫里尔·哈里曼，并为此将自己打造成了受全
州拥戴的候选人，同时向世界宣示，他麦科马克才是全州民主党人
的代言人。[39]

　　麦科马克的行动得到了"洋葱"和约翰·福克斯的支持。后者
是《波士顿邮报》出版人，疯狂的麦卡锡主义者，1952 年曾支持
肯尼迪竞选参议院议席，后来却转而攻击肯尼迪没站在麦卡锡一
边。福克斯本是哈佛人，却指责肯尼迪没有抨击哈佛大学校长内
森·普西（Nathan Pusey），后者是麦卡锡最喜欢攻击的目标，福克
斯指责普西纵容被怀疑为共产主义同情者的教授们。（对麦卡锡及
其追随者来说，哈佛大学是"查尔斯河畔的克里姆林宫"。）福克
斯多次敦促肯尼迪加入一个校友组织，抵制哈佛大学的筹款活动，
遭拒绝后，他让手下的报纸发表了大量社论，以谴责肯尼迪，颂扬

"洋葱"和麦科马克。[40]

　　马萨诸塞州众多自由派人士的回应是团结到肯尼迪身边。在哈佛大学政治科学家塞缪尔·比尔（Samuel Beer，后来成了以下组织的主席）的率领下，美国民主行动组织（Americans for Democratic Action）行动起来，投身到反"洋葱"的运动中，马萨诸塞州其他进步力量亦如是。约瑟夫·劳（Joseph Rauh）是前述组织的创办人之一，还是不知疲倦的民权捍卫者，据他说，杰克·肯尼迪如今被看作"某种反政治机器的年轻的自由派"——劳补充说，不过，他比自由派更反政治机器。[41]

　　3月的会议最终惨淡收场。许多经常参会的党员不想屈就于参议员的想法，他们更忠于麦科马克，对肯尼迪家族在1952年竞选活动期间将该组织晾在一边表示愤慨。对这样的藐视，肯尼迪尽管愤怒，脸上却仍然表现得很平静，因为他清楚，如果他对史蒂文森的支持在很大程度上遭到马萨诸塞州代表团的忽视，无论是在州里还是在全国，他的声誉都会遭受极其严重的伤害，而马萨诸塞州代表团试图与麦科马克、"洋葱"、福克斯保持步调一致。因此，肯尼迪提出一套方案：前往芝加哥参会的代表们半数支持史蒂文森，另外半数支持受全州拥戴的麦科马克作候选人。"洋葱"挥挥手拒绝了这一建议。他认为，肯尼迪就是个年轻的暴发户，应该哪儿凉快去哪儿待着。后来，4月，在全州初选中，"洋葱"成功地组织起在选票上自填候选人活动，以支持麦科马克，使麦科马克轻松击败了史蒂文森。既然战线划分得很分明，既然"洋葱"要参加5月的改选，肯尼迪及其副手们只好使出浑身解数让他落选，就连参议员

620

通常避之不及的那种幕后政治手腕都用上了。（父亲总是告诫他，尽量远离地方政治。那是一摊烂泥，一旦陷进去，就不可能逃脱。）助手们搜集了委员会每一位成员的信息，在此基础上，肯尼迪奔赴全州，逐一拜访了其中许多人，敦促他们将选票投给他选定的候选人——萨默维尔前市长、人称"帕特"的约翰·林奇（John "Pat" Lynch）。与此同时，"洋葱"的人马也在全力以赴为自己的人拉选票。[42]

"洋葱"的团队原计划于 5 月 19 日星期六下午 2 点在斯普林菲尔德召开一次委员会会议。肯尼迪的团队决定同一天下午 3 点在波士顿公园不远处经常召开会议的布拉德福德饭店（Bradford Hotel）召开该委员会正式会议。"洋葱"的人马做出回应，撤销原来的公告，同时宣称，是他们在召集下午 3 点在布拉德福德饭店举行的会议。

肯尼迪团队理应在确定日期前更仔细地核对一下日历：同一天，杰克最小的妹妹琼将在位于曼哈顿的圣帕特里克大教堂举行婚礼，嫁给斯蒂芬·史密斯（Stephen Smith），他是在纽约运营大型拖船和驳船的家族低调聪颖的儿子。参议员原定与鲍比和泰迪一起在婚礼上当男傧相。杰克飞到纽约参加了婚典，然后立即搭乘回程航班赶回波士顿，以便赶到布拉德福德饭店，在委员会成员们到场时表示欢迎。他及时赶到了现场，在大堂里与人们逐一握手，重申自己对约翰·林奇的支持，然后就离开了，谨慎地避开了随后而来的喧闹会议。

"我们认为不应当允许'洋葱'参会，因为他不是委员会成员。"拉里·奥布赖恩回忆说，他是肯尼迪那边的关键人物。

　　为保住优势地位，我们安排两个健壮的波士顿警察把门，据说其中一个警察在一次酒吧斗殴中杀死过一个人。伯克到达时，跟他一起的还有几个壮汉。会议即将开始时，伯克和他的手下从电梯里冲出来，冲过了我们的门卫，其中一个带头的是绰号"揍人"的埃德·麦科马克（Ed "Knocko" McCormack），他是多数党领袖的小弟弟，体重达 272 斤，喜欢用两个拳头解决问题。随着会议厅里到处都出现了尖叫声和推推搡搡，我给波士顿警察局局长打了个电话，他几分钟内就到了现场。

　　"我是奥布赖恩，"我对局长说，"你得想法子将这些肇事者赶出去。"

　　"你要再多说一个字，奥布赖恩，"局长回复道，"我就把你关起来。"此前我不知道，局长竟然是麦科马克的人。整个现场就像《政坛列传》（一本书的书名，后来改编成电影，书里描绘了一个毫无道德底线的政治家参加不加限制的市长竞选活动，其原型人物为詹姆斯·迈克尔·柯利）里的一个场景。两个竞选州主席席位的候选人差点用斗殴解决问题，场面一度失控，现场充满了喊叫和混乱，点名开始后，一个喝醉的委员还试图投两次票。[43]

　　所有选票清点完毕，肯尼迪支持的林奇大获全胜，票数为 47 比 31。根据杰姬·肯尼迪和泰德·索伦森两人的说法，就像投身这一事业以来的历次斗争一样，参议员对这次政治斗争十分上心，由此毫无争议地获得了对州党部的控制，如今还可以在党代会上为史蒂文森交出全州 40 票里的多数选票。[44]获胜的肯尼迪跳上一架飞往纽约的航班，妹妹在广场饭店举行的婚宴正好进入了高潮。离开波士顿前，肯尼迪没忘给史蒂文森的竞选经理詹姆斯·芬尼根（James Finnegan）打电话通报情况，后者对结果表达了喜悦之情。[45]

不过，对这次胜利，肯尼迪自己好像没那么高兴——他告诉助手们，双方互相揭短不合时宜，令人沮丧。在 5 月末发表的一篇杂志文章中，以及两周后的哈佛毕业典礼演讲上，他试图重新站上道德高地。[46]在哈佛大学演讲时，他从《当仁不让》一书里选取了一些论据和范例，重复了在美国国家图书奖晚宴上做过的一些评论，还集中谈到了在这个国家的政治家和知识分子之间似乎正不断加深且可悲的分裂。① "与融合相反，"他对哈佛园的 3000 名听众说，那地方离他大一时住过的学生宿舍不远，"如今，在大部分时间里，冲突和分歧成了双方关系的特征。"

622

政治家恨学者恨得咬牙切齿，因为其权威建立在公众意志的授权之上，而学者却不受船锚一样的公众舆论羁绊，可以灵活地从一个立场转换到另一个立场。……但知识分子觉得，很

---

① 这篇演讲稿的主要内容是他人为肯尼迪起草的，起草人极有可能是索伦森。最有力的证明是，在手写部分，肯尼迪划掉了哈佛 "校园" 一词（哈佛人从不这么说），将其替换成了 "（哈佛）园"。——原注

难接受实验室和立法机构之间的差异。就实验室来说，目标就是寻找真理，纯粹而简单，根本不必考虑不停变化的公众舆论潮流；就立法机构来说，妥协、多数、程序化的习惯和权利都会影响最终决策，例如什么才是正确、公平、好。即使意识到其中的区别，大多数知识分子也认为，他们的主要职能是提出批评——政客们对批评一向很敏感（也许是因为我们承受了太多批评）。"许多知识分子，"著名哲学家悉尼·胡克（Sidney Hook）说，"宁愿去死，也不愿附和大多数人，甚至在绝大多数人偶然正确时也不愿意。"

肯尼迪继续说，非常有必要的是，双方必须牢记，美国政治家和学者都声称自己是值得骄傲的相同遗产的继承人。"我们国家那些最早的伟大政治家同样是最早的伟大作家和学者。美国宪法的奠基者同样是美国学术的奠基人。杰斐逊、麦迪逊、汉密尔顿、富兰克林、潘恩、约翰·亚当斯——仅举这几个人为例——的作品影响了世界文学，更是跨越了地理界线。书籍是他们的工具，而非他们的敌人。"肯尼迪接着说，这并非暂时现象，美国知识分子和政治家之间的关联延续了一个多世纪。所以，1856 年，在一个世纪前的总统竞选活动中，"在巡回演讲活动中，共和党派出了三位口才绝佳的演说家——威廉·卡伦·布赖恩特（William Cullen Bryant）、亨利·沃兹沃思·朗费罗（Henry Wadsworth Longfellow）、拉尔夫·沃尔多·爱默生。当年是无忧无虑的日子，那时候的书呆子都是共和党人"。

演讲结尾时，肯尼迪提醒听众，政治家和知识分子最终都必须承诺在"一个共同的框架内运作——我们将这一框架称为自由。言论自由不能分为政治言论自由和学术言论自由"。这种承诺的回报一定是巨大的。他解释道："'别教我儿子学习诗歌，'一个英国母亲最近在写给哈罗公学教务长的信里表示，'别教我儿子学习诗歌，将来他要成为议员。'或许她说得对——不过，如果越来越多的政治家学了诗歌，越来越多的诗人学了政治，我敢保证，在1956年的这个毕业日，我们生活在其中的这个世界多少会变得好点。"[47]

第二十二章

就差一点点

I

约翰·F. 肯尼迪在 1956 年哈佛大学毕业典礼上的演讲受到广泛关注，而且远不止媒体在关注。《纽约时报》对其进行了重点报道，其他报刊亦如是。华盛顿的民主党同僚们送来了美言，参议院多数党领袖林登·约翰逊的说法最夸张，无人能出其右，他把肯尼迪的演讲称作"捍卫政治和政治家的最雄辩的说辞，每读一遍都会感到如饮甘饴"。他还让人将其列入了《国会议事录》。[1]

为迎接秋季选举，正在猜测民主党可能的候选人名单的政界内部人士对肯尼迪的动向给予了相应的关注。距芝加哥民主党代表大会召开还有两个月，人们广为推测，阿德莱·史蒂文森会被提名，在关键州的初选中，与埃斯蒂斯·基福弗相比，他的表现更可圈可点，也比其他任何潜在的旗手得到了更多党内领导人的支持。眼看最近几个月马萨诸塞人收获了大量公众的喜爱，伊利诺伊州前州长对选择肯尼迪作他的竞选伙伴这一前景越来越感兴趣。不仅记者们有兴趣——在康涅狄克州州长亚伯拉罕·里比科夫（Abraham

Ribicoff）的带领下，新英格兰地区的政治领袖们准备将肯尼迪列入候选人名单，这一行动还得到了罗得岛州州长丹尼斯·J. 罗伯茨（Dennis J. Roberts）以及其他人的支持。北卡罗来纳州州长卢瑟·

625　霍奇斯（Luther Hodges）是温和派，此前他也表示过，南方各州可以接受将肯尼迪列入名单。史蒂文森的好几个顾问也想让肯尼迪占据第二候选人的位置，其中有小阿瑟·施莱辛格。[2]的确，对于肯尼迪的身体和年龄，各种质疑风生水起。不过，他出版过两本大获成功的书，给他带来了荣耀，而且，面对大庭广众时，他还是个演说能人。他在电视上更是表现出众，他展示的形象英俊潇洒、干净利落、温文尔雅，他的低调更让人着迷，说话幽默风趣，还有战时英雄履历。在 1952 的选举中，他划时代地战胜了亨利·卡伯特·洛奇，这表明他深知如何竞选，如何赢。肯尼迪的天主教背景甚至也是个优势，可以抵消史蒂文森离婚带来的负面影响，还能在美国中西部和东北部各关键州提升总票数。[3]

牛顿·米诺（Newton Minow）是史蒂文森的朋友和法律助理，当年早些时候，肯尼迪在美国全国基督徒与犹太人大会（National Conference of Christians and Jews）上演讲时，他是现场听众之一，他一下就被迷住了。

> 我立刻就爱上了杰克·肯尼迪。我会永远崇拜他，不过他当时就把我迷住了。我被他整个人的姿态、他的整体形象、他的整个迷住了——他真的让我发狂。那晚离开现场后，我在车里对［老婆］乔说："知道吗，这是个理想的副总统候选人，

跟阿德莱很搭，真是天造地设的搭档，他有阿德莱缺少的东西。他对天主教徒有吸引力。他能帮着冲淡阿德莱离婚的负面影响。因为他自己年轻，他对年轻人有吸引力。他对导致1952年阿德莱惨败的那部分人有吸引力，就是那些害怕对共产主义软弱的保守的爱尔兰裔民主党人。他太完美了！"[4]

然而，宗教问题具有两面性，许多经验老到的观察人士敦促史蒂文森谨慎行事。连任三届的匹兹堡市市长大卫·劳伦斯（David Lawrence）是民主党内的实权人物，也是天主教徒，他警告史蒂文森，找个天主教竞选伙伴，无异于在11月的竞选中招来不可避免的失败。众议院议长萨姆·雷伯恩同样对此持否定态度，据说哈里·杜鲁门也持同样的态度。不足为奇的是，当年早些时候，泰德·索伦森准备的备忘录在党内知情人士间开始流传时，史蒂文森也伸手索要。他们需要过硬的数据。索伦森一开始还装傻充愣，随后还是得谨慎地确保满足对方的要求，因为在正式场合，这份备忘录已经不是他的个人产物——肯尼迪也精明地意识到不能让人们以为他的助手在推动此事，他安排康涅狄格州党主席约翰·贝利（John Bailey）承担这份文件的责任，后者是他的强力后援。这一伪装成效显著：自那往后，人们将该文件称为贝利备忘录。[5]

杰克·肯尼迪真的想要副总统提名吗？那年早些时候，他向索伦森否认过这一想法，将其称为不值一提的工作，对政策或其他任何具体事务都起不到作用。[6]不过，这想法在他脑子里越来越多，与其说这么做是为了占个位置，莫如说是出于竞争意识。那年春季和夏季，人们谈论的都是总统提名一事，因而杰克也想加入这一行动。相应地，每隔一段时间，他和索伦森都会将马萨诸塞州和新英格兰地区总统提名竞争形势通报给史蒂文森办公室，同时为如何才能在全国范围内更好地回应埃斯蒂斯·基福弗的挑战出主意。3 月30 日，在肯尼迪的要求下，索伦森给牛顿·米诺打电话，建议史蒂文森在讲话中以"强烈的方式"利用基福弗经常缺席国会会议一事。4 月 16 日，肯尼迪致信米诺，提醒道，怀俄明州正处在脱离史蒂文森掌控的危险中。如本书此前所说，肯尼迪在 5 月的那一战成功地撵走"洋葱"·伯克，掌控了州党部的控制权后，丝毫没有耽搁，立即将当时的情况通报给了史蒂文森。6 月初，史蒂文森在加利福尼亚州初选中沉重地打击了基福弗，事实上锁定了候选人提名，肯尼迪立刻发去了贺电："你已经证明我们中许多人从一开始就知道的结果，指明了通向 8 月和 11 月胜利的道路。"[7]

即便妻子和父亲真心反对，也未能阻止杰克。杰姬希望丈夫在压力稍小的情况下继续康复，而约瑟夫·肯尼迪则认定，由史蒂文森挑头的候选人组合注定会遭受一面倒的失败。艾森豪威尔实在太强大了。民意调查显示，艾森豪威尔会毫无悬念地碾压史蒂文森，何况他已经击败过史蒂文森一次。所以，即便杰克赢了副总统提名（这本身也有悬念），那也不是真正的胜利；老约坚信，情况正相反，民主党的任何溃败都会被归到杰克的天主教信仰上，那会让他四年或八年后某个时间段参选总统的前景化为泡影。"如果选中你，"老约在写给儿子的信里心悦诚服地引用克莱尔·布思·卢斯的话说，"那是因为你是个天主教徒，并非因为你了不起，堪当重任。她觉得，如果失利，对你的声誉必定是毁灭性打击。"[8]

杰克没有被他人怎么说吓住，至少，恰如 6 月底他在写给父亲的一封信里所说，他从中看到了好处，而好处来自"这一片喧闹"[9]。关于他会不会成为副总统候选人的猜测让他的名字在全国选区频频亮相，怎么说都是好事。此外，他一向好与人斗。从那往后又过了数周，尤妮斯及其丈夫萨金特·施赖弗和杰克一起从科德角飞往芝加哥，两人敦促杰克直接跟史蒂文森竞争候选人资格。尤妮斯还写信告诉父亲，杰克确信，如果未被选为副总统候选人，又没有其带来的对杰克名字的认可，民主党绝不会"在将来……任何时候选择他当总统候选人"。当时大使旅居在法国南方，他的反对态度已经开始软化，尤其在后边的消息流出之后：德怀特·艾森豪威尔正在经历新的健康问题。（6 月，总统患了回肠炎，在沃尔特·里德陆军医疗中心做了手术，然后在医院住了整整三周。）老约坚信，如果艾克无法参选，将极大地改变平衡局面，他还告诉朋友们，没准他必须返回美国，参加民主党代表大会。[10]

总统的健康成了关键。老约仍然坚信，艾森豪威尔可以轻松战胜史蒂文森，或者赢下任何民主党候选人。"我认为时间会证明，艾森豪威尔是我们这个时代最受欢迎的人，在我看来，在即将到来的竞选中，与他作对真的无异于自杀，"老约从法国埃兹小镇写信给女婿萨金特·施赖弗，"说来也怪，就杰克的情况而言，如果某人病了，还要坚持投身激烈的战斗，几乎不可能导致反对他的情绪。……记住，萨金特，我们现在面临的氛围是，超过 6500 万人的工作和报酬比以往任何时候都好。……所以，目前的经济形势再好不过了。谁都无法对别人说，换个［民主党］人情况会更好，无论是对劳动者还是对资本家，没人能说动别人。"老约在信的结尾处表示："我坚信，虽然史蒂文森和杰克在一起肯定会比上次干得更好，但他们也赢不了。"[11]

在写给儿子的信里，大使的话语更加隐晦，不过他把自己的看法表达得很清楚。"我得出了几个结论。"7 月，老约写信给杰克。

> 第一，史蒂文森获得提名后，他自己会提名副总统。第二，他肯定会担忧你的健康，另外……如果他想那么做，那就会成为他的借口。第三，你弄明白他想让副总统做什么后，再决定对你有没有吸引力。……如果你的决心是，既不想干，也不打算干，无论你选哪样，你都应当先发个声明，大致说一下代表马萨诸塞州是最伟大的事情之一；为这个州以及全州人民工作已经忙不过来；得到全国支持，提名你参选副总统，让你感激之至，可你的心仍然属于马萨诸塞州。[12]

628

时间移至 8 月初，艾森豪威尔的身体状况稳定了下来，好像他在为选举做准备了。对老约来说，这问题就算最终解决了。或许老人家还算幸运，由于身在海外，他没必要阅读最新一期《时代》周刊，该刊将杰克摆在了民主党副总统候选人名单之首。"39 岁的杰克·肯尼迪身材瘦削，有标志性的孩子式的乱蓬蓬的褐色头发，有长相，有头脑，有个性，还有个漂亮的妻子（她第一个孩子的预产期是 10 月）。"该杂志热情洋溢地如此介绍。肯尼迪的战争阅历、他"在关键州收割选票的能力",以及他"能干、独立思考,在众议院……和参议院都奉行走中间道路",让他成了首席竞争者。不足之处是肯尼迪的天主教背景,以及那年早些时候他所在的党投票反对联邦政府对美国农场主进行全额补贴时,他决定超越党派,和艾森豪威尔当局站在了一起。总之,前述文章称,和表面领跑的埃斯蒂斯·基福弗相比,肯尼迪看起来处在更有利的位置。后者由于盛气凌人,已经"在竞选游说过程中树敌过多"[13]。

尤其需要说的是,在危及民主党、有可能将该党一分为二的问题上,肯尼迪似乎也处在有利的地位,即民权问题。那之前两年,社会活动者竭力主张非裔美国人在国家机构和国家财富上享有充分的权利,反种族隔离暴力活动在美国如火如荼。1954 年,一系列挑战种族隔离的标志性案件以最高法院一致通过"布朗诉教育局案"判决达到了顶峰,该法案要求各公立学校取消种族隔离。接下来那年,法院要求各地方学校董事会行动起来,"以无比谨慎的速度"落实法院判决。1955 年 8 月,14 岁的埃米特·蒂尔(Emmett Till)在密西西比州惨遭杀害(因为对一名白人女性吹口哨的所谓"罪行"),进一步刺激了民权行动。12 月,在亚拉巴马州蒙哥马利(Montgomery),黑人裁缝和美国全国有色人种协进会积极分子罗莎·帕克斯(Rosa Parks)在公交车上拒绝将自己的座位让给白人。罗莎的行为在蒙哥马利激起了长达一年的抵制乘公交运动,组织者是新上任的浸信会牧师——26 岁的小马丁·路德·金(Martin Luther King Jr.)。[14]

在国会山的最初九年,杰克·肯尼迪是坚定的民权拥护者,投票方面没有任何污点记录。然而，事到如今，在第十个年头，他小心翼翼地调整了自己的站位，希望以此加强副总统提名前景。民主党人严重分裂为南方种族隔离主义者（在参众两院控制着一些关键的委员会）和一帮主要集中在参议院的自由派战士，后者下决心进行有意义的改革。[15]在观念和理智方面，史蒂文森与改革者一致，不过，由于担心与他们结盟会影响选举结果，他在这一问题上谨言慎行，尽可能对布朗案判决避而不谈，同时希望竞选纲领委员会能设计出某种巧妙的妥协方案。同时他也意识到，他需要的竞选伙伴应当能得到党内双方的认可，此人应当能同时被种族隔离主义者和北方的自由派接受。

肯尼迪的目标就是成为那个人。在春末夏初短短几个星期内，他精心尝试重新打造自己的政治形象，在向右转、让自己在南方更受欢迎的同时，还要与北方的人们保持良好的关系，因为他与他们具有相同的种族平等理念。他把自己打造成了民权渐进主义者，全力支持改善黑人的状况，不过他认为，废除种族隔离必须一步一步走，还要南方各市政当局自愿参与。实际上，肯尼迪采取的是模糊立场，即遵循最高法院构想的"以无比谨慎的速度"落实判决——种族隔离必须被废除，只是落实节奏有讨论和妥协的空间。这种脚踩两只船的做法未必会讨许多南方民主党人的喜欢，不过，不管怎么说，为赢得他们支持，这么做让他处在了比田纳西人基福弗更有利的地位。在他们眼里，基福弗做出了背叛举动，因为他拒绝签署《南方宣言》，该宣言谴责布朗案判决为"明显滥用司法权"，100 名美国参议员和众议员在文件上签了名

（其中 96 人为民主党人）。[16]

7 月初，参加美国哥伦比亚广播公司《面向全国》（*Face the Nation*）电视节目时，参演嘉宾用国会在废除学校种族隔离方面的作用这个问题向肯尼迪发问，对他步步紧逼，绞尽脑汁套取他的立场。肯尼迪则千方百计闪烁其词，避免明确的说法，好在他的说法几乎没留下怀疑空间。他说废除种族隔离的速度应当由法院决定，而不是由立法机构决定。节目趋近尾声时，有人问，民主党竞选纲领是否应当为布朗案判决背书，肯尼迪用一种精妙的方式表达了"不会"。他说："眼下一些人或许会认为，在政治上再次强调这一点没准是可取的。在我看来，没这个必要，因为我接受判决结果。"[17]

630

‖

8 月 13 日，民主党全国代表大会在芝加哥国际竞技场开幕之际，党内分析人士以及媒体确定了好几个二号候选人位置的居前人选：除了基福弗和肯尼迪，还包括明尼苏达州的休伯特·汉弗莱、田纳西州的老阿尔伯特·戈尔（Albert Gore Sr.）、得克萨斯州的林登·约翰逊，以及纽约市市长罗伯特·瓦格纳（Robert Wagner，也是个天主教徒）、纽约州州长埃夫里尔·哈里曼。基福弗是最受欢迎的即将登场的人，汉弗莱也吸引了很多人的关注。（绝大多数政客猜测，约翰逊更希望继续担任多数党领袖，同时放眼 1960 年。）

然而，杰克·肯尼迪幸运地赶上了一次休息，他这辈子赶上的几次周期性休息定义了他的职业生涯。民主党全国委员会主席保罗·巴特勒（Paul Butler）委托好莱坞制片人和代表团成员多尔·沙里（Dore Schary）拍摄一部关于民主党历史的影片，在大会第一晚主题演讲时间段播放。缅因州州长埃德蒙·马斯基（Edmund Muskie）是党内正在崛起的人物，制片方邀请他为影片做旁白，但遭到了拒绝，于是邀请肯尼迪，得到了同意。7月，肯尼迪飞往加利福尼亚州，前去观看电影片段，地点在他妹妹帕特里夏和丈夫彼得·劳福德位于圣莫尼卡（Santa Monica）的海滩寓所，里边有20个房间。[那所房子建于1936年，当年为电影巨头路易斯·B.梅耶（Louis B. Mayer）建造。]肯尼迪对放映内容很满意，事先练了几遍台词，添加了几句自己的说法，然后进录音棚录好了影片旁白。多尔·沙里激动地说："我们所有接触过［肯尼迪］的人立刻都爱上了他，因为他脑子特快，特迷人，特好合作，另外他显然很聪明，经验老到。"[18]

影片获得了碾压性的胜利，成了代表大会开幕当晚的高光时刻。随着灯光变暗，1.1万名观众听到肯尼迪那新英格兰口音的话语响彻整个会场，效果令人激动。坐在加利福尼亚州代表团席位上的多尔·沙里回忆说，参议员的个人魅力"就那么一跃而出，在银幕上突然就跳到了人们面前。旁白非常好，影片富于感染力，而他立刻成了候选人。这一点毫无疑问，因为他赢得了整个大会"[19]。一篇新闻报道称，影片"第一次让大会充满了疯狂的吼声"。放映结束后，肯尼迪大步流星地走上讲台，向大家鞠躬，疯狂的吼声再次响起。马萨诸塞州代表团的成员们挥动着写有"肯尼迪选总统"的标牌，还上演了一出短小但十分喧闹的支持肯尼迪的小游行。

《纽约时报》宣称："今晚肯尼迪像上镜的电影明星一样出现在大会代表们面前。"[20]不过，电影旁白真正的意义在于，它影响到了其他各州的代表团成员，更影响到了看电视的观众，瞬间提升了肯尼迪的形象，以前的所有方法都不能与其相提并论——他出版的书籍不能，1952年他戏剧性地赢得参议院议席不能，甚至他在太平洋战争中的英雄壮举也不能。肯尼迪站上了一个新高度。

史蒂文森同样印象深刻，不过，当天结束时，在选择竞选伙伴方面，究竟该往哪边走，他仍然在犹豫。深夜搭乘出租车时，牛顿·米诺充满激情地为肯尼迪说好话，说他是最好的选择，这导致史蒂文森打开了话匣子，历数约瑟夫·肯尼迪做过的让他不喜欢的事。米诺惊呼："你怎么能把父亲的事责怪到孩子头上？"史蒂文森哑口无言，然后嘟囔了一句："他太年轻了。"[21]

接下来那天，肯尼迪成了参会代表们的话题，无论是在街上，还是在会场上，无论他走到哪里都会被围住，他成了一夜爆红的人。不过，表面风光的背后，一切都没那么顺利。埃莉诺·罗斯福在民主党内令人敬畏，她来到芝加哥亲自宣布支持史蒂文森为总统候选人，同时为已故丈夫唱赞歌。肯尼迪团队成员们认为，罗斯福夫人可以提升杰克的机会，以锁定第二候选人的位置，他们为两人安排了一场半小时的会面，地点在充满传奇的芝加哥黑石酒店（Blackstone Hotel）。会面结果不理想。罗斯福夫人对肯尼迪充满疑虑，因为他父亲在战争时期对纳粹过于容忍，另外杰克未能谴责约瑟夫·麦卡锡。关于会面细节，新闻报道大相径庭，不过所有报道一致认为，前第一夫人在麦卡锡问题上让参议员很被动。她强迫杰

632

　　芝加哥的明星：参加民主党全国代表大会期间，杰克与杰姬、尤妮斯交换意见。

克在这一问题上表态时，据报道，杰克说："那是很久以前的事了。"接着他弯弯绕绕说了些关于参议院程序的事。根据事后报道，罗斯福夫人说，杰克的答复"根本没回答我的问题，我的话完了"。不过，肯尼迪坚称："她肯定误解我了，因为我的意思是，涉及麦卡锡法案的细节早在谴责运动之前很久就出现了。我的立场是，我们无法在那个人［1953年1月开始新任期］之前起诉他。如果他对那些事负有罪责，就应该在他的新任期之前阻止他……很难在那地方或以那个为基础做判断。"[22]

更有可能的是，罗斯福夫人根本没误解肯尼迪，而是完全看穿了他那样作答的实质：闪烁其词，以避开他不想面对的问题。

Ⅲ

8月15日星期三，更多证据显示，肯尼迪在大会上将扮演更重要的角色。在一次早间会议上，阿德莱·史蒂文森邀请肯尼迪在周四的投票前就总统候选人发表主要提名演讲。这提名有个限制性条件：如果当天晚些时候北方人成功地推动在竞选纲领中加入更强硬的民权条款，史蒂文森反而需要找个南方人为他提名。受邀请的肯尼迪感到很荣幸——这必然意味着在大会关键的一天，他还会引起更多全国性关注——离开会场时，他同样感到些许失落，因为那可能意味着他不会成为竞选伙伴。根据传统，没人会邀请某个在候选人名单上排位第二的人发表提名演讲。肯尼迪后来回忆说，史蒂文森告诉他希望他发表演讲时，"我问他，那是否意味着我因此失去

633

了副总统候选人提名资格？可他说，不是，未必。所以，那天小阿瑟［·施莱辛格］过来看我时，我告诉他，在我发表提名演讲前，或者，至少在此事成真前，我认为我必须知道自己是否已经被取消资格。正是那时，阿瑟告诉我，还没选定任何人"[23]。

这是真的：史蒂文森尚未决定谁来担任他的竞选伙伴。在最好的情况下，他也经常犯犹豫不决的毛病，对排在前三名的竞争者，他心里矛盾重重。大家普遍认可的领跑者基福弗具有代表优势、良好的组织能力，在春季的初选中获胜了，按理说应当选上。基福弗领导的一个参议院委员会针对有组织犯罪举行的多场听证会吸引了广泛的电视报道，他也因此赢得了全国认可。不过，史蒂文森不喜欢基福弗，因为他有酗酒的恶名，有长期的婚外情，史蒂文森知道，基福弗的许多参议院同事认为他粗暴、纵容手下，还喋喋不休。休伯特·汉弗莱是个技术娴熟的演说家和政策专家，过去他和史蒂文森一向关系不错，他代表着美国中西部农场主的票仓，在秋季选举中，候选人需要这些选票；基于数周前和史蒂文森的一次谈话，汉弗莱得到了认可，因而他满怀希望来到了芝加哥。[24]不过，南方的人们对基福弗和汉弗莱在民权方面的进步立场持怀疑态度。杰克·肯尼迪经证明是个选票收割机，有战争英雄履历，魅力无穷，还是代表这个国家重要地区的人，在政策问题上有中间派的名声。不过，他的健康、年龄、天主教信仰都是问题。在史蒂文森考虑的这三个人之外，排队的还有其他竞争者：约翰逊、戈尔、哈里曼、瓦格纳。

第二天的提名演讲是否由肯尼迪发表，泰德·索伦森在那天晚上一直在等候确认通知。他把史蒂文森的助理们提供的演讲稿看了一遍，感觉稿子一塌糊涂——他后来说："一个冗长的、陈腐的、枯燥的委员会产物。"索伦森碰上了施莱辛格，后者只说了句，上一稿更糟糕。凌晨 1 点半，演讲人之争终于平息了，肯尼迪得到了演讲授权。参议员和索伦森碰了个头，讨论如何推进此事。12 个小时内，肯尼迪将会登台，具体时间为 8 月 16 日中午。肯尼迪同意助手对讲稿的看法，他对索伦森说："我们必须重新起草。"肯尼迪口授了几句开场白，勾勒出一些要点，指示索伦森清早 8 点前完成草稿。索伦森通宵达旦地工作，然后他让一名秘书打印好新文本，跳上一辆车，将稿子送到了肯尼迪所住饭店的房间里。参议员"快速浏览了一遍，重新写了几部分，删除了一些东西，还增加了几个新段落，那时稿子已经是七零八落，必须重新打印，因为管理提词器的那帮人像催命鬼一样一直在催。我们给了他们一份，另一份送去油印以分发给媒体"[25]。

　　前往会场的路上，出租车在密歇根大道上减速时，杰克注意到一件让他头皮发麻的事——讲稿里有好多词字迹太浅，无法辨认！他张口冒出一串脏话，因为半小时之内他就要站上讲台了。碰巧在那一刻，他认出一个熟面孔，那人正在招呼出租车——《波士顿环球报》记者汤姆·温希普（Tom Winship）。肯尼迪让司机停车，喊那位记者上了车，后者当即答应帮忙。到达会场大厅后，温希普跑步冲进记者室，立马打印好了两页清晰可辨的文字稿。仅剩几分钟之际，参议员将刚打印好的讲稿交给了管理提词器的人，说来也巧，提词器坏了，杰克只好拿着稿子发言。那场演讲虽然被《纽约

634

时报》批评为基于"陈词滥调字典"攒成的发言，却让现场代表们感觉醍醐灌顶，尤其是攻击共和党候选组合艾森豪威尔和尼克松的那段话：一个走在阳光大道上，另一个却走在阴暗的小道上。对杰克的演讲内容和现场表现，芝加哥市市长理查德·J. 戴利（Richard J. Daley）离开会场后仍然觉得回味无穷，他暗自思忖道：这个来自马萨诸塞州的年轻人必须上候选人名单。[26]

关于肯尼迪是否有机会上候选人名单，他那激动人心的表现在大会现场激起了人们广泛的议论。或许那也在史蒂文森脑子里激起了震荡，因为总统候选人当晚 11 点做了一项震惊政治界的宣布：将副总统提名交给参会代表们公开选择，代表们第二天用投票方式决定，时间就在前述宣布过后不到 12 小时。除了极少数内部人士，所有人都不知道，史蒂文森酝酿这一想法实际上已经好几个月——他推测，一些党内积极分子以及公众会把公开选举流程视作令人激动的民主步骤，还可有效地对比他所在党的会议与接下来一周在旧金山召开的共和党大会，那次大会很可能会受到严格控制。不过，史蒂文森走上这条路，也是因为他无法抉择，尤其在选择基福弗还是肯尼迪的问题上：如果他提名基福弗，他就会遭受各种反基督教骂名，在即将到来的选举活动中，他受不起这样的指控；可是，如果选择肯尼迪，他冒的风险就会是疏远基福弗一方数量庞大的参会代表。史蒂文森非常希望基福弗在公开竞争中大获全胜——他的势力远比肯尼迪的势力和汉弗莱的势力组织得好——给他一个竞选伙伴，无论如何也比被迫选一个好。

随着几个竞争者和他们的团队付诸行动，参会代表们在半夜时分立刻乱作一团。《时代》周刊的报道言简意赅："离开副总统候选人的帮助，没有哪个参会代表能买饮料喝，没有哪位年长的女性能横穿芝加哥的大街。"[27] 人们看到，汉弗莱的团队成员们凌晨 2 点半走进湖畔的各个酒吧，为的是寻找参会代表们；基福弗在凌晨 4 点召开了一场新闻发布会。对这一不测事件（尽管此前几天传出过一些转瞬即逝的小道消息），肯尼迪团队感到措手不及，必须决定如何——以及是否——做出回应。当时参议员仍在犹豫是否打算在秋季进入候选人名单，尽管如此，他迅速做出了抉择：他要参与其中。他的竞争意识不允许他退缩。他对鲍比说："给老爸打个电话，告诉他我要争取一把。"说完他便精明地离开了房间。大使已经身在昂蒂布角，听到消息后脸色大变，脏话脱口而出，鲍比身边的助理们都听见了。只听他咆哮道："杰克就是个大傻蛋，你比他更傻！"光明的政治前途悬了，而且会一场空。他咆哮到一半，电话断了。鲍比觉得最好回拨。"唉！"鲍比挂断电话时脸上露出不自然的笑容，感叹了一句，"他是不是疯了！"[28]

　　整整一个通宵，直到第二天上午，肯尼迪团队成员们都在不停地工作，尝试所有可能的方法为肯尼迪争取支持。他们找了个愿意连夜加班的印刷商，印刷横幅、标语牌、传单。杰克永远是自己最好的推销员，他见了好几位州级领导，拜访了好几个州级领导班子。他弟弟罗伯特和妹妹尤妮斯则拜访了其他代表团，约翰·贝利亦如是。杰克还把妹夫彼得·劳福德从睡梦中叫醒，派他去搞定内华达州代表团。无可避免的是，肯尼迪团队缺乏准备，这情况暴露无遗。势力强大的纽约老板卡迈恩·德萨皮奥（Carmine DeSapio）

和查理·巴克利（Charlie Buckley）控制着大把选票，足有 98 票，
636 他们在肯尼迪团队租下的一个饭店房间里等候了半小时，却没人知
道他们是什么人。（参议员终于现身时，两人告诉他，他们承诺在
第一轮投票中支持罗伯特·瓦格纳，不过在第二轮投票中，他们可
能转而支持他。）肯尼·奥唐奈和鲍比·肯尼迪堵住阿肯色州参议
员约翰·L. 麦克莱伦（John L. McClellan），询问他能否说服他那
个州的代表团支持肯尼迪，后者给他们好好上了一课——那一课他
们永远都忘不了——政治在他那个级别是如何运作的。麦克莱伦
说，他们该找的人不是他，而是州长奥瓦尔·福伯斯（Orval
Faubus），因为发号施令和控制代表团成员的是州长，参议员的作
用小多了。

"着眼未来，"麦克莱伦告诫他们，"如果有人对各代表团和他
们的选票感兴趣，最好查出谁在代表团里有实权，不要再看报纸
了。不要以为你们的人很优秀，就可以指望别人改主意，就什么都
不做，直接来参会即可。必须事先做好功课，多跟州长们、州代表
们、党领导们谈谈，好几个月以来，这些人一直被人们琢磨，被排
队求见，被追着跑。仅仅因为认识一些有地位、重要的哥们，认识
一些参议员或法官，事情不会有任何变化。下一次，从火车上下来
前，你们必须把所有这些事提前做好。"[29]

时间就这样在煎熬中一小时一小时流逝着。美联社记者杰克·
贝尔（Jack Bell）回忆说："凌晨 5 点，我碰到基福弗在康拉德·
希尔顿饭店（Conrad Hilton Hotel）的一条走廊里为电视录像。匆匆
赶往另一个见面地点的肯尼迪正好路过，被几条电线绊了一下，差

点栽进对手怀里。"回忆那一晚时，索伦森说得最多的是一宿没睡——以及纷乱如麻："忙得一塌糊涂，组织得不够好，我的寝室挤进了太多像我一样的人——没经验，极不成熟，我和他们相比就是半斤八两。我没跟几个人说过话，因为我认识的人不太多。"候选人自己回忆当时的混乱场景时作如是说："每个人都忙得团团转。我妹妹尤妮斯忙着做特拉华州的工作。我跟加利福尼亚州代表团的一些人一起吃了早餐，见了许多州的领导班子。当然，我从俄亥俄州代表团那里一无所获，不过我的确做了他们的工作。我们拿下了弗吉尼亚州，因为州长约翰·S. 巴特尔（John S. Battle）的儿子和我一起在海军当过兵。另外我们还拿下了路易斯安那州，因为他们代表团就坐在我们代表团旁边，他们那边有好多聪明的年轻人，我们跟他们混成了真朋友。"[30]

肯尼迪一点一滴地获得了支持。事实证明，在做南方代表们的工作方面，他成效显著。南方代表里的许多人认为，在种族问题上，基福弗是个叛徒；看到肯尼迪在种族问题上的中间立场，以及他对国际纺织品竞争表达的忧虑，他们感到欣慰。肯尼迪的战争阅历，以及他庄重又富于活力的举止，他们都看在眼里。

不过，随着提名结束，投票开始，没人知道事情会如何发展。肯尼迪已经拿下新英格兰地区，以及弗吉尼亚州、路易斯安州、佐治亚州，在第二轮投票中可能会拿到纽约州，还有希望拿到伊利诺伊州。可是，整个国家的大片地区情况不明，另外，他在西部的影响力很弱。一些处于高位的党内天主教领袖坚称，国家还没准备好在候选人名单上接纳天主教徒。还有，肯尼迪未在谴责麦卡锡的投

637

票中表明立场，以及 1949 年他对杜鲁门"丢掉了中国"进行谴责，让许多南方自由派对他持怀疑态度，因而他们将选票投给了汉弗莱、基福弗、瓦格纳。支持肯尼迪的几场提名演讲和附议演讲对他来说既谈不上妨碍，也谈不上有多大帮助——康涅狄格州州长亚伯拉罕·里比科夫做了一场铿锵有力的、很大程度上算是即席的提名演讲（私下里，他注意到，一个犹太人推举一个天主教徒上候选人名单颇具讽刺意味）；佛罗里达州参议员乔治·斯马瑟斯是肯尼迪的哥们，他和众议院多数党领袖约翰·麦科马克（用索伦森的话说，后者"实际上在最后一刻被鲍比·肯尼迪强推上了讲台"）仓促地先后做了附议演讲，这些都没给人们留下什么印象。[31]

IV

在第一轮投票中，基福弗在中西部和西部尤其强势，很快就领先了。不过，肯尼迪在佐治亚州、弗吉尼亚州、路易斯安那州、内华达州显出了强势。他对索伦森说："现在看，这东西还真的值得赢。"当时两人在饭店肯尼迪的房间里一起看电视，候选人穿着短裤，倒在床上。伊利诺伊州将 64 票中的 46 票投给肯尼迪时，两人再次欢呼起来。不过，缅因州将 14 票平分时，两人大失所望。俄亥俄州的迈克尔·迪萨尔（Michael DiSalle）和宾夕法尼亚州的大卫·劳伦斯这两个政治掮客生怕天主教徒进入候选人名单，因而两人合力为基福弗贡献了两个州 132 张选票中的 100 多票，让肯尼迪不禁破口大骂。其他竞争者使出浑身解数，以争取支持。第一轮投

票结束时，竞争看起来像是两个人的比赛：基福弗获得 483 又 1/2 638
票，肯尼迪以 304 票排第二，紧接着是戈尔的 178 票、瓦格纳的 162 又 1/2 票、汉弗莱的 134 又 1/2 票。必须凑足 687 票才能获得提名。[32]

肯尼迪的助手肯尼·奥唐奈当时正在马路对面一间酒吧里休息，同时在电视上观看投票情况。当肯尼迪赢得支持时，他感觉会发生某种很重要的事——那种事很可能触手可及。"更让人惊奇的是，每次宣布肯尼迪的票数时，在我们身边聚集的芝加哥卡车司机们、警察们、畜牧场工人们都会一起欢呼，狠拍吧台的台面，挥动盛满啤酒的酒杯。"奥唐奈赶紧跑回了大会会场。[33]

在第二轮投票中，阿肯色州代表团从支持戈尔转向支持肯尼迪，让他渐渐获得了加速度。伊利诺伊州完成计票后，肯尼迪以 155 票比 82 票领先；新罕布什尔州完成计票后，肯尼迪以 271 又 1/2 票比 229 又 1/2 票领先。接着又传来了好消息：新泽西州和纽约州在第一轮投票中支持了瓦格纳，而本轮两州合计 134 票中的 128 票归了肯尼迪。突然间，蜂拥的媒体人从基福弗房间门口的走廊匆忙地移动到肯尼迪房间门口的走廊。与此同时，在大会会场，参会代表们胸前挂着铭牌和哨子，在廊道里来回穿梭，其他人则站在椅子上拼命招手，以吸引注意，现场一片忙乱。鲍比·肯尼迪、约翰·贝利，以及肯尼迪的其他助理在会场来回跑动，大声招呼各代表团为他们的人投票。然而，在芝加哥围场酒店（Stockyards Inn）租下的房间里，肯尼迪倒是挺平静。"他洗了个澡，"索伦森描述道，"然后再次躺倒在床上。终于，他动起来了，穿过后门去了一个更大更偏的房间。"[34]

有那么一段时间，肯尼迪曾经以 402 又 1/2 票比 245 又 1/2 票领先，然后眼睁睁看着基福弗拿下四个州的代表团，将差距缩小到 416 又 1/2 票比 387 票。俄克拉荷马州继续支持戈尔（州长谈到肯尼迪时说"他跟我们不是一类人"），田纳西州亦如是。虽然瓦格纳已经退出竞争，波多黎各自治邦却仍然将选票投给了他。会场上的不确定性增加了，然后，形象威严的林登·约翰逊露脸了，他宣布，得克萨斯州骄傲地支持"身上带有参战伤痕的、斗志昂扬的参议员，那个英勇无畏的……马萨诸塞州参议员约翰·肯尼迪"[35]。肯尼迪阵营出现了一阵骚动——好像胜利已经在望。萨金特·施赖弗撞开妻兄的房间门，大声宣称："杰克，你赢了！"索伦森也伸出一只手，以示祝贺。候选人挥了挥手，让他们安静。尽管第二轮投票结束时他已经领先，即 618 票比 551 又 1/2 票，让他离魔幻般的数字 687 票只差了 69 票，但他仍然心怀忐忑。

肯尼迪的票数仍然在增加，北卡罗来纳州将半数选票投给了他，肯塔基州将戈尔的 30 票投给了他。杰克的票数距离绝对多数只差 39 票了。大会现场有肯尼迪家族的专属区，和其他家人坐在一起的杰姬开始疯狂地大叫起来，同时摇晃着"史蒂文森选总统"标牌，以便全场都能看到。在饭店的套间里，她丈夫已经换好正装，杰克终于接受了现实，也许他该好好想想，如果真的被提名，究竟该向参会代表们说些什么。

接下来发生的事注定会成为人们仔细审视和颇多争议的主题。因为，大会主席萨姆·雷伯恩允许田纳西州代表团发言后，风向突变。在全体与会者和全美电视观众的高度关注下，阿尔伯特·戈尔请求大会将他的名字从候选人名单上移除，他的代表团成员将选票都转给"我的同事埃斯蒂斯·基福弗"。基福弗的支持者们爆发出一片欢呼。随后，俄克拉荷马州将支持戈尔的 28 票投给了基福弗，明尼苏达州和密苏里州从支持汉弗莱改成了支持基福弗。伊利诺伊州和南卡罗来纳州为肯尼迪贡献了一些选票，试图阻止一边倒的态势，却也无济于事。支持肯尼迪的浪潮已经结束。随后，投给基福弗的选票仍在增加，他已经领先。"咱们走。"肯尼迪说着推开聚集在走廊里的人群，完全不顾那些想让他坚持到底的支持者。到达大会现场后，肯尼迪径直走向主席台，雷伯恩准许了他的发言请求。

没有讲稿的肯尼迪发表了一通感人的、勇气可嘉的演讲：

> 　　参会的女士们和先生们，首先，我想借此机会向来自全国各地东南西北的所有民主党人表示感谢，今天下午，你们对我真是太慷慨，太好了。我相信，没有其他任何事情能够证明，民主党是何等强大和团结。
>
> 　　其次，今天发生的一切完美地证明，史蒂文森州长将此事交由大会现场决定，这一决断何等正确。这是因为，我相信，由于我们今天的作为，从这次大会往后，民主党将更加强大。也因为此，女士们和先生们，由于认识到本次大会已经选出的人在全国各地竞选时下足了功夫，一直任劳任怨地效力于党，他一定会成为史蒂文森州长令人尊敬的竞选搭档。我希望，本次大会一致通过埃斯蒂斯·基福弗的提名。谢谢大家。[36]

640

说到这里，肯尼迪转身要离开，欢呼声在整个会场响彻云霄，雷伯恩只好凑到他耳畔，悄悄说他应当给个提议。肯尼迪走到讲台前，向大会提议，全场用欢呼声为基福弗提名。人群再次欢呼起来，乐队转而奏响了《田纳西圆舞曲》。

V

如果阿德莱·史蒂文森曾经希望参会代表们为他选择竞选伙伴，以激发情绪，那么毫无疑问他成功了——而且远远超过了他最疯狂的梦想。从那时以来，美国从未有过任何政治集会可与 1956 年 8 月 16 日至 17 日那 18 个小时相比，因为其中充满了密谋、高风险的压力、真正令人坐不安席的焦虑。在第二天发行的《纽约时报》上，著名记者拉塞尔·贝克（Russell Baker）在文章里将众目睽睽下风云突变的戏剧场面描述为"可能让旧时代的所有基督徒都感到困惑的场景"，一场划时代的政治冲突，"现场一片混乱，尖叫不断，11000 人同时跺脚和吼叫"[37]。

史蒂文森是否得到了他想要的结果，那就另说了。在黑石酒店套房里跟史蒂文森一起通过电视观看投票进程的一名助手认为，基福弗拿到绝对多数票之际，他看见史蒂文森立刻显现出灰心丧气之态。[38]

对约翰·F. 肯尼迪来说，随着时间的流逝，参与副总统候选人提名竞争将被视作获益匪浅的经历。其一为，他和弟弟罗伯特以及团队的其他人收获了宝贵的经验教训，即如何在全国代表大会现场获得支持——拥有极佳的沟通战略以及知晓如何追踪代表人数的重要性，还要正确理解大会的各项规则，甚至是细枝末节。其二为，他们亲眼见证了埃斯蒂斯·基福弗与众多参会代表保持着个人关系，这非常重要。这个田纳西人早在1952年上一届代表大会期间就参与过竞争，早在那时他已经认识到，混个脸熟和面对面互动是不可或缺的。因此，在两次大会之间，基福弗投入大把时间前往全美各地，与人们握手，会见民众，与他们聊家常，多数时候他都戴着标志性的浣熊皮帽（为纪念他的先祖们）。除了新英格兰地区，杰克·肯尼迪没有在全美各地奔波过，他也没在民众中混到那种水平的脸熟，在命运攸关的时刻，差距就显现出来了。[39]

也是在那次大会上，芝加哥那段经历必定会给肯尼迪带来巨大的推动力。即使在当时，一些老练的观察人士已看出，那次大会为他做了什么，尤其是在全新的电视时代。（那是美国第一次从头到尾都有追踪报道的大会，哥伦比亚广播公司和美国全国广播公司各派出超过300名雇员到大会现场。）作为总统候选人名单第二位置的数名竞争者之一，肯尼迪来到了风城（即芝加哥），他是民主党内正在上升的新领袖，由于年轻、长相、背景，他是个神秘感绕身的人物，然而，他还不为广大普通党员所熟知。五天后离开时，他已经成为明星。

肯尼迪竞选团队将事情演绎到了最佳。星期一大会开幕那天，肯尼迪为影片做的旁白引领了第一场主基调演讲，赢得了普遍好评。星期四，为党内总统候选人提名时，他发表了恰如其分的提名演讲，他英俊的长相和洪亮的声音在全美各地无数客厅里大放异

641

彩。星期五，在副总统候选人提名投票中，他与胜利擦肩而过，然后即兴发表了宽宏大量、高雅而又简短的（总共只有 162 个词）败选演讲，电视直播了他的演讲，进而提升了他的地位——而且是在全国范围内。基福弗赢得了选战，肯尼迪虽失之毫厘，却赢得了广大民主党人的心。与此同时，他在南方代表们当中的惊人影响力似乎击碎了"阿尔·史密斯迷思"，即天主教徒参选总统必败。当时有些人已经看出来，其他人很快也会断言，对肯尼迪来说，最好的情况是，在即将到来的 11 月，史蒂文森好像只能忍受痛打落水狗一样的惨败，而肯尼迪不必为此承担任何责任。惜败在毫厘之间却成了最佳结果，这在美国政治生活中既不是第一次，也不是最后一次。

　　阿瑟·施莱辛格是史蒂文森的圈内人，8 月 21 日，他在写给肯尼迪的信里称："你显然是本次代表大会收获最多的人。……你的整体风度以及办事效率在一周内让你成了全国性政治人物。［即将到来的秋季］竞选活动为强化对你的印象提供了进一步机会。"康涅狄格州州长亚伯拉罕·里比科夫是坚定的肯尼迪拥趸，他对记者们说："我们的关系没得说，我还坚信，杰克·肯尼迪前途无量。"根据《波士顿环球报》的说法，肯尼迪损失的或许只是"一粒芝麻"，不过，"他赢得了民主党大会代表们的心"，每当有人提及他的名字，代表们都会附和，发出"震天的吼声"。该报在另一篇文章中称，他离开芝加哥时，"其地位提高到了天际"，并且预言，"肯尼迪参议员获得的地位提升迟早有一天会让他得到机会，在政治生活中，机会总是反复来敲门"[40]。

　　肯尼迪在讲台上和民主党全国委员会主席保罗·巴特勒在一起。

史蒂文森本人对肯尼迪也是感激不尽："我原想在你离开芝加哥前跟你见一面，我得说，跟你来的时候相比，你离开时俨然成了大人物！如果大会上有英雄人物，那就是你，如果近几年已经有个新的勇士向我们走来，你本人就是。关于副总统职位，我可以非常确切地说，我的孩子们比你更失望，我深知，他们代表了许多人的看法。"[41]

肯尼迪最终会接受如后观点——芝加哥大会的结果符合他的目的，不过这是后话；芝加哥紧张的战斗结束最初数个小时后，他相当郁闷。他刚刚遭遇了人生第一次重大的政治大反转，让他如芒在背。回到饭店的套房里，他对杰姬、鲍比、尤妮斯、好几名助理和朋友抱怨说，就差那么一点点，他还抱怨了一些背叛他的朋友。他口授了一封内含犀利讽刺意味的假想电报，对象是同为天主教徒的匹兹堡市市长大卫·劳伦斯，后者不久前邀请他访问那座城市，同时却敦促史蒂文森不要选择天主教徒占据总统候选人名单第二的位置。[42]

"让我印象深刻的是，杰克真的大动感情，在那之前，我还从没见过他表现成那样，"回忆起当时的场景，乔治·斯马瑟斯说，"杰姬甚至还落了泪。真正让我惊讶的是，杰姬还真把它当成了一回事，把它看得那么重。不管怎么说，整件事的过程也就12个小时。"不过，斯马瑟斯长期以来所见肯尼迪那种沉稳的特性很快又回来了："他站到了床的一角，我一直在琢磨，他会不会摔下来，弄伤自己。不过，他对在场的人们说：'好吧，一切都过去了。考虑到我们投入的时间，我们干得很棒，我想对所有人表示感谢。'

然后，就我的演讲被打断，他还说了几句玩笑话。不过我知道，他觉得很受伤，很严重的伤。问题是，就差那么一点点。肯尼迪家那几个人都一样，只要投入什么事，就不想失败。不过，既然他就此开起了玩笑，那就很好。"[43]

罗伯特·肯尼迪对事情的感悟总会比哥哥更深刻，更长时间以后，他才冷静下来。"[在返回波士顿的航班上]我就坐在鲍比·肯尼迪旁边，"一名代表回忆说，"他很痛苦。他说他们本该赢，肯定是什么人做了什么手脚，他想知道那是谁干的。"[44]肯尼迪好像已经要赢得战斗时，天平突然转向了基福弗，这其中是否涉及什么恶作剧，无论是当时还是后来，其他人也有过怀疑。① 鲍比还抱怨说，头天晚上史蒂文森的提名通过后，如果会场后方一块巨大的电子记分牌没有被拆除（没人认为那块记分牌还会有用），参会代表们都会看到，杰克距离获胜并取得第二的位置多么近，因而会将他排在最高位。

――――――――――――――――――

① 说法之一是，大会主席雷伯恩反对天主教徒进入总统候选人名单，马萨诸塞州代表团提名肯尼迪而非他的密友约翰·麦科马克让他很生气，这些都超过了他对基福弗的厌恶，所以他反对中途休会，反对进行第三轮投票，反而认可在第二轮投票后期让出局的人选边站，如他所料改变了投票现场的风向。另一种说法是，雷伯恩被骗了——他允许田纳西州代表团在关键时刻出场，因为他被骗了，说该州会选择肯尼迪。"雷伯恩露出的那种表情让我一辈子都忘不了，"据称这是基福弗竞选团队现场指挥听到田纳西州代表团所作宣布后说的话，"他无比震惊，有那么一段时间，他完全失态了。"（Martin, *Ballots and Bandwagons*, 402.）——原注

VI

644　　杰克和杰姬从芝加哥一起返回了新英格兰。主要因为那一周缺少睡眠，两人都觉得精疲力竭，杰克的背部还疼痛不已。不过，杰克没有因此停下脚步：让杰姬深感失望的是，杰克很快便离开，去了法国南部。繁忙的大会结束后，杰姬感到自己累垮了，另外，她的身孕已有八个月。杰姬认为，既然宝宝即将出生，两人应该一起休息和恢复。不过，无论怎么劝，杰克都不听。那次失败仍然让他耿耿于怀，他推测，他可以完成很早以前规划好的出行，及时赶回来迎接宝宝出生。杰克不在时，杰姬也不想一个人待着，因而她选择前往哈默史密斯农庄，和母亲、继父住在了一起。

　　杰克首先飞到了巴黎，然后去了里维埃拉见父亲。"杰克到达时非常疲惫，不过我认为他很开心，因为他走出大会的阴影比所有人意料的都快，"老肯尼迪8月24日写信给歌唱家莫顿·唐尼，后者是他长期以来的朋友，也是肯尼迪家在科德角的邻居，"就我个人来说，你知道我会有什么感觉——如果你失败了，失败是因为争取最好，而不是第二。毫无疑问他的时代来了！"45父子两人在一起待了好几天，谋划——我们可以一起想象——杰克政治前途接下来几步该怎么走。然后，儿子离开了，与无处不在的——同样已婚的——托比·麦克唐纳一起在游艇上度过了一周。已经24岁的泰迪·肯尼迪当时也和他们在一起。他们那趟出游的详情已无从查询，不过，后来有一篇报道称，游艇上有好几名身穿比基尼泳装的年轻女性。[46]

　　杰姬到达母亲位于纽波特的家没几天，即 8 月 23 日，她感到严重的腹部绞痛，还开始出血。家人紧急将她送进纽波特医院后，医生们为她进行了紧急剖宫产手术，是个死胎。听说情况紧急，罗伯特·肯尼迪立刻赶到了医院，在杰姬麻药过劲苏醒前，他已经来到杰姬的病床边。罗伯特为婴儿安排了葬礼，那是个女孩，两口子曾经打算给孩子起的名字是阿拉贝拉（Arabella）。罗伯特还建议父母不要告诉杰克究竟出了什么事，因为他推测，杰克会立即飞回来，而他妻子会因为他当时不在场感到非常生气和愤怒，他们之间的紧张关系会变得更加严峻。所以，杰克最初被告知，杰姬感觉很糟糕，没人提过死胎一事。[47]

　　迄今从未有人弄清杰克听说真实消息后究竟做出了何种反应，　645
所有证据都是碎片化的。一些说法称，他听到消息后立刻收拾行装，做了各种安排，尽一切可能尽快赶回国内；另一些说法称，当时他处于犹豫状态，心想还可以在游艇上多待几天。[48]按后一种说法，直到乔治·斯马瑟斯（当时他也在法国南部，不过没乘游艇出行）打电话给杰克，向他强调形势的严峻性，他才改了主意。"如果你想竞选总统，最好赶紧滚回你老婆病床边，要不国内的所有妻子都会反对你。"据说斯马瑟斯正是这样教训杰克的。[49]无论哪种说法正确，总之参议员立刻飞回国了，而且启程前已经听说死胎一事。他的焦虑加深了。在波士顿洛根机场落地后，有个记者竟然问他关于选举的问题，挨了他一顿骂，然后他迅速登上一架私人飞机，往纽波特飞去。落地后，他对司机说："你能在十分钟内把我送到纽波特医院吗?"司机的回答是，唯一的办法是违反交通法。"他太紧张了，"司机后来说，"如果遇上黄灯，他就会喊：'冲过去，我会替你交所有罚单。'" 50

杰克在杰姬身边守护了两个星期。由于杰克对杰姬的各种需求反应迟钝，只顾自己，杰姬的怒气不打一处来。在来访的朋友们眼里，例如在莱姆·比林斯眼里，很显然两人的婚姻关系紧张。比林斯告诉作家多丽丝·科恩斯·古德温，经历了死胎后，"杰姬担心自己是否还能怀孩子"，"她把自己遇到的问题归咎于疯狂的政治节奏，不停地被要求参加肯尼迪家没完没了的各种活动。她认定，唯一的解决方案是将她自己与其他家人分得越开越好。她坚持说，在夏季的几个月里，她要和杰克单独吃晚饭，而不是像家里其他人那样都去老约家凑热闹"。当然，杰姬自己肯定明白，这种行动对改变杰克的行为起不到任何作用。她很早以前就伤心地认识到，无论杰克与父亲的世界观多么不同，无论两人的政治观点多么不同，一旦涉及婚姻关系，杰克就变成了约瑟夫·肯尼迪的真正后人。51

9月，随着杰姬在家里康复，杰克再次出发，为史蒂文森竞选助力，他踏遍了全美26个州，在140场活动中露面。唯有总统候选人及其竞选伙伴在竞选中比杰克更卖力。让史蒂文森竞选团队失望的是，肯尼迪坚持自己制定日程，他的日程将活动范围覆盖到了美国全境，而非史蒂文森竞选团队建议的那样集中在美国东北部。"杰克自己收到了前往全美各地演讲的邀约，"史蒂文森的一名助理回忆说，"很大程度上是他自作主张安排竞选活动，对此人们抱怨很多。"52 不过，为集中精力促进马萨诸塞州的投票，肯尼迪随后提出，取消在费城、印第安纳波利斯（Indianapolis）、克利夫兰（Cleveland）的一系列约定。史蒂文森则亲自反对，他告诉助手们，安排肯尼迪10月底在费城民主党年度筹款晚宴上讲话很重要。（因为出席人数有望多达4000人，那将是那座城市有史以来规模最大的一次晚宴。）[53]

在历次讲话中，肯尼迪都赞扬了史蒂文森，并敦促听众在11月都走出家门，为民主党候选人投票。不过，有时候，他也会以一些出人意料的方式超越冷战的陈词滥调，深入探讨政治议题。例如，在洛杉矶期间，他就说，美国人都专注于共产主义以及东西方之间的斗争，导致他们看不见"亚洲和非洲的民族主义革命"，以及世界各地不可动摇的人类意志，即掌握自己的命运和摆脱殖民统治。"在我看来，可悲的是，自第二次世界大战以来，民主党和共和党历届政府都未能正确理解这场革命的本质及其潜在的善与恶，导致我们今日收获了苦果——按理说，在竞选中，这必然是个与反共无关的重大的外交政策议题。"[54]

肯尼迪所到之处，人们对他的追捧势不可挡，地方媒体的报道也常常异常热烈（他比基福弗人气更旺）。10月4日，在位于路易斯维尔（Louisville）的乌尔苏拉学院（Ursuline College），演讲结束后，肯尼迪向等候的汽车走过去，女生们蜂拥而上，差点形成骚乱之势。"我们爱你在电视上的样子！"女生们尖叫着，"你比'猫王'埃尔维斯·普雷斯利（Elvis Presley）还棒！"在旧金山，600名听众掌声不息，站在原地不肯退场。就这样，竞选活动一站接着一站，肯尼迪的精力从未衰减，即使坏天气也无法阻挡他。完成爱达荷州的活动后，一场可怕的风暴正在快速逼近，肯尼迪听说，对于他的到来，里诺有一群人正翘首以盼。他拒绝取消那场活动，并且找到一名愿意搭载他和泰德·索伦森的飞行员，那人胆大无畏，驾驶的是小型单引擎飞机。三个人在极端恶劣的条件下起飞，结果证明，那次飞行特别悲壮，飞行员尝试了五次，终于让飞机轮胎触到了地面。不过，聚集的观众见到了想见的演讲人。[55]与此同时，每周都有成千份演讲邀请函涌入肯尼迪在参议院的办公室，还有来自全美各地的各种信函——有些信夸赞他在芝加哥的表现，另一些则对胎儿之死寄予哀思。他的秘书伊夫琳·林肯回忆说："人们在信里说，他们哭了，孩子们也哭了，他们为他祈祷。"[56]

罗伯特·肯尼迪则接受了史蒂文森的邀请，加入了后者的竞选团队。在史蒂文森眼里，罗伯特的加入会让众多天主教徒和保守的民主党人看到，他们的一些观点反映到了高层。与此同时，对鲍比而言，这是个难得的机会，让他得以见证总统竞选活动应当——或不应当——如何实施。施莱辛格回忆说，经常看到年轻的罗伯特拼命记笔记，有时候坐在飞机或巴士的最后一排，有时候，当史蒂文森站在火车最后一节车厢上演讲时，他干脆就坐在铁轨上。"他时不时也会披露自己的想法，不过常常是在独处时。"[57]他永远都在观察，在学习。史蒂文森与小规模人群一起集中探讨各种他感兴趣的问题时，他的幽默感和"神采"让鲍比印象深刻。不过，鲍比认为，候选人及其竞选团队的操作总体上是一场灾难。史蒂文森将太多时间花费在独自润色演讲稿上，花费在与众多政治家沟通方面的时间反而过少。史蒂文森在各种细节上没完没了地犹豫不决，花费数个小时讨论理应在数分钟内处理完的策略问题，却忽略了至关重要的战略问题——比方说，如何赢得中西部，如何实现有利的新闻报道，如何在选举日当天让尽可能多的选民出门投票。他常常无法与听众互动沟通，部分原因是，他非但不尝试临场发挥，反而习惯于照稿宣读精心准备的文本——甚至在短暂经停各个地方时亦如此。鲍比深信，这么做给人的印象是不真诚，这是任何候选人都不该有的致命属性。最让鲍比惊诧的是，史蒂文森完全忽视了崭新的、改变游戏规则的电视的影响力。

　　"史蒂文森身边的人们都对他失去了信心，"罗伯特后来写道，"史蒂文森本人完全没激情。实际上，正相反，他身边许多人都公开批评他，这让我惊讶不已。"在一次采访中，罗伯特回忆说："第一次跟他谈话后，我对他印象很好。……后来，在竞选活动中，我跟了他六周，他把给我的印象完全毁了。"其他人也注意到了这些问题，注意到候选人似乎不如上一轮竞选积极，在演讲中，他的幽默和雄辩大不如前，他的能量水平也低了一大截。民众还照常前来参加他的各次活动，不过，无论是他们的掌声还是喝彩都没那么发自真心。候选人既需要给予共和党人沉重的一击，又有意将自己的形象打造得更加高尚和高雅，因而常常不知所措，进退维谷，念精彩的句子时出现翻车，该清晰表达最强硬的立场时却信心不足。[58]

　　一些超出他本人掌控及美国以外的情势发展，都给史蒂文森乱上添乱。10月，在匈牙利，紧张局势迭出，在学生抗议者的敦促下，新成立的政府对外宣布退出华沙条约组织，那是一年前由一些

648

东欧国家组成的军事同盟，由苏联领导。苏联领导人反对那次行动，并于11月初派步兵和坦克进入布达佩斯以及其他事件现场，打压学生们和工人们，最终平息了那场事件。与此同时，在埃及方向，由于手握与英法两国密商的计划，以色列于10月29日发动战争，入侵了西奈半岛。那次军事行动是对埃及总统贾迈勒·阿卜杜勒·纳赛尔（Gamal Abdel Nasser）数个月前将苏伊士运河收归国有行动的反应。随着以色列军队向前推进，逐步接近苏伊士运河，英法两国以保护运河免遭交战方战火为由双双派出自己的军队。正准备前去投票的美国选民急于了解，美国的领袖们是否会感到必须参与那边的争端。如果苏联也介入其中，或许会燃起一场范围更大的战火。[59]

　　有那么一段时间，史蒂文森认为，前述两场全球性危机可以为他所用。他一向自诩对外交事务了若指掌，而且迫不及待地将后续演讲相应地重新聚焦于此。（数周前，竞选团队甚至拍摄了一段五分钟的影像，主要内容为他和杰克·肯尼迪就紧迫的和平与安全问题展开对话。[60]）他最后的机会来了。然而，还没容他清好嗓子开口说话，情况已经变得很明朗：在国际动荡之中，选民们不愿意冒险换个新的总司令，尤其是，现任总统本人就是战斗英雄，还是前欧洲盟军最高司令。史蒂文森声称，艾森豪威尔和尼克松的组合不堪维护美国的盟友关系，或维持美国的全球信誉。除了早已归属民主党阵营的人，他的这一说法说服不了任何人。[61]

　　选举日那天，由于票数差距高达1000万，史蒂文森和基福弗组合惨败，与四年前相比和艾森豪威尔的差距扩大了一倍。民主党仅仅赢了七个州——北方州一个没赢，在内战时期的南方邦联以外仅仅赢了一个州（密苏里州）。悄悄为现任总统投下一票的人里包括罗伯特·肯尼迪。[62]

VII

在后来的岁月里，围绕如后问题，人们生出了诸多猜想：约翰·F. 肯尼迪究竟是何时做出决定的——他什么时候选择了四年后争夺大奖。没人能给出准确日期。也许早在芝加哥时，也就是 8 月 17 日他向基福弗承认败选那激动人心的时刻，他已经在步步为营向前推进。（"在这个伴着巨大胜利的失败时刻，"历史学家詹姆斯·麦格雷戈·伯恩斯后来撰文称，"他竞选总统的团队诞生了。"[63]）毫无疑问，那个月晚些时候，在法国南部，他和父亲深入探讨过竞选总统的前景。9 月初，妹夫萨金特·施赖弗告诉他的秘书伊夫琳·林肯，肯尼迪参议员曾请求他编纂"一份参加民主党全国代表大会的所有代表和副代表的完整名单，还要附上他们的家庭地址"，那么做的出发点是，参加 1956 年大会的许多代表还会成为下一次大会的代表。9 月末，肯尼迪对肯尼·奥唐奈和戴夫·鲍尔斯这两名助理说，他已经"彻底弄明白，成为实打实的政治家后，才能在政治上有所成就。那意味着，必须同时与党的众多领袖和选民更频繁地交往。从现在起，我要做个实打实的政治家"。代表史蒂文森在全美各地巡回演讲——却没有遵从其日程安排——也很说明问题，同样说明问题的还有，派遣鲍比近距离观察候选人的竞选

649

过程，将发现的问题做好详细记录。[64]

代表大会刚结束，乘船到科德角外海远程出游期间，肯尼迪发自内心地将自己和党的旗手做了番对比："最他妈关键的是，我喜欢［竞选活动］。不是假装喜欢，而是学会用选民自己的说话方式跟他们交流。史蒂文森憎恨这么做。他强烈渴望当总统，但他憎恨竞选活动。这就是我们两人的区别，而这很重要。"[65]

选举日过后两天，肯尼迪以充满幽默的方式又抛出一条线索，透露了一些未来的计划。地点在酒馆俱乐部（Tavern Club），那是波士顿精英们常去的高雅的休闲场所，该俱乐部多年来拒绝爱尔兰裔天主教徒入会，然而，下一年它会把肯尼迪吸纳为会员。面对血统高贵的听众，肯尼迪用揶揄的口吻说："这是好几个月以来我在重要演讲里不必用激动人心的说辞'民主党同事们'做开场白。在这个无党派场合，这些词不仅不合时宜，肯定也是——从我环顾一周看到的情况判断——非常不准确的打招呼用语。"不过，参议员接着说，尽管存在各种党派纷争，他一定会"像刚从欧洲或黄石公园返回的游客固执地向大家显摆幻灯片那样"，向大家谈谈他对近期大选的想法。因为，不管怎么说，"你们当中说不定谁会在某一天运气不佳，像我这次这样深度参与一次全国性政治竞选。的确，这样的风险永远存在，说不定我自己也会参与下一场竞选"[66]。

肯尼迪家族传说中不朽的高光时刻降临在感恩节那天的海恩尼斯港，当时杰克和杰姬刚刚在加勒比海休完短假回到家。在科德角，秋日的阳光照射在寂无声息而宁静的海面上，波光粼粼，肯尼迪一家沿着海滩漫步，唯有几只海鸥在他们头顶翻飞，然后，他们返回家里，享用传统的节日大餐。餐具都收走后，参议员和父亲来到客厅隔壁的小书房里，商量今后的打算。杰克首先开口，罗列了他不该参选的各种理由：他是天主教徒、未满40岁、没有党内领导层的支持、应该待机蛰伏，等等。老约耐心地静听着，然后平静地逐一反驳了杰克列出的理由。就这样，父子两人你来我往，针锋相对，两人都尊重对方，同时两人都互不相让，直到窗外黄昏降临，最终，年轻的那个开始让步了。父亲总结说："你只要记住，这个国家不是新教徒的私有保留地，还有新一代芸芸众生，到处都是来自世界各地的移民们的儿女，如果他们当中的一员参选美国总统，那些人会无比骄傲。那样的骄傲必定会是你的动力，它一定会让你的竞选活动充满人们在公共生活中前所未见的爆发力。"

儿子缄口不言了，然后抬起头，咧开嘴笑着说："好吧，老爸，我想，还有最后一个问题。咱们什么时候开始？"[67]

致　谢

651　　　这是一部颇费时日终于得以完成的作品，导致我前前后后对众多文化人欠下了超出我偿还能力的人情债。最要感谢的是约翰·肯尼迪图书馆的档案管理员、图书馆员，以及其他工作人员，该馆是美国总统图书馆系统皇冠上的明珠。在此我向凯伦·艾布拉姆森、艾伦·普莱斯、蕾切尔·富勒、史蒂文·罗斯坦、詹姆斯·罗斯、斯蒂芬·普洛特金、迈克尔·德斯蒙德、南希·麦考伊、丽兹·墨菲、玛丽罗斯·格罗斯曼、詹妮弗·群、马特·波特表示由衷的感谢，尤其要感谢斯泰茜·钱德勒和艾比·马兰戈内，感谢他们熟练地给予我大量帮助。我还要感谢在其他众多资料库工作的才华横溢且兢兢业业的员工，尤其是乔特罗斯玛丽霍尔学校的朱迪·唐纳德和斯蒂芬妮·戈尔德、哈佛大学档案室的蒂姆·德里斯科尔、普林斯顿大学西利·G. 马德图书馆的罗萨尔巴·瓦拉罗·雷基亚。

　　　在我写作期间，一大帮研究助理以各种各样的方式帮助过我，包括尼克·丹比、艾丽斯·汉、朱丽·莱顿、阿鲁普·穆克吉、乌沙·萨哈伊、本·谢弗、詹妮弗·西伊、莱特·史密斯、阿丽亚·索曼尼。伊丽莎白·桑德斯和卢克·尼切尔慷慨地与我分享了他们652　做研究时的一些发现，丹尼尔·哈特亦如此。与戴维·纳索和奈杰尔·汉密尔顿一边进餐一边交谈总会让我激动不已和获益匪浅，谢尔顿·斯特恩对肯尼迪一生及其事业的了解堪与任何研究人员比肩，在我写作本书过程中，他们提供的信息犹如指路明灯。艾伦·菲茨帕特里克对我帮助极大，因为她对肯尼迪及其时代有着广泛的了解，给予我同样帮助的还有吉尔·艾布拉姆森、戴维·斯塔尔、艾迪·内茨。我每前进一步，大卫·格林伯格都会为我提供有洞察力的真知灼见。杰出的传记作家杰夫·沃德在我写作的最初阶段大力推了我一把。在斯德哥尔摩街头与菲利普·博比特一起悠闲地漫步，让我产生了许多事后证明价值无量的概念化的和解释性的想法。洛布·拉科夫、切斯特·帕克、扎克·肖尔稍晚也给予我极大的帮助。我得向斯蒂芬·肯尼迪·史密斯致以最诚挚的谢意，感谢他谈论他舅舅的生活时总是那么彬彬有礼和思维敏捷。尤其要感谢卡罗琳·肯尼迪大使，她爽快地应允我抄录了她母亲（杰姬）写给父亲（杰克）的一首诗。

许多跟我在一起和不在一起工作的同事认真阅读过我的部分手稿，或者，某些情况下，也有人阅读过完整的章节，他们是大卫·格林伯格、威尔·希契科克、吉尔·莱波雷、杰夫·弗兰克、吉尔·艾布拉姆森、乌沙·萨哈伊、谢尔顿·斯特恩、乔纳森·科施娜、切斯特·帕克、肯·摩尔、格雷格·鲁滨孙、斯蒂夫·阿特拉斯。无畏的劳拉·卡尔曼和吉姆·赫什伯格通读了我的全部书稿，做出了一些深刻的评论，对我最终结稿帮助巨大。

我还要感谢其他帮助过我和就本书提出过看法的人：埃里克·奥尔特曼、切特·阿特金斯、加里·巴斯、保罗·贝林杰、达格·布兰克、吉姆·布莱特、比尔·布兰德、道格·布林克立、希瑟·坎皮恩、克里斯·克拉克、坎贝尔·克雷格、布赖恩·卡迪、安德里亚

斯·多姆、伊丽莎白·蒂恩、E.J. 迪翁、玛戈·迪翁、艾伦·多纳
吉、查理·埃德尔、杰克·法雷尔、丹·芬恩、苏珊·费伯、汤姆·
福克斯、伊莱扎·格奥尔基、多丽丝·科恩斯·古德温、已故的理查
德·古德温、迪尔德丽·亨德森、玛丽·赫利-希吉兰、迈克尔·伊
格纳季耶夫、马休·琼斯、迈克尔·卡津、保罗·肯尼迪、史蒂文·
科特金、珍妮特·兰、已故的杰克·兰古思、克里斯·莱登、梅根·
马歇尔、普丽西拉·约翰逊·麦克米伦、黛安娜·麦克沃特、杰米·
米勒、戴维·米尔纳、蒂姆·纳夫塔利、多琳·内茨、克里斯·尼科
尔斯、莱奥波尔多·诺迪、汤姆·奥里芬特、肯·奥斯古德、珍妮
佩尔莱兹、芭芭拉·佩里、安德鲁·普莱斯顿、汤姆·普特南、苏
珊·罗纳德、史蒂夫·施莱辛格、马克·西尔弗斯通、艾玛·思盖、
拉里·泰伊、阿恩·韦斯塔、泰德·威德默、詹姆斯·威尔逊、菲利
普·泽利科夫、埃里克·阿萨德。

　　在哈佛大学，我幸运地成为一个极其催人奋进和专注的学术团
体的成员，该团体隶属历史系以及以本传记主人公的名字命名的政
策学院，即约翰·F. 肯尼迪政治学院。尤其发自内心地感谢以下
诸位：格雷厄姆·艾利森、阿瑟·阿普尔鲍姆、戴维·阿米蒂奇、
尼克·伯恩斯、阿什·卡特、达拉·科恩、苏珊娜·库珀、阿什
利·戴维斯、马克·埃利奥特、阿坎·冯、马克·吉兰、戴维·格
根、道格·约翰逊、亚历克斯·凯萨、吉姆·克洛朋伯格、吉尔·
莱波雷、查理·麦尔、埃雷兹·马尼拉、乔·奈伊、理查德·帕
克、沙希利·浦洛基、罗伯特·帕特南、凯瑟琳·希金克、莫希
克·特姆金、史蒂夫·沃特、考尔德·沃尔顿、皮特·齐默尔曼。

另外，特别感谢无与伦比的凯伦·麦凯布。韦瑟黑德国际事务中心慷慨地向我颁发了调研特许。康奈尔大学是我以前做学术研究的中心，特别感谢艾瑙迪研究团队，尤其是尼希·杜帕、伊丽莎白·埃德蒙森、黑克·米歇尔森。

兰登书屋集团的团队再次证明自己是独树一帜的团队。安迪·沃德和玛丽·潘托贾是业务娴熟的编辑——两人都具备洞悉一切的眼光、不厌其烦的耐心，为我提供了无尽的帮助。在制作方面，罗伦·诺维克和威尔·帕尔默是技术娴熟的高手；在出版和营销方面，我要特别感谢米歇尔·贾丝明和艾利特·格伦斯佩希特，他们的专业素养极高。感谢大卫·艾伯豪夫，他鼓励我拿下这个项目并签订了合同，再次感谢！在英国，维京出版社的出版总监丹尼尔·克鲁最早并且持续对本书充满激情。约翰·霍金斯联合公司的沃伦·弗雷泽是一位完美的专业代理，集聪慧、悟性、激情于一身。

若不是兰登书屋集团的已故传奇出版人和总编辑苏珊·卡米尔，本书不可能与读者们见面。从一开始，苏珊就是这一项目永不言弃的支持者。她多次来波士顿，我们数次在位于哈佛广场的丰收餐厅悠闲地共进午餐，我们的话题悠远且广博，不过，最终总会回归她挚爱的图书事业，我非常珍视这些。不会再有这样的午餐了，我会珍藏这些记忆，永志不忘。

朋友和家人支持我从事这样的写作，支持方式难以估计，却至关重要。对如后人等的爱和鼓励，我深表谢意：理查德·帕克和罗宾·帕克夫妇、乔纳森·科施娜、埃斯蒂·沙赫特、罗宾·威尔克森、斯蒂夫·阿特拉斯、肯·摩尔、戴维·斯塔尔、贝蒂尔·让-

克隆伯格和特蕾西·让-克隆伯格夫妇、塔尼娅·迈耶、罗恩·梅杰、汤姆·吉洛维奇和凯伦·吉洛维奇夫妇、阿兰·林奇、朱丽·西蒙斯-林奇。借此机会，我要向朱丽表示歉意，因为我们未采用她（通读了整本书的草稿）为本书起的书名——《你们不了解杰克》。还要特别感谢两位可敬的朋友克里斯滕·鲁伯特和约翰·富特，他们漂亮的消夏别墅恰好位于缅因州弗伦德希普（Friendship，意为友谊），那里成了我奋笔疾书的一处静谧场所。

654　　　我的一双可爱的儿女艾玛和乔给了我源源不断的爱和支持，艾玛以敏锐的编辑眼光看出了前言里的问题。还要真诚地感谢我的兄弟姐妹罗伯特和玛利亚；感谢我们的父母，二老虽未能在有生之年见证这一项目大功告成，但听说儿子要为一位美国总统撰写一部宏大的传记，而这位总统过去和未来一直是能深刻鼓舞众多斯堪的纳维亚人的人物，他们非常激动。我可爱的妻子戴纳耶不仅聪颖风趣，她还一字一句通读了所有稿子，对整本书的总体构成以及众多复杂的细节给出了绝妙的建议，同时带给我的还有挚爱、忠诚、欢笑，她还经常为我做一些无与伦比且美味的瑞典烘焙小食。本书是献给她的，以示我的感谢。

注　释

缩略词

1. 档案馆

AESP: Adlai E. Stevenson Papers, Seeley G. Mudd Manuscript Library, Princeton University, Princeton, New Jersey

AHC: American Heritage Center, University of Wyoming, Laramie, Wyoming

AKP: Arthur Krock Papers, Seeley G. Mudd Manuscript Library, Princeton University, Princeton, New Jersey

AMSP: Arthur M. Schlesinger Jr. Personal Papers, John F. Kennedy Presidential Library, Boston, Massachusetts

CBLP: Clare Booth Luce Papers, Library of Congress, Manuscript Division, Washington, D.C.

CBP: Clay Blair Papers, American Heritage Center, University of Wyoming, Laramie, Wyoming

CBSI: CBS Interviews, John F. Kennedy Presidential Library, Boston, Massachusetts

CCP: Clark M. Clifford Papers, Library of Congress, Manuscript Division, Washington, D.C.

CSA: Choate School Archives, Choate Rosemary Hall, Wallingford, Connecticut

DFPP: David F. Powers Personal Papers, John F. Kennedy Presidential Library, Boston, Massachusetts

FDRL: Franklin D. Roosevelt Presidential Library, Hyde Park, New York

GBP: George Ball Papers, Seeley G. Mudd Manuscript Library, Princeton University, Princeton, New Jersey

HCLP: Henry Cabot Lodge Jr. Papers, Massachusetts Historical Society, Boston, Massachusetts

HIP: Harold L. Ickes Papers, Library of Congress, Manuscript Division, Washington, D.C.

HMP: Henry Morgenthau Jr. Papers, Library of Congress, Manuscript Division, Washington, D.C.

HUA: Harvard University Archives, Harvard University, Cambridge, Massachusetts

JFK Pre-Pres: John F. Kennedy Pre-Presidential Papers, John F. Kennedy Presidential Library, Boston, Massachusetts

JFKL: John F. Kennedy Presidential Library, Boston, Massachusetts

JFKPOF: John F. Kennedy President's Office Files, John F. Kennedy Presidential Library, Boston, Massachusetts

JFKPP: John F. Kennedy Personal Papers, John F. Kennedy Presidential Library, Boston, Massachusetts

JPKP: Joseph P. Kennedy Personal Papers, John F. Kennedy Presidential Library, Boston, Massachusetts

JKOP: Jacqueline Bouvier Kennedy Onassis Personal Papers, John F. Kennedy Presidential Library, Boston, Massachusetts

KLBP: Kirk LeMoyne Billings Personal Papers, John F. Kennedy Presidential Library, Boston, Massachusetts

LC: Library of Congress, Washington, D.C.

MHS: Massachusetts Historical Society, Boston, Massachusetts

NARA: National Archives and Records Administration, College Park, Maryland

NAUK: National Archives of the United Kingdom, Kew, Richmond, Surrey, U.K.

OCF: Official and Confidential Files (J. Edgar Hoover), Record Group 65, National Archives and Records Administration, College Park, Maryland

RKP: Rose Fitzgerald Kennedy Personal Papers, John F. Kennedy Presidential Library, Boston, Massachusetts

TOP: Tip O'Neill Congressional Papers, John J. Burns Library, Boston College, Chestnut Hill, Massachusetts

TSP: Theodore C. Sorensen Personal Papers, John F. Kennedy Presidential Library, Boston, Massachusetts

2. 个人

AES: Adlai E. Stevenson

FDR: Franklin D. Roosevelt

JFK: John F. Kennedy

JPK: Joseph P. Kennedy

JPK Jr.: Joseph P. Kennedy Jr.

KK: Kathleen "Kick" Kennedy

KLB: Kirk LeMoyne "Lem" Billings

RFK: Robert F. Kennedy

RK: Rose Kennedy

TS: Theodore "Ted" Sorensen

3. 报纸

BG: Boston Globe

BP: Boston Post

NYT: New York Times

SEP: Saturday Evening Post

THC: The Harvard Crimson

WP: Washington Post

4. 口述史料

Alastair Forbes OH, JFKL

Arthur Krock OH, CBP

Arthur Krock OH, JFKL

Barbara Ward OH, JFKL

Betty Coxe Spalding OH, CBP

Billy Sutton OH, JFKL

Charles Bartlett OH, JFKL

Charles Spalding OH, JFKL

David Powers extended OH, box 9, DFPP

David Powers OH, JFKL

Dore Schary OH, JFKL

Edmund Gullion OH, JFKL

Edward J. McCormack OH, JFKL

Fletcher Knebel OH, JFKL

Frank Morrissey OH, JFKL

George Taylor OH, JFKL

Gloria L. Sitrin OH, JFKL

Grace de Monaco OH, JFKL

Henry Cabot Lodge Jr. OH, JFKL

Hirsch Freed OH, JFKL

Hugh Fraser OH, JFKL

James Farrell OH, JFKL

Janet Auchincloss OH, JFKL

Janet Travell OH, JFKL

John M. Bailey OH, JFKL

John Droney OH, JFKL

John Sharon OH, JFKL

John T. Burke OH, JFKL

Joseph Alsop OH, JFKL

Joseph Healey OH, JFKL

Joseph Rauh OH, JFKL

Kay Halle OH, JFKL

Kirk LeMoyne Billings OH, JFKL

Luella Hennessey OH, JFKL

Mark Dalton OH, JFKL

Patricia Kennedy Lawford OH, JFKL

Peter Lawford OH, JFKL

Peter Cloherty OH, JFKL

Phil David Fine OH, JFKL

Polly Fitzgerald OH, JFKL

Ralph Horton OH, CBP

Ralph Horton OH, JFKL

Samuel Bornstein OH, JFKL

Thomas Broderick OH, JFKL

Thomas "Tip" O'Neill OH, JFKL

Tony Galluccio OH, JFKL

Torbert Macdonald OH, JFKL

William Douglas-Home OH, JFKL

※ 前 言

1. 抵达柏林前，肯尼迪还访问了其他几座德国城市，包括慕尼黑和汉堡。关于纳粹冲锋队队员，见 Sandford, *Union Jack*, 53。另见 Lubrich, *John F. Kennedy Unter Deutschen*, 129–50。

2. 关于德国政府的各种宣传攻势，见 Evans, *Third Reich in Power*, 695–96。

3. JFK to Lem Billings, August 20, 1939, printed in Lubrich, *John F. Kennedy Unter Deutschen*, 146–48. See also Leaming, *Jack Kennedy: Education*, 89; and O'Brien, *John F. Kennedy*, 96.

4. Shirer, *Berlin Diary*, 181–83; Kotkin, *Stalin: Waiting*, 661; "Greatest Surprise in Berlin," *The Scotsman*, August 22, 1939.

5. Ted Widmer, "Ich Bin Ein Berliner," *NYT*, June 25, 2013; Martin and Plaut, *Front Runner*, 127; McCarthy, *Remarkable Kennedys*, 81; *The American Weekly*, May 30, 1948.

6. JPK diary, March 12, 1939, box 100, JPKP.

7. 本次演讲完整的讲话稿可登录"国际丘吉尔协会"的网页查询，网址 为：winston churchill.org/resources/speeches/1939-in-the-wings/war-speech/，访问日期为 2020 年 2 月 8 日。

8. 排名第二的是德怀特·艾森豪威尔，平均认可度为 65%；哈里·杜鲁门的平均认可度为 45%；林登·约翰逊的平均认可度为 55%。当然，由于在总统职位上任期短，肯尼迪未受第二任期支持率往往会下降的影响。后几代民众对肯尼迪执政业绩的各种看法可参考 Andrew Dugan and Frank Davenport, "Americans Rate JFK as Top Modern President", November 15,2013, Gallup, https://news.gallup.com/poll/165902/americans-rate-jfk-top-modern-president.aspx。关于第一组数字，也即哪些人声称投了支持肯尼迪的票，可参考 Manchester,*Glory and the Dream*,890。

9. 最广为人知的肯尼迪传记是 Robert Dallek 所著 *An Unfinished Life*，那部作品匆匆记述了肯尼迪 2/3 的人生，出版至今已有将近 20 年。Herbert Parmet 所著有洞察力的两卷本作品 *Jack and JFK* 成书于 20 世纪 80 年代，当时许多档案资料尚未解密。其他有参考价值的作品包括：O'Brien, *John F. Kennedy*; Burns, *John Kennedy*; Matthews, *Jack Kennedy*; Leaming, *Jack Kennedy: Education*; Perret, *Jack*; Martin, *Hero for Our Time*。一些较为深刻的早期作品往往由知情人士撰写，包括：Schlesinger, *Thousand Days*; Sorensen, *Kennedy*; O'Donnell and Powers, *"Johnny"*; O'Brien, *No Final*

Victories。还可参考 Sorensen 的回忆录 *Counselor*。一些讲述肯尼迪家族的作品同样重要，包括：Leame, *Kennedy Men and Kennedy Women*; Maier, *Kennedys* 和 *When Lions Roar*; Collier and Horowitz, *Kennedys*，尤其需要提及的是 Goodwin, *Fitzgeralds and the Kennedys*。介绍肯尼迪的简明的和有参考价值的读物包括 Brinkley, *John F. Kennedy*; Burne, *John F. Kennedy*; Ling, *John F. Kennedy*。一些演绎的作品存在争议，却有参考价值，包括：Wills, *Kennedy Imprisonment*; Hersh, *Dark Side*; Hellman, *Obsession*; Hogan, *Afterlife*; Brogan, *Kennedy*。关于约瑟夫·肯尼迪的一些传记同样重要，首先应当读一下 Nasaw 抛砖引玉的作品 *Patriarch*，其他作品包括 Whalen, *Founding Father*; Kessler, *Sins of the Father*; Koskoff, *Joseph P. Kennedy*。关于罗丝·肯尼迪，可参考 Perry, *Rose Kennedy*; Cameron, *Rose*。罗丝·肯尼迪的自述 *Times to Remember* 同样重要。一部能够提纲挈领地认识老约瑟夫·肯尼迪的另类作品是他写的各种信函，由他的外孙女 Amanda Smith 结集出版，书名为 *Hostage to Fortune*。若想深入且均衡地概览肯尼迪时代的历史进程，可参考 Michael Kazin, "An Idol and Once a President: John F. Kennedy at 100", *Journal of American History* 104（December 2017），707-26。

10. 关于肯尼迪的早年生活，Hamilton 所著 *JFK: Reckless Youth* 尤为重要。对肯尼迪的早期生活，Hamilton 和我在许多方面看法不同。他那部作品出版近 30 年来，大量档案资料和其他材料已经出现。不过，我仍然对他心存感激。这方面同样有参考价值的还有 Blair and Blai, *Search for JFK*。

11. 历史学家巴顿·J. 伯恩斯坦（Barton J. Bernstein）曾撰文称："学者们必须充分认识到，像普通民众一样，美国总统的立场、看法、价值观早在人到中年以前或更早之前已然形成。当选总统的那些人在任期开始时这些方面既不会尚未成形，也不会完全成形，只不过在很大程度上已然成形。" Barton J. Bernstein, "Understanding Decisionmaking, U.S. Foreign Policy, and the Cuban Missile Crisis: A Review Essay," *International Security* 25, no.1 (Summer 2000): 134–64.

12. 卷帙浩繁的约瑟夫·P. 肯尼迪私人文件极具价值，2013 年以前仅对获得许可的人开放，如今则对所有人开放。一部提纲挈领的作品内含许多有见地的阐释性文章，即 Smith 结集出版的 *Hostage to Fortune*。

13. Schlesinger, *Life in the 20th Century*, 261.

14. "我丈夫是个浪漫的人，"杰克去世一年后，杰姬·肯尼迪说，"只是他不想让人们知道而已。" *Look*, November 17, 1964.

15. 肯尼迪的助理理查德·古德温也为林登·约翰逊总统工作过，多年后，他说："我们都喜欢那家伙，我是说那些曾为他工作的人。比起对约翰逊，我们对他的感情强烈许多。" 2016 年 10 月 16 日，本书作者在马萨诸塞州康科德采访了理查德·古德温。

16. "作为喜剧和美国历史的终身粉丝，"柯南·奥布赖恩（Conan O'Brien）在一篇措辞犀利的短文里评论道，"我花费大量时间琢磨过谁真的是美国最有趣的总统，而我认为，我们确实有两位：亚伯拉罕·林肯和约翰·F. 肯尼迪。……能引起我共鸣的幽默是……那种能同时让人把持住两种对立观点的幽默感，也即我们在世间的生活既是美好的，也是极其可悲的。换句话说，这就是约翰·F. 肯尼迪的幽默。" Conan O'Brien, "Comedy as Worldview," in Smith and Brinkley, *JFK: A Vision for America*, 27-29.

17. Manchester, *Portrait of a President*, 49; JFK to Inga Arvad, n.d. (September 1943), printed in Sandler, *Letters*, 31–33; transcript of MBN radio address, November 14, 1951, box 102, JFK Pre-Pres.

18. 从那往后连续数年，肯尼迪多次提到同一个主题。其中一次可参见 1950 年 1 月 29 日他在圣母大学的演讲。演讲稿存放于肯尼迪图书馆 95 号资料盒，编号：JFK Pre-Pres。

19. 正如吉尔·艾布拉姆森（Jill Abramson）所说："一种'如果他还活着又会怎样'的忧伤情绪大量存在于有关肯尼迪的作品里。"Jill Abramson, "Kennedy, the Elusive President," *NYT*, October 22, 2013. 感谢扎克·肖尔（Zach Shore）提示我就此进行说明。

第一部　家族史

※　第一章　两个家族

1. 半个世纪后，肯尼迪一家还得再破费 5.5 万美元回购这处房产，用当初的维多利亚时代家具和约翰·F. 肯尼迪用过的摇篮将房子重新装饰一番，然后将房产证转交给联邦政府，作为国家历史遗迹续存：这里是第 35 任美国总统的出生地。1969 年，罗丝·肯尼迪站在那所房子的前廊上，向出席正式典礼的 700 人简单地说了几句话，当初作为新娘的她正是从这个前廊走进房子的。"当初我们在这里非常幸福，"她说，"虽然我们不知道以后的日子会过成什么样，我们对未来却充满了激情和热望。"Greg Wayland, "At His Birthplace in Brookline, Historians Preserve Stories of JFK's Early Years," WBUR News, May 25, 2017, www.wbur.org/news /2017/05/25/jfk-birthplace-brookline, accessed March 18, 2019.

2. Karr, *Between City and Country*, 189–90; Hamilton, *JFK: Reckless Youth*, 23–24.

3. 人们通常认为，（新英格兰地区的）"精英"一词源自 Oliver Wendell Holmes Sr. 的小说 *Elsie Venner* (Boston, 1847)，其出处为作者对一名波士顿青年的如后描述："他来自新英格兰地区的精英一族，这是个没有恶意的、无害的、没有名号的贵族族群。"

4. Rawson, *Eden on the Charles*, 162–67. 关于布鲁克莱恩镇这些年的崛起，可参阅 Karr, *Between City and Country*。

5. 一些文献称，他从新罗斯镇直接去了波士顿，不过，途经利物浦一说更可信。从那一时期的到港旅客名单看，有好几个姓氏为肯尼迪和名字为帕特里克的人分别于不同的时间节点抵达波士顿，所以不可能准确断定他何时踏上了旅途，走的是哪条路线。

6. O'Connor, *Boston Irish*, 59.

7. Maier, *Kennedys*, 22; Miller, *Emigrants and Exiles*, 285.

8. Ó Gráda, *Ireland's Great Famine*, 14–16; Miller, *Emigrants and Exiles*, 283; Dolan, *Irish Americans*, 71–72.

9. Kerby Miller, "Emigration to North America in the Era of the Great Famine, 1845– 1855," in Crowley, Smyth, and Murphy, *Atlas*, 214–27; Dolan, *Irish Americans*, 74; Kenny, *American Irish*, 94–95.

10. Ó Gráda, *Ireland's Great Famine*, 190–91, quoted in Dolan, *Irish Americans*, 74; Kenny, *American Irish*, 99.

11. Kenny, *American Irish*, 102; Woodham-Smith, *Great Hunger*, 238.

12. Kelly, *Graves Are Walking*, 252–89; Handlin, *Uprooted*, 50–52; Kenny, *American Irish*, 94–95; Whalen, *Founding Father*, 7–8. 1849 年，赫尔曼·梅尔维尔（Herman Melville）曾经在"苏格兰高地人"号移民船上当水手，他笔下的乘客们的悲惨经历如后："就像堆放在库房里的棉花捆，就像运奴船上的奴隶们那样挤在一起，暴风雨时刻还要被禁闭在没有阳光缺少空气的限定区域，[既无法] 烹饪也无法得到哪怕是一杯温乎的水。"摘自 Kelly, *Graves Are Walking*, 271。

13. Nasaw, *Patriarch*, 5–6; Kelly, *Graves Are Walking*, 299.

14. 他们可能出发前就认识，或者在赴美途中见过面。不过，更可信的是，他们初次见面的地方是波士顿。根据罗丝·肯尼迪回忆录里的说法，布里姬特和帕特里克是到达波士顿后认识的。参见 *Times to Remember*, 20。

15. "第一个……最后一个"这一说法出自 Collier and Horowitz, *Kennedys*, 24。

16. Koskoff, *Joseph P. Kennedy*, 4. 其他文献估算的平均存活时间更短，见 Miller, "Emigration," in Crowley, Smyth, and Murphy, *Atlas*, 225。

17. Peterson, *City-State of Boston*, 572; Nasaw, *Patriarch*, 7. 爱默生曾经在写给朋友亨利·大卫·索罗（Henry David Thoreau）的一封信里说，爱尔兰劳工们通常每天工作 15 小时，挣的钱连 50 美分都不到，让他非常吃惊。O'Connor, *Boston Irish*, 100.

18. Handlin, *Boston's Immigrants*, 113.

19. O'Neill, *Rogues and Redeemers*, 4–5; O'Connor, *Boston Irish*, 60; Patrick Blessing, "Irish," in *Harvard Encyclopedia of American Ethnic Groups*, ed. Stephan Thernstrom (Cambridge, MA: Harvard University Press, 1980), 530.

20. O'Connor, *Boston Irish*, 61.

21. Miller, *Emigrants and Exiles*, 323–24.

22. Handlin, *Boston's Immigrants*, 186; O'Neill, *Rogues and Redeemers*, 11.

23. Anbinder, *Nativism and Slavery*, 87–94, 135–42; Puleo, *City So Grand*, 72–73.

24. Quoted in Anbinder, *Nativism and Slavery*, 266.

25. O'Neill, *Rogues and Redeemers*, 16.

26. Quoted in Burns, *John Kennedy*, 7.

27. Handlin, *Boston's Immigrants*, 91.

28. Nasaw, *Patriarch*, 8; Collier and Horowitz, *Kennedys*, 24.

29. Goodwin, *Fitzgeralds and the Kennedys*, 226; Collier and Horowitz, *Kennedys*, 24–25.

30. Whalen, *Founding Father*, 14–15.

31. 也就是说，大饥荒过后，从 1851 年到 1921 年，多达 450 万人离开了爱尔兰，其中约 370 万人去了美国。

32. Dolan, *Irish Americans*, 147–49.

33. Collier and Horowitz, *Kennedys*, 27.

34. Duncliffe, *Life and Times*, 3; Collier and Horowitz, *Kennedys*, 31–32.

35. Leamer, *Kennedy Men*, 9.

36. Nasaw, *Patriarch*, 14.

37. Kessler, *Sins of the Father*, 12.

38. Nasaw, *Patriarch*, 13–14; Dallek, *Unfinished Life*, 15.

39. Nasaw, *Patriarch*, 13–14; Goodwin, *Fitzgeralds and the Kennedys*, 228.

40. Collier and Horowitz, *Kennedys*, 31–32. Koskoff, *Joseph P. Kennedy*, 15–16; Kessler, *Sins of the Father*, 16.

41. Whalen, *Founding Father*, 22.

42. Kessler, *Sins of the Father*, 16; Leamer, *Kennedy Men*, 12.

43. Whalen, *Founding Father*, 23–24; Nasaw, *Patriarch*, 19.

44. Nasaw, *Patriarch*, 21; Collier and Horowitz, *Kennedys*, 34.

45. "List of Secondary Schools, Universities and Colleges . . . from Which Students Have Entered Harvard College During the Years 1901–1920," Harvard University Archives（hereafter HUA）.

46. Amory, *Proper Bostonians*, 292; Whalen, *Founding Father*, 31.

47. 1910 届毕业生人才辈出，除了李普曼，还有诗人 T.S. 艾略特、思想激进的记者约翰·里德、著名记者海伍德·布龙、诗人阿兰·西格、舞台美术设计师罗伯特·埃德蒙·琼斯、精神病学家卡尔·宾格、政治家汉密尔顿·菲什三世、布朗森·卡丁等人。

48. Steel, *Walter Lippmann*, 12; Schlesinger, *Veritas*, 148; Nasaw, *Patriarch*, 23.

49. Koskoff, *Joseph P. Kennedy*, 19.

50. 在那场与耶鲁队的比赛中，他如何赢得了推荐信，拿到了决胜球，事后一直存在争议。他毫无底线和不讲情面的野心由此可见一斑。争议的焦点是，决胜球理应归于获胜队即哈佛队的投手，不过，现场的队友们都护着老约，都说让对手出局归功于他在一垒的接球，根据规则，他拿到了决胜球。详见 Nasaw, *Patriarch*, 24。

51. JPK Grade Card,UAIII 15.75.12 1910–1919, box 12,HUA.

52. Collier and Horowitz, *Kennedys*, 29; Cameron, *Rose*, 27.

53. RK, *Times to Remember*, 8; Goodwin, *Fitzgeralds and the Kennedys*, 61–68.

54. O'Brien, *John F. Kennedy*, 6–7.

55. Collier and Horowitz, *Kennedys*, 37; O'Donnell and Powers, *"Johnny,"* 58–59.

56. RK, *Times to Remember*, 6–7; Perry, *Rose Kennedy*, 15.

57. Cameron, *Rose*, 40.

58. Salinger quoted in Cameron, *Rose*, 53.

59. RK, *Times to Remember*, 28.

60. 详述两人交往初期情况的文献极少。罗丝在婚后才开始用文字记述两人的关系。相比而言，老约对他们两人早期关系的评价极其有限，而且都是回忆。

61. RK, *Times to Remember*, 57–58. 3/4 个世纪后，年近 90 岁的罗丝说："我一直都认为，老奥查德海滩是个神奇的地方，因为那里是我和老约坠入爱河的地方。" Goodwin, *Fitzgeralds and the Kennedys*, 144.

62. C. F. Hennessey, "Prophecy for the Class of 1908," in R. J. Dobbyn to JPK, January 24, 1934, box 34, JPKP; RK, *Times to Remember*, 59; Nasaw, *Patriarch*, 21.

63. Goodwin, *Fitzgeralds and the Kennedys*, 184–89; Perry, *Rose Kennedy*, 23–28.

64. 不过，由于该学院 1917 年才得到官方认可，她没拿到正规的学位证书。1953 年，该学院授予罗丝荣誉博士学位，如今该学院将罗丝称作最著名的女毕业生。Perry, *Rose Kennedy*, 31.

65. Nasaw, *Patriarch*, 28.

66. Quoted in Nasaw, *Patriarch*, 32.

67. Koskoff, *Joseph P. Kennedy*, 22–23.

68. Nasaw, *Patriarch*, 39.

69. Halley, *Dapper Dan*, 105–9; Kessler, *Sins of the Father*, 18. 一本特别好的柯利的传记是 Beatty, *Rascal King*。

70. 研究一战起源的文献数不胜数，可参见 Clark, *Sleepwalkers*; MacMillan, *War That Ended Peace*; McMeekin, *July 1914*; Ferguson, *Pity of War*。

71. 参见罗丝·肯尼迪的日记和结婚日志，现存于肯尼迪图书馆 box 1, RKP。波士顿的报纸都报道了两人的婚礼，例如1914年10月8日发行的《波士顿邮报》和《波士顿环球报》。

72. O'Brien, *John F. Kennedy*, 19.

※ 第二章 小孩玩的东西

1. 对这一危机四伏的年份的详细评估，可参阅 Stevenson, *1917*。

2. 更受普遍认可的起始时间为 1941 年，是年，亨利·卢斯发表了影响深远的社论《美国世纪》，本书后续章节将讨论这一主题。

3. Hobsbawm, *Age of Extremes*, 4. See also Mazower, *Dark Continent*, ix–xx; Michael Neiberg, "The Meanings of 1917," *Journal of Military and Strategic Studies* 18 (2017).

4. Tocqueville, *Democracy*, 559.

5. 英国人 William T. Stead 的 *The Americanization of the World* 出版于 1902 年，该书预言，美国的经济实力和人口实力必将助推它冲向全球领导力的最前沿。

6. Kennedy, *Rise and Fall*, 202; Tooze, *Deluge*, 14–15. 关于美国在这一时期的崛起，还可参考 Zakaria, *From Wealth to Power*。

7. Thompson, *Woodrow Wilson*, 102.

8. 研究作品多如牛毛，可参考 Neiberg, *Path to War*, 以及 Knock, *To End All Wars*。发人深省的作品还有 O'Toole, *Moralist*, 以及 Kennedy, *Will to Believe*。

9. 1914 年到 1916 年，美国对法英两国的出口增长了 265%，从 7.54 亿美元增至 27.5 亿美元。同期，主要由于英国对德国各港口的封锁，对德出口减少了 91%，从 3.45 亿美元降至 2900 万美元。

10. 数据源自 Paterson et al., *American Foreign Relations*, 292。

11. Goodwin, *Fitzgeralds and the Kennedys*, 271–72.

12. Goodwin, *Fitzgeralds and the Kennedys*, 272.

13. 摘自 Kamensky et al., *People and a Nation*, 582。堑壕战催生了大量文学作品。关于索姆河战役，可参阅 Prior and Wilson, *Somme*。深入研究美国反战思潮和反战活动的作品为 Kazin, *War Against War*。

14. Kennedy, *Over Here*, 12; LaFeber, *American Age*, 294.

15. Nasaw, *Patriarch*, 51–53.

16. JPK to Draft Board, February 18, 1918, box 37, JPKP.

17. 关于战争的最后几个月，可参考 Strachan, *First World War*, 259ff; Stevenson, *Cataclysm*, 303–406。

18. Keynes, *Economic Consequences*, 297. 关于一战的遗留问题，可参考 Reynolds, *Long Shadow*。

19. Barry, *Great Influenza*; Crosby, *America's Forgotten Pandemic*; and Kolata, *Flu*.

20. Nasaw, *Patriarch*, 56–57; RK, *Times to Remember*, 151; Smith, *Hostage to Fortune*, 6.

21. Porter, *Greatest Benefit*, 484; Kamensky et al., *People and a Nation*, 585.

22. RK, *Times to Remember*, 73; Nasaw, *Patriarch*, 57.

23. Nasaw, *Patriarch*, 34.

24. Goodwin, *Fitzgeralds and the Kennedys*, 301–2; Cameron, *Rose*, 83.

25. Cott, *Grounding of Modern Feminism*.

26. Bailey, *From Front Porch*; Goodwin, *Fitzgeralds and the Kennedys*, 302.

27. Goodwin, *Fitzgeralds and the Kennedys*, 305–7; Beauchamp, *Joseph P. Kennedy Presents*, 29–30.

28. RK interview by Robert Coughlan, January 28, 1972, box 10, RKP; Perry, *Rose Kennedy*, 54.

29. 一次出门遛弯前，给杰克穿好衣服后，女家庭教师把杰克独自留在屋里一小会儿，去找外衣和帽子。她离开期间，杰克顺着儿童房厕所的窗户爬到了房外。以下为爱德华·摩尔的记述："保姆回来时，没看见杰克在屋里，却听见他在呼喊街上的几个小伙伴。她找到了杰克，试图将他劝回屋里，不过杰克正在兴头上，没工夫理她。她把杰克的母亲喊来，两人用糖果和玩具引诱杰克，不过杰克不为所动。她们不敢爬出窗外拉杰克，因为她们觉得，杰克可能会玩［原文如此］一跳，从房顶掉下去。杰克在窗外尽情玩到不想玩了，自己爬回了屋里。那件事让所有人急得像热锅上的蚂蚁，因为摔下去的话会有近 10 米之高［原文如此］。" Smith, *Hostage to Fortune*, 10.

30. Cameron, *Rose*, 82; RK, *Times to Remember*, 82–83.

31. Smith, *Nine of Us*, 68–69. 杰克在圣爱丹教堂接受了洗礼。由于母亲们产后三周不出门，而罗丝坚持让自己的每个孩子尽早接受洗礼，所以她当时不在场。

32. RK, *Times to Remember*, 84–85.

33. JPK to Edward Place，July 2, 1920, box 21, JPKP. 不久前，老约在信里表示："肯尼迪夫人和我均认为，你那么尽心尽意为杰克治疗，我们实在无以为报。我们知道，小家伙必须离开我们一段时间，我们的心情肯定会特别糟糕，正因为你的细心照料，我们才避免了那种心情。" JPK to Edward Place, March 4, 1920, box 21, JPKP.

34. Anna Pope to JPK，May 14, 1920, box 21, JPKP; Smith, *Hostage to Fortune*, 9; Nasaw, *Patriarch*, 63; O'Brien, *John F. Kennedy*, 26. 老约在给莎拉·米勒的回信里称："正如我亲自给你打电话时所说，你那么尽心尽意看护杰克，我们实在无以为报……我们得知，他和你在一起非常开心，在你的照料下，他恢复得非常好，这让我们得到了莫大的宽慰。" JPK to Sara Miller, March 4, 1920, box 21, JPKP.

35. Kessler, *Sins of the Father*, 34; Whalen, *Founding Father*, 54.

36. 如今的门牌号为阿博特斯福德路（Abbottsford Road）51 号。

37. RK, *Times to Remember*, 83.

38. RK, *Times to Remember*, 81.

39. RK diary, April 3, 1923, box 1, RKP.

40. RK diary, April 3, 1923, box 1,RKP; RK, *Times to Remember*, 94.

41. Perry, *Rose Kennedy*, 15; Kathryn Kish Sklar, "Victorian Women and Domestic Life: Mary Todd Lincoln, Elizabeth Cady Stanton, and Harriet Beecher Stowe," in *Women and Power in American History*, 3rd ed., ed. Kathryn Kish Sklar and Thomas Dublin (Upper Saddle River, NJ: Prentice Hall, 2009), 122, 128; Linda Kerber, "The Republican Mother," *American Quarterly* 28, no. 2 (summer 1976): 187–205.

42. Holt, *Care and Feeding*.

43. Watson, *Psychological Care*; O'Brien, *John F. Kennedy*, 39–40.

44. RK, *Times to Remember*, 7.

45. Cameron, *Rose*, 83, 85; RK, *Times to Remember*, 111.

46. Burns, *John Kennedy*, 22–23; Eunice Shriver interview, CBP.

47. Whalen, *Founding Father*, 57–58; Hamilton, *JFK: Reckless Youth*, 59.

48. RK diary, December 5, 1923, February 28, 1923, October 26, 1923, and September 11, 1923, box 1,RKP; Perry, *Rose Kennedy*, 61–62; Perret, *Jack*, 24.

49. RK diary, November 21, 1923, box 1,RKP; RK, *Times to Remember*, 97.

50. Flood, *Story of Noble and Greenough*, 79; Hamilton, *JFK: Reckless Youth*, 53.

51. Hamilton, *JFK: Reckless Youth*, 54–55.

52. 同一个队另有一对亲兄弟麦乔治和威廉·邦迪，后者回忆时讲述了与杰克做同学的经历，参见 Bird, *The Color of Truth*, 36。

53. Hamilton, *JFK: Reckless Youth*, 57; Bird, *The Color of Truth*, 36.

54. Myra Fiske OH, Dexter School, quoted in Hamilton, *JFK: Reckless Youth*, 57.

55. Quoted in Leamer, *Kennedy Men*, 35.

56. Rostow, *World Economy*, 210; Eckes and Zeilier, *Globalization*, 73.

57. 关于美国不愿在两次世界大战之间的年月里直面挑战，肩挑世界领导权，可参考 Tooze, *Deluge*; 以及 Thompson, *Sense of Power*, chap. 3。认为以欧洲为某中心的世界是个伪概念的观点出自 Kennedy, *Rise and Fall*, 277。关于威尔逊与国联的争端，可参考 Cooper, *Breaking the Heart*; Ambrosius, *Woodrow Wilson*; Nichols, *Promise*, chap. 6。

58. Whalen, *Founding Father*, 65–66; Collier and Horowitz, *Kennedys*, 42.

59. 详述禁酒令的史书为 McGirr, *War on Alcohol*。

60. Okrent, *Last Call*, 366–71; Nasaw, *Patriarch*, 79–81. 纳索的确发现一家"约瑟夫·肯尼迪有限公司"卷入了走私酒交易，不过该公司位于温哥华，老板是个名叫丹尼尔·约瑟夫（Daniel Joseph）的加拿大人。可参考 Smith, *Hostage to Fortune*, xx。

61. "Mr. Kennedy, the Chairman," *Fortune*, September 1937.

62. Arthur Krock OH, JFKL; Whalen, *Founding Father*, 59.

63. Whalen, *Founding Father*, 58–59. Quoted in O'Brien, *John F. Kennedy*, 29. See also Beschloss, *Kennedy and Roosevelt*, 65.

64. RK, *Times to Remember*, 57; RK interview by Robert Coughlan, January 7, 1972, box 10, RKP.

65. RK, *Times to Remember*, 166; Hamilton, *JFK: Reckless Youth*, 62.

66. "Mr. Kennedy, the Chairman," *Fortune*, September 1937; Collier and

Horowitz, *Kennedys*, 46–47; Kamensky et al., *People and a Nation*, 622.

67. Parmet, *Jack*, 11; Smith, *Hostage to Fortune*, 9.

68. Beauchamp, *Joseph P. Kennedy Presents*, 93–99; Nasaw, *Patriarch*, 100–102.

69. Quoted in Goodwin, *Fitzgeralds and the Kennedys*, 393–94.

70. Byrne, *Kick*, 19; Beauchamp, *Joseph P. Kennedy Presents*, 122–25.

71. Swanson, *Swanson on Swanson*, 356–57, 359. 尽管全家已经搬到了里弗代尔，但罗丝还是回到波士顿分娩。

72. Beauchamp, *Joseph P. Kennedy Presents*, 272–73; Nasaw, *Patriarch*, 144.

73. Swanson, *Swanson on Swanson*, 385–86.

74. Goodwin, *Fitzgeralds and the Kennedys*, 391–92; Perry, *Rose Kennedy*, 78; O'Brien, *John F. Kennedy*, 35. 在 *Marriage and Parenthood: The Catholic Ideal* (1911) 中，Thomas Gerrard 声明，性交应快速完成。

75. Dallek, *Unfinished Life*, 23–24.

76. Swanson, *Swanson on Swanson*, 394. 根据书里的说法，老约曾请求天主教会允许他与罗丝分居，与葛洛丽亚·斯旺森另组一个家。

77. Nasaw, *Patriarch*, 146–47; Higham, *Rose*, 110–11.

78. 6 月 3 日，老约致信小约，对他在葬礼上的表现大加赞扬。"每个人都说你棒极了，分寸拿捏得恰到好处。无法亲赴现场，我万分沮丧。不过你代表我又让我无比骄傲，更让我欣慰的是，大家都特别喜欢你。" JPK to JPK Jr., June 3, 1929, printed in Smith, *Hostage to Fortune*, 84.

79. Goodwin, *Fitzgeralds and the Kennedys*, 420; Kessler, *Sins of the Father*, 80–81.

80. Allen, *Only Yesterday*, quoted in Whalen, *Founding Father*, 106.

81. Leamer, *Kennedy Men*, 57; Goodwin, *Fitzgeralds and the Kennedys*,

391–92, 425–26.

82. Hamilton, *JFK: Reckless Youth*, 50.

83. RK, *Times to Remember*, 150; Parmet, *Jack*, 14.

84. Quoted in Burns, *John Kennedy*, 21.

85. Riverdale Country School scholarship report, June 7, 1929, box 20,JPKP; O'Brien, *John F. Kennedy*, 29.

86. "Plea for a Raise," n.d., box 1, JPKP. 杰克在"恳请加薪"信上的签名为"John Fitzgerald Francis Kennedy"。其中的"Francis"并非他的本名,这让他母亲困惑不已,只好猜测,杰克在自己的名字里添加善良的圣徒的名字,无外乎为了增加愿望实现的概率。

87. O'Brien, *John F. Kennedy*, 29.

88. Damore, *Cape Cod Years*, 19–21; Nasaw, *Patriarch*, 92.

※ 第三章 二儿子

1. RK interview by Robert Coughlan, January 7, 1972, box 10, RKP.

2. Goodwin, *Fitzgeralds and the Kennedys*, 351–52.

3. Collier and Horowitz, *Kennedys*, 60; Thompson and Meyers, *Robert F. Kennedy*, 64.

4. Parmet, *Jack*, 20; Luella Hennessey OH, JFKL. 莱姆·比林斯回忆说:"我记得,杰克刚好在15岁那段时间回答提问像小约一样顺溜了。整个吃饭期间,探讨的各种话题都挺高端,满满都是挑战——对于像我这样的外人满满都是挑战。我觉得,对我来说,更重要的是,我得多阅读和多了解当下正在发生的事,以便跟肯尼迪一家在一起时,至少能明白他们吃饭时谈的都是什么话题。"KLB OH, JFKL.

5. Smith, *Nine of Us*, 54–55.

6. Leamer, *Kennedy Men*, 67.

7. Ralph Horton OH, JFKL; Leaming, *Jack Kennedy: Education*, 30.

8. "他回家后，"尤妮斯后来回忆说，"［妈妈］让他承担了一部分。" RK, *Times to Remember*, 148.

9. Smith, *Hostage to Fortune*, xxv; Goodwin, *Fitzgeralds and the Kennedys*, 351; Charles Laurence, "Grandpa Joseph's Letters Edited by Adopted Kin," *National Post*, January 13, 2001. 正如阿曼达·史密斯（Amanda Smith）所说，20 世纪 30 年代初，肯尼迪一家写信的数量显著增加。"随着幼小的孩子们学会了书写，随着小约和杰克动身前往寄宿学校（按要求他们在校期间每周都得给家人写信），一家人之间的通信明显增加。证据显示，与父母用心保留孩子们的来信相比，孩子们可没什么心思保留父母的来信。父亲与孩子们之间的大多数往来信件留存了下来，因为他的信件都是口述的和打印的，而且他把孩子们的回信与打印和寄出的信件都存档保留了下来。当初母亲的信件通常是手写的，就显得不那么完整了。"Smith, *Hostage to Fortune*, 64.

10. Kennedy, *True Compass*, 40, 30–31.

11. Alfred Adler, *The Individual Psychology of Alfred Adler: A Systematic Presentation in Selections from His Writings*, ed. H. L. Ansbacher and R. R. Ansbacher (New York, Basic Books: 1956), 379–80, quoted in Leamer, *Kennedy Men*, 46; James quoted in Dorothy Rowe, *My Dearest Enemy, My Dangerous Friend: Making and Breaking Sibling Bonds* (London: Routledge, 2007), 87.

12. Kennedy, *True Compass*, 21; RK, *Times to Remember*, 120.

13. Burns, *John Kennedy*, 28.

14. JPK to JPK Jr., July 28, 1926, box 1, JPKP.

15. KLB OH, JFKL; Goodwin, *Fitzgeralds and the Kennedys*, 353.

16. RK, *Times to Remember*, 110–12; Smith, *Nine of Us*, 154.

17. Collier and Horowitz, *Kennedys*, 61.

18. RK, *Times to Remember*, 94; Parmet, *Jack*, 18–19.

19. Parmet, *Jack*, 19.

20. RK, *Times to Remember*, 192; McTaggart, *Kathleen Kennedy*, 10; JFK to RK, n.d., printed in Smith, *Hostage to Fortune*, 97; Kennedy, *True Compass*, 24.

21. Cameron, *Rose*, 101–2; KLB OH, JFKL.

22. John F. Kennedy, ed., *As We Remember Joe* (privately published, 1944), 3.

23. McTaggart, *Kathleen Kennedy*, 14; Kessler, *Sins of the Father*, 43; KLB OH, JFKL.

24. Quoted in Meyers, *As We Remember Him*, 6.

25. Seymour St. John, "JFK: 50th Reunion of 1000 Days," June 1985, CSA.

26. Quoted in Kennedy, *Fruitful Bough*, 210–11.

27. McTaggart, *Kathleen Kennedy*, 12; Damore, *Cape Cod Years*, 23; Cameron, *Rose*, 98–100.

28. Kennedy, *True Compass*, 33. 后来，琼·肯尼迪·史密斯在回忆录里记述道，在布朗克斯维尔社区过圣诞节时，每个孩子仅能得到一件特殊礼物，比方说一个娃娃、一场游戏、一双旱冰鞋。Smith, *Nine of Us*, 47, 77.

29. KLB OH, JFKL.

30. Mary Pitcairn Davis interview, CBP; McTaggart, *Kathleen Kennedy*,

15; Leamer, *Kennedy Men*, 67.

31. Quoted in Burns, *John Kennedy*, 130.

32. Quoted in Perry, *Rose Kennedy*, 51. See also Larson, *Rosemary*, 43–59.

33. Perry, *Rose Kennedy*, 51–52; McTaggart, *Kathleen Kennedy*, 11.

34. RK interview by Robert Coughlan, January 24, 1972, box 10, RKP; Leamer, *Kennedy Men*, 47.

35. JPK to Rosemary Kennedy, November 13, 1929, box 1, JPKP; Nasaw, *Patriarch*, 153.

36. Whalen, *Founding Father*, 165.

37. 乔特中学 1933 年的毕业生中有 46 人进了耶鲁大学，20 人进了普林斯顿大学，8 人进了威廉姆斯学院，3 人进了哈佛大学。*Choate News*, January 28, 1933.

38. 数年后，杰克声称，由于他信天主教，格罗顿中学拒绝了他的入学申请。Brauer, *Second Reconstruction*, 13.

39. Wardell St. John to JPK, May 20, 1929, box 20, JPKP; JPK to Wardell St. John, April 20, 1929, CSA; JPK to Russell Ayers, May 1, 1929, printed in Smith, *Hostage to Fortune*, 83–84.

40. Russell Ayers to JPK, June 27, 1933, CSA; Housemaster (Ben Davis) report, June 1930, box 20, JPKP.

41. 1930 年 6 月 20 日，副校长沃德尔·圣约翰致信罗丝，向其报告杰克在"奥雷学校能力测试"中的得分为 124 分，"这比我校的平均分高了 9~10 分"。圣约翰预言，在此基础上，杰克在乔特中学会表现得非常好。他还向肯尼迪夫人提出忠告，不要将这个分数告诉儿子，那么做可能会让他过分倚重自己的能力，能力"自身永远都是不充分的"。Wardell St. John to RK, June 20, 1930, box 20, JPKP.

42. Goodwin, *Fitzgeralds and the Kennedys*, 459; Hamilton, *JFK: Reckless Youth*, 85.

43. JFK to John Fitzgerald, n.d., box 4b, JFKPP.

44. JFK to RK, n.d., box 1,JFKPP; JFK to JPK and RK, n.d., box 1, JFKPP.

45. JFK to RK, n.d. (1930–31), box 1, JFKPP.

46. Nelson Hume to JPK, January 7, 1931, box 21, JPKP.

47. Stossel, *Sarge*, 24; Leamer, *Kennedy Men*, 65.

48. 在接下来的成绩单里，他的各科分数都下滑了一点：英文 Ⅱ : 86；历史 Ⅱ : 77；数学 Ⅱ : 95；拉丁文 Ⅱ : 55；科学 Ⅱ : 72；宗教 Ⅱ : 75。Canterbury Record, box 1, JFKP.

49. JFK to JPK, n.d. (1930), box 5,JPKP; JFK to JPK, n.d., box 4b, JPKP.

50. JFK to JPK and RK, March 31, box 21, JPKP.

51. JFK to JPK and RK, postmarked March 5, 1931, box 21, JFKPP.

52. Hamilton, *JFK: Reckless Youth*, 87–88.

53. Wardell St. John to RK, June 24, 1931, box 20,JPKP; Bruce Belmore to Choate School, July 11, 1931, CSA; Hamilton, *JFK: Reckless Youth*, 88–89.

54. Meyers, *As We Remember Him*, 11.

55. George St. John to JPK, October 20, 1931, CSA; Clara St. John to RK, October 7, 1931, CSA.

56. Goodwin, *Fitzgeralds and the Kennedys*, 458; Seymour St. John and Richard Bode, " 'Bad Boy' Jack Kennedy," *Good Housekeeping*, September 1985. 诗人及出版人詹姆斯·劳克林（James Laughlin）同为那一时期乔特中学的学生，关于他的经历，可参考 MacNiven, *Literchoor Is My Beat*, 28–29。

57. Quoted in St. John, "JFK: 50th Reunion"；Hamilton, *JFK: Reckless*

Youth, 90.

58. 两封信都引于 St. John, "JFK: 50th Reunion"。

59. St. John to JPK, October 20, 1931, CSA; Leamer, *Kennedy Men*, 76.

60. Leaming, *Jack Kennedy: Education*, 21. 数年后，杰克的一个同班同学说："我记得，在我们第三学年期间，本·戴维斯（Ben Davis）老师上法文课时将杰克赶出了教室，让他去梳头。他回来后，头发更乱了。戴维斯老师用法语哀叹了一句'小卷心菜'，杰克那发型比一坨卷心菜还难看。"St. John, "JFK: 50th Reunion."

61. Ralph Horton OH, JFKL; KLB OH, JFKL; Perret, *Jack*, 33; Meyers, *As We Remember Him*, 15. 另见 1961 年 4 月 1 日的《纽约客》中莱姆·比林斯的回忆。

62. Horton OH, JFKL. 在另一次采访中，霍顿说："杰克脑子特好使，不过他没把脑子用在当时我们做的正事上。当时他还没长大，还没像后来那些年在哈佛那样把脑子用在正道上。"Horton OH, CBP.

63. Horton OH, CBP.

64. Blair and Blair, *Search for JFK*, 33; Horton OH, JFKL; KLB to RK, January 1972, box 12, RKP. 从那个时期的《乔特中学报》往期上，可以看出橄榄球在校园生活中的重要地位。好在杰克通过努力在低水平组里赢得了如后赞誉："进攻性强，警惕性高，兴趣浓厚——杰克是边线主力。"Leinbach Football Juniors report, n.d. (fall 1933), Choate School Archives–Outline, box 1, JFKPP.

65. JFK to JPK, December 9, 1931, box 1, JFKPP.

※ 第四章　杰克和莱姆

1. Mrs. St. John toRK, Choate School Archives–Outline, box 1, JFKP.

2. RK, *Times to Remember*, 176–77.

3. JPK to JFK, April 12, 1932, box 1, JPKP.

4. Earl Leinbach to St. John, n.d. (1932), box 20, JPKP. 梅·韦斯特的故事见 Hamilton, *JFK: Reckless Youth*, 94。校长认可这小伙讨人喜欢。在1932 年 2 月写给约瑟夫·肯尼迪的一封信里，他概述了莱因巴克所做的种种努力，随后总结道："杰克真是个乐天派、大活宝，让我们所有人都想帮他一把。他激发了我们最大的潜能——而我们也拿出了潜能，并且对结果充满信心。"George St. John to JPK, February 17, 1932, box 20, JPKP.

5. Earl Leinbach to St. John, n.d. (1932), box 20, JPKP.

6. George St. John to JPK, November 24, 1933, box 20,JPKP; George St. John to JPK, November 27, 1933, box 20,JPKP; St. John, "JFK: 50th Reunion."

7. George St. John to JPK, June 14, 1932, box 20,JPKP; Choate Summer Session Report in Algebra, September 3, 1932, box 20,JPKP; Choate Summer Session Report in French, September 4, 1932, box 20, JPKP. 根据《乔特中学报》的说法，8 月 8 日暑期班开班时仅有 20 个孩子；9 月 19 日结束时却增加到了 47 个。*Choate News*, October 8, 1932.

8. St. John, "JFK: 50th Reunion"; Parmet, *Jack*, 31–32.

9. 里普·霍顿后来说过："他是个非常平庸的学生。他的确有一种独特的天分，让我印象深刻的是他的写作天份。我们每年必须给学生们布置两到三次短文作业，我们有个名叫廷克博士的英文老师。我还记得，有次我们给学生们布置完短文作业后，廷克博士对杰克·肯尼迪说：'杰克，你绝对有写作天份。你从本校和大学毕业后，应当考虑将它作为职业。'这让我大吃一惊，因为我从没想过在某一特定的领域，杰克·肯尼迪会是非常出众的学生。"Horton OH, JFKL. 一个略有不同的版本见 Horton OH, CBP。

10. JPK to JPK Jr., November 21, 1933, box 1, JPKP; Parmet, *Jack*, 32; Smith, *Hostage to Fortune*, 113; Hamilton, *JFK: Reckless Youth*, 134.

11. JPK to George St. John, November 21, 1933, CSA. 老约还给当时身在伦敦的小约写了封信，表达了他的失望："我希望你给杰克写写信，切实提出一些能让他有责任感的想法……他那么有头脑，如果真的不能沿着阶梯爬到应当达到的高度，那就太糟糕了。" JPK to JPK Jr., November 21, 1933, box 1, JPKP.

12. George St. John to JPK, November 27, 1933, CSA.

13. "论公正"（杰克的英文作文作业），April 1934, box 1, JFKPP; O'Brien, *John F. Kennedy*, 67–68。侄女阿曼达·史密斯提到这篇作文，意指杰克这一阶段已经超越小约的敏感和同理心。Smith, *Hostage to Fortune*, 113.

14. Kay Halle OH, JFKL; Churchill, *World Crisis*; Leaming, *Jack Kennedy: Education*, 22. 这次见面发生的时间不太确切。芭芭拉·利明提供的时间为1932年10月末，奈杰尔·汉密尔顿则说，应当是1934年年中。也有可能是1934年初，我们都清楚，那时杰克得了急性贫血症。很久以后，凯·哈利编辑了三卷本《丘吉尔藏品》。她认识丘吉尔，还拒绝过丘吉尔的儿子伦道夫的求婚。

15. Leaming, *Jack Kennedy: Education*, 22; Hellman, *Kennedy Obsession*, 14–15.

16. Nasaw, *Patriarch*, 134–35.

17. Whalen, *Founding Father*, 117–42; Beschloss, *Kennedy and Roosevelt*, 65–66. 关于胡佛，参见 Whyte, *Hoover*; 以及 Kennedy, *Freedom from Fear*, chap. 3。

18. 整件事的说法主要出自老约本人。关于此事真相的其他迥异说法，可参考 Whalen, *Founding Father*, 49; 以及 Nasaw, *Patriarch*, 55。 See also

Smith, *Hostage to Fortune*, 5–6.

19. Beschloss, *Kennedy and Roosevelt*, chap. 4; Nasaw, *Patriarch*, 167–84. 另见 McCarthy, *Remarkable Kennedys*, 58 中约瑟夫后来的解释。

20. Whalen, *Founding Father*, 113; McCarthy, *Remarkable Kennedys*, 58.

21. 精辟的分析请见 Beschloss, *Kennedy and Roosevelt*, 266–76。

22. JPK to FDR, March 14, 1933, printed in Smith, *Hostage to Fortune*, 116. See also Beschloss, *Kennedy and Roosevelt*, chap. 4; Krock, *Memoirs*, 330.

23. Quoted in Beschloss, *Kennedy and Roosevelt*, 77.

24. Moley, *After Seven Years*, 286–89; *Newsweek*, September 12, 1960. 关于驻爱尔兰代表提名，参见 JPK to JPK Jr., May 4, 1934, box 21, JPKP。

25. 没准这一想法来自经济学家和总统顾问雷蒙德·莫利（Raymond Moley），他的论据是，既然老约熟悉那些漏洞，他就可以把它们都堵上。Manchester, *Glory and the Dream*, 96.

26. Horton OH,CBP; KLB OH, JFKL.

27. 关于小约赢得哈佛奖杯一事，参见 *Choate News*, June 3, 1933。

28. Quoted in Parmet, *Jack*, 33.

29. KLB toRK, January 1972, box 12,RKP; Collier and Horowitz, *Kennedys*, 62. 1933 年 2 月 24 日，《乔特中学报》称，小弗雷德里克·比林斯曾经被授予派恩荣誉奖，那是普林斯顿大学的最高全能奖。

30. KLB OH, JFKL.

31. 言简意赅地勾勒两人相互依赖的作品为 Pitts, *Jack and Lem*。

32. Collier and Horowitz, *Kennedys*, 45; Pitts, *Jack and Lem*, 33, 30.

33. Quoted in David Michaelis, "The President's Best Friend," *American Heritage* 34 (June/ July 1983), 16.

34. JFK to KLB, n.d. (April 1934), box 1, KLBP.

35. Quoted in Pitts, *Jack and Lem*, 21.

36. Pitts, *Jack and Lem*, 21.

37. St. John, "JFK: 50th Reunion"; KLB to RK, January 1972, box 12,RKP; KLB OH; Hamilton, JFK: *Reckless Youth*, 117. 在写给父亲的信里，杰克提到过马厄："实际上我们和他同屋，这正是我们求之不得的。" JFK to JPK, n.d. (1934), box 5, JPKP.

38. Quoted in St. John, "JFK: 50th Reunion."

39. Larson, *Rosemary*, 69– 70.

40. G. St. John to JPK, February 8, 1934, box 4,JFKPP; Clara St. John to JFK, February 6, 1934, excerpted in Choate calendar of JFK letters, box 21, DFPP. 诗人詹姆斯·劳克林比杰克高三个年级，据他的传记作者说，他觉得，生母都没给过的同情和情感支持，圣约翰夫人在一定程度上给了他。 MacNiven, *Literchoor Is My Beat*, 28–29.

41. Jeffrey Laikind, "Life at Choate," *Choate Rosemary Hall Bulletin*, Spring 2017; McNamara, *Eunice*, 19.

42. C. St. John to RK, February 6, 1934, CSA. 最糟糕的情况过去后，杰克在写给比林斯的信里说："好像比我想象的病得更厉害，都以为我要死了，所以我得的是一种弱弱的干咳。" JFK to KLB, February 1934, box 1, KLBP.

43. JFK to RK, April 21, 1934, printed in Smith, *Hostage to Fortune*, 129; Hamilton, *JFK: Reckless Youth*, 106.

44. JFK to Mr. and Mrs. St. John, March 4, 1934, excerpted in Choate calendar of JFK letters, box 21,DFPP; Choate report for House (Maher), n.d. (1934), box 20, JPKP.

45. Michaelis, "President's Best Friend," 15– 16.

46. JFK to KLB, June 19, 1934, box 1, KLBP.

47. JFK to KLB, June 19, 1934, box 1, KLBP. 在另一封写给朋友的信里，结尾用语很能说明他对朋友的感情："好吧，勒莫安，希望你在进步。只要我能活着从这里出去，很快就能见到你，勒莫安，亲爱的（原文为法文）。你的鸡鸡见阎王时都冻成棒棒了吧。" JFK to KLB, June 18, 1934, box 1, KLBP.

48. JFK to KLB, June 27, 1934, quoted in Hamilton, *JFK: Reckless Youth*, 112.

49. Leamer, *Kennedy Men*, 89–90; Dr. Paul O'Leary to JPK, July 6, 1934, box 21,JPKP; JPK to G. St. John, September 15, 1934,JPKP; Dallek, *Unfinished Life*, 75.

50. O'Brien, *John F. Kennedy*, 64–65; Searls, *Lost Prince*, 58–59. 杰克数次后来居上夺冠，对其中一次的精彩描述，可参考 Graham, *Victura*, 40–43。

51. Pitts, *Jack and Lem*, 21–22; David Walter, "Best Friend," *Princeton Alumni Weekly*, April 12, 2017.

52. JFK to KLB, June 27, 1934, quoted in Pitts, *Jack and Lem*, 22.

53. JFK to KLB, June 27, 1934, quoted in Pitts, *Jack and Lem*, 20.

54. JFK to KLB, June 23, 1933,KLBP; St. John, "JFK: 50th Reunion"; Collier and Horowitz, *Kennedys*, 65.

55. 里普·霍顿对奥丽弗·考利的回忆如后："我记得杰克和奥丽弗·考利交往的事。她是个特别漂亮的女生，真的漂亮。不过我还记得，当时我们追女孩不那么特别擅长。" Blair and Blair, *Search for JFK*, 34. 反观奥丽弗·考利，她描述的杰克聪明、爱找乐子、一肚子坏水。"他总是欢乐绕身。一群人一起玩，杰克总是挑头的那个：去哪里，玩什么，都是他定。朋友们都围着他转，尤其是勒莫安。" O'Brien, *John F. Kennedy*, 63.

56. Pitts, *Jack and Lem*, 25.

57. Hamilton, *JFK: Reckless Youth*, 120; Pitts, *Jack and Lem*, 25.

58. 在 11 月的报告里，马厄对杰克的评价如后："马虎和不停地迟到，只有他的室友比林斯跟他般配。所有强制方法都失败了。"1935 年 1 月，马厄的评价变得更加扎眼："除了极度平庸，若是期盼在杰克身上看出任何好，在我看都是愚蠢的乐观。……一年半来，我使出浑身解数，软硬兼施，想给杰克注入一点点普遍认可的得体观念，以及社会生活里的好习惯。看来我必须承认，我和他都遭遇了失败。"摘引自 St. John, "JFK: 50th Reunion"。

59. KLB to RK, January 1972, box 12, RKP.

60. Horton OH, CBP.

61. Horton OH, CBP; KLB OH, JFKL. 关于开除一事的始末，一些说法认为，在老约的力劝下，校长才改了初衷。

62. St. John telegram to JPK, February 11, 1935, box 20,JPKP; JPK to St. John, telegram, February 15, 1935, CSA; KLB to RK, January 1972, box 12,RKP; KLB OH, 2:75,JFKL; Goodwin, *Fitzgeralds and the Kennedys*, 488.

63. KLB OH, 2:56–57,JFKL; Dallek, *Unfinished Life*, 40; Meyers, *As We Remember Him*, 16.

64. JPK to JFK, April 26, 1935, box 1,JPKP; JPK to JFK, December 5, 1934, box 1, JPKP.

65. Wardell St. John to JPK, March 18, 1935, box 20,JPKP; St. John, "JFK: 50th Reunion."

66. Parmet, *Jack*, 40; Paul Chase to Seymour St. John, July 28, 1983, CSA. 一名朋友回顾当年的氛围如后："像许多高年级学生那样，从乔特中学毕业时，我们交换了画片。我认为，他给我的画片上的题词也显示出他对政治问题的兴趣。我清楚地记得那题词，我还保留着画片。他的题词为'老实的亚伯致特威德老大，希望我们在新新监狱成为狱友'。他对所有事都有幽默感。"Horton OH, JFKL.

67. 这封信的结尾见后："他不会今晚或明天或下一天就进入最好状态；他的天性过于复杂和搞笑，无法让他在本周或下个月就忍受以一种成熟的方式让自己各方面都发挥到极致。杰克需要时间成长。不过，只要我们有耐心、有信心，与此同时持久地和明智地帮扶他，我们一定会表现出最好，我们也一定会更加满意地看到他做出回应。"G.St.John to JPK, November 27, 1933, CSA.

68. St. John, "JFK: 50th Reunion."

※ 第五章 大一时光

1. 回答为什么希望来哈佛上学这一提问时，杰克提供了一份简单明了的手写答案（表格本身没有太多空间），其强调的是身份地位和上层关系，而非学术："我希望到哈佛上学的原因很多。我认为，与其他大学相比，哈佛能给我更好的学历和更好的人文教育。我一直想去那里，因为我认为，它不仅是一所院校，更是一所能提供确切的重要东西的大学。另外，我想去父亲上过的同一所院校。成为'哈佛人'是让人艳羡的特质，我真心期盼愿望成真。"他向普林斯顿大学做出的解释几乎与此相同。两份申请表位于 box 2, JFKPP。

2. Certificate of admission, Harvard College, July 17, 1935, box 20, JPKP.

3. Schlesinger, *Robert Kennedy*, 19.Kramnick and Sheerman, *Harold Laski*, 333–35.

4. Manchester, *Portrait of a President*, 185; Nasaw, *Patriarch*, 198; JPK to JPK Jr., February 14, 1934, box 1, JPKP. 关于这一决定，罗丝的记述如后：

"美国和西方世界多数国家还处在大萧条的掌控中，那边的政治大环境里有许多革命潮流和革命思想——马克思主义和半马克思主义……所以他 [老约] 想让我们的儿子了解他可能会面对的各种挑战，挑战发起人拉斯基是一位才华横溢的教授。他已经开始为杰克酝酿相同的计划。总之，他的说法为：'几个男孩到一定岁数都会有点钱，所以他们必须知道那些身无分文者都在想什么和规划什么。'" RK, *Times to Remember*, 170–71.

5. JFK to JPK, December 4, 1934, box 1, JPKP.

6. Quoted in Lasky, *J.F.K.*, 70.

7. Perry, *Rose Kennedy*, 87; RK, *Times to Remember*, 200.

8. JPK to JFK, February 6, 1935, box 21, JPKP; Byrne, *Kick*, 40–41.

9. Quoted in Goodwin, *Fitzgeralds and the Kennedys*, 482.

10. Hamilton, *JFK: Reckless Youth*, 126; Michaelis, *Best of Friends*, 138.

11. JPK to KK, February 20, 1935, box 1, JPKP.

12. Byrne, *Kick*, 41.

13. RK diary notes, box 1, RKP; JFK to KLB, September 29, 1935, quoted in Pitts, *Jack and Lem*, 40.

14. RK diary notes, box 1, RKP.

15. 关于这些历史进程，建议参考 Kershaw, *Hitler: Hubris*, 531–73。

16. See, e.g., Throntveit, *Power Without Victory*; Knock, *To End All Wars*.

17. 这方面著述颇丰，建议参考 Steiner, *Triumph of the Dark*, chap. 3；以及 Kershaw, *To Hell and Back*, chap. 5。若想洞悉那动荡的十载春秋，参见 Brendon, *Dark Valley*。

18. 若想了解同代人对拉斯基做出的有趣评价，参见 Schlesinger, *Life in the 20th Century*, 197–99。

19. JFK to KLB, n.d. (October 1935), quoted in Pitts, *Jack and Lem*,

41–42.

20. JFK to KLB, October 21, 1935, box 1, KLBP. 根据赫伯特·帕尔梅的说法，老约出手帮忙，这才让逾期入学许可成为可能，他的说法见后："为迁就杰克的意愿，他爸爸找人克服了各种晚入学的障碍。由于自身缺少与普林斯顿大学的关系，老约转而找了个有影响力的人物——赫伯特·贝亚德·斯沃普。这名新闻记者找了普林斯顿大学的克里斯蒂安·高斯（Christian Gauss）院长，让其展现某种'开明的'灵活性。10月中旬，杰克的爸爸接到了斯沃普的电报：'为回应我画的青年加拉哈德［原文如此］'，高斯抛弃了禁止如此晚入学的规定……'为新老虎喝彩'！" Parmet, *Jack*, 42.

21. KLB to JFK, October 17, 1935, box 4b, JFKPP.

22. Quoted in Pitts, *Jack and Lem*, 42–43.

23. Torbert Macdonald OH, JFKL.

24. JPK to JFK, November 11, 1935, box 21, JPKP.

25. KLB to JFK, December 10, 1935, box 4B,JFKPP; Hamilton, *JFK: Reckless Youth*, 147.

26. Dr. William Murphy to JPK, November 30, 1935, box 21,JPKP; Murphy to JPK, December 16, 1935, box 21,JPKP; JPK to JFK, January 11, 1936, box 21,JPKP; JFK to JPK and RK, n.d. (January 1936), box 1, JPKP.

27. JFK to KLB, January 18, 1936, quoted in Hamilton, *JFK: Reckless Youth*, 149.

28. JFK to KLB, n.d. (January 1936), quoted in Hamilton, *JFK: Reckless Youth*, 148.

29. JFK to KLB, January 27, 1936,quoted in O'Brien, *John F. Kennedy*, 78.

30. JFK to KLB, January 27, 1936, quoted in Hamilton, *JFK: Reckless Youth*, 149.

31. JFK to KLB, n.d. (January 1936), quoted in Hamilton, *JFK: Reckless Youth*, 149.

32. JFK to KLB, n.d. (January 1936), quoted in Pitts, *Jack and Lem*, 45–46; Horton OH, JFKL.

33. Quoted in Hamilton, *JFK: Reckless Youth*, 205.

34. JFK to KLB, March 3, 1936, quoted in Hamilton, *JFK: Reckless Youth*, 153–54.

35. 笔记的初稿是老约的证券交易委员会后任詹姆斯·兰迪斯和证券交易委员会另一位同事约翰·J. 伯恩斯编辑的。克罗克不过是将那些散乱的要点整理成文笔流畅的手稿。

36. JPK, *I'm for Roosevelt*, 3. "亲爱的老约，"富兰克林·罗斯福答谢信的开头如此写道，"我支持肯尼迪。这书棒极了。我真高兴有这么一本书。" Whalen, *Founding Father*, 186.

37. JFK to JPK, May 9, 1936, box 21, JPKP.

38. JFK to KLB, May 9, 1936, quoted in Collier and Horowitz, *Kennedys*, 67. 在彼得·本特·布里格姆医院给杰克治病的医生曾反对这趟牧场逗留，理由是，即便这小青年需要这个，那地方距离医疗救助也太远了。Murphy to JPK, November 30, 1935, box 21, JPKP.

39. 关于这一点，可参考 Leamer, *Kennedy Men*, 100–101。像这样自吹成了这一时期杰克的信件的标准特征。

40. JFK to KLB, May 25, 1936, quoted in Hamilton, JFK: *Reckless Youth*, 157.

41. RK, *Times to Remember*, 155.

42. Searls, *Lost Prince*, 94–99.

43. JFK handwritten reapplication letter，July 6, 1936, box 2, JFKPP.

44. Admissions dean to JFK, July 9, 1936, box 2, JFKPP. 有那么一段时间，父子两人曾认真考虑让杰克在三年内完成四年的学业。老约写信给新生负责人德尔马·莱顿（Delmar Leighton）：“对自己感兴趣的事，杰克会过脑子，显得尤其聪明；对没兴趣的事，他会漠不关心，缺乏投入。当然，这是个挺严重的错误。然而，他雄心勃勃，会尝试在三年内完成学业。"JPK to Leighton, August 28, 1936, box 20, JPKP. 这一想法没有下文。

45. Smith, *Harvard Century*, 124–31.

46. Parker, *John Kenneth Galbraith*, 43–44; Schlesinger, *Veritas*, 168, 181; Nell Painter, "Jim Crow at Harvard: 1923," *New England Quarterly* 44, no. 4 (December 1971).

47. Conant, *Man of the Hour*, 117–32; Lemann, *Big Test*, 39–52; Schlesinger, *Veritas*, 175– 78.

48. White, *In Search of History*, 41.

49. White, *In Search of History*, 42–43.

50. Myrer, *Last Convertible*, 42.

51. White, *In Search of History*, 42; Schlesinger, *Life in the 20th Century*, 115. 在随后的年月里，白修德对施莱辛格的评价变得越来越复杂，两人均认可这一事实（参见 Schlesinger, 115）。推荐一部精彩的施莱辛格传：Aldous, *Imperial*。

52. Schlesinger, *Life in the 20th Century*, 108–12; Smith, *Harvard Century*, 125.

53. 见 box 2, JFKPP 中的学业成绩记录。

54. James Farrell OH, JFKL; Blair and Blair, *Search for JFK*, 46.

55. JFK to KLB, October 21, 1936, quoted in Hamilton, *JFK: Reckless Youth*, 166; Gerald Walker and Donald A. Allan, "Jack Kennedy at Harvard,"

Coronet Magazine, May 1961, 85; Meyers, *As We Remember Him*, 22.

56. JFK to JPK, n.d. (1937), box 5,JPKP; "JFK's Harvard/Harvard's JFK" (exhibit), Lamont Library, Cambridge, MA, 2017; Walker and Allan, "Jack Kennedy at Harvard," 85; Graham, *Victura*, 50. 除了《瓜达尔卡纳尔岛日记》，特里加斯基斯还会写一篇文章，讲述杰克·肯尼迪在 109 号鱼雷艇的战场经历。

57. Walker and Allan, "Jack Kennedy at Harvard," 85.

58. Galbraith, *Life in Our Times*, 53; Searls, *Lost Prince*, 98.

59. "JFK's Harvard/Harvard's JFK," Lamont Library; Hamilton, *JFK: Reckless Youth*, 175. 男装品牌"J. Press"有一整页关于一年级吸烟者晚会活动的广告，现存于 box 2, JFKPP。两年前，小约组织同一个活动时，曾邀请了乐队领队和演员鲁迪·瓦莱（Rudy Vallée）。

60. Quoted in Parmet, *Jack*, 50; and Schlesinger, *Veritas*, 183.

61. JFK to KLB, January 27, 1937, box 1, KLBP.

62. 奈杰尔·汉密尔顿将其称为"约翰·肯尼迪前半生最重要的文件之一"。Hamilton, *JFK: Reckless Youth*, 170.

63. JFK, "Francis the First," box 1, JFKPP.

64. JFK, "Francis the First."

65. Hamilton, *JFK: Reckless Youth*, 170.

66. JPK to JFK, February 15, 1937, box 1,JPKP; JFK to KLB, n.d. (February 1937), box 1, KLBP.

67. Quoted in Perret, *Jack*, 51.

68. JFK European diary, 1937, box 1, JFKPP.

69. KLB OH, JFKL.

70. JFK European diary, July 8, 1937, box 1, JFKPP.

71. JFK European diary, July 9, 1937, box 1, JFKPP.

72. JFK European diary, July 10, 1937, box 1, JFKPP. 莱姆此行也记了日记，他在 7 月 10 日的日记里写道："我们小心翼翼地将车停在拐角另一边，然后尽可能装成特别穷的样子订房间。" KLB diary, PX 93-34, AV Archives, JFKL. 另请参考 Maryrose Grossman, "Jack and Lem's Excellent European Adventure, Summer 1937," jfk.blogs.archives.gov/2017/10/18/jack-and-lems-excellent -european-adventure-summer-1937/。

73. JFK European diary, July 13, 1937, box 1,JFKPP; Perrett, *Jack*, 54.

74. Gunther, *Inside Europe.* 关于杰克询问法国人对国家设防情况的看法，可参考 1961 年 4 月 1 日《纽约客》杂志刊发的比林斯的回忆文章。

75. JFK European diary, July 19, 1937, box 1, JFKPP.

76. JFK European diary, July 25, 1937, box 1,JFKPP; Leamer, *Kennedy Men*, 132.

77. JFK European diary, July 26, 1937, box 1,JFKPP; KLB diary, July 26, 1937, PX 93-34, AV Archives, JFKL; Dallek, *Unfinished Life*, 50.

78. JFK European diary, July 26, 1937, box 1, JFKPP. 关于卡尔卡松，杰克是这样描述的："一座状态完好的中世纪古城——它所展示的比比林斯想知道的更多。"

79. Hamilton, *JFK: Reckless Youth*, 184.

80. JFK European diary, August 1, 1937, box 1,JFKPP; Perret, *Jack*, 57.

81. JFK European diary, August 3, 1937, box 1, JFKPP.

82. JFK European diary, August 9, 1937, box 1, JFKPP.

83. Quoted in Pitts, *Jack and Lem*, 62–63.

84. JFK European diary, August 17, 1937, box 1, JFKPP. 莱姆在日记里记述道："希特勒在这里好像非常受欢迎——如果置身在他的国家，谁都会不可避免爱上一个独裁者——因为你能听到许多关于他的令人咋舌的事，坏事还真的不多。" KLB diary, August 17, 1937, PX 93-34, AV Archives, JFKL. 如果想了解德国人对杰克此次德国行的看法，可参考 Lubrich, *John F. Kennedy Unter Deutschen*, 55–127。

85. JFK European diary, August 18, 1937, box 1,JFKPP; Perret, *Jack*, 60–61.

86. JPK Jr. to JPK, April 23, 1934, printed in Smith, *Hostage to Fortune*, 130–32; JPK to JPK Jr., May 4, 1934, printed in Smith, *Hostage to Fortune*, 133–35.

87. JFK European diary, August 20, 1937, box 1, JFKPP.

88. KLB diary, August 27, 1937, PX 93-34, AV Archives, JFKL.

89. Dallek, *Unfinished Life*, 51.

第二部　战争时期

※　第六章　派驻伦敦的美国人

1. JPK diary, February 23, 1938, box 100, JPKP.

2. NYT, February 11, 1938. 罗丝原计划携孩子们与丈夫同行，不过她突然得了阑尾炎，只得推迟启程日期。

3. JPK to Felix Frankfurter, December 5, 1933, printed in Smith, *Hostage to Fortune*, 122; Nelson, *John William McCormack*, 222–23. 关于捐款，可参阅 Smith, *Hostage to Fortune*, 66; *Newsweek*, September 12, 1960。戴维·纳索的私人捐款少得多，仅为 1.5 万美元。Nasaw, *Patriarch*, 182–83.

4. Krock, *Memoirs*, 169–71; Beschloss, *Kennedy and Roosevelt*, 106.

5. Quoted in Brands, *Traitor to His Class*, 457. 一个朋友谴责行政当局推行极左政策，约瑟夫反驳说："过去 60 年来，差不多自由世界的所有法治政府都被斥为共产主义政府。"Schlesinger, *Robert Kennedy*, 11.

6. Nasaw, *Patriarch*, 272.

7. Krock, *Memoirs*, 333; Koskoff, *Joseph P. Kennedy*, 114–15.

8. Roosevelt, *My Parents*, 208–10; Whalen, *Founding Father*, 214.

9. Beschloss, *Kennedy and Roosevelt*, 153–54; Roosevelt, *My Parents*, 208–10.

10. Henry Morgenthau Jr. diaries, December 8, 1937, vol.101, HMP, LC; Nasaw, *Patriarch*, 273. 根据内政部部长哈罗德·伊克斯的说法，这项任命的关键支持者是富兰克林·罗斯福的亲密顾问托马斯·科科伦，一位律师。伊克斯在日记里写道，科科伦"已经使出浑身解数让约瑟夫驻伦敦的任命成真，他的主要动机是把约瑟夫赶出华盛顿"。Harold Ickes diary, December 18, 1937, HIP, LC.

11. *NYT*, December 9, 1937; Koskoff, *Joseph P. Kennedy*, 118; Collier and Horowitz, *Kennedys*, 81.

12. Boake Carter to JPK, December 28, 1937, box 90,JPKP; Nasaw, *Patriarch*, 275, 277. 关于《纽约时报》报道此事的背景，可参阅 Arthur Krock private memo, December 23, 1937, box 31,AKP。

13. Beschloss, *Kennedy and Roosevelt*, 161; JPK to Jimmy Roosevelt, March 3, 1938, printed in Smith, *Hostage to Fortune*, 239; Whalen, *Founding Father*, 214–15.

14. 关于 1938 年世界局势的发展，可参阅 Steiner, *Triumph of the Dark*, chaps. 8–9; Kershaw, *To Hell and Back*, 303–34; Mitter, *Forgotten Ally*,

98-144。关于兼并奥地利，可参阅 Evans, *Third Reich in Power*, 646-64。

15. Smith, *Hostage to Fortune*, 226; Bailey, *Black Diamonds*, 337-38. 按惯例，美国大使挑选了大约 30 位美国名媛觐见英国国王和王后，她们是从至少 10 倍于这个数字的申请人里被选出的。由于大使几乎不认识那些女性，其过程必然有些随意，更别提有多么耗时了。与华盛顿的上司们以及英国政府协商后，约瑟夫修改了标准，从那往后，唯有常年居住英国的美国人才符合规定。让好事者起疑的是，大使这么做，部分原因是为了让自己的几个女儿增加曝光度。

16. Cutler, *Honey Fitz*, 279; Goodwin, *Fitzgeralds and the Kennedys*, 516. 这一壮举甚至在法国也引起了争相报道，一家报纸的头条标题为《肯尼迪先生真的"一杆进洞"》。在一封标注日期为 1948 年 3 月 17 日的电报里，罗丝反复说，小约和杰克都怀疑关于一杆进洞的说法。还可参考 Swift, *Kennedys Amidst the Gathering*, 27。

17. Morison, *Three Centuries*, 476-79; Bunting, *Harvard*, 187-88; Schlesinger, *Life in the 20th Century*, 112.

18. George Taylor OH, JFKL; George Taylor, "A Seaman Remembers John F. Kennedy," *The Sea Breeze* 76 (July 1964); Gerald Walker and Donald A. Allan, "Jack Kennedy at Harvard," *Coronet Magazine*, May 1961, 82-95.

19. Walker and Allan, "Jack Kennedy at Harvard."

20. Parmet, *Jack*, 46; Macdonald OH, JFKL.

21. Macdonald OH, JFKL; O'Brien, *John F. Kennedy*, 85.

22. Hamilton, *JFK: Reckless Youth*, 205. 汉密尔顿提供了一篇关于"斯皮俱乐部"内情的精彩文章。

23. Renehan, *Kennedys at War*, 21.

24. Hamilton, *JFK: Reckless Youth*, 206-8.

25. JFK to JPK and RK, n.d. (April 1938), box 21,JPKP; JPK to JFK, May 2, 1938, box 21, JPKP; Hamilton, *JFK: Reckless Youth*, 209.

26. Arthur M. Schlesinger Jr., "Harvard Today," *Harvard Advocate*, September 1936, 20–24;Schlesinger, *Life in the 20th Century*, 120.

27. Schlesinger, *Life in the 20th Century*, 120.

28. JFK Academic Record 1937–1938, box 2, JFKPP.

29. 想听该录音的话，可搜索 Colleen Walsh, "JFK Speaks from His Harvard Past," *Harvard Gazette*, May 9, 2017, news.harvard.edu/gazette/story/2017/05/earliest -recording-of-jfk-found-in-harvard-archives/。

30. Parmet, *Jack*, 49.

31. Quoted in O'Brien, *John F. Kennedy*, 80.

32. Schlesinger, *Life in the 20th Century*, 122–23; Leuchtenburg, *Shadow of FDR*, 64–65; Parker, *John Kenneth Galbraith*, 47–48.

33. Parmet, *Jack*, 55. 根据肯尼·奥唐奈和戴夫·鲍尔斯的说法，杰克后来告诉他们，他和哥哥小约在姥爷"蜜糖菲茨"的陪伴下，于1936年竞选活动期间见到了富兰克林·罗斯福。杰克说，罗斯福张开双臂喊了一嗓子："艾德里诺公爵！"暗指老家伙的主题歌《甜美的艾德琳》。O'Donnell and Powers, "*Johnny*," 58.

34. *Washington Evening Star*, January 20, 1961; Goodwin, *Fitzgeralds and the Kennedys*, 507.

35. 对此事的说法五花八门，可参考 Hamilton, *JFK: Reckless Youth*, 210; 以及 Parmet, *Jack*, 45; RK, *Times to Remember*, 215; Blair and Blair, *Search for JFK*, 54. 根据杰克母亲的说法，他以一个糟糕的角度倒向地面，一个椎间盘撕裂了。RK, *Times to Remember*, 215.

36. Dallek, *Unfinished Life*, 79–80; Hamilton, *JFK: Reckless Youth*, 227.

37. 考利后来嫁给了 IBM 总裁和未来美国驻苏联大使小托马斯·沃森（Thomas Watson Jr.），先后有了 6 个孩子。《时代》周刊后来将沃森评为 20 世纪最具影响力的 100 人之一。

38. KLB OH, JFKL.

39. KLB OH, JFKL.

40. Walker and Allan, "Jack Kennedy at Harvard."

41. O'Brien, *John F. Kennedy*, 84.

42. JPK unpublished diplomatic memoir, chap. 8,p. 10, box 147, JPKP.

43. Harold Ickes diary, July 3, 1938, HIP, LC; Whalen, *Founding Father*, 228–29.

44. Quoted in Swift, *Kennedys Amidst the Gathering*, 61.

45. 张伯伦始终坚守如后信条："无论何时，从美国人那里能够得到的最好的东西是承诺。"摘引自 Reynolds, *From Munich*, 38。

46. 在一份提交给罗斯福的早期公文里，约瑟夫总结自己最开始的工作表现如后："截至目前，我认为我从一开始就与这边的人们混得相当好，与这边的政府似乎也处得非常不错。"JPK to FDR, March 11, 1938, box 10, PSF, FDRL. 在大使任上，约瑟夫的第一封信是写给阿瑟·克罗克的，他说，当下的全球危机必须以经济方案解决，而非政治方案。JPK to Krock, 3/8/38, box 31,AKP.

47. JPK to Arthur Krock, March 28, 1938, box 31,AKP.

48. JPK unpublished diplomatic memoir, chap. 5,pp. 4–5, box 147,JPKP; Reston, *Deadline*, 66. 一本传记是 Fort, *Nancy*。

49. JPK to Arthur Krock, March 21, 1938, box 31,AKP.

50. JPK unpublished diplomatic memoir, chap. 3,pp. 8–10, box 147, JPKP. See also Nasaw, *Patriarch*, 291–96. 至于约瑟夫的演讲初稿，美国国

务卿赫尔的书面评价为，他认为"演讲稿的口气有点过于僵化，因而现阶段有可能引起误解，而非显得有建设性"。Hull to JPK, March 14, 1938, OF 3060, FDRL.

51. 对这些流行观点的一般论述，可参考 Cohen, *American Revisionists*。还可参考 Jonas, *Isolationism in America*。孤立主义更久远的历史可上溯至 19 世纪 90 年代，一部优秀的研究作品为 Nichols, *Promise*。还可参考 Brooke L. Blower, "From Isolationism to Neutrality: A New Framework for Understanding American Political Culture, 1919– 1941," *Diplomatic History* 38, no. 2 (2014): 345–76。

52. Langer and Gleason, *Challenge to Isolation*, 14, quoted in Olson, *Angry Days*, 28.

53. Berlin, *Personal Impressions*, 24.

54. Ernest Hemingway, "Notes on the Next War: A Serious Topical Letter," *Esquire*, September 1935. 后来海明威彻底改变了调门，强烈支持美国参战，抗击轴心国。

55. Walter Millis, *Road to War: America, 1914–1917* (New York: Houghton Mifflin, 1935). 56. Quoted in Evans, *American Century*, 286, 288.

57. Beard, *Open Door at Home*, 274, quoted in Milne, *Worldmaking*, 150–51.

58. Burns, *Crosswinds of Freedom*, 152; FDR quoted in Olson, *Angry Days*, 32. 根据历史学家沃伦·科恩（Warren Cohen）的说法，罗斯福总统第一任期标志着"美国历史上唯一可以被贴上孤立主义标签的时期"。Cohen, *Nation*, 84.

59. Herring, *From Colony to Superpower*, 505–8.

60. Doenecke, *From Isolation to War*, 71; Nasaw, *Patriarch*, 294–95.

61. 这方面著述颇丰，建议参考 Self, *Neville Chamberlain*; Paul Kennedy, "Appeasement," in *The Origins of the Second World War Reconsidered*, ed. George Martel (New York: Routledge, 1999); Parker, *Chamberlain*; Donald Cameron Watt, "The Historiography of Appeasement," in *Crisis and Controversy: Essays in Honour of A.J.P. Taylor*, ed. Alan Sked and Chris Cook (London: Macmillan, 1976), 110–129; Andrew Barros et al., "Debating British Decisionmaking Toward Nazi Germany in the 1930s," *International Security* 34, no. 1 (Summer 2009): 173–98. 近期出现的一部大部头调研报告为 Bouverie, *Appeasing Hitler*, 还有一部详尽的分析报告为 Steiner, *Triumph of the Dark*。绥靖主义的战略和经济案例可见 Ferguson, *War of the World*, 319–30。关于总参谋部的警告，可参阅 Watt, *How War Came*, 27。

62. *NYT*, June 23, 1938; Collier and Horowitz, *Kennedys*, 87. 办公室秘书佩奇·惠德科佩尔·威尔逊后来撰文称，约瑟夫·肯尼迪"还有一事特别想与约翰·亚当斯平起平坐：他想当美国总统"。Wilson, *Carnage and Courage*, 16. 还可参考 Arthur Krock OH,CBP。若想了解约瑟夫对此事的说法，可参考 JPK unpublished diplomatic memoir, chap. 9, pp. 3–4, box 147, JPKP。

63. Harold Ickes diary, July 3, 1938, HIP, LC. See also Henry Morgenthau Jr. diaries, August 30, 1938, vol. 140,HMP, LC.

64. *Chicago Tribune*, June 28, 1938; Beschloss, *Kennedy and Roosevelt*, 170– 71; Leamer, *Kennedy Men*, 116–17. 虽然富兰克林·罗斯福不愿召回约瑟夫·肯尼迪，但数周后，他告诉摩根索："如果约瑟夫回来后想辞职，我会当即接受。"Henry Morgenthau Jr. diaries, August 30, 1938, vol. 140,HMP, LC.

65. JPK unpublished diplomatic memoir, chap. 9,p. 7, box 147, JPKP.

※ 第七章 驻英大使的儿子

1. Nasaw, *Patriarch*, 286.

2. O'Brien, *John F. Kennedy*, 90; *Life*, April 11, 1938; Swift, *Kennedys Amidst the Gathering*, 35–36.

3. *Times* (London), May 28, 1938, quoted in Renehan, *Kennedys at War*, 54–55; Goodwin, *Fitzgeralds and the Kennedys*, 540; Bailey, *Black Diamonds*, 338–40.

4. Collier and Horowitz, *Kennedys*, 67–68; RK, *Times to Remember*, 157.

5. Whalen, *Founding Father*, 212.

6. Larson, *Rosemary*, 105– 10; Swift, *Kennedys Amidst the Gathering*, 49–50.

7. RK diary notes, box 1,RKP; RK, *Times to Remember*, 217.

8. Quoted in Beschloss, *Kennedy and Roosevelt*, 160.

9. Leamer, *Kennedy Men*, 118.

10. William Douglas-Home OH, JFKL; Leaming, *Jack Kennedy: Education*, 50.

11. Quoted in Swift, *Kennedys Amidst the Gathering*, 66–67. 关于米特福德，还可参考 Thompson, *The Six*; 以及 Mosley, *Mitfords*。

12. 谈论的主题为丘吉尔的女婿邓肯·桑兹（Duncan Sandys），他是军官，也是议员。桑兹在议会的一次提问中泄露了国家安全情报，因而被送上了军事法庭。特权委员会被要求裁决这是否违反议员的特别豁免权（他们裁决违反了）。随后议会就此案的好几个程序问题进行辩论，丘吉尔为女婿的行为辩护。

13. Churchill, *Arms and the Covenant*; Leaming, *Jack Kennedy: Education*, 54–56.

14. Nasaw, *Patriarch*, 326; Riva, *Dietrich*, 469.

15. Hennessy OH, JFKL; O'Brien, *John F. Kennedy*, 92.

16. Overy, *Twilight Years*, 345–46; Perrett, *Jack*, 70.

17. JPK to Cordell Hull, August 31, 1938, printed in Smith, *Hostage to Fortune*, 270–72; Henry Morgenthau Jr. diaries, September 1, 1938, vol. 138, HMP, LC; Blum, *Morgenthau Diaries*, 518.

18. Quoted in James, *Europe Reborn*, 147.

19. Jackson, *Fall of France*, 116–17. See also Martin Thomas, "France and the Czechoslovak Crisis," *Diplomacy & Statecraft* 10, no. 2–3 (July 1, 1999): 122–59.

20. 老约对这几周事态的评述见 JPK unpublished diplomatic memoir, chaps. 13 以及 14, box 147, JPKP。对内阁的发言引自 Roberts, *Storm of War*, 8。

21. Berg, *Lindbergh*, 355–62, 367–68; Hessen, *Berlin Alert*, 92–105; Hermann, *Lindbergh*, 199. 若想了解林德伯格对老约的高度评价，参见 Lindbergh, *Wartime Journals*, 159。

22. JPK unpublished diplomatic memoir, chap. 15, pp. 3–5, JFKL; Mosley, *Lindbergh*, 229–30. 关于飞行家在这一阶段的各种观点和行为，一部重要的早期研究报告为 Cole, *Charles A. Lindbergh*。

23. Lindbergh, *Wartime Journals*, 11, 72.

24. Ferguson, *War of the World*, 364; Berg, *Lindbergh*, 375. 德国人绝无可能大规模生产类似于 B-17 空中堡垒轰炸机那样的飞机，而美国人战前就这么做了。

25. 安妮·莫罗·林德伯格在自己的书信日记第五卷的导言里否认丈夫的游说对慕尼黑交易有重大影响。Lindbergh, *War Within and Without*, xvi.

26. JPK unpublished diplomatic memoir, chap. 15, p. 11, box 147, JPKP; Hull, *Memoirs*, 590.

27. Reynolds, *Summits*, 84–87; Kershaw, *To Hell and Back*, 330–31. 详细的历史见 Faber, *Munich*, 1938。

28. Kershaw, *Hitler: Nemesis*, 123–25; Whalen, *Founding Father*, 243.

29. Meyers, *As We Remember Him*, 23; Hamilton, *JFK: Reckless Youth*, 243. 多年后，时任参议员约翰·肯尼迪留下了如后一段文字：“就我而言，我会永远记得政府行政管理课的霍尔库姆教授布置的作业：仔细观察一位众议员一整年。一想到某个参与类似课程的过分热情和鸡蛋里挑骨头的大二学生眼下正在深入剖析我的记录，我就常常感到某种不安。”*Harvard Alumni Bulletin*, May 19, 1956, box 19, JPKP.

30. Charlie Houghton interview, CBP.

31. Quoted in Hamilton, *JFK: Reckless Youth,* 241–42.

32. JFK to KLB, October 20, 1938, quoted in Hamilton, *JFK: Reckless Youth*, 246.

33. Damore, *Cape Cod Years*, 50.

34. Blair and Blair, *Search for JFK*, 68–69, 75; Horton OH, CBP.

35. Dallek, *Franklin D. Roosevelt*, 166; Reynolds, *From Munich*, 39–40.

36. Quoted in Best, *Churchill*, 157.

37. Caquet, *Bell of Treason*, 149–50; Ferguson, *War of the World*, 363–64.

38. Kershaw, *To Hell and Back*, 333; Wark, *Ultimate Enemy*, 66–67. 与“1938 年的战争”事实相悖的详细评估请见 Steiner, *Triumph of the Dark*,

652–56。另一份评估请见 Calvocoressi and Wint, *Total War*, 92–96。

39. JPK to Hull, February 17, 1939, in *Foreign Relations of the United States 1939* (Washington, DC: Government Printing Office, 1956), vol. 1, 16– 17; Watt, *How War Came*, 79, 83; May, *Strange Victory*, 192.

40. JPK unpublished diplomatic memoir, chap. 18, pp. 1–4, box 147, JFKP. 阿瑟·克罗克宽慰他说："我知道你一直在做一件令人惊叹的事。一直以来你遭受了一连串歪曲，让我尤感愤慨。"Krock to JPK, October 6, 1938,AKP.

41. Beschloss, *Kennedy and Roosevelt*, 178– 79; *WP*, October 22, 1938. 小约一如既往立刻跳出来为父亲辩护，将李普曼的指责斥为"犹太人的自然反应。……要么做好准备，摧毁那些法西斯国家……要么只能试着学会与它们共存。我知道美国的犹太社区难以承受这一点。不过，时至今日，他们必须认清，除了更多苦难，过去五年他们遵循的路线让他们一无所获。"JPK Jr. draft memo, November 14, 1938, printed in *HTF*, 301–2.

42. Brands, *Traitor to His Class*, 496–500.

43. Beschloss, *Kennedy and Roosevelt*, 178– 79; Whalen, *Founding Father*, 248; JPK unpublished diplomatic memoir, chap. 18,pp. 4–6, box 147, JPKP.

44. Evans, *Third Reich in Power*, 580–97; Kershaw, *Hitler: Hubris*, 131–53.

45. JPK to Charles Lindbergh, November 12, 1938, printed in Smith, *Hostage to Fortune*, 300–301.

46. Smith, *Hostage to Fortune*, 233–34; Leamer, *Kennedy Men*, 114–15; Swift, *Kennedys Amidst the Gathering*, 108–9. Karabel, *The Chosen.* 关于约瑟夫·肯尼迪的态度，他最早的传记作者戴维·纳索得出了同样的结论。"David Nasaw and 'The Patriarch,' Part 2," *City Talk*, CUNY TV, December

10, 2012, www.youtube.com/watch?v=Sb6PGqxw1GQ.

47. Whalen, *Founding Father*, 252; Leamer, *Kennedy Men*, 115; Koskoff, *Joseph P. Kennedy*, 281–82.

48. *NYT*, November 27, 1938; Collier and Horowitz, *Kennedys*, 97; Smith, *Hostage to Fortune*, 232–33. 关于美国政府对"水晶之夜"的反应，还可参考 Wyman, *Paper Walls*, chap. 4。关于纳粹难民政策的演变，参见 Schleunes, *Twisted Road*。

49. RK diary notes, September 15, 1938, box 1, RKP.

50. JPK Jr. to Thomas Schriber, November 5, 1938, in Schriber interview, CBS interviews, JFKL; Searls, *Lost Prince*, 110.

51. JPK Jr. Note, November 21, 1938, printed in Smith, *Hostage to Fortune*, 303–4; JPK Jr. Note, December 10, 1938, printed in Smith, *Hostage to Fortune*, 305–6.

52. JFK to parents, n.d. (1938), box 56,JPKP; Hamilton, *JFK: Reckless Youth*, 249.

53. JFK to JPK, n.d. (1938), box 21, JFKPP.

54. Collier and Horowitz, *Kennedys*, 98.

55. Hamilton, *JFK: Reckless Youth*, 249.

56. Wheeler-Bennett, *Special Relationships*, 34–35; Swift, *Kennedys Amidst the Gathering*, 110; Leaming, *Jack Kennedy: Education*, 72–74.

※ 第八章 观察者

1. Cordell Hull to JPK, March 7, 1939, box 172,JPKP; JPK unpublished diplomatic memoir, chap. 22, pp. 8–9, and chap. 23, pp. 1–3, box 147,JPKP;

JPK to JPK Jr., March 9, 1939, box 2,JPKP; Nasaw, *Patriarch*, 374–75. 关于帕切利访问布朗克斯维尔，见 Smith, *Nine of Us*, 48–49。

2. JPK diary, March 12, 1939, box 100,JPKP; Kennedy, *True Compass*, 56.

3. Maier, *Kennedys*, 124; JPK unpublished diplomatic memoir, chap. 23,pp. 5–6, box 147, JPKP.

4. JFK to KLB, March 23, 1939, quoted in Hamilton, *JFK: Reckless Youth*, 257.

5. Quoted in Faber, *Munich, 1938*, 428.

6. Quoted in Overy, 1939, 15. 希特勒占领布拉格三天前，张伯伦提笔写道："我知道我可以拯救这个国家，我坚信换个人谁都做不到。"Quoted in May, *Strange Victory*, 192.

7. Churchill, *Gathering Storm,* 309; Kershaw, *Hitler: Hubris*, 174.

8. Bullitt to Hull, *Foreign Relations of the United States 1938* (Washington, DC: Government Printing Office, 1955), vol. I, 711– 12; Steiner, *Triumph of the Dark*, 643–44.

9. Watt, *How War Came*, 185–86; Kershaw, *To Hell and Back*, 337.

10. JPK diary, March 30, 1939, box 100,JPKP; Watt, *How War Came*, 167–68.

11. 她给搭乘"玛丽王后"号邮轮远赴伦敦的杰克发了封电报："得悉非常著名的最后遗言，大滴金泪涌如泉。唯有远离干草垛。爱你。"Frances Ann Cannon to JFK, February 25, 1939, box 4, JPKP.

12. JFK to KLB, March 23, 1939, quoted in Hamilton, *JFK: Reckless Youth*, 257.

13. Brownell and Billings, *So Close to Greatness*, 189–222; Mayers, *FDR's Ambassadors*, 132.

14. Etkind, *Roads Not Taken*, 188–89; Brownell and Billings, *So Close to Greatness*, 221–33.

15. JFK to KLB, April 28, 1939, quoted in Hamilton, *JFK: Reckless Youth*, 260; Leaming, *Jack Kennedy: Education*, 79.

16. JFK to KLB, April 6, 1939, quoted in Pitts, *Jack and Lem*, 73; Lindbergh, *Wartime Journals*, 174.

17. Kershaw, *Hitler: Nemesis*, 189; JFK to KLB, April 28, 1939, quoted in Hamilton, *JFK: Reckless Youth*, 262.

18. Overy, *Twilight Years*, chap. 8.

19. Cecil, *Young Melbourne*; Leamer, *Kennedy Men*, 135. 入木三分的比照请见 Morrow, *Best Year*, 96–102。

20. Cecil, *Young Melbourne*, 8, 67, 260; Schlesinger, *Thousand Days*, 83; Nunnerly, *Kennedy and Britain*, 17–18.

21. Cecil, *Young Melbourne*, 61, quoted in Morrow, *Best Year*, 99.

22. Cecil, *Young Melbourne*, 76. 或许杰克身上还有某些特质与书里的另一个人物拜伦勋爵相仿，后者与墨尔本的妻子卡罗琳女爵有过一段烈火干柴般的爱情。查尔斯·斯波尔丁一年后遇见了杰克，后来成了杰克最亲密的朋友之一，他回忆道，认识杰克初期，他们无数次谈到拜伦和他的诗作。Collier and Horowitz, *Kennedys*, 175–76.

23. RK interview, CBS, quoted in Hamilton, *JFK: Reckless Youth*, 297–98.

24. JFK to Carmel Offie, May 11, 1939, box 19,JFKPP; JPK to JFK, telegram, May 24, 1939, box 2, JPKP. 旅程结束后，杰克给他到访的那些城市的各美国使馆副领事分别写了感谢信。See box 19, JFKPP.

25. JFK to KLB, n.d (May 1939), quoted in Hamilton, *JFK: Reckless Youth*, 262–63.

26. 肯尼迪当政时期，波伦将出任美国驻法国大使。他在 20 世纪中叶美国外交领域中的角色，参见 Isaacson and Thomas, *Wise Men*。

27. 一些日期难以确认。我们已知，他从雅典搭乘一艘罗马尼亚船于 6 月 4 日下午 2 点抵达埃及亚历山大，不久后离开那里前往开罗，又从那里飞到巴勒斯坦，于 6 月 12 日抵达索非亚，第二天又飞到布加勒斯特，并于 6 月 16 日抵达贝尔格莱德。

28. Burns, *John Kennedy*, 37–38; O'Brien, *John F. Kennedy*, 94.

29. JFK to JPK, n.d. (1939), box 4A,JFKPP; O'Brien, *John F. Kennedy*, 95.

30. Tom Segev, "JFK in the Land of Milk and Honey," *Haaretz*, October 19, 2012; *NYT*, June 3, 1939; Parmet, *Jack*, 64; Hoffman, *Anonymous Soldiers*, 97.

31. Kershaw, *To Hell and Back*, 338.

32. Milne, *Worldmaking*, 194–95; Reston, *Deadline*, 69–70; Steel, *Walter Lippmann*, 376; Nicolson, *Harold Nicolson Diaries*, 212–13.

33. 关于老约未能理解英国人的思想变化，参见 Leaming, *Jack Kennedy: Education*, 83。

34. Ormsby-Gore interview, CBS, JFKL, quoted in Hamilton, *JFK: Reckless Youth*, 268; Nunnerly, *Kennedy and Britain*, 41.

35. Hamilton, *JFK: Reckless Youth*, 269.

36. Macdonald OH, JFKL; O'Brien, *John F. Kennedy*, 95.

37. Blair and Blair, *Search for JFK*, 72; Meyers, *As We Remember Him*, 28.

38. RK, *Times to Remember*, 251.

39. Kennan, *Memoirs 1925–1950*, 91–92. 关于凯南的人生和事业，见 Gaddis, *George F. Kennan*。

40. JPK Jr. to JPK, n.d. (August 1939), box 17, JPKP. 对德国各种宣

传攻势的分析很大程度上是准确的。可参考 Evans, *Third Reich in Power*, 695–96。

41. *The American Weekly*, May 30, 1948; McCarthy, *Remarkable Kennedys*, 81.

42. Overy, *1939*, 19.

43. 用历史学家伊恩·克肖的话说：“有史以来最大的反转。”*Hitler, 1936–1945*, 206. 还可参考 Moorhouse, *Devil's Alliance*。

44. Evans, *Third Reich in Power*, 692–95; Roberts, *Storm of War*, 10; Gorodetsky, *Grand Delusion*, 10–13; Kotkin, *Stalin: Waiting*, 670–75.

45. See, e.g., Kotkin, *Stalin: Waiting*, chap. 11; Roberts, *Stalin's Wars*, chap. 2. 关于张伯伦不看好与苏联人合作，还可参考 Bouverie, *Appeasing Hitler*, 335–38; Parker, *Chamberlain*, 347。

46. 首要绥靖主义者、法国外交部部长乔治·博内（Georges Bonnet）将波兰遭到入侵归罪于波兰人：由于他们“愚蠢的和顽固的态度”，才导致了入侵。摘引自 Quétel, *L'Impardonnable Défaite*, 195。

47. JPK unpublished diplomatic memoir, chap. 33, p. 2, box 148, JPKP. 8 月 25 日，与张伯伦出访归来后，老约在日记里记述道：“他看起来像个走投无路的人。他说他再也想不出该说什么或做什么，他觉得所做的一切都落空了。‘因为好事无双，我再也不能飞过去 [与希特勒会谈]。’” JPK diary, August 25, 1939, box 100, JPKP.

48. Reston, *Deadline*, 73.

49. Overy, *1939*, 69–110; Parker, *Chamberlain*, 336–42.

50. Quoted in Steiner, *Triumph of the Dark*, 1018.

51. JPK unpublished diplomatic memoir, chap. 34, pp. 1–2, box 148, JPKP.

52. JPK diary, September 3, 1939, printed in Smith, *Hostage to Fortune*, 365–67. 罗丝·肯尼迪的反应与丈夫相同。数十年后，她仍然记得张伯伦那"令人心碎和痛彻心扉的演讲"。RK, *Times to Remember*, 252.

53. 演讲全文现存于国际丘吉尔协会，网址链接为 winstonchurchill.org / resources/speeches/1939-in-the-wings/war-speech/。接受丘吉尔在政府任职从未让张伯伦感到开心：1939 年 7 月，他告诉老约，丘吉尔"成了左右开弓的好酒之徒……他的判断力从来都不准"，还有就是，如果他已经进入内阁，"早在此前英国就参战了"。然而，当下首相认为，与不入阁相比，丘吉尔入阁似乎会少惹些麻烦。Self, *Neville Chamberlain*, 386.

54. Overy, *1939*, 97.

55. Beschloss, *Roosevelt and Kennedy*, 190.

56. Kathleen Kennedy, "Lamps in a Blackout" (unpublished comment), September 1939, printed in Smith, *Hostage to Fortune*, 371–72; Swift, *Kennedys Amidst the Gathering*, 194.

57. *Time*, September 18, 1939; Whalen, *Founding Father*, 273; Sandford, *Union Jack*, 56–58; Macdonald OH, JFKL. 另见 box 19, JPKP 中的材料。

58. JFK memo, September 8, 1939, box 17, JPKP.

59. JFK memo, September 8, 1939, box 17,JPKP; Hamilton, *JFK: Reckless Youth*, 286.

60. Brogan, *Kennedy*, 14.

※ 第九章　当下的历史

1. 这首诗首发在 1939 年 10 月 18 日发行的《新共和》杂志上。全诗参见 Mendelson, *Later Auden*。一部堪称宏大的分析著述请见 Sansom,

September 1, 1939。

2. JFK to JPK, September 22, 1939, box 2, JPKP. 关于温思罗普宿舍区的房子，参见 Katie Koch, "A Room Fit for a President," *Harvard Gazette*, October 27, 2011, news.harvard.edu/gazette/story/2011/10/a-room-fit-for-a-president/。

3. Hershberg, *James B. Conant*, 116; Schlesinger, *Veritas*, 187; Conant, *Man of the Hour*, 161–63.

4. *THC*, November 11, 1939.

5. *THC*, October 16, 1939.

6. *THC*, September 26, 1939; September 28, 1939; October 3, 1939; and October 13, 1939.

7. *THC*, October 9, 1939.

8. See, e.g., Dallek, *Unfinished Life*, 59.

9. JFK to JPK, n.d. (1939), box 4B, JFK PP.

10. JPK to JPK Jr. and JFK, October 13, 1939, box 2,JPKP; JPK to Arthur Krock, November 3, 1939, box 31,AKP.

11. JPK to FDR, September 30, 1939, printed in Smith, *Hostage to Fortune*, 385–86.

12. Minute Sheet, October 12, 1939, FO 371/22827, NAUK; Beschloss, *Kennedy and Roosevelt*, 196.

13. 英国外交部发往华盛顿的电报，1939 年 10 月 3 日，FO 371/22827, NAUK。Koskoff, *Joseph P. Kennedy*, 217–18.

14. King George diary entry, September 9, 1939, quoted in Swift, *Gathering*, 194.

15. JPK to Cordell Hull and FDR, September 11, 1939, box 3, Safe

Files, FDRL; Hull to JPK, September 11, 1939, *Foreign Relations of the United States 1939* (Washington, DC: Government Printing Office, 1956), vol. I: 424; Farley, *Jim Farley's Story*, 198–99.

16. Beschloss, *Kennedy and Roosevelt*, 191; Moe, *Second Act*, 77–78.

17. *Time*, September 18, 1939; Whalen, *Founding Father*, 103.

18. *Time*, September 25, 1939; Olson, *Angry Days*, 71–72; Berg, *Lindbergh*, 397.

19. *Time*, September 25, 1939.

20. *NYT*, October 14, 1939, quoted in Brands, *Traitor to His Class*, 532.

21. Kurth, *American Cassandra*; Lepore, *These Truths*, 434, 468–70; Olson, *Angry Days*, 78– 79.

22. Olson, *Angry Days*, 89; Meacham, *Franklin and Winston*, 50.

23. 当时的外交信函，参见 Kimball, *Churchill and Roosevelt*。还可参考 Meacham, *Franklin and Winston*, 44–46。

24. JPK diary, October 5, 1939, box 100,JPKP; Nasaw, *Patriarch*, 415. 关于罗斯福与丘吉尔的关系，参见 Meacham, *Franklin and Winston*。

25. Koskoff, *Joseph P. Kennedy*, 249.

26. JPK Jr. to JPK, September 27, 1939, box 2,JPKP; Swift, *Kennedys Amidst the Gathering*, 200.

27. 某次探视过后，埃迪·摩尔在写给杰克的信里称："你妹妹罗茜非常好。" Moore to JFK, November 3, 1939, box 19, JPKP.

28. Larson, *Rosemary*, 122–24.

29. JPK to RK, October 11, 1939, printed in Smith, *Hostage to Fortune*, 393–94.

30. Isabel Eugenie to RK, December 20, 1939, box 26,JPKP; Rosemary

Kennedy to JPK, n.d. (April 1940), printed in Smith, *Hostage to Fortune*, 412.

31. Hamilton, *JFK: Reckless Youth*, 294.

32. Holcombe quoted in Hamilton, *JFK: Reckless Youth*, 295.

33. KK to JPK, September 26, 1939, printed in RK, *Times to Remember*, 256;"迷人的姑娘"在 256~257 页 ; Houghton interview, CBP; Treglown, *Straight Arrow*, 56。

34. JFK to KLB, December 7, 1939, box 1, KLBP.

35. Blair and Blair, Search for JFK, 80–81.

36. Paul Murphy to JFK, January 24, 1940, box 19, JPKP. See also Paul Murphy to JFK, April 26, 1938, box 19,JPKP; Paul Murphy to JFK, January 7, 1938, box 19, JPKP.

37. JFK, "Fascism" (fragment), box 4, JFKPP.

38. Government 4: Case 82, October 23, 1939, box 4, JFKPP.

39. League of Nations course paper, box 4, JFKPP.

40. 请参考温思罗普宿舍区宿管员的妻子约瑟芬·富尔顿（Josephine Fulton）的回忆，见 Hamilton，*JFK: Reckless Youth*, 301。

41."我已选定主题,"杰克写给父亲,"从绥靖转向战争——追踪在英国发生的变化，在战事中于 9 月达到高潮。"JFK to JPK, n.d. (fall 1939), box 5, JPKP. 不久后，在写给父母的一封信里，他又说出了这项任务的规模:"刚刚意识到我知之甚少。"JFK to RK and JPK, n.d. (fall 1939), box 5, JPKP.

42. 12 月初，他在写给莱姆·比林斯的信里说:"眼下我真的在忙活论文。"JFK to KLB, December 7, 1939, box 1, KLBP.

43. 最初洛希恩是绥靖政策的坚定支持者，1939 年 3 月，德国夺取捷克斯洛伐克后，他开始改变立场。"在那之前，人们仍有可能相信，"当月他写给朋友，"德国在乎的无非是恢复被称为大国的正当权利。不过眼下似乎清楚了，希特勒实际上是个狂热的赌徒，无论何地出现可能妨碍他实现其愿望的阻力，他都会打压，什么都挡不住他。" Butler, *Lord Lothian*, 227. 不过，甚至在那个时间点以后，实际上是进入 1940 年以后，直到那年 6 月在华盛顿突然离世，他一直推崇通过谈判结束这场战争。

44. JFK to James Seymour, January 11, 1940, box 1,JSP.

45. 收到杰克的电报当天，西摩回复如后："我正抓紧办此事，你可理解为此事正在办理，材料送出后会尽快告知。" James Seymour to JFK, January 11, 1940, box 1, JSP. 1940 年 1 月 29 日，墨菲致信杰克："今天我通过邮局寄出一个包裹，内有一些小册子、杂志、书籍。由吉姆·西摩托我转交。收到后务请知会已送达，西摩先生急于知道它们是否安全送到。" Murphy to JFK, January 29, 1940, box 19, JFKPP.

46. Nasaw, *Patriarch*, 431; Collier and Horowitz, *Kennedys*, 83.

47. Whalen, *Founding Father*, 284; Koskoff, *Joseph P. Kennedy*, 231. "总统说，如预期的一样，老约悲观透顶，"内政部部长哈罗德·伊克斯在日记中写道，"他坚信德国和俄国一定会赢得战争，世界的末日已经近在眼前。我以为，长期以来，老约一直在担忧他的巨额财富，而伦敦的氛围对他没一点好处。" Harold Ickes diary , December 10, 1939, HIP, LC.

48. Leamer, *Kennedy Men*, 147. 英国首相的私人秘书助理约翰·科尔维尔（John Colville）在 1939 年 11 月 29 日的日记里记述了某次晚餐过程中听到约瑟夫"谈论我们没有能力赢得战争。[与此同时，] 对首相和外交部，他却摆出一副架势：全美范围内数他最坚定地支持我们的事业"。Colville, *Fringes of Power*, 35.

49. Schlesinger, *Robert Kennedy*, 33; Swift, *Kennedys Amidst the Gathering*, 227.

50. Harold Ickes diary, March 10, 1940, HIP, LC; Whalen, *Founding Father*, 286.

51. Clare Boothe Luce to JPK, May 26, 1939, box 93,CBLP; Morris, *Rage for Fame*, 340–41, 364; Nasaw, *Patriarch*, 379–80.

52. JPK to Arthur Krock, April 22, 1940, box 31,AKP.

53. Quoted in Davies, *No Simple Victory*, 82.

54. Dallek, *Franklin D. Roosevelt*, 215.

55. Langer and Gleason, *Challenge to Isolation*, 272.

56. Brands, *Traitor to His Class*, 537; Fullilove, *Rendezvous*, 31.

57. Hull, *Memoirs*, 740; Welles, *Sumner Welles*, 240–57.

58. Quoted in O'Brien, *John F. Kennedy*, 105–6.

59. Quoted in Dallek, *Unfinished Life*, 61.

60. Parmet, *Jack*, 69.

61. Gerald Walker and Donald A. Allan, "Jack Kennedy at Harvard," *Coronet Magazine*, May 1961, 92. 这件事过后，杰克的大学档案里出现了一纸没有署名的通知："我们必须明确通知他，从现在起，任何女性出于任何目的进入他的房间，必须按规定签名和接受安排。" *Newsweek*, August 9, 1971.

62. Hamilton, *JFK: Reckless Youth*, 315.

63. John F. Kennedy, "Appeasement at Munich," unpublished honors thesis, Harvard University, 1940,p. 91. 论文位于 box 2, JFKPP。

64. JFK, "Appeasement," 97–98.

65. JFK, "Appeasement," 147.

66. Hamilton, *JFK: Reckless Youth*, 317.

67. 对修正主义派的绝妙描述请见下述作品的导读：Self, *Neville Chamberlain Diary Letters*, 1–48。

68. JPK Jr. to JPK, March 17, 1940, box 2, JPKP.

69. Yeomans report, box 2,JFKPP; Friedrich report, box 2,JFKPP; Hamilton, *JFK: Reckless Youth*, 322.

70. JPK to JFK, August 2, 1940, box 2, JPKP.

71. Leaming, *Jack Kennedy: Education*, 80–81. 该文是对轰炸巴伦西亚的扼要评估，刊发在 1939 年 10 月这一期上。

72. Arthur Krock to Gertrude Algase, April 17, 1940, box 31,AKP; Hamilton, *JFK: Reckless Youth*, 322–23.

73. JPK unpublished memoir, chap. 43,p. 2, box 148, JPKP.

74. Beevor, *Second World War*, 79.

75. Quoted in Roberts, *Churchill*, 526–27.

76. A. J. P. Taylor, *The Second World War: An Illustrated History* (London: Hamish Hamilton, 1975), quoted in Davies, *No Simple Victory*, 83.

77. 令人叫绝和引人入胜的评述为 May, *Strange Victory*。还可参考 Jackson, *Fall of France*。根据老约的说法，丘吉尔 5 月 15 日告诉他，盟军打赢的可能性微乎其微，鉴于英国极有可能在近期遭到攻击，他不会派遣更多部队增援法国人。JPK to FDR and Hull, May 15, 1940, box 3, Safe Files, FDRL.

78. Ferguson, *War of the World*, 390–91; Keegan, *Second World War*, 80–81.

79. JPK to RK, May 20, 1940, printed in Smith, *Hostage to Fortune*, 432–33; JPK to Hull, May 24, 1940, *Foreign Relations of the United States, 1940* (Washington, DC: Government Printing Office, 1958), III: 31–32. See also Kennedy, *Freedom from Fear*, 440.

80. Kershaw, *Fateful Choices*, 11–52; Lukacs, *Five Days*.

81. JPK to Hull, June 12, 1940, box 3, Safe Files, FDRL; JPK unpublished memoir, chap. 46, p. 6, box 149, JPKP. 丘吉尔的私人秘书助理科尔维尔在 6 月 15 日的日记里记述道："约瑟夫打来电话，丘吉尔瞬间变得严肃起来，滔滔不绝地向他耳朵里灌输了一通长篇大论，说的都是关于美国在拯救文明方面能够和必须扮演的角色。论及承诺在工业方面和财政方面给予支持，他说这类提议'在历史长河中会成为笑柄'，他请求约瑟夫，'我们不要让朋友（罗斯福总统）的种种努力结束在各种困苦和空耗中'。"Colville, *Fringes of Power*, 129.

82. JPK to JFK, May 20, 1940, box 2,JPKP; Leaming, *Jack Kennedy: Education*, 105.

83. Krock OH, JFKL; JFK, *Why England Slept*, 137. See also Burns, *John Kennedy*, 43.

84. *THC*, June 9, 1940.

85. RK to JPK, June 24, 1940, printed in Smith, *Hostage to Fortune*, 446–47; Murphy to JFK, June 21, 1940, box 19, JPKP; JFK to JPK, n.d. (May 1940), box 4b, JFKPP. 耶鲁大学的录取通知（日期为 1940 年 5 月 14 日）存放于 box 20, JPKP。

86. Gertrude Algase to Alfred Harcourt, June 20, 1940, box 73, JFK Pre-Pres; Joel Satz to JFK, July 9, 1940, box 19,JPKP; Hamilton, *JFK: Reckless Youth*, 327.

87. Gertrude Algase to Arthur Krock, July 12, 1940, box 31,AKP.

※ 第十章　中场休息

1. Marvin R. Zahniser, "Rethinking the Significance of Disaster: The United States and the Fall of France," *International History Review* 14 (May

1992): 252–76; Olson, *Angry Days*, 130.

2. *Life*, June 3, 1940.

3. Herring, *From Colony to Superpower*, 519–20; Kaiser, *No End*, 57–58.

4. Ketchum, *Borrowed Years*, 358.

5. Wheeler-Bennett, *Special Relationships*, 97; Olson, *Angry Days*, 128; *Time*, June 17, 1940.

6. Casey, *Cautious Crusade*; Doenecke, *Storm on the Horizon*; Herring, *From Colony to Superpower*, 520–22. 关于“美国第一”，另见 Churchwell, *Behold, America*。

7. Searls, *Lost Prince*, 172–73; Leamer, *Kennedy Men*, 152.

8. JPK to JPK Jr., July 23, 1940, box 2,JPKP; JPK Jr. to JPK, May 4, 1940, box 2,JPKP;Swift, *Kennedys Amidst the Gathering*, 214; Collier and Horowitz, *Kennedys*, 105.

9. Renehan, *Kennedys at War*, 158; KLB OH, JFKL.

10. JPK Jr. to JPK, August 23, 1940, box 2,JPKP; Renehan, *Kennedys at War*, 161.

11. Herzstein, *Henry R. Luce*, 155.

12. 关于这一时期基于“国家安全”的扩张，参见 Andrew Preston, “Monsters Everywhere: A Genealogy of National Security,” *Diplomatic History*, 38, no. 3 (2014): 477–500。

13. Henry R. Luce, “The American Century,” *Life*, February 17, 1941. 若想了解对这篇文章和这一概念的评论，参见 Bacevich, *Short American Century*。若想了解对这一概念的别样评论，参见 Zunz, *Why the American Century?*。关于 1940 年的提名战，参见 Lewis, *Improbable Wendell Willkie*, chap. 6; 以及 Brinkley, *The Publisher*, 253–60。

14. Henry Luce OH, JFKL.

15. Henry Luce, foreword to *Why England Slept*, xix.

16. JFK to Luce, July 9, 1940, box 19, JPKP.

17. "Best Sellers of the Week", *NYT*, September 9, 1940; "Reader's Choice", *WP*, September 1, 1940. 20世纪40年代初之前,《纽约时报》畅销书榜单是综合了许多大城市最畅销书的榜单，波士顿为这些城市之一。

18. JFK, *Why England Slept*, xxiv.

19. FDR to JFK, August 27, 1940, box 74, JFK Pre-Pres; Hamilton, *JFK: Reckless Youth*, 336–37.

20. Quoted in Freedman, *Roosevelt and Frankfurter*, 590. Laski's letter, dated August 21, 1940, is in GB 50 U DLA/21, Papers of Harold Laski (and Frida Laski),Hull University Archives, UK. See also Hamilton, *JFK: Reckless Youth*, 333.

21. B. H. Liddell Hart to JFK, October 24, 1940, box 73, JFK Pre-Pres.

22. *New York Sun*, August 2, 1940; *New Republic*, September 16, 1940.

23. Brogan, *Kennedy*, 16.

24. Brogan, *Kennedy*, 19. See also Dallek, *Unfinished Life*, 65.

25. Schlesinger, foreword to *Why England Slept* (New York: Ishi Press, 2016),xiv. 施莱辛格的文章还称："青年肯尼迪在书里对英国人的态度广泛且基于事实的描述精准地捕捉到了全英国的被动状态。"还可参考 Hellman, *Kennedy Obsession*, 22–27。

26. Bruce Hopper to JFK, September 5, 1940, box 73, JFK Pre-Pres.

27. Charles Spalding OH, JFKL; Blair and Blair, *Search for JFK*, 98–100. 1940年12月末，杰克告诉出版商，那一时间段他不会再次提笔写书。JFK to Frank Henry, December 28, 1940, box 19, JPKP.

28. Arlene B. Hadley (registrar) to JFK, May 14, 1940, box 20, JPKP.

29. KLB OH, JFKL.

30. Dr. Vernon S. Dick to Dr. William P. Herbst, March 20, 1953, Travell files, JFKL; JFK to London Embassy, telegram, July 10, 1940, box 21, JPKP; Dr. Sara Jordan to JPK, July 12, 1940, box 21, JPKP.

31. JFK to JPK, telegram, July 10, 1940, box 21,JPKP; JFK to dean of admissions, Yale Law School, July 31, 1940, box 20, JPKP.

32. 购买这辆车的发票标明的总价为 1329.51 美元，包括消费税。该发票位于 box 20, JPKP。许多历史评述称，这辆车的车身为绿色，不过，根据这张发票，该车为黑色。

33. Quoted in Hamilton, *JFK: Reckless Youth*, 350.

34. Hamilton, *JFK: Reckless Youth*, 351.

35. JPK to JFK, November 16, 1943, box 3, JPKP; JFK to JPK, n.d. (March 1940), box 5, JPKP.

36. *Stanford Daily*, October 30, 1940. 根据法律，作为学生的他至少可延期到 1941 年 7 月。

37. Ralph Horton OH, JKFL; Blair and Blair, *Search for JFK*, 114.

38. Stansky, *First Day*. 约瑟夫当年租下的房子如今是温莎乐高乐园的场地。

39. Collier and Horowitz, *Kennedys*, 107.

40. Luce OH, JFKL.

41. 8 月初，约瑟夫在写给杰克的一封信里称："如我此前所说，整个事情的症结是德国空军的实力。……如今没有任何国家撑得住，除非该国与另一个国家的空中力量相等，还得考虑那个国家的飞机可以立即投入战斗。如今德国人当然可以轻而易举地做到这一点，因为他们在整个欧洲西海岸从北到南真的部署了基地。" JPK to JFK, August 2, 1940, box 2, JPKP.

42. JPK to JFK, September 10, 1940, box 4A, JFKPP.

43. JPK diary, October 19, 1940, box 100,JPKP; Arthur Krock private memo, December 1, 1940, box 1, AKP. 关于总统选举的各种曲折和翻转，请参阅 Moe, *Second Act*。

44. 1940 年 10 月 16 日，约瑟夫在日记里记述道："除非我们处理各种事务比我想象中的作为更具远见，否则我们必然会越来越深地陷入泥淖。"JPK diary, box 100, JPKP. See also Nasaw, *Patriarch*, 485–86; and Whalen, *Founding Father*, 347–48.

45. Whalen, *Founding Father*, 231–33; Goodwin, *Fitzgeralds and the Kennedys*, 517; Swift, *Kennedys Amidst the Gathering*, 81.

46. Account of Ambassador's Trip to U.S. on Clipper, October 1940, box 100,JPKP; Arthur Krock private memo, December 1, 1940, box 1,AKP; Beschloss, *Kennedy and Roosevelt*, 216– 19; Leamer, *Kennedy Men*, 155; Moe, *Second Act*, 295–99. 得知约瑟夫的计划是为富兰克林·罗斯福背书后，克莱尔·布思·卢斯提笔给约瑟夫写了封信："我还想让你明白，我真心实意且毫无保留地坚信，那么做肯定会让美国遭受可怕的伤害。我太了解你内心的观点了，也清楚你说出的话（假如你说出来）连你自己都不会真的相信。"Clare Boothe Luce to JPK, October 28, 1940, box 100, JPKP.

47. *BG*, November 10, 1940.

48. "很明显，老约会竭尽全力制造伤害，"哈罗德·伊克斯在日记里评述道，"总统说，依他看，几周前在波士顿对约瑟夫的那次采访真实可信，尽管约瑟夫随后进行了否认。"Harold Ickes diary, December 1, 1940, HIP, LC.

49. JPK to JFK, telegram, December 5, 1940, box 4A, JFKPP; Nasaw, *Patriarch*, 506–9; Leamer, *Kennedy Men*, 160.

50. JFK to JPK, December 6, 1940, box 4A, JFKP.

51. JFK to JPK, December 6, 1940, box 4A, JFKP.

52. JFK "supplementary note," n.d., box 5, JPKP.

53. Harriet Price to JFK, n.d., box 4B,JFKPP; Leamer, *Kennedy Men*, 162.

54. 即使约瑟夫在广播公司发表了讲话，但包括罗斯福在内的一众美国高官仍然无法断定，他究竟会朝哪个方向推进。参见 Harold Ickes diary, January 19, 1941, HIP, LC。关于近几周主要由罗伯特·麦考密克资助的孤立主义者的反对行动，可参见 Smith, *Colonel*, 398–409。

55. See Edwards, *Edward R. Murrow*; and Cloud and Olson, *Murrow Boys*.

56. Searls, *Lost Prince*, 173; Collier and Horowitz, *Kennedys*, 112.

57. JFK passport file, box 6,JFKPP; RK, *Times to Remember*, 279.

58. Kaiser, *No End*, 200–204; Reynolds, *From Munich*, 126–30; Heinrichs, *Threshold of War*, 90.

59. Kershaw, *Hitler: Nemesis*, 393; Gorodetsky, *Grand Delusion*. 对希特勒发动这次入侵的各种动机的扼要介绍，可参见 Ferguson, *War of the World*, 426–31。

60. *BG*, April 30, 1941; Searls, *Lost Prince*, 172–73.

61. Schoor, *Young John Kennedy*, 118; Searls, *Lost Prince*, 174.

62. See Hamilton, *JFK: Reckless Youth*, 398–401.

63. Collier and Horowitz, *Kennedys*, 113.

※ 第十一章　陷入爱情，投身战争

1. Blair and Blair, *Search for JFK*, 111–13.

2. Report of Physical Exam, August 5, 1941, box 11A, JFKPP;

Investigation Report, USNIS, September 10, 1941, box 11A, JFKPP; Perrett, *Jack*, 94.

3. Searls, *Lost Prince*, 181–82.

4. 一部传记是 Farris, *Inga*。

5. Quoted in Farris, *Inga*, 3–4.

6. Arvad memoir in Ron McCoy Papers, quoted in Hamilton, *JFK: Reckless Youth*, 422; White interview at 423; Inga Arvad, "Did You Happen to See?" *Washington Times-Herald*, November 27, 1941.

7. Farris, *Inga*, 43; McTaggart, *Kathleen Kennedy*, 11, 62.

8. JFK to RK, n.d. (November 1941), box 21, JPKP.

9. JFK memo, "Dinner at Mrs. Patterson's," n.d. (November 1941), box 11, JFK Pre-Pres.

10. 关于纽芬兰会晤和《大西洋宪章》, 可参见 Wilson, *First Summit*; 以及 Borgwardt, *New Deal*, part 1。丘吉尔的回忆摘自 Kennedy, *Freedom from Fear*, 496。还可参考 Kimball, *Churchill and Roosevelt*, vol. 1, 299。

11. Cull, *Selling War*, 185; Schlesinger, *A Life*, 256–57; Lepore, *These Truths*, 482; Berg, *Lindbergh*, 425–29.

12. 关于这几个月的形势发展, 可参考 Hotta, *Japan 1941*; Heinrichs, *Threshold of War*; Gillon, *Pearl Harbor*。

13. See, e.g., Stinnett, *Day of Deceit*. 评论可参考 Rosenberg, *Date Which Will Live*, 158–62。

14. Schlesinger, *A Life*, 241–61; Olson, *Angry Days*, 426–27; JPK telegram to FDR, December 7, 1941, printed in Smith, *Hostage to Fortune*, 533.

15. FDR to Boettiger, March 3, 1942, Boettiger Papers, FDRL, quoted in Nasaw, *Patriarch*, 520.

16. Hamilton, *Mantle of Command*, 76–77.

17. Churchill, *Grand Alliance*, 539–40; Fenby, *Alliance*, 79–80.

18. Roberts, *Storm of War*, 193–94. 关于如后煽动性的说法——希特勒最关注的从来不是人们常说的布尔什维克主义，而是"英美和全球资本主义"，参见 Simms, *Hitler*。

19. JFK to KLB, December 12, 1941, box 1, KLBP.

20. 数十年后，以婚后名字佩奇·（惠德科佩尔·）威尔逊从事写作时，她笔下的因加·阿瓦德如后："[1941 年末和 1942 年初] 我从未有过这样的印象：她在试图掩盖在德国当记者那段历史。"Wilson, *Carnage and Courage*, 170.

21. Hamilton, *JFK: Reckless Youth*, 427; Hardison Report, January 6, 1942, box 5, Hoover OCF.

22. Hardison Report, January 6, 1942, box 5, Hoover OCF, NARA; Ladd Memo for Hoover, January 17, 1942, box 5, Hoover OCF; McKee report for Hoover, February 3, 1942, box 5, Hoover OCF.

23. *Berlingske Tidende*, November 1, 1935, quoted in Farris, *Inga*, 137–38.

24. Kramer to Ladd, January 28, 1942, box 5, Hoover OCF; FDR to Hoover, May 4, 1942, quoted in O'Brien, *John F. Kennedy*, 120. 授权对电话进行监听的申请文件现存于胡佛的一份"致首席检察官备忘录"里，1942 年 1 月 21 日，box 5, Hoover OCF。胡佛亲笔写道："合并这些事实即指向一个明确的可能性：她有可能参与了一系列极其隐秘的反美间谍活动。"

25. Hardison Report, January 22, 1942, box 5, Hoover OCF.

26. Hardison Report, January 6, 1942, box 5, Hoover OCF.

27. *New York Daily Mirror*, January 12, 1942; Farris, *Inga*, 211–14. 关于温彻尔的文章在读者人数方面创造的异乎寻常的新高，参见 Gabler,

Winchell。根据罗丝·肯尼迪的说法，杰克对突然被调往查尔斯顿感到"极其困惑"。RK to children, January 20, 1942, box 2, JPKP.

28. 1942 年 3 月 4 日，约瑟夫再次写信游说罗斯福，想要一份工作："我不想看起来像找工作的人那样谋求一项任命，不过，小约和杰克都在军中服役，因而我觉得，在这些危难时刻，我的经验或许能在某个职位派上用场。我只想说，如果你需要我，我随时听从指挥。"JPK to FDR, March 4, 1942, printed in Smith, *Hostage to Fortune*, 541–42. 3 月 7 日，约瑟夫再次致信罗斯福。JPK to FDR, March 7, 1942, box 4A, JFKPP. 这次同样没有重要职位兑现。1943 年初，费利克斯·法兰克福特在某天的日记里记述道："我认为那个老约绝不会想到，一个四处乱窜如此仇视战争作为的人，一个对总统本人都敢用臭嘴出言不逊的人，正是他把自己在战争进程中独当一面的路堵死了。"Lash, *From the Diaries of Felix Frankfurter*, 237–38.

29. Hamilton, *JFK: Reckless Youth*, 447.

30. Inga Arvad to JFK, February 19, 1942, box 4A,JFKPP; Arvad to JFK, n.d. (1942), box 4A, JFKPP; Arvad to JFK, March 11, 1942, box 4A, JFKPP; S. K. McKee to J. Edgar Hoover, February 24, 1942, box 4, Hoover OCF.

31. Inga Arvad to JFK, n.d. (1942), box 4A, JFKPP.

32. Torbert Macdonald to JFK, n.d. (1942), box 4B,JFKPP; Farris, *Inga*, 204.

33. ARV Summary, February 3, 1942, box 5, Hoover OCF.

34. ARV Summary, February 3, 1942, box 5, Hoover OCF.

35. E. H. Adkins Report, February 9, 1942, box 5, Hoover OCF.

36. ARV Summary, March 2, 1942, box 5, Hoover OCF; Ruggles to the director, February 23, 1942, box 5, Hoover, OCF.

37. ARV Summary, March 6, 1942, box 5, Hoover OCF.

38. RK round-robin letter, February 16, 1942, printed in Smith, *Hostage to Fortune*, 539– 40; KLB OH, JFKL.

39. RK, *Times to Remember*, 286; Byrne, *Kick*, 165.

40. Nasaw, *Patriarch*, 534–36. 关于手术过程的进展，以及莫尼兹和弗里曼在其中的作用，还可参考 Dittrich, *Patient H.M.*, 77–88。对《纽约时报》的摘引在 83 页。

41. Marguerite Clark, "Surgery in Mental Cases," *American Mercury*, March 1941; Waldemar Kaempffert, "Turning the Mind Inside Out," *SEP*, May 24, 1941; "Neurological Treatment of Certain Abnormal Mental States Panel Discussion at Cleveland Session," *Journal of the American Medical Association* 117, no. 7 (August 16, 1941); Larson, *Rosemary*, 161–62.

42. Walter Freedman and James Watts, *Psychosurgery: Intelligence, Emotion, and Social Behavior Following Prefrontal Lobotomy for Mental Disorders* (Springfield, IL: Charles C. Thomas, 1942), quoted in Dittrich, *Patient H.M.*, 84.

43. Nasaw, *Patriarch*, 534–36; Larson, *Rosemary*, 161; Perry, *Rose Kennedy*, 164–65.

44. Eunice Kennedy Shriver interview by Robert Coughlan, February 7, 1972, box 10, RKP. See also Smith, *Nine of Us*, 236.

45. Larson, *Rosemary*, 169–70.

46. Goodwin, *Fitzgeralds and the Kennedys*, 644; Leamer, *Kennedy Men*, 170.

47. Larson, *Rosemary*, 160–61, 179–80; McNamara, *Eunice*, 22, 58; JPK to JFK, November 16, 1943, box 3,JPKP; JPK to JPK Jr., February 21, 1944, box 3, JPKP. 1942 年 11 月，约瑟夫在写给妻子的信里称："我开车顺

路探望了罗斯玛丽，她与身边的人相处得不错，看起来她很棒。"JPK to RK, November 23, 1942, box 21, JPKP.

48. RK to children, December 5, 1941, box 55, RKP, JFKL. 罗丝在 1942 年 1 月 20 日给孩子们的传阅信里丝毫没提及漏掉了什么。RK to children, January 20, 1942, box 21, JPKP.

49. Kennedy, *Times to Remember*, 286; Goodwin, *Fitzgeralds and the Kennedys*, 643. 戴维·纳索怀疑，对于做不做手术，罗丝几乎没有发言权，一方面是因为她与肯尼迪家族联姻的性质，另一方面是因为那是那个时代的习俗。他还引述了历史学家贾尼丝·布罗克利（Janice Brockley）的发现，即 20 世纪中叶的心理健康专家往往会建议，但凡涉及选择残疾儿童的治疗方案，父亲——据认为在感情方面更超脱，头脑更清醒——应当从其妻子肩上接过选择的重担。Nasaw, *Patriarch*, 534.

50. JFK to KK, March 10, 1942, box 4A, JFKPP. 杰克还认真回顾了圣诞节假期在棕榈滩与英国前外交大臣、现任驻华盛顿大使哈利法克斯勋爵的交谈。他在关于那次交谈的记录里称，哈利法克斯声称："如果英国在 1938 年参战，就会立刻惨败。作为证据，他多次讲了与英军总参谋长约翰·迪尔（John Dill）爵士的交谈。他问迪尔会选择在 1938 年还是 1939 年参战。迪尔想了一会儿，然后说'我更想在 1940 年参战'。"在交谈的后半程，对杰克提议与苏联组成大联盟的可行性，哈利法克斯表示否定，还解释了为什么在 1940 年他不是继张伯伦之后成为首相的适当人选。"Talk with Lord Halifax," n.d. (January 1942), box 11, JFK Pre-Pres.

51. Luce to JPK, February 5, 1942, box 4B, JFKPP. 震惊于这封信的内容，老肯尼迪给杰克写了封信，他在信里称："老天在上，我没想让自己的悲观情绪对你有任何影响，不过，除非我直接说给你听我怎么想，否则我不知道该如何向你说我怎么想。"JPK to JFK, February 9, 1942, box 2, JFKP.

52. JFK, draft article, n.d. (Feb. 1942), box 11, JFKPP. 在写给里普·霍顿的一封信里，杰克再次表示他不赞同父亲的悲观论调。深入思考希腊悲剧的主旋律后，他总结道："我们能做希腊人做不到的事——我们能阻止悲观的结局——这不是不可避免的——必须做点什么。"JFK to Ralph Horton, n.d. (Feb. or March 1942), box 4b, JFKPP.

53. Clinical report, Chief of Bureau of Navigation to JFK, May 8, 1942, box 11A, JFKPP.

54. RK to JPK Jr., September 29, 1942, quoted in Goodwin, *Fitzgeralds and the Kennedys*, 647–48; Dallek, *Unfinished Life*, 76.

55. Farris, *Inga*, 283; ARV Summary of June 24, 1942, box 5, Hoover OCF; JFK to RK, n.d. (1942), box 2, JPKP. 因加·阿瓦德已经身在内华达州里诺好几周，为的是落实与保罗·费乔斯的离婚，不过近期她已经返回。联邦调查局立刻重启了用技术手段进行监视。Memo for the Director, June 16, 1942, box 4, Hoover OCF.

56. Goodwin, *Fitzgeralds and the Kennedys*, 635.

57. Schlesinger, *Robert Kennedy*, 16.

58. JFK, "For What We Fight" (speech), July 4, 1942, box 28, DFPP.

59. ARV Summary, July 24, 1942, box 5, Hoover OCF; Hamilton, *JFK: Reckless Youth*, 494.

60. 珍珠港遇袭后，海军上将切斯特·尼米兹对最初的战场态势评价如后："从日本人 12 月 7 日扔下那些炸弹，到至少两个月后，每过一天，战况几乎都更加混乱和无序，好像越来越没希望。"Quoted in Toll, *Pacific Crucible*, 129. 关于日本在这几个月的推进，还可参考 Calvocoressi and Wint, *Total War*, 722–37。

61. 关于中途岛战役的结局，参见 Costello, *Pacific War*, 305–8; Toll,

Pacific Crucible, 473-76。

62. JFK to KLB, n.d. (July 1942), box 1, KLBP.

63. Donovan, *PT 109*, 23.

64. Breuer, *Sea Wolf*, 108-9.

65. O'Brien, *John F. Kennedy*, 130.

66. JPK to JPK Jr., October 1, 1942, box 2, JPKP.

67. Dallek, *Unfinished Life*, 88.

68. Hamilton, *JFK: Reckless Youth*, 513.

69. Hamilton, *JFK: Reckless Youth*, 512.

70. Quoted in O'Brien, *John F. Kennedy*, 131.

71. David I. Walsh to John Fitzgerald, December 21, 1942, quoted in Goodwin, *Fitzgeralds and the Kennedys*, 648.

72. JFK to RFK, January 10, 1943, quoted in Schlesinger, *Robert Kennedy*, 54.

73. Pitts, *Jack and Lem*, 87-88; Dallek, *Unfinished Life*, 90. 根据罗丝的说法，杰克早已做好"为美国赴死的准备，为的是阻止日本人和德国人在他们各自的大陆上成为称霸者，他深信他们迟早会侵占我们的大陆"。RK to children, October 9, 1942, box 4a, JFKPP.

※ 第十二章　转战海外

1. Quoted in Hamilton, *JFK: Reckless Youth*, 530.

2. Buchan, *Pilgrim's Way*, 49-50. See also David Shribman, "Remembering a Forgotten Man and His Forgotten Book," *Toledo Blade*, May 28, 2017.

3. Buchan, *Pilgrim's Way*, 58; Sorensen, *Kennedy*, 14. 肯尼迪当政时期，小阿瑟·施莱辛格是白宫助理，他也会以同样的方式评价："只有粗心大意的人才会总结如后：他'冷静'是因为他对外界感知太少。其实是因为他感知太多，所以他必须把自己打造成一个饱尝无序和困苦的存在。"Quoted in Rubin, *Forty*, 252.

4. James Reed interview in Hamilton, *JFK: Reckless Youth*, 526–27; "Edgar Stephens Remembers JFK He Knew in Navy," *Albany Gazette* (MO), November 23 and 25, 1988, box 132, JFKPOF; Meyers, *As We Remember*, 39.

5. 这方面著述颇丰，可参考 Beevor, *Stalingrad*; Glantz and House, *To the Gates*; Atkinson, *Army at Dawn*。

6. Hastings, *Inferno*, 256. Costello, *Pacific War*, 364.

7. Kennedy, *Victory at Sea*, chap. 8.

8. Spector, *Eagle Against the Sun*, 222–26.

9. Manchester, *Glory and the Dream*, 266; Hynes, *Soldiers' Tale*, 159–60.

10. Thomas, *Sea of Thunder*, 69. 第二次世界大战前，图拉吉岛曾经是英属所罗门群岛保护领地的首府。

11. Toll, *Conquering Tide*, 202; JFK to KLB, May 6, 1943, quoted in Pitts, *Jack and Lem*, 97.

12. JFK to RK and JPK, received May 10, 1943, box 2, JPKP.

13. JFK to RK and JPK, n.d. (early May 1943), printed in Smith, *Hostage to Fortune*, 550–51; JFK round-robin letter, June 24, 1943, box 2,JPKP; Dallek, *Unfinished Life*, 91.

14. JFK to JPK and RK, May 14, 1943, box 2, JPKP.

15. JFK to Inga Arvad, n.d. (spring 1943), quoted in Stern, *Averting "The Final Failure*," 37; JFK to RK and JPK, May 14, 1943, box 5, JFKPP. 这封写

给父母的信的结尾还有一段专门写给罗丝让其放心的补充："又及，老妈：复活节有教堂。就在当地土著的一个茅草屋里，此外还附有条件——'附近有敌机'。活动跟圣帕特里克大教堂有一拼。"

16. Quoted in Stern, *Averting "The Final Failure,"* 37–38.

17. 关于鱼雷艇以及它们在战时的服役记录，参见 Keating, *Mosquito Fleet*; 以及 Whipple, *Small Ships*。

18. *Life*, May 10, 1943; JFK to KK, June 3, 1943, printed in Smith, *Hostage to Fortune*, 555– 56.

19. Michener, *Tales of the South Pacific*, 52–53.

20. Donovan, *PT 109*, 21; Blair and Blair, *Search for JFK*, 204. PT-109 从 1942 年 6 月下水到 1943 年被摧毁的完整历史参见 Domagalski, *Dark Water*。

21. "献给母亲的爱，"杰克在鲜花卡上留言，"爱你，杰克。遗憾无法在那边陪你。"Box 2, JPKP.

22. JFK to RK and JPK, May 15, 1943, box 2, JPKP. 杰克在另一封写给家人的信里称："这里的生活条件参差不齐——差不多像加州戴利城一样高低不平，比自个（老妈：该用'我'吧）更高低不平。我们住在船上，吃配给军用罐头（豆子、油炸午餐肉），差不多每晚出海——只好白天逮住机会小睡一觉。至今算我们走运。第一晚出海敌人离我们最近。我们到了指定位置，正在想这也没什么啊，突然就听到了飞机声，我抬头看，对副艇长说，看着像是我们的新飞机。下一秒钟我就平躺到了甲板上，飞机呼啸着飞过去，用双管开火。船身到处是洞，几个艇员被打中，不过都还好。"JFK to JPK and RK and siblings, n.d. (received August 10, 1943), box 21, JPKP.

23. JFK to KK, June 3, 1943, printed in Smith, *Hostage to Fortune*, 555–56.

24. JFK to RK and JPK, n.d. (early May 1943), printed in Smith, *Hostage to Fortune*, 550–51.

25. Goodwin, *Fitzgeralds and the Kennedys*, 649; Edward Oxford, "Ten Lives for Kennedy," *Argosy*, July 1960.

26. Renehan, *Kennedys at War*, 245.

27. 约翰·肯尼迪和 109 鱼雷艇这件往事已经多次有人讲过。一部相当可信的、极富同情心的早期报道为 Donovan, *PT 109*。最近一部值得推荐的篇幅宏大的研究报告为 Doyle, *PT 109*。以下两部作品对此事也给予了高度关注：Hamilton, *JFK: Reckless Youth*（富于同情心）；以及 Blair and Blair, *Search for JFK*（更具批判性）。这些对撰写本书随后的内容帮助极大。约翰·赫西的标题为《幸存》的经典报道刊发于 1944 年 6 月 17 日出版的《纽约客》杂志上（本书后面的章节将会讨论），这篇报道虽已被后续报道超越，但仍然有说服力。

28. Donovan, *PT 109*, 76–77.

29. JFK to JPK and RK and siblings, n.d. (received August 10, 1943), box 21, JPKP.

30. B. R. White and J. G. McClure, Memo to Commander, "Sinking of PT 109 and Subsequent Rescue of Survivors," August 22, 1943, box 22,JPKP; O'Brien, *John F. Kennedy*, 158.

31. White/McClure memo; Donovan, *PT 109*, 90.

32. Hersey, "Survival."

33. Hersey, "Survival"; JFK notes for a speech on PT 109, n.d. (fall 1945), box 96,JFK Pre-Pres; Blair and Blair, *Search for JFK*, 274; Doyle, *PT 109*,chaps. 6 and 7.

34. Barney Ross interview, CBSI, JFKL.

35. White/McClure memo; Doyle, *PT 109*, 115–16; Renehan, *Kennedys at War*, 264–65. 2002 年，由深海探险家罗伯特·巴拉德（Robert Ballard）率领的一支《国家地理》杂志考察队在水深大约 360 米处发现了 109 鱼雷艇的残骸。

36. Quoted in Donovan, *PT 109*, 103.

37. Doyle, *PT 109*, 118; Donovan, *PT 109*, 105. 在后来的年月里，这个小岛成了肯尼迪岛，并因此出名。

38. Fay, *Pleasure of His Company*, 127. 关于费伊和肯尼迪在梅尔维尔期间最初的交流，也可参考 Meyers, *As We Remember*, 39。

39. White/McClure memo.

40. Hersey, "Survival"; Donovan, *PT 109*, 109–11.

41. Blair and Blair, *Search for JFK*, 285–88; White/McClure memo.

42. White/McClure memo; Doyle, *PT 109*, 149–51. 关于埃罗尼·库马纳和比乌库·加萨（两人分别活到 93 岁和 82 岁），还可参考 Rob Brown, "The Solomon Islanders Who Saved JFK," BBC, August 6, 2014, www.bbc.com/news/magazine-28644830, accessed November 30, 2019。

43. Quoted in Goodwin, *Fitzgeralds and the Kennedys*, 657.

44. Jessica Contrera, "He Saved JFK's Life During WWII—With the Help of an SOS Carved on a Coconut," *WP*, August 23, 2018.

45. O'Brien, *John F. Kennedy,* 153–54; Doyle, *PT 109*, 105. 海军少尉威廉·巴特尔 (William Battle) 是另一艘鱼雷艇的艇长，后来肯尼迪当政时期，他成了驻澳大利亚大使。他声称，8 月 2 日白天，他想返回布莱凯特海峡，但他的请求遭到了拒绝。

46. Blair and Blair, *Search for JFK*, 271; O'Brien, *John F. Kennedy*, 157; Doyle, *PT 109*, 294.

47. Quoted in Hamilton, *JFK: Reckless Youth*, 569.

48. Donovan, *PT 109*, 89; Bill Hosokawa, "John F. Kennedy's Friendly Enemy," *American Legion Magazine*, June 1965; Doyle, *PT 109*, 1–9.

49. Parmet, *Jack*, 107. 当时威廉·莱比诺夫指挥 157 艇，他评价 109 艇全体艇员时充满了敬意："他们当中从来没有任何人说过哪怕一句约翰·肯尼迪的坏话，而他们才是了解内情的人。"摘引自 Doyle, *PT 109*, 176。巴基·哈里斯就此话题说："如果不是因为他，我就不在人世了——我真的这么认为。当着所有人的面我都敢说，在那片海洋，不知道你身子底下会有什么的话，没几个人敢独自往外游。兄弟，我就不会那么干。……我认为他了不起。船上每个人都认为他是最牛的。" Quoted in Hamilton, *JFK: Reckless Youth*, 602.

50. Quoted in Hamilton, *JFK: Reckless Youth*, 610–11.

51. "Ten Lives for Kennedy," *Argosy*, July 1960. See also Donovan, *PT 109*, 124; and Stephen Plotkin, "Sixty Years Later, the Story of PT-109 Still Captivates," *Prologue* 35, no. 2 (Summer 2003).

52. Wills, *Kennedy Imprisonment*, 131. 更为始终如一的富于同情的说法出自小阿瑟·施莱辛格，他说肯尼迪的"领导力、足智多谋、乐观，一直坚持到救援来临……[使得] 这事……成了二战中最真实的英雄主义篇章之一"。Schlesinger, *Thousand Days*, 82–83.

53. Louis Denfeld to Russell Willson, April 7, 1944, box 22,JPKP; A. P. Cluster to JPK, January 9, 1944, box 22, JPKP. 肯尼迪是唯一获得过这两枚勋章的美国总统。

54. RK to children, August 25, 1943, box 2, JPKP. See also RK, *Times to Remember*, 293.

55. Nasaw, *Patriarch*, 557.

56. JFK to RK and JPK, August 13, 1943, box 2, JPKP.

57. *BG*, August 19, 1943; *NYT*, August 20, 1943; Nasaw, *Patriarch*, 557–58.

58. JFK to RK and JPK, n.d. (September 1943), box 5, JFKPP.

59. JFK to JPK, n.d. (September 1943), box 2, JPKP.

60. JFK to Inga Arvad, n.d. (September 1943), printed in Sandler, *Letters*, 31–33.

61. JPK to JPK Jr., August 31, 1943, box 2, JPKP.

62. JPK Jr. to parents, August 29, 1943, quoted in Goodwin, *Fitzgeralds and the Kennedys*, 662.

63. Searls, *Lost Prince*, 202–3; Blair and Blair, *Search for JFK*, 325.

64. RK, *Times to Remember*, 285.

65. Blair and Blair, *Search for JFK*, 337, 339–40. 在给家长的一封信里，杰克轻描淡写地描述自己的新军衔："升职了……——纯属按常规——如今是真正的上尉。(老妈：你可以在你的小对照表上查一下——跟陆军上尉一样。)" JFK to family, n.d. (received November 1, 1943), box 2, JPKP. 拜伦·怀特是109鱼雷艇撞船事件调查报告的两名起草人之一，他引用了上述例子。1962年，肯尼迪会提名他为美国联邦最高法院法官，随后他变得更加保守，超出了肯尼迪及其顾问们的预判。

66. O'Brien, *John F. Kennedy*, 163, 164.

67. 疟疾征兆会持续侵扰他。JPK to JFK, February 10, 1948, box 3, JPKP.

68. JFK to RFK, November 14, 1943, in Donovan, *PT 109*, 152.

69. Fay, *Pleasure of His Company*, 130–31.

70. Hastings, *Inferno*, 422.

71. Blair and Blair, *Search for JFK*, 352; Hamilton, *JFK: Reckless Youth*, 638.

72. 文章出现在全美数十家报纸上，例如 "Tells Story of PT Epic: Kennedy Lauds Men, Disdains Hero Stuff," *BG*, January 11, 1944。

73. *BG*, January 11, 1944; Farris, *Inga*, 306.

※ 第十三章 王子折翼

1. Smith, *American Diplomacy*, 74; Meacham, *Franklin and Winston*, chap. 9. 关于德黑兰会议的重要性，还可参考 Hamilton, *War and Peace, par*t 3。

2. Butler, *Roosevelt*, xliii, liv; *NYT*, December 7, 1943.

3. Quoted in Budiansky, *Battle of Wits*, 243. 关于苏联的人力资源贡献和美国的生产潜力之间的共生关系，还可参考 Katznelson, *Fear Itself*, 17。

4. Quoted in Evans, *American Century*, 354.

5. Quoted in Harbutt, *Yalta 1945*, 131.

6. Quoted in Ash, *History of the Present*, 214.

7. Quoted in Kennedy, *Rise and Fall*, 347.

8. Evans, *American Century*, 346.

9. Evans, *American Century*, 346. See also Herman, *Freedom's Forge*; and Baime, *Arsenal of Democracy*. 无可避免的是，保罗·班扬式的传奇故事成了当时的热门，例如关于一个女人受邀为一艘新船命名的故事。有人陪着女人来到一处空旷的平台上，给了她一瓶香槟酒。她面露疑惑，问道："可船在哪儿呢？""你只管晃瓶子，女士，"一个工人答道，"我们就在那儿把船造出来。" Burns, *Crosswinds of Freedom*, 186.

10. Liddell Hart, *History of the Second*, 23; Kennedy, *Victory at Sea*, chap. 8.

11. Manchester, *Glory and the Dream*, 292.

12. Thompson, *Sense of Power*.

13. Dr. Paul O'Leary to Dr. Frank Lahey, January 18, 1944, box 21, JPKP; JFK to Clare Boothe Luce, January 11, 1944, Clare Boothe Luce Papers, LC.

14. Rose Kennedy diary note, n.d. (January 1944), printed in Smith, *Hostage to Fortune*, 573.

15. Spalding OH, JFKL; Hamilton, *JFK: Reckless Youth*, 640.

16. Blair and Blair, *Search for JFK*, 354–55; Rose Kennedy diary note, n.d. (January 1944), printed in Smith, *Hostage to Fortune*, 573. 然而，罗丝向家里的其他孩子保证，杰克还是从前的样子："他还穿最旧的衣服，吃饭仍然迟到，兜里还是没钱。还跟他童年时期的习惯一样，他会让澡盆里的水漫出来，我是第一个发现的人，因为我的洗澡间在楼下，水从天花板上连成线滴了下来。" RK to children, January 31, 1944, box 3, JPKP.

17. JFK to Inga Arvad, n.d. (September 1943), quoted in Leamer, *Kennedy Men*, 192–93; JFK to JPK and RK, September 1943, box 2, JFKPP.

18. Kennedy, *Freedom from Fear*, 712; Max Hastings, "Imagining the Unimaginable," *New York Review of Books*, May 10, 2018.

19. Betty Coxe Spalding OH, CBP; Blair and Blair, *Search for JFK*, 317–20, 364. 对赫西文章及其缘起的长篇分析见 Hellman, *Obsession*, chap. 2。

20. *BG*, February 12, 1944.

21. Blair and Blair, *Search for JFK*, 365–66.

22. Canellos, *Last Lion*, 23–24. 有意思的是，历史学家道格拉斯·布林克利（Douglas Brinkley）的研究表明，在迈阿密期间，杰克或许已经试图成为海军航空兵。有记录显示，他花费数天时间在昂布里 - 里德尔（Embry-Riddle）水上飞机基地为派珀 J-3 "幼兽" 水上飞机领航。Brinkley, *American*

Moonshot, 52.

23. Quoted in Parmet, *Jack*, 117–18.

24. JPK to JPK Jr., May 24, 1944, box 3, JPKP; Navy Department, Office of the Chief of Naval Operations, "History of USSPT-109," n.d., box 132, President's Office Files, JFKL; *NYT*, June 12, 1944; Dallek, *Unfinished Life*, 101–2.

25. JFK to KLB, May 3, 1944, quoted in Hamilton, *JFK: Reckless Youth*, 646.

26. RK, *Times to Remember*, 265.

27. KK to JFK, July 29, 1943, box 2, JPKP. See also Bailey, *Black Diamonds*, 346–51. 除了位于查茨沃思（Chatsworth）的常住宅邸，这一家族还在德比郡拥有哈德威克庄园（Hardwick Hall），在伊斯特本（Eastbourne）拥有康普顿庄园（Compton Place），在约克郡拥有博尔顿修道院（Bolton Abbey），在爱尔兰拥有利斯莫尔城堡（Lismore Castle），在伦敦还拥有好几座连排别墅。

28. Byrne, *Kick*, 218–25; *NYT*, May 7, 1944. 婚礼过后没几周，小约在写给父母的信里称："基克幸福至极，我认为所有事最终都会很好。"JPK Jr. to JPK and RK, June 23, 1944, box 3, JPKP.

29. JPK Jr. to RK, telegram, May 6, 1944, printed in Smith, *Hostage to Fortune*, 586; JPK to JPK Jr., May 24, 1944, box 3, JPKP.

30. JFK, *As We Remember Joe* (privately published, 1944), 54.

31. JFK to KLB, May 19, 1944, KLBP, quoted in Hamilton, *JFK: Reckless Youth*, 652.

32. Sorensen, *Kennedy*, 40.

33. Treglown, *Straight Arrow*, 90–91.

34. JFK to John Hersey, n.d. (1944), in Parmet, *Jack*, 119.

35. John Hersey, "Survival," *The New Yorker*, June 17, 1944.

36. JPK to JPK Jr., May 24, 1944, box 3,JPKP; Doyle, *PT 109*, 201–2.

37. Hellman, *Obsession*, 43.

38. JFK to KLB, February 20, 1945,quoted in O'Brien, *John F. Kennedy*, 171.

39. McTaggart, *Kathleen Kennedy*, 146.

40. JPK Jr. to JFK, August 10, 1944, box 4a, JFKPP.

41. RK, *Times to Remember*, 301.

42. 四天前，他刚刚给大儿子写信："我一直没给你写信，原因是我一直期盼随时接到你的电话，听你报告已经回到诺福克，正在往家里赶。"JPK to JPK Jr., August 9, 1944, box 3, JPKP.

43. JPK Jr. to JPK and RK, August 4, 1944, box 3, JPKP.

44. Axel, *Lost Destiny*, 160ff; Olsen, *Aphrodite*. 美国空军将这次行动称作"阿佛洛狄忒行动"。关于 V 型武器及其影响，参见 Tami Davis Biddle, "On the Crest of Fear: V-Weapons, the Battle of the Bulge, and the Last Stages of World War II in Europe," *Journal of Military History* 83, no. 1 (January 2019): 157–94; 以及 Brinkley, *American Moonshot*, 31–39, 61–69。

45. Leamer, *Kennedy Men*, 211.

46. Leamer, *Kennedy Men*, 214; Searls, *Lost Prince*, 270–71.

47. See Krock, *Memoirs*, 348.

48. Hamilton, *JFK: Reckless Youth*, 661. See also Brinkley, *American Moonshot*, 53–58.

49. McNamara, *Eunice*, 69–70; JFK, *As We Remember*, 5. 美国海军十字勋章颁奖词部分内容见后："作为美国'解放者'轰炸机飞行员，肯尼迪中尉于 1944 年 8 月 12 号表现了超常的英雄主义，勇气可嘉。明知会身临极度危险，但他完全不顾个人安危，毫不犹豫地报名参加了极其危险的特殊作战任务。"

50. Whalen, *Founding Father*, 373; Goodwin, *Fitzgeralds and the Kennedys*, 693.

51. Krock, *Memoirs*, 348; Krock interview, Blair Papers.

52. Kennedy, *Times to Remember*, 302; Goodwin, *Fitzgeralds and the Kennedys*, 691. 查克·斯波尔丁给罗丝和老约写了封感人的吊唁信，他在信里称，他跟小约还没有很熟。Spalding to RK and JPK, September 2, 1944, box 4B, JFKPP.

53. McTaggart, *Kathleen Kennedy*, 175.

54. Byrne, *Kick*, 253; Bailey, *Black Diamonds*, 375–76.

55. 这个记事本里夹了许多东西，包括基克的信，位于 box SG64,JKOP。后边的内容摘自基克的信："即使尤妮斯、帕特、琼找到好伴侣，结婚超过 50 年，假如她们能过上五周像我这样的生活，就算她们幸运。"还可参考 Schlesinger, *Thousand Days*, 87。

56. JFK to KLB, February 20, 1945, quoted in O'Brien, *John F. Kennedy*, 176; Martin, *Hero for Our Time*, 41. 乔特中学校长乔治·圣约翰恭喜杰克制作了一本"真正的纪念册，一本有广泛吸引力的纪念册，展现了小约方方面面的人格魅力"。莱姆·比林斯曾近距离看着兄弟二人，深知他们两人关系的内涵，深受感动之余，他说："兄弟两人一起长大，相差只有两岁，外人完全察觉不出他们之间的爱有多深，不过杰克编辑小约的纪念册本身就是爱的真实体现。"Hamilton, *JFK: Reckless Youth*, 704–5; KLB OH, JFKL.

57. JFK to JPK and RK, May 21, 1945, printed in Smith, *Hostage to Fortune*, 619–20; O'Donnell and Powers, *"Johnny,"* 44.

58. JFK, *As We Remember Joe*, 3–5; O'Brien, *John F. Kennedy*, 176–77.

59. 关于论文的消失，见 Searls, *Lost Prince*, 109。

60. Quoted in Thomas, *Robert Kennedy*, 48.

61. O'Donnell and Powers, *"Johnny,"* 45. 1941 年春，佛罗里达大学的威廉·G.卡尔顿（William G. Carleton）教授在棕榈滩参加了一次夜间研讨，他后来说："依我看，很明显，在历史和政治头脑方面，约翰远超他爸爸和哥哥；将当下的各种事件放在历史的多维场景中，眼观各种历史趋势的未来走向，约翰在这些方面的能力非常人能比。"摘引自 Schlesinger, *Thousand Days*, 80。

62. JPK to Joe Kane, March 4, 1944, quoted in Savage, *Senator from New England*, 6.

63. Parmet, *Jack*, 2, 125; Sorensen, *Kennedy*, 15. 莱姆·比林斯说得更直白："没有什么能把杰克挡在政治之外。我认为这是他骨子里的东西，早晚有一天会表现出来。"摘引自 Brinkley, *Kennedy*, 22。或者，恰如杰克的妹妹尤妮斯 30 年后所说："没有他以前想成为医生，后来不得不改变人生道路一说。没那回事。他对政治特别感兴趣，这是他各种兴趣的自然归属。"McNamara, *Eunice*, 82.

64. Bradley to Pardee, December 19, 1944, box 19,JPKP; JFK to KLB, February 20, 1945, quoted in O'Brien, *John F. Kennedy*, 179.

65. "Let's Try an Experiment in Peace," box 21, DFPP; Edward Weeks to JFK, April 17, 1945, box 73, JFK Pre-Pres; JPK to Henry Luce, February 15, 1945, box 19, JPKP. 还有一个文件夹，里边的材料多少与这篇文章的草稿有关，位置在 box 19, JPKP。

66. JFK, "Let's Try an Experiment in Peace," box 21,DFPP; Sandford, *Union Jack,* 83.

67. Blair and Blair, *Search for JFK*, 365–67.

68. Blair and Blair, *Search for JFK*, 416.

※ 第十四章 "浑身上下透着政治"

1. Smith, *Franklin Roosevelt*, 600–36; Richard J. Bing, "Franklin Delano Roosevelt and the Treatment of Hypertension: Matters at Heart," *Dialogues in Cardiovascular Medicine* 12, no. 2 (2007): 133–35. 对罗斯福生前最后几个月健康问题的详细分析请见 Lelyveld, *His Final Battle*。

2. 关于这几个月的战况，可参考 Beevor, *Second World War*, 586–727; 以及 Davies, *No Simple Victory*, 116–27。

3. Plokhy, *Yalta*; Costigliola, *Roosevelt's Lost Alliances*, 232–53; Preston, *Eight Days*.

4. Perlmutter, *FDR and Stalin*; Adam Ulam, "Forty Years After Yalta: Stalin Outwitted FDR and the West Still Pays," *New Republic*, February 11, 1985.

5. See Dallek, *Franklin Roosevelt*, 541; Woolner, *Last Hundred Days*.

6. Burns, *Crosswinds of Freedom*, 212–17; Kimball, *Juggler*. 研究担当美军总司令角色的罗斯福的战略智慧是 Hamilton 三卷本作品的一个主题。还可参考 Gaddis, *On Grand Strategy*, 280–88。

7. Leuchtenburg, *Shadow of FDR*.

8. Berlin, *Personal Impressions*, 31.

9. 格哈德·魏因贝格（Gerhard Weinberg）是研究二战的首席历史学家，他不认同这样的批评。他强调，美国"接收的犹太难民数量大约两倍于全球其他地方接收的犹太难民总数，大约为 30 万人中的 20 万"。接着，他请读者们思考"即使战争提前一个星期或 10 天结束，会有多少犹太人存活下来——也可反向思考，假设战争晚一个星期或 10 天结束，会多死多少犹太人"。他的结论是，后一个数字肯定会比 1944 年到 1945 通过各种营救办法救出的犹太人总数还要多。Gerhard Weinberg, "The Allies and the Holocaust," in *The Bombing of Auschwitz: Should the Allies Have Attempted It?*, ed. Michael J. Neufeld and Michael Berenbaum (New York: St. Martin's, 2000), 15–26.

10. Quoted in Manchester, *Glory and the Dream*, 353–54.

11. Halberstam, *Coldest Winter*, 172; Greenberg, *Republic of Spin*, chaps. 20 and 39.

12. JPK to KK, May 1, 1945, quoted in Smith, *Hostage to Fortune*, 615–18; Nasaw, *Patriarch*, 579; Whalen, *Founding Father*, 365. 根据哈里·杜鲁门很久以后在回忆录里的表述，至少约瑟夫对他说话更冲。"哈里，你为那个杀死我儿子小约的王八蛋瘸子做竞选活动，是他妈的怎么回事？"据说 1944 年初秋约瑟夫在波士顿正是这样质问杜鲁门的，当时小约刚死没几周。Miller, *Plain Speaking*, 199.

13. JPK to KK, May 1, 1945, printed in Smith, *Hostage to Fortune*, 615–18.

14. Roberts, *Twentieth Century*, 428.

15. Hamilton, *JFK: Reckless Youth*, 684; Blair and Blair, *Search for JFK*, 419–20.

16. JFK to KLB, February 20, 1945, quoted in Hamilton, *JFK: Reckless Youth*, 683.

17. 记述这次大会精彩历史的著述为 Schlesinger, *Act of Creation*。

18. 赞扬过他的几篇文章后，父亲提了个建议："我认为，你应当考虑，今后你最好用杰克·肯尼迪这个名字从事写作，而非约翰·F.。全国各地认识你的人都知道你叫杰克，所以我认为，你最好考虑下这事。"JPK to JFK,

JPKP, May 21, 1945, box 3, JPKP.

19. "Kennedy Tells Parley Trends." *Chicago Herald-American*, April 28, 1945, box 23,JPKP; Blair and Blair, *Search for JFK*, 428. 若想见证他在大会期间手写的各种记录，包括涉及那些退伍兵看法的记录，请参阅那些笔记散页，位置在 box SF64,JKOP。

20. 关于布雷顿森林会议及其影响，可参阅 Steil, *Battle of Bretton*; Rauchway, *Money Makers*; Helleiner, *Forgotten Foundations*。关于 1945 年上半年日益恶化的美苏紧张关系，可参阅 Dobbs, *Six Months*。

21. "Yank-Russo Test Seen at Frisco," *Chicago Herald-American,* April 30, 1945, box 23, JPKP; "World Court Real Test for Envoys," *New York Journal-American*, May 2, 1945, box 23, JPKP.

22. 恰如 A. J. P. 泰勒所说："总之，虽然称不上是蓄意谋杀，但英国人和美国人隔岸观火，在此期间，俄国人替他们打败了德国人。关于处在世界之巅的三个伟人，罗斯福是唯一清楚自己所做事情的人：实际上他没付出什么代价，就把美国打造成了全球最强的大国。" Taylor, *English History*, 577. 简·珀莱兹（Jane Perlez）向我提供了这段引语，在此我谨向她表示谢意。

23. "Peace in Europe Spurs Parley," *New York Journal-American*, May 9, 1945; "Big Three Friction Menaces Peace," *New York Journal-American*, May 18, 1945. 那年春季和夏季杰克撰写的前述两篇文章以及其他文章现存于 box 23, JPKP。

24. "Allied Parley Dismays Vets," *New York Journal-American*, May 7, 1945.

25. JFK to "Jim," box SG64,JKOP.

26. "Kennedy Tells Parley Trends," *Chicago Herald-American*, April 28, 1945; "Allied Parley Dismays Vets," *New York Journal-American*, May 7, 1945; "Small Nations Hit Big 5 Veto Rule," *New York Journal-American*,

May 23, 1945.

27. Loose pages, in box SG64,JKOP.

28. Krock, *Memoirs*, 351.

29. Parmet, *Jack*, 133.

30. Blair and Blair, *Search for JFK*, 423–24.

31. 关于欧洲的解放及其后续影响，可参阅 Hitchcock, *Bitter Road to Freedom*。

32. 丘吉尔的私人秘书在 7 月 4 日的日记里记述道，甚至工党领袖克莱门特·艾德礼都预见到，保守党会以领先 30 个席位成为多数党。Sandford, *Union Jack*, 87. 关于英国的困境，请见 Kynaston, *Austerity Britain,* chaps. 1–4。

33. "Churchill May Lose Election," *New York Journal-American*, June 24, 1945.

34. Leaming, *Jack Kennedy: Education*, 176; Blair and Blair, *Search for JFK*, 382. 后来弗雷泽对一名采访者说："杰克是个了不起的倾听者，也是个了不起的提问者。他总想探究各种事情的根本起因。他比给人的表面印象严肃多了。" Hugh Fraser OH, JFKL.

35. 福布斯输给了出身牛津大学的保守党人，此人名叫休·维尔·亨特利·达夫·芒罗 - 卢卡斯 - 图思爵士（Sir Hugh Vere Huntly Duff Munro-Lucas-Tooth），也可缩写为休·卢卡斯 - 图思。

36. Alastair Forbes OH, JFKL; Hamilton, *JFK: Reckless Youth*, 709.

37. Barbara Ward OH, JFKL.

38. Sandford, *Union Jack*, 94.

39. *New York Journal-American*, July 10, 1945; diary entry, July 3, 1945, printed in *Prelude to Leadership*, 23–24.

40. Diary entry, June 21, 1945, printed in *Prelude to Leadership*, 9–10.

41. Diary entry, July 27, 1945, printed in *Prelude to Leadership*, 37–38.

42. Diary entry, June 29, 1945, printed in *Prelude to Leadership*, 11–14; diary entry, June 30, 1945, printed in *Prelude to Leadership*, 15–17.

43. "We Are a Republic," *New York Journal-American*, July 29, 1945, box 23, JPKP.

44. Diary entry, July 24, 1945, printed in Smith, *Hostage to Fortune*, 621.

45. 一部精彩的传记为 Hoopes and Brinkley, *Driven Patriot*。

46. Diary entry, n.d., printed in *Prelude to Leadership*, 49–50.

47. Diary entry, July 29, 1945, printed in *Prelude to Leadership*, 44.

48. Diary entry, July 29, 1945, printed in *Prelude to Leadership*, 46–47; diary entry, July 10, 1945, printed in *Prelude to Leadership*, 5–8.

49. Diary entry, July 28, 1945, printed in *Prelude to Leadership*, 41–42; diary entry, n.d., printed in *Prelude to Leadership*, 59; Diary entry, August 1, 1945, printed in *Prelude to Leadership*, 74.

50. Baime, *Accidental President*.

51. Diary entry, August 1, 1945, printed in *Prelude to Leadership*, 71–74; diary entry, June 30, 1945, printed in *Prelude to Leadership*, 15–17.

52. Blair and Blair, *Search for JFK*, 439; Seymour St. John, "Frankfurt, Germany, 1945," n.d., CSA. 根据圣约翰的说法，他和杰克按计划在军官食堂共进了午餐，随后开车在完全被毁的城里转了一圈。"杰克随和、机敏、对什么都有兴趣，可他没记笔记。我感觉他在等待更具轰动性的消息源提供更具轰动性的材料。"

53. Neiberg, *Potsdam*.

54. Sexton, *Nation Forged*, 166, 169; Leffler, *Preponderance*, 5; Vine, *Base Nation*, 17–44. 关于 20 世纪 40 年代美国霸权立场的出现和本质，还可参考 Daniel J. Sargent, "Pax Americana: Sketches for an Undiplomatic History,"

Diplomatic History 42, no. 3 (2018): 357– 76。

55. Sorensen, *Kennedy*, 15–16.

56. JFK to Harold L. Tinker, February 9, 1945, quoted in Sandford, *Union Jack*, 84.

57. United War Fund speech, October 8, 1945, box 28, DFPP.

58. James Forrestalto JFK, September 8, 1945, box 73, JFK Pre-Pres. 关于太平洋战争的结束，请见 Hasegawa, *Racing the Enemy*; 以及 Frank, *Downfall*。

第三部 投身政界

※ 第十五章 候选人

1. 关于老约可能为柯利做过什么，或者也许他什么都没做，可参考 Nasaw, *Patriarch*, 593; Beatty, *Rascal King*, 456; Farrell, *Tip O'Neill,* 91。另一种说法为，柯利自行决定放弃众议院席位，以便得到市长职位，而老约的资金仅仅帮助了他接下来的胜选。

2. 巧合的是，马萨诸塞州没有哪条法律规定国会议员必须居住在自己的选区。柯利居住在波士顿另一边的牙买加平原。

3. Charles Bartlett OH, JFKL.

4. Diary entry, January 27, 1946, printed in *Prelude to Leadership*, 79–83.

5. 一个标注有"英国、德国、爱尔兰"的文件夹里夹着一些索要演讲稿的便条，送出演讲稿的日期为 1945 年 9 月 11 日，该文件夹位于 box 11A, JFKPP。

6. McNamara, *Eunice*, 83. 说到杰克的第一轮演讲，长期助理马克·多尔顿将他称作演说家，他说："关于这件事，有意思的是，我发现他极其聪明，就像那些新闻发布会一样，在辩论和问答环节的一问一答中，他表现优异，不过，作为演说家，他表现得马马虎虎。"Mark Dalton interview, WGBH May 13, 1991.

7. Dallek, *Unfinished Life*, 124; O'Neill, *Man of the House*, 85.

8. O'Donnell and Powers, *"Johnny,"* 56.

9. Quoted in Blair and Blair, *Search for JFK*, 499.

10. Tony Galluccio OH, JFKL; Samuel Bornstein OH, JFKL. 鲍尔斯的说法是："如果试图解释他的成功，跟他工作一周后，我就知道了其中的奥秘。其实就两句话：见过他就会喜欢他，了解他就会想帮一把。具体到这些人，他们也就是见到了他本人，立刻就喜欢上了他。"David Powers extended OH, box 9, DFPP.

11. Quoted in Goodwin, *Fitzgeralds and the Kennedys*, 708; Powers extended OH, box 9, DFPP.

12. Tony Galluccio OH, JFKL.

13. Thomas Broderick OH, JFKL. 比利·萨顿常常陪同杰克在选区奔波，比其他任何人陪伴杰克的时间都长，他也注意到了同样的事："这么说吧，竞选活动实际上每天一早就开始。而他——我们都知道他是战争期间受过伤的人，他可真的把我累惨了。"Billy Sutton OH, JFKL.

14. Manchester, *One Brief Shining Moment*, 36–37.

15. Peter Cloherty OH, JFKL.

16. George Taylor OH, JFKL.

17. Burns, *John Kennedy*, 66.

18. Joe DeGuglielmo OH, JFKL. 律师约翰·德罗尼（John Droney）参

加了竞选活动，他回忆说："我想，他这辈子第一次演讲是在剑桥地区的吉瓦尼斯俱乐部——那是我遇到他以后一周的事。我留意到，现场所有女服务员都等着他签名。以前我从没见过那场面。他讲的是自己的战争经历。他一共讲了40分钟，现场安静得掉一根针都能听到。她们干完活都过来等着见他，跟他说话。我认为，那很说明问题。"John Droney OH, JFKL.

19. Goodwin, *Fitzgeralds and the Kennedys*, 712; O'Donnell and Powers, *"Johnny,"* 54–55. 鲍尔斯在一次采访中提到他和杰克在查尔斯敦的三层小楼里一家接一家敲开门时的情形："'哦，他看着就像好人——快请进，快请进。'他们中的一些人想立马催肥他，他们认为，作为候选人，他看起来太瘦了。我们的麻烦是，那些人太喜欢他，我们在每一家停留的时间有点儿过长。他们会说：'哦，我说，给你们倒杯茶吧，喝杯咖啡，来杯奶什么的。'[还有] 在一些地方，第一层住着苏利文一家，第二层是墨菲一家，顶层是多尔蒂一家。而另几栋楼的情况大致相同，过不了多久，杰克会说：'我感觉好像以前来过这儿。'因为那些人都以同样的方式招待他，他们的长相也差不多。"Powers extended OH, box 9, DFPP.

20. Pitts, *Jack and Lem*, 98; Press release on John F. Kennedy's war record, June 1, 1946, box 28,DFPP; O'Donnell and Powers, *"Johnny,"* 50; Blair and Blair, *Search for JFK*, 540.

21. 显然两个拉索以前对峙过，在一次竞选活动中，还出现过第三个名叫约瑟夫·拉索的人。市议会的拉索早就习惯了对选民们说："把票投给中间那个拉索。"O'Donnell and Powers, *"Johnny,"* 62. 在波士顿，利用与著名人物姓名相同的人参与政治活动的例子不胜枚举。20世纪50年代，南波士顿吉利剃须刀制造厂一个名叫约翰·F.肯尼迪的工长既没有政党支持，也没有组织竞选活动，他不过是将自己的姓名列入投票名单，就两次赢得了州财政部部长职位。O'Donnell and Powers, *"Johnny,"* 62.

22. Mark Dalton OH, JFKL; Whalen, *Founding Father*, 399. 选举期间的实际开销记录似乎没保留下来。

23. Dalton OH, JFKL.

24. 按照世交和记者朋友塞缪尔·伯恩斯坦（Samuel Bornstein）的说法："每次竞选活动他父亲都参与，而且出谋划策，不过我可以确定，每当直面某些特殊的事，总是杰克·肯尼迪说了算。" Samuel Bornstein OH, JFKL.

25. See O'Donnell and Powers, *"Johnny,"* chap. 2.

26. Dalton OH; McNamara, *Eunice*, 84.

27. Whalen, *Founding Father*, 401; Goodwin, *Fitzgeralds and the Kennedys*, 719.

28. Burns, *John Kennedy*, 68.

29. *Boston Herald*, June 19, 1946.

30. Quoted in Leamer, *Kennedy Men*, 237.

31. *Boston Traveler*, June 23, 1946; Hamilton, *JFK: Reckless Youth*, 770–71.

32. KK to JFK, July 13, 1946, box 4A, JFKPP.

33. Manchester, *Glory and the Dream*, 289.

34. William E. Leuchtenburg, "New Faces of 1946," *Smithsonian Magazine*, November 2006. 对1946年的美国的精准描述请参考 Weisbrode, *Year of Indecision*。

35. Leuchtenburg, "New Faces"; Lichtenstein, *State of the Union*, chap. 3.

36. Patterson, *Grand Expectations*, 14.

37. Campaign speech, n.d., box 96, JFKPP.

38. 根据泰德·肯尼迪的说法（源自帕特里夏的日记），丘吉尔访问佛罗里达期间在棕榈滩肯尼迪家的房子里跟他们全家住在一起。Kennedy, *True Compass*, 27- 28. 关于"长电报",参见 Gaddis, *Strategies of Containment*, 18–22; Craig and Logevall, *America's Cold War*, 69–73。

39. Harry S. Truman to Bess Truman, September 20, 1946, Family, Business, and Personal Affairs Papers, Family Correspondence File, Harry S. Truman Library.

40. Radio Speech on Russia, box 94, JFK Pre-Pres.

41. Independence Day Oration, July 4, 1946, box 94, JFK Pre-Pres.

42. Young Democrats of Pennsylvania speech, August 21, 1946, box 94, JFK Pre-Pres; Choate speech, September 27, 1946, box 94, JFK Pre-Pres; Seymour St. John, "September 28, 1946," CSA.

43. Tierney, *Self Portrait*, 141–42; Vogel, *Gene Tierney*, 101–10.

44. Tierney, *Self Portrait*, 143.

45. Tierney, *Self Portrait*, 152.

46. Blair and Blair, *Search for JFK*, 550; Hamilton, *JFK: Reckless Youth*, 778.

47. Blair and Blair, *Search for JFK*, 549; Tierney, *Self Portrait*, 147.

48. Blair and Blair, *Search for JFK*, 550–51.

49. Hamilton, *JFK: Reckless Youth*, 779–80.

50. Swope to JFK, November 6, 1946, box 5, JFKPP.

※ 第十六章　波士顿绅士

1. Arthur Krock OH, JFKL; Burns, *John Kennedy*, 71.

2. Morrow, *Best Years*, 182; Billy Sutton interview, WGBH, May 1991;

Blair and Blair, *Search for JFK*, 587; McNamara, *Eunice*, 100.

3. Quoted in Blair and Blair, *Search for JFK*, 588–89.

4. Sandford, *Union Jack*, 89; Martin, *Hero for Our Time*, 49. 1947 年 8
月 18 日发行的《纽约每日新闻》八卦版对仍在延续的杰克和蒂尔尼的罗曼
史进行了报道。颇为讽刺的是，当时美国各影院放映的由蒂尔尼主演的电影
为《幽灵与未亡人》（*The Ghost and Mrs. Muir*），讲的是一场不可能实现的
恋情。

5. Florence Pritchett to JFK, June 5, 1946, box 4B, JFKPP.

6. C. McLaughlin interview, CBP.

7. Martin, *Hero for Our Time*, 49–50.

8. Quoted in Blair and Blair, *Search for JFK*, 594.

9. Goodwin, *Fitzgeralds and Kennedys*, 722; Stossel, *Sarge*, 96.

10. Blair and Blair, *Search for JFK*, 593, 597; McNamara, *Eunice*, 100.

11. McNamara, *Eunice*, 102; Stossel, *Sarge*, 99. 老约的房地产资产包
括位于纽约市帕克大道的好几栋大型办公楼，以及庞大的芝加哥商品市场。
1945 年，据估计他用 2 亿美元从马歇尔·菲尔德百货公司买下了该市场，在
世界上最大的单体建筑中，它仅次于五角大楼，位列第二。

12. Quoted in Stossel, *Sarge*, 100.

13. McNamara, *Eunice*, 102; Eunice Kennedy Shriver interview, CBP.

14. Krock OH, JFKL; JFK interview by James MacGregor Burns, March
22, 1959,quoted in Dallek, *Unfinished Life*, 136.

15. Sutton interview, CBP; Blair and Blair, *Search for JFK*, 582–83.

16. Quoted in Shaw, *JFK in the Senate*, 19.

17. John F. Kennedy, *John Fitzgerald Kennedy: A Compilation of
Statements and Speeches Made During His Service in the United States*

Senate and House of Representatives (Washington, DC: Government Printing Office, 1964), 10–11.

18. Burns, *John Kennedy*, 79; O'Brien, *John F. Kennedy*, 218.

19. 评说那一阶段的经历时，马克·多尔顿是这样说的："杰克毫不畏惧。他会听别人怎么说，如果认为别人说的对，他会照做。当时所有人都希望他在请愿书上签名。"Dalton interview with Laurence Leamer, quoted in Leamer, *Kennedy Men*, 247.

20. Meyers, *As We Remember Him*, 50.

21. Quoted in Matthews, *Jack Kennedy*, 94. See also Frank, *Ike and Dick*, 200.

22. *McKeesport Daily News*, April 25, 1947. 15 年后的 1962 年 10 月 13 日，古巴导弹危机爆发前仅仅几天，约翰·肯尼迪总统回到了麦基斯波特，他那次讲话的开篇如后："我第一次来这座城市是 1947 年，当年理查德·尼克松先生和我在这里第一次辩论。那次他赢了，后来我们分道扬镳，各干各的。那次我们过来是为了就《塔夫脱－哈特利法案》展开辩论，他支持该法案，我反对该法案。1947 年（第 80 届国会的第一年）以来，我终于有机会带着点专注和兴趣研究了共和党的历史，我可以这么跟你们说（万一你们不知道呢），该党一直遭到反对，一年又一年，1947 年哈里·杜鲁门当政时如此，20 世纪 30 年代富兰克林·罗斯福当政时如此，眼下当政——我当政时亦如此。"Remarks at City Hall, McKeesport, Pennsylvania, October 13, 1962, American Presidency Project, www.presidency.ucsb.edu/ws/index.php?pid=8951.

23. Stokes, *Capitol Limited*.

24. Nixon, *RN*, 42–43; Thomas, *Being Nixon*, 40; Farrell, *Richard Nixon*, 84. 更详细的介绍见 Matthews, *Kennedy and Nixon*, chap. 2。

25. William O. Douglas OH, JFKL; O'Neill, *Man of the House*, 85.

26. *Washington Star*, July 29, 1947, as cited in Perrett, *Jack*, 145. 当年年初，美国初级商会推荐杰克为"全美年度十大杰出青年"之一。其他上榜人物包括 30 岁的历史学者小阿瑟·M. 施莱辛格，一年前他因为 *Age of Jackson* 一书获得了普利策奖；33 岁的乔·路易斯（Joe Louis），十年来他一直蝉联重量级拳击冠军。*Boston Herald*, January 20, 1947.

27. Craig and Logevall, *America's Cold War*, 76–80.

28. Nasaw, *Patriarch*, 607–8.

29. Craig and Logevall, *America's Cold War*, 82–83; *BP*, April 23, 1947, quoted in Perrett, *Jack*, 144.

30. 关于"马歇尔计划"及其遗产，参见 Steil, *Marshall Plan*。 同年 6 月，杰克被选为哈佛校友会的非常任理事。*New York Herald Tribune*, June 6, 1947.

31. Fredrik Logevall, "Bernath Lecture: A Critique of Containment," *Diplomatic History* 28, no. 4 (September 2004): 473–99. 描述能屈能伸的斯大林对政治解决方案持开放态度的一部作品为 Naimark, *Stalin and the Fate*。

32. JPK to T. J. White, October 9, 1947, printed in Smith, *Hostage to Fortune*, 634. 对亲生女儿基克，老约的论调同样悲观。他告诉女儿，杜鲁门的人气登顶后正在迅速下滑，美国经济前景黯淡。"这个国家能生产的东西比能消费的东西多得多，如果整个世界被共产主义控制，我们根本没办法处置过剩产能。" JPK to KK, June 10, 1947, box 3, JPKP.

33. Parmet, *Jack*, 177–78; U.S. Congress, House, *Hearings*, 80th Cong., 1st sess., Vol. 1, 3585.

34. Anthony Eden to KK, January 10, 1948, quoted in Goodwin, *Fitzgeralds and the Kennedys*, 730; KK to JPK, September 4, 1947, box

21,JPKP; KK to JPK, September 18, 1947, box 21, JPKP. 关于基克与艾登的关系，参见 Leaming, *Kick*, 233–35。

35. JFK to James MacGregor Burns, August 25, 1959, box 129, JFKPOF, JFKL; Tubridy, *JFK in Ireland*, 30–31.

36. Byrne, *Kick*, 273–74; McTaggart, *Kathleen Kennedy*, 219.

37. Blair and Blair, *Search for JFK*, 640–41.

38. Barbara Ward OH, JFKL; Perrett, *Jack*, 147.

39. *BP*, February 1, 1948.

40. Leaming, *Jack Kennedy: Education*, 192.

41. Bailey, *Black Diamonds*, 420–25.

42. Sutton interview, WGBH; *BG*, May 14, 1948; Goodwin, *Fitzgeralds and the Kennedys*, 738–39. 比利·萨顿回忆当时的情景说："他们当初是这么说的：'这个，眼下我们没有确切消息，有了我们会再打电话。'所以他又继续评论埃拉·洛根：她唱得真好。后来，消息来了，对方说，的确出事了。你知道，他眼眶里立刻涌满了泪水。另外，知道吗，人家都说肯尼迪一家从来不哭，千万别信那个。他们会哭。我亲眼见他哭了。"

43. Leaming, *Jack Kennedy: Education*, 193; Alastair Forbes OH, JFKL.

44. KLB OH, JFKL; O'Brien, *John F. Kennedy*, 228; Burns, *John Kennedy*, 54. 杰克收到的吊唁信里有封信感人至深，那封信来自他未来的竞争对手小亨利·卡伯特·洛奇。See Lodge to JFK, May 14, 1948, reel 8, HCLP II.

45. Collier and Horowitz, *Kennedys*, 171–72.

46. Collier and Horowitz, *Kennedys*, 172; Leaming, *Jack Kennedy: Education*, 203.

47. Blair and Blair, *Search for JFK*, 624. 有时候，他也会在工作日回来。

1947 年，他参与了一次以前教过他的阿瑟·霍尔库姆教授的研究生研讨会，题目是美国政治。他特别喜欢那次经历，并将其弄成了年度活动——入主白宫前，他每年都回哈佛参加研讨会。还有一次，在哈佛大学法学院，他与社会主义领袖诺曼·托马斯就"在调控经济方面，我们的政府应该走多远"展开了一场辩论。托马斯因能言善辩远近闻名，不过，根据诸多现场人士的说法，肯尼迪站稳了脚跟。*THC*, March 19, 1949; Dalton interview, WGBH.

48. Blair and Blair, *Search for JFK*, 625. 1947 年秋，波士顿的媒体也对来年可能出现的州长竞选进行了各种猜测。可参考 *Boston American*, October 19, 1947; 以及 *Boston Herald*, November 23, 1947。 1948 年 6 月，各种谣言再次风起云涌。

49. Manchester, *Portrait of a President*, 189–90; O'Brien, *John F. Kennedy*, 364.

50. Bryant, *Bystander*, 25–26.

51. Asch and Musgrove, *Chocolate City*, chap. 10; Levingston, *Kennedy and King*, 11.

52. Bryant, *Bystander*, 27–28.

53. *Washington Daily News*, March 6, 1949; Bryant, *Bystander*, 28–29.

54. JFK to Stuart Symington, August 13, 1948, box 8, JFKPP.

55. Leaming, *Jack Kennedy: Education*, 197–98; Churchill; *Gathering Storm*.

56. Sandford, *Union Jack*, 127.

57. Craig and Logevall, *America's Cold War*, 91–95; Hitchcock, *Struggle*, 93–96.

58. Craig and Logevall, *America's Cold War*, 98–99; Kamensky et al., *People and a Nation*, 705.

59. Burns, *John Kennedy*, 93.

60. Quoted in Burns, *John Kennedy*, 80.

61. Speech transcript, January 30, 1949, box 95, JFK Pre-Pres. 这 次 讲话被保留在了 1949 年 2 月 21 日的美国国会会议记录里。还可参考 JFK, *Statements and Speeches*, 971–72; Shaw, *JFK in the Senate*, 25。

62. Goodwin, *Fitzgeralds and the Kennedys*, 745.

※ 第十七章　　"红色恐慌"

1. 埃里克·霍布斯鲍姆曾撰文称，在西方强国里，唯有在美国国内政治领域，"共产主义世界阴谋"才会得到重点关注。Hobsbawm, *Age of Extremes*, 234, 236–37. 关于这一点，还可参考 Sam Tanenhaus, "The Red Scare," *New York Review of Books*, January 14, 1999。

2. Logevall, "Critique of Containment"; Storrs, *Second Red Scare*; Patterson, *Grand Expectations*, 204.

3. Oshinsky, *Conspiracy So Immense*, 49; Patterson, *Mr. Republican*, 446–47; Anthony Badger, "Republican Rule in the 80th Congress," in McSweeney and Owens, eds., *Republican Takeover*, 168.

4. Halberstam, *Best and the Brightest*, 108–9. See also Freeland, *Truman Doctrine*.

5. Halberstam, *Coldest Winter*, 173–74.

6. Halberstam, *Coldest Winter*, 212–13; Karabell, *Last Campaign*; McCullough, *Truman*, 710–19.

7. Taft quoted in Halberstam, *Fifties*, 57.

8. Acheson, *Present at the Creation*, 355–56; Halberstam, *Fifties*, 66.

9. Gaddis, *Strategies*, 87–106; Thompson, *Hawk and Dove*, chaps. 6, 7; May, *American Cold War Strategy*.

10. Thomas and Isaacson, *Wise Men*, 547. 关于艾奇逊，一部权威传记为 Beisner, *Dean Acheson*。还可参阅 Hopkins, *Dean Acheson*；以及 Smith, *Dean Acheson*。

11. Tanenhaus, *Whittaker Chambers*, 224ff; Ambrose, *Nixon*, 205–6; Greenberg, *Nixon's Shadow*, 28–29. 关于希斯的罪行问题，还可参考 Weinstein, *Perjury*; 以及 White, *Alger Hiss's Looking-Glass Wars*。

12. McClellan, *Dean Acheson*, 221; Goldman, *Crucial Decade*, 134–35.

13. Quoted in Patterson, *Grand Expectations*, 195.

14. 两部精彩的传记为 Oshinsky, *Conspiracy So Immense*；以及 Tye, *Demagogue*。虽然惠灵演讲手稿留了下来，但由于找不到那次演讲的文字记录，目前人们不清楚，麦卡锡当时是否照本宣科念了稿子。还可参考 Doherty, *Cold War, Cool Medium*, 14。

15. Reedy quoted in Bayley, *Joe McCarthy and the Press*, 68. See also Schrecker, *Many Are the Crimes*, 242.

16. 以下为彼得·菲尔埃克（Peter Viereck）的精彩评论："20 年来，那些人只能像过客一样将鼻子贴在窗玻璃上观望室内各种花哨的晚会，麦卡锡主义正是他们的报复。" Bell, *Radical Right*, 163. 大卫·格林伯格（David Greenberg）将这段引语推荐给我，在此我谨表谢意。还可参考 Hofstadter, *Anti-Intellectualism*。

17. 理查德·罗维尔（Richard Rovere）60 年多前的评论如今依然没有褪色，他是这样表述的：麦卡锡是个"人际关系领域的高手，所有煽动者必须如此。对人们的恐惧和焦虑，麦卡锡知之甚详，他还了不起地玩弄了恐惧和焦虑。然而，他对自己在他人身上引发的情绪浑然不觉。他无法理解真正的愤怒、真正的义愤填膺、真正的任何东西"。Rovere, *Senator Joe McCarthy*, 60.

18. Oshinsky, *Conspiracy So Immense*, 185–90.

19. Bayley, *Joe McCarthy and the Press*, 68.

20. Halberstam, *Fifties*, 55.

21. 这方面著述颇丰，可参考 Wells, *Fearing the Worst*; Cumings, *Korean War*; Stueck, *Rethinking*; Halberstam, *Coldest Winter*; Chen Jian, "Far Short of a Glorious Victory: Revisiting China's Changing Strategies to Manage the Korean War," *Chinese Historical Review* 25 (Spring 2018): 1–22。

22. Fried, *Men Against McCarthy*, 53–58; Barnet, *Rockets' Red Glare*, 309; Patterson, *Mr. Republican*, 445–46; Burns, *Crosswinds of Freedom*, 245.

23. 玛格丽特·史密斯演讲的文字版可在 Teaching American History 网页找到，网址链接为 teachingamericanhistory.org/library/document/declaration-of-conscience/, 访问日期为 2019 年 10 月 27 日。

24. Oshinsky, *Conspiracy So Immense*, 163–65. See also Rebecca Onion, "We're Never Going to Get Our 'Have You No Decency?' Moment," *Slate*, July 26, 2018.

25. John P. Mallan, "Massachusetts: Liberal and Corrupt," *New Republic*, October 13, 1952.

26. RK to RFK and Ethel Kennedy, July 13, 1950, printed in Smith, *Hostage to Fortune*, 643–44; Damore, *Cape Cod Years*, 103; Parmet, *Jack*, 173–75.

27. Nasaw, *Patriarch*, 667; *New York Post*, January 9, 1961, quoted in Whalen, *Founding Father*, 427.

28. Halberstam, *Fifties*, 56; Mitchell, *Tricky Dick*, 170; Greenberg, *Nixon's Shadow*, 29–30; Farrell, *Richard Nixon*, 150–55.

29. 他以 82.3% 的得票率完胜共和党人文森特·J. 塞莱斯特（Vincent J. Celeste）17.2% 的得票率。

30. Beatty, *Rascal King*, 501–5; Goodwin, *Fitzgeralds and the Kennedys*, 745–46.

31. "毫无疑问，"这是后来泰迪在记述爷爷时的表述，"我从他身上继承了与民同乐。我完整地继承了他的从政方式。" Kennedy, *True Compass*, 78–79.

32. Kennedy and Billings quoted in Goodwin, *Fitzgeralds and the Kennedys*, 748.

33. Schlesinger, *Thousand Days*, 91; O'Brien, *No Final Victories*, 17.

34. 马克·多尔顿后来说："我认为，杰克现阶段与德弗州长交手有害无益，因为德弗在民主党内非常受欢迎，我还认为，即使杰克在这样的竞选中打败他，伤口也会非常大。" Dalton OH, JFKL.

35. Joseph DeGuglielmo OH, JFKL.

36. JPK, University of Virginia Law School Student Forum speech, December 12, 1950, box 256, JPKP. 文件夹内还有演讲草稿原稿以及许多调研笔记。

37. Nasaw, *Patriarch,* 637. "在这个国家，孤立主义浪潮的确在上升，"沃尔特·李普曼在文章中称，"它会带来退潮，让我们后退相当远，也许会退到约瑟夫·肯尼迪先生提议的程度。也就是说，退回 1939 年我们所处的位置。" *WP*, December 19, 1950.

38. Schlesinger, *Robert Kennedy*, 69–71; Lind, *American Way*, 57.

39. JFK travel journal, box 11, JFKPP. 会见结束后，杰克在贝尔格莱德的一次新闻发布会上对双方讨论的内容做了扼要总结。参见 *New York Herald*

Tribune, January 26, 1951。还可参阅 JFK to JPK and RK, n.d. (January 1951), box 4,JPKP; 以及 U.S. embassy's summary in Belgrade telegram to DC, January 26, 1951, *FRUS, 1951*, Vol. IV, Part 2: 1701– 1702。

40. JFK travel journal, box 11,JFKPP; Perrett, *Jack,* 163.

41. JFK travel journal, box 11,JFKPP; Leamer, *Kennedy Men*, 283.

42. JFK, Nationally Broadcast Speech on Radio Station WOR, February 6, 1951, box 95, JFK Pre-Pres; *New York Herald Tribune*, February 7, 1951. 整篇演讲的文字记录请见 1951 年 2 月 7 日《纽约日报》。

43. JFK testimony before SFRC, February 22, 1951, box 94, JFK Pre-Pres; *BG*, February 23, 1951. 两周前，也就是杰克发表广播讲话后，《波士顿旅游报》发表社论，赞扬他对父亲"令人沮丧的失败主义论调"的评价。*Boston Traveler*, February 8, 1951.

44. *Boston's Political Times*, March 17, 1951, cited in Parmet, *Jack*, 220.

45. JFK speech, April 21, 1951, box 95, JFK Pre-Pres.

46. Matthews, *Bobby Kennedy*, 88.

47. 1946 年末，前往拉丁美洲旅行时，他从不碰酒精饮料，对当地夜生活几乎没兴趣，这让他的旅伴莱姆·比林斯愤懑不已。Schlesinger, *Robert Kennedy*, 65.

48. Emerson Spies to Paul Murphy, June 7, 1948, box 11, JPKP.

49. Thomas, *Robert Kennedy,* 55.

50. Tye, *Bobby Kennedy*, 21–22.

51. Travel Journal Book 2, box 11, JFKL. 以下日记内容也源自这本旅行日记。

52. 犀利的分析请见 Leamer, *Kennedy Men*, 287。

53. Patricia Kennedy to RK, October 13, 1951, box 4, JPKP.

54. 帕特也对尼赫鲁更倾向于泛泛而谈做了评论。"他总是如此，非常笼统，或者他也会说'那是个非常难回答的问题'。"Patricia Kennedy to RK, Octo-ber 13, 1951, box 4, JPKP. 虽然杰克的日记内容记述了对尼赫鲁的同情，后来鲍比却在回忆录里说，哥哥不喜欢那位印度领袖。参见 Guthman and Shulman, *Robert Kennedy*, 437。

55. 返回美国后，杰克记述道："傍晚时分我和美国经理前往马来西亚首都吉隆坡郊外八千米的一个锡矿访问时，一辆装甲汽车和一车马来亚卫兵陪同我们前往。"Undated speech fragment (late 1951), box 96, JFK Pre-Pres.

56. JFK to JPK, October 26, 1951, box 4, JPKP.

57. Logevall, *Embers*, xi–xiv.

58. Logevall, *Embers*, xi–xiv.

59. 1951 Trips, Mid and Far East, travel diary, box 24, RFK Pre-Administration Personal Files, JFKL.

60. 当时杰克几乎不认识格利恩，不过这并不妨碍他向对方坦承自己的计划。后来格利恩说："我问他今后做什么，有什么计划，他直言：'哦，我希望回去后竞选州长或参议员。'……如果你身在印度支那，面前有这么个特别年轻的人，而他又做出这类严肃的表态，你肯定会想，这个嘛，他脑子里真会这么想。我认为他是个胸怀大志的人。"Edmund Gullion OH, JFKL. 还可参考 Topping, *On the FrontLines*, chap. 17。

61. 越南末代皇帝保大也参加了晚宴，现场"彩旗飘飘，有聚光灯、乐队"，帕特里夏在写给母亲的信里是这么说的："我必须说，这顿晚餐给人印象最深。"Patricia Kennedy to RK, October 24, 1951, box 4, JPKP.

62. Speech excerpt, n.d. (early 1952), box 96, JFK Pre-Pres.

63. RFK to JPK, October 24, 1951, box 4, JPKP.

64. 许多文献声称杰克在冲绳接受了临终圣事，不过，我找不到关于此事的证据。

65. Guthman and Shulman, *Robert Kennedy*, 438.

66. Transcript of MBN radio address, November 14, 1951, box 94, JFK Pre-Pres.

67. Speech transcript, November 19, 1951, box 102, JFK Pre-Pres.

68. *Meet the Press*, December 3, 1951, 文字记录可在如后网站找到: catalog.archives.gov/ id/193106。四位记者团成员分别是欧内斯特·林德利、梅·克雷格、詹姆斯·赖斯顿、劳伦斯·斯皮瓦克。玛莎·朗特里(Martha Rountree)为现场仲裁员。21 分钟的节目录像展示了一位沉稳、自信、魅力四射的国会议员,并且他已经知道如何利用这种全新的电视媒体。该录像可在如后网站观看: view.yahoo.com/show/meet-the-presidents/clip/5682840/ john-f-kennedy-december-2-1951。

69.《波士顿邮报》高度评价了杰克的现场表现:"他始终领先于几位提问者,展现了均衡的观点、临场机智,以及敏锐的公平竞争意识。" *BP*, December 3, 1951.

70. *BG*, November 20, 1951.

71. Quoted in Schlesinger, *Robert Kennedy*, 93.

72. Oshinsky, *Conspiracy*, 194–202; Patterson, *Grand Expectations*, 198.

73. "Weighed in the Balance," *Time*, October 22, 1951; Brinkley, *The Publisher*, 360–61.

74. Swanberg, *Luce*, 302.

75. Patterson, *Grand Expectations*, 202–3; Kabaservice, *Rule and Ruin*, 10; Hamby, *Man of the People*, 531–32.

76. 11 月底,面对 300 名救世军领导人发表演讲时,杰克警告说,美国需要大幅提高重整军备的水平,尤其在朝鲜,美国需要更多空中力量。*BP*,

November 30, 1951.

※ 第十八章　两个精英

1. Thomas "Tip" O'Neill OH, TOP.

2. Joseph Healey OH, JFKL; *BG*, April 7, 1952; O'Brien, *John F. Kennedy*, 239; O'Brien, *No Final Victories*, 26.

3. JPK to Cornelius Fitzgerald, October 22, 1951, box 220, JPKP.

4. John F. Royal to JPK, December 4, 1951, box 22,JPKP; JPK to Spivak, January 4, 1952, box 235, JPKP.

5. O'Donnell and Powers, *"Johnny,"* 82.

6. *NYT*, April 7, 1952; *BP*, April 7, 1952.

7. 关于洛奇以及他的政治角色，可参阅 Brown, *Moderates*, 175–201; 以及 Nichter, *Last Brahmin*。

8. Miller, *Henry Cabot Lodge*, 174; Whalen, *Kennedy Versus Lodge*, 49–51; Matthews, *Jack Kennedy*, 125.

9. Schlesinger, *Thousand Days*, 91; Leamer, *Kennedy Men*, 281–82.

10. Quoted in Nasaw, *Patriarch*, 657.

11. Quoted in Schlesinger, *Journals, 1952–2000*, 291. Brown, *Moderates*, 192–93; and Nichter, *Last Brahmin*.

12. Burns, *John Kennedy*, 102.

13. David Powers extended OH, box 9, DFPP.

14. O'Brien, *No Final Victories*, 11–14; O'Donnell, *Brotherhood*, 8–9.

15. 很久以后，这座建筑成了热门长篇情景剧《欢乐酒店》（*Cheers*）的外景地。

16. Martin and Plaut, *Front Runner*, 161.

17. Quoted in Martin and Plaut, *Front Runner*, 176.

18. Shaw, *JFK in the Senate*, 36.

19. O'Donnell in Stein, *American Journey*, 41, quoted in Nasaw, *Patriarch*, 664; O'Donnell, *Irish Brotherhood*, 60–63. 为了让鲍比·肯尼迪上，多尔顿一开始对自己靠边站采取了哲学式的态度，他是这么说的："做出这么个决定可能是上策，因为我发现，每当我说出一个决定，让别人服从，总会非常困难。不过，如果某个肯尼迪做出决定，参与活动的人都会主动服从。"Dalton OH, JFKL. 在后来的年月里，多尔顿变得越来越愤世刻薄，可参阅劳伦斯·李默尔对他的采访，*Kennedy Men*, 295; 以及美国公共电视台的《肯尼迪》节目对他的采访。波士顿公共电视台的伊丽莎白·迪恩（Elizabeth Deane）向我提供以上文字记录，在此我谨表谢意。

20. O'Donnell and Powers, *"Johnny,"* 86.

21. Quoted in Bzdek, *Kennedy Legacy*, 169.

22. Bzdek, *Kennedy Legacy*, 89; Laing, *Robert Kennedy*, 131.

23. Edward J. McCormack OH, JFKL; O'Brien, *Victories*, 27–30; Guthman and Shulman, *Robert Kennedy*, 441–43.

24. Powers extended OH, box 9, DFPP.

25. David Powers OH, JFKL.

26. John T. Burke OH, JFKL; Whalen, *Founding Father*, 423.

27. Bryant, *Bystander*, 34–35.

28. Kennedy speech, "Kennedy fights for civil rights," n.d., box 93, JFK Pre-Pres; Bryant, *Bystander*, 36.

29. Kennedy speech, "Kennedy fights for civil rights," n.d., box 93, JFK Pre-Pres; Bryant, *Bystander*, 36.

30. Powers extended OH, box 9,DFPP; Polly Fitzgerald OH, JFKL.

31. Polly Fitzgerald personal account, box 103, JFK Pre-Pres.

32. Quoted in Martin and Plaut, *Front Runner*, 169–70. See also *Berkshire Eagle*, September 8, 1952.

33. Martin and Plaut, *Front Runner*, 168–9; Polly Fitzgerald OH, JFKL.

34. Parmet, *Jack*, 253; Martin and Plaut, *Front Runner*, 178. 洛奇在另一次采访中说："我记得当时我在想——我认为我可能说过这话——我们美国有个两党制，各党推出高素质的人选是个好事，我当然意识到，我会有个竞争对手，为了公众的利益，他应当是个好人，就像约翰·菲茨杰拉德·肯尼迪那样。" Henry Cabot Lodge Jr. OH, JFKL.

35. Cabell Phillips, "Case History of a Senate Race," *New York Times Magazine*, October 26, 1952; Burns, *John Kennedy*, 113–14.

36. McCarthy, *Remarkable Kennedys*, 135; Collier and Horowitz, *Kennedys*, 162.

37. Whalen, *Kennedy Versus Lodge*, 83; Bryant, *Bystander*, 39–40. 专栏作家约瑟夫·艾尔索普说："怎么说呢，让我印象深刻的是 [肯尼迪家的] 所有女孩。她们像极了老式、滑稽的小马芭蕾舞团式、长相特别漂亮的女孩，都有一双大长腿，一头浓密的秀发，集体攻克选民。那是一种非同寻常的行为，在以前的竞选活动中，我从来没见过这种做法。" Alsop OH,JFKL.

38. O'Brien, *No Final Victories*, 31–32.

39. Frank Morrissey OH, JFKL.

40. Martin and Plaut, *Front Runner*, 180.

41. Whalen, *Founding Father*, 424; Shaw, *JFK in the Senate*, 34; Savage, *Senator from New England*, 17– 18.

42. 一部优秀的传记为 Patterson, *Mr. Republican*。一部言简意赅、一针

见血的论著为 Farber, *Rise and Fall*, chap. 1。

43. 然而，早在 1951 年 7 月，老约就写信告诉杰克：“[阿瑟·] 克罗克也悄悄告诉我，克里斯·赫脱跟艾森豪威尔密谈了一次，艾森豪威尔毫无疑问是候选人，希望得到共和党的提名。”JPK to JFK, July 13, 1951, box 4, JPKP.

44. 关于共和党的提名大战，可参考 Hitchcock, *Age of Eisenhower*, chaps. 3–4; 以及 Patterson, *Mr. Republican*, 509–34。

45. 关于选择尼克松，以及艾森豪威尔的内心矛盾，请参阅 Frank, *Ike and Dick*, 33–37。

46. 对于共和党的这些指责以及其他指责，史蒂文森拒绝反击。在美国退伍军人协会就“爱国主义的本质”发表演说时，他说：“我们每天面对的悲剧是我们生活在恐惧氛围里，而恐惧滋养了压抑。邪恶对《权利法案》的威胁、对思想自由的威胁，多数时候都隐藏在反共的爱国主义长袍里。”

47. See Lodge, *Storm Has Many Eyes*, chap. 3.

48. Whalen, *Founding Father*, 425.

49. *Boston Herald*, August 23, 1952.

50. *Boston Herald*, September 9, 1952.

51. Ruth Karp to Francis Morrissey, September 5, 1952, box 102, JFK Pre-Pres; *BG*, September 17, 1952; *Waltham News Tribune*, September 17, 1952; Miller, *Henry Cabot Lodge*, 253.《波士顿环球报》的标题为《肯尼迪和洛奇的辩论鲜见分歧》。文章称，辩论被推迟了 35 分钟，因为肯尼迪的支持者对两项计划提出了抗议，其一是为当地广播电台制作有线录音，其二是分发支持洛奇的小册子。肯尼迪同意了录音，让事情得到了解决。

52. Norris, *Mary McGrory*, 27–28; *BG*, September 17, 1952.

53. 或许，值得人们关注的是，杰克亲自动手为这次辩论撰写了重要的开场陈述。通过夹在找到的文件里的手写稿，以及稿件重点聚焦于对外政策，即可做出这样的判断。文件位于 box 94, JFK Pre-Pres。

54. Whalen, *Kennedy Versus Lodge*, 89.

55. 10 月 21 日是竞选活动后期典型的一天，杰克·肯尼迪上午前往福尔里弗以及当地的数家工厂，下午前往汤顿以及当地的数家工厂。当天傍晚，他又在电视转播的美国劳工联合会讨论会上现身，然后先后火速赶往布罗克顿、伦道夫、汤顿三地参加当地的夜间集会。Campaign press release, October 21, 1952, box 25, DFPP.

56. Powers extended OH, box 9, DFPP.

57. *Time*, July 19, 1954.

58. Quoted in Wicker, *Shooting Star*, 110. See also Frank, *Ike and Dick*, 74–75.

59. *BG*, September 10, 1962; Whalen, *Kennedy Versus Lodge*, 145.

60. "Information from Sargent Shriver," September 19, 1952, box 47, AES; Stossel, *Sarge*, 109.

61. Collier and Horowitz, *Kennedys*, 187.

62. Phil David Fine OH, JFKL; Leamer, *Kennedy Men*, 303.

63. Fine OH, JFKL; Hirsch FreedOH, JFKL; Whalen, *Founding Father*, 426; Kessler, *Sins of the Father*, 337.

64. Whalen, *Founding Father*, 427–28. 关于杰克的否认，参见他 1958 年给韦斯特布鲁克·佩格勒的信，引自 Oshinsky, *Conspiracy So Immense*, 241。还可参考佩格勒 1952 年 10 月 16 日发表《美国纽约日报》上的言辞犀利的反洛奇专栏文章。"这就是麦卡锡潮流，"佩格勒写道，"这是整个竞选活动期间最亮眼的潮流。如果谁想弄潮，必须有足够的胆量向麦卡锡公开发出邀约。"约瑟夫有无可能在很长一段时间给麦卡锡送过很多钱，请参阅

Tye, *Demagogue*, chap. 4。由于那一时期对公开披露此类信息没有强制性规定，人们不可能知道钱数。

65. Nasaw, *Patriarch*, 668; Oshinsky, *Conspiracy So Immense*, 241.

66. 9 月为洛奇进行的一次内部民调显示，肯尼迪在波士顿已经大幅领先，令人担忧。1946 年，洛奇曾以领先 2 万票拿下这座城市，然而眼下的预测是，他会以 9 万票差距输掉。一名分析人士指出，通常倾向共和党的高收入选民们正在转向肯尼迪。"PMS Analysis of Poll," September 5, 1952, reel 18, HCLP II.

67. *BG*, October 3, 1952, and October 23, 1952. 洛奇竞选团队制作了一张两人 1947 年至 1952 年的选票记录表，该表格显示，肯尼迪有 179 票"缺失或无记录"，洛奇为 58 票。"Absent and Not Recorded—The Kennedy-Lodge Record, 1947–1952," u.d. (fall 1952), reel 18, HCLP II.

68. Quoted in Greenberg, *Republic of Spin*, 281.

69. *BP*, October 25, 1952; Shaw, *JFK in the Senate*, 43–44; Whalen, *Founding Father*, 430– 31.《波士顿邮报》后来刊发了一篇支持肯尼迪的社论，标题为《杰克·肯尼迪：百分之百的美国人》，发行日期为 11 月 3 日，也即截止日期的前一天。

70. O'Donnell transcripts re. Lodge, box 9, DFPP; Charles Worden to Lodge, November 8, 1952, quoted in Whalen, *Kennedy Versus Lodge*, 151.

71. Macdonald OH, JFKL; RK, *Times to Remember*, 327; O'Brien, *No Final Victories*, 36.

72. O'Donnell transcripts re. Lodge, box 9, DFPP.

73. Matthews, *Jack Kennedy*, 145.

74. O'Donnell, *Brotherhood*, 82.

75. Kenneth O'Donnell transcripts re. Lodge, box 9, DFPP.

76. 见 Meyers, *As We Remember Him*, 59 中罗伯特·肯尼迪的回忆。

77. Whalen, *Kennedy Versus Lodge*, 157.

78. 专栏作家克莱姆·诺顿（Clem Norton）在文章里称："通过在最后一个选举日战胜参议员亨利·卡伯特·洛奇，众议员约翰·肯尼迪赢得的声望比全国所有胜选人都多，唯有当选总统艾森豪威尔是个例外。"*Lynn Telegram-News*, November 16, 1952.

79. O'Donnell transcripts re. Lodge, box 9,DFPP; *Lynn Telegram-News*, November 16, 1952. 在选举后所做的评估中，洛奇的一名顾问罗列了好几项解释最终结果的原因。参见 Sears to Shea, December 8, 1953, reel 8, HCLP II。

80. Schlesinger, *Robert Kennedy*, 96–98. 洛奇本人将败选的主要责任推到了共和党人身上："洛奇归咎于共和党人，而非约翰·肯尼迪启动得早：'我有一种看法，我可以证实。让我在选举中败北的是那些共和党人。由于参议员罗伯特·塔夫脱在全国代表大会上的失败，他们将怨气撒到了我身上。'"Lodge OH, JFKL.

81. O'Brien, *No Final Victories*, 27.

82. *SEP*, June 13, 1953.

83. O'Brien, *No Final Victories*, 31.

84. 对比双方竞选活动的开销并非易事，不过，根据《纽约时报》的说法，双方差距没那么大，至少最后两个月如此："双方在波士顿市中心都设有高规格的竞选总部，都有雇用的员工，都有志愿者帮助。各方都成捆地制作昂贵的印刷文字材料。各方都广泛使用地方广播和电视设备。在全州，肯尼迪拥有大约 800 块广告牌，洛奇拥有大约 500 块。"Cabell Phillips, "Case History of a Senate Race," *New York Times Magazine*, October 26, 1952.

85. Transcript, *Meet the Press*, November 9, 1952, box 105, JFK Pre-Pres.

86. Powers extended OH, box 9, DFPP.

※ 第十九章 杰姬

1. 1948 年，他们有可能在一辆火车上偶遇过。See Michael Beschloss, introduction to *Jacqueline Kennedy: Historic Conversations on Life with John F. Kennedy, Interviews with Arthur M. Schlesinger, Jr., 1964*, ed. Michael Beschloss (New York: Hyperion, 2011),xx.

2. Meyers, *As We Remember Him*, 51; Spoto, *Jacqueline*, 75–76. 查尔斯·巴特利特后来说："过去我会在她到纽约东汉普顿看望她爸爸时以及回华盛顿时见到她。她身边总会有这样一些英国公子哥儿，我得说，他们都配不上她。"在婚礼现场"我整晚都在尝试让杰姬·布维尔穿过庞大的人群去见约翰·肯尼迪"。Andersen, *Jack and Jackie: Portrait*, 73.

3. 这说法不仅稀奇，还是双重否定，公开之前很可能得到了杰姬的首肯（因为这部作品得到了授权，由一位朋友执笔，经过虚化处理，出版前经过杰姬逐行审阅，1961 年成书之际，杰姬刚刚成为第一夫人），她是这么说的："这样一场心碎的经历值得让人痛苦。"Thayer, *Jacqueline*, 95. 在杰姬的回忆录中，那天晚餐里没有芦笋。

4. Anthony, *As We Remember Her*, 71, quoted in Bradford, *America's Queen*, 58; Goodwin, *Fitzgeralds and the Kennedys*, 770.

5. Meyers, *As We Remember Him*, 64; O'Brien, *No Final Victories*, 42; Kennedy, *Historic Conversations*, 42.

6. *New York World-Telegram*, December 17, 1952.

7. Klein, *All Too Human*, 363.

8. 某些方面，杰姬很像杰克过世的妹妹基克，而杰克跟基克的关系没得说。（其他方面，两个女人有着天壤之别。）See Leaming, *Mrs. Kennedy*, 29–30.

9. Klein, *All Too Human*, 183. 关于这一阶段的杰克更加注重自己的着装，请参阅 Powers extended oral history, box 9, DFPP, JFKL。

10. Spoto, *Jacqueline*, 83; Levingston, *Kennedy and King*, 18–19.

11. Kennedy, *Historic Conversations*, 27.

12. Andersen, *Jack and Jackie*, 105. 杰姬的一位远亲戈尔·维达尔（Gore Vidal）说过类似的话："假如她没嫁给杰克，她也会嫁给某个有钱人，尽管在权衡优劣时，那个人可能不会像杰克这样人见人爱。在选择荣耀和金钱时，大多数人会选择荣耀，杰姬不这样。她对后者也相当着迷，没错，不过她更需要的是富裕。" Andersen, *Jack and Jackie*, 106.

13. Kelley, *Jackie Oh!*, 30; Sorensen, *Kennedy*, 37; Andersen, *Jack and Jackie*, 112. Jack Kennedy quoted in Martin, *Hero for Our Time*, 76.

14. Martin, *Hero for Our Time*, 77.

15. Alastair Forbes OH, JFKL.

16. Collier and Horowitz, *Kennedys*, 190.

17. Quoted in Dallek, *Unfinished Life*, 193.

18. Collier and Horowitz, *Kennedys*, 191; Leaming, *Mrs. Kennedy*, 7.

19. Quoted in Andersen, *Jack and Jackie*, 60.

20. Leaming, *Mrs. Kennedy*, 7.

21. 参见 1964 年 3 月她对小阿瑟·施莱辛格说的话，出自 Kennedy, *Historic Conversations*。在后来的年月里，她的观念发生了变化，她变成了一个女性权利和男女平等的大力倡导者。

22. Leaming, *Untold Story*, 5; Spoto, *Jacqueline*, 53. 杰姬的一名同学回忆杰克·布维尔来波特女子高中访校时的情景："我们喜欢做的是满院子乱跑，背对着他，因为我们知道他绝对是个色棍、猎艳之徒、贪得无厌的色棍，而且，杰姬当然知道这个，这还让她挺开心，不过我认为她并不清楚——也许她知道，她什么都不会漏掉——我们拿她爸爸当笑料，寻开心到了什么程度。……他在我们眼里就是这样一副肮脏的老男人形象，我还真说不清杰姬有没有意识到，我们恶心她爸到了什么程度。" Ellen "Puffin" Gates quoted in Bradford, *America's Queen*, 27.

23. Perry, *Jacqueline Kennedy*, 27.

24. Spoto, *Jacqueline*, 61.

25. Baldrige, *Kennedy Style*, 12–13; Spoto, *Jacqueline*, 59.

26. 对杰姬在法国一年的深入评论参见 Kaplan, *Dreaming in French*, 7–46。Andersen, *Jack and Jackie*, 85; Vidal, *Palimpsest*, 309–10. 若对电梯故事抱有怀疑，或可参考 Bradford, *America's Queen*, 66–67。

27. 巴黎大奖赛的一些申请材料位于 box 1,JKOP; Kaplan, *Dreaming in French*, 48–49。该大奖赛后来的一位得主为美国作家琼·迪迪翁（Joan Didion）。

28. *Washington Times-Herald*, April 21, 1953.

29. Burns, *John Kennedy*, 117–18.

30. Sorensen, *Kennedy*, 11–12.

31. Burns, *John Kennedy*, 118–19.

32. Leamer, *Kennedy Men*, 311.

33. Matthews, *Jack Kennedy*, 151–55. 肯尼迪"对人事问题的态度冷酷无情"，部分为其辩护的内容请见 Matthews, *Jack Kennedy*, 155。

34. Sorensen, *Counselor*, 97.

35. Sorensen, *Counselor*, 98–99. 1 月 12 日，肯尼迪对相互广播公司《记者综述》节目组说，他赞成麦卡锡的部分行为，不过"我特别不赞成"威斯康星州参议员的其他作为，包括倾力调查私立大学教师团队里的所谓共产党人。*New Bedford Standard Times*, January 13, 1953.

36. Lasky, *J.F.K.*, 165. 肯尼迪的私人秘书伊夫琳·林肯说，索伦森是个"安静的、沉默寡言的、行为古怪的知识分子"，是个提供坚定支持的高塔，他"专注、忠诚，倾其所有为参议员奉献。时间对他来说什么都不是——他把自己的时间都给了参议员"。Lincoln, *My Twelve Years*, 18.

37. Oliphant and Wilkie, *Road to Camelot*, 4.

38. Shaw, *JFK in the Senate*, 123; Sorensen, *Counselor*, 113.

39. Evelyn Lincoln, "My Twelve Years with Kennedy," *SEP*, August 15, 1965; Sorensen, *Counselor*, 114–15; Sorensen, *Kennedy*, 30. 杰姬后来会说："晚上他从不想见白天和他共事的人。"Kennedy, *Historic Conversations*, 23–24.

40. Lincoln, "My Twelve Years with Kennedy."

41. Sorensen, *Kennedy*, 55–56.

42. John F. Kennedy, May 18, 1953, *Congressional Record*, 83rd Cong., 1st sess., 5054– 5056; John F. Kennedy, May 25, 1953, *Congressional Record*, 83rd Cong., 1st sess., 5466. 这些演讲稿可供人们查阅，有许多保存在 box 893, JFK Pre-Pres。

43. John F. Kennedy, "What's the Matter with New England?" *New York Times Magazine*, November 8, 1953; John F. Kennedy, "New England and the South," *Atlantic Monthly*, January 1954; Shaw, *JFK in the Senate*, 69.

44. Quoted in Chernus, *Atoms for Peace*, 94.

45. See Osgood, *Total Cold War*, 71–74; and Bowie and Immerman, *Waging Peace*.

46. 关于这场战争的最后阶段及其解决方案，可参阅 Stueck, *Rethinking*

the Korean War, chap. 6; 以及 Foot, *Substitute for Victory*。

47. Schlesinger, *Imperial Presidency*, 134–35.

48. Wright Smith, "Too Many Generals: Eisenhower, the Joint Chiefs, and Civil-Military Relations in Cold War America," Senior Honors Thesis, Harvard University, 2017.

49. 这是 Craig and Logevall, *America's Cold War* 中的一个主题。

50. Speech transcript, February 1, 1953, box 893, JFK Pre-Pres; Nye, *Soft Power*.

51. Gullion OH, JFKL; Collier and Horowitz, *Kennedys*, 193.

52. Logevall, *Embers*, 342–47.

53. L. P. Marvin to Priscilla Johnson, April 17, 1953, box 481, JFK Pre-Pres; Priscilla Johnson to JFK, April 23, 1953, box 481, JFK Pre-Pres; JFK to John Foster Dulles, May 7, 1953, box 481, JFK Pre-Pres.

54. Logevall, *Embers*, chap. 14; JFK, Amendment to Mutual Security Act of 1951, July 1, 1953, Compilation of JFK Speeches, JFKL; Dallek, *Unfinished Life*, 186.

55. *NYT*, July 2, 1953.

56. 根据某些说法，杰克的求婚刚好赶在杰姬赴伦敦前。可参考 Spoto, *Jacqueline*, 97–98。另一种说法为，杰克的求婚发生在 6 月 24 日，地点是乔治敦的马丁酒馆。不过，考虑到当日报纸发表了正式公告，第二天一早各报都参与了报道，前述说法似乎不大可能。更为可能的是，他们两人在众所周知他们经常约会的马丁酒馆庆祝了订婚。*WP*, June 23, 2015.

57. 这封信是写给爱尔兰神父约瑟夫·莱昂纳德（Joseph Leonard）的。在长达 14 年的时间里，她和神父定期互致信件。引语摘自 *WP*, May 13, 2014。

58. 大卫·皮茨（David Pitts）敏锐地观察了杰克和莱姆·比林斯的关

系，他的结论是，比林斯觉得，接受这一婚姻关系相对来说比较容易。Pitts, *Jack and Lem*, 137. 还可参考 KLB OH,JFKL。

59. Spalding quoted in Andersen, *Jack and Jackie: Portrait*, 104; and in Klein, *All Too Human*, 139–40. See also Bradford, *America's Queen*, 64.

60. Leaming, *Untold*, 34; Leaming, *Mrs. Kennedy*, 9.

61. Klein, *All Too Human*, 146–47; Martin, *Hero for Our Time*, 74.

62. 她给莱昂纳德神父发了封电报："明天宣布与杰克·肯尼迪订婚 信随后 真幸福爱——杰奎琳。" *Irish Times*, May 13, 2014.

63. David Powers extended OH, box 9,DFPP; Andersen, *Jack and Jackie*, 119; Paul F. Healy, "The Senate's Gay Young Bachelor," *SEP*, June 13, 1953.

64. Jacqueline Bouvier to RK, June 29, 1953, box 4, JPKP.

65. *New York Daily News*, June 25, 1953; *Boston Herald*, June 25, 1953; *NYT*, June 25, 1953.

66. Leamer, *Kennedy Men*, 317.

67. Lincoln, *Twelve Years*, 25; O'Brien, *John F. Kennedy*, 266.

68. JPK to Macdonald, July 22, 1953, box 4, JPKP, JFKL; Leamer, *Kennedy Men*, 317.

69. 冯·波斯特的叙述中包括不太可信的对话和其他听起来可疑的细节，见她的简短回忆录 *Love, Jack*, 19–33。

70. Von Post, *Love, Jack*, 33; Leamer, *Kennedy Men*, 319.

71. McNamara, *Eunice*, 137; Bradford, *America's Queen*, 69–70. 举行婚礼数周前，在自己位于华盛顿的住处，杰克以妹妹的名义举办了一场订婚招待会。来宾有副总理查德·尼克松，以及斯图尔特·赛明顿（Stuart Symington）、乔治·斯马瑟斯、阿尔伯特·戈尔等民主党参议员。*BG*, April

30, 1953.

72. Fay, *Pleasure of His Company*, 154–55.

73. Martin, *Hero for Our Time*, 80.

74. Bradford, *America's Queen*, 71; Parmet, *Jack*, 261.

75. *NYT*, September 13, 1953.

76. *Providence Sunday Journal*, September 13, 1953, quoted in Bradford, *America's Queen*, 73.

77. *NYT*, September 13, 1953.

78. Janet Auchincloss OH, JFKL.

79. Quoted in Hunt and Batcher, *Kennedy Wives*, 152.

80. Fay, *Pleasure of His Company*, 141, 143.

81. Hess, *America's Political Dynasties*, 506.

82. 完整的诗现存于 box 20, JPKP, JFKL。

83. Anderson, *Jack and Jackie*, 131.

84. Adler, *America's First Ladies*, 135.

85. Parmet, *Jack*, 296–97. 节选一部分内容如后："对我来说，无所谓站在赢的一边还是输的一边；重要的是，我的同情寄予哪一边。我已做好准备，陪伴它走向终点。在生活里，胜利意味着所做的事比肉眼所见的所有事看起来更高贵、更惬意、更合算。我可以真诚地说，我喜欢这种让人艳羡的状态。在这个世界上，如果让我选择，我哪都不去，就待在原地。"

86. Anderson, *Jack and Jackie*, 133.

87. David Ormsby-Gore OH, JFKL.

88. Martin, *Hero for Our Time*, 95.

89. Quoted in Smith, *Grace and Power*, 7.

90. Anderson, *Jack and Jackie*, 139. 蒂普·奥尼尔对演讲水平不断提高

很满意。最后他说，肯尼迪终于成了个"口若悬河的人"。Thomas "Tip"
O'Neill OH, TOP.

※ 第二十章　黑暗的日子

1. 某些报道称，麦卡锡是他们大女儿凯瑟琳的教父，虽然如此，她真
正的教父却是埃塞尔的母校圣心大学曼哈顿维尔学院的教授丹尼尔·沃尔什
（Daniel Walsh）。Tye, *Bobby*, 46. 在埃塞尔看来，麦卡锡是个"不逗乐的
人。……他既不大喊也不大叫，是个普普通通的家伙"。Tye, *Bobby*, 35.

2. 见 1953 年 9 月 30 日《华盛顿明星晚报》中贝蒂·比尔（Betty
Beale）的专栏文章。关于这段引文，在此我谨向拉里·泰伊（Larry Tye）致
谢。至于罗伯特在下属委员会里的角色，以及那一阶段他与麦卡锡的关系，
参见 Tye, *Bobby*, 24–36; 以及 Thomas, *Robert Kennedy*, 64–68。

3. Sorensen, *Kennedy*, 59; O'Brien, *John F. Kennedy*, 272.

4. Sorensen, *Counselor*, 145.

5. O'Neill, *Man of the House*, 90.

6. Logevall, *Embers*, 341–52, 365–66, 398–402.

7. *The Pentagon Papers: The Defense Department History of Decisionmaking on Vietnam*, Senator Gravel Edition (Boston: Beacon, 1971), vol. I: 591–92; Cole, *Conflict in Indo-China*, 171.

8. Speech transcript, January 21, 1954, box 893, JFK Pre-Pres.

9. Memorandum for the Secretary of Defense: "Preparation of Department of Defense Views Regarding Negotiations on Indochina for the Forthcoming Geneva Conference," March 12, 1954, *Pentagon Papers* (Graveled.), vol. I: 449–50.

10. Memorandum of Discussion: 192nd Meeting of the NSC, April 6, 1954, *Foreign Relations of the United States, 1952–1954* (Washington, DC: Government Printing Office, 1982), vol. XIII, part 1, 1261.

11. Quoted in McMahon, *Major Problems in the History*, 121. See also Adams, *Firsthand Report*, 120.

12. Fredrik Logevall, "We Might Give Them a Few," *Bulletin of the Atomic Scientists*, February 21, 2016; Prados, *Operation Vulture*.

13. *Congressional Record*, 83rd Cong., 2nd sess., 4671–74. 显然肯尼迪对自己介入此事很骄傲，他送了一份 4 月 6 日的演讲稿给党的名义领袖阿德莱·史蒂文森。JFK to Stevenson, April 12, 1954, box 47, AES; William McCormack Blair Jr. to JFK, April 14, 1954, box 47,AES.

14. Quoted in Fite, *Richard B. Russell*, 359.

15. Mann, *Grand Delusion*, 153.

16. *Atlanta Constitution*, April 21, 1954; speech transcripts, May 11, 1954, and May 28, 1954, box 647, JFK Pre-Pres; Parmet, *Jack*, 285–86.

17. Logevall, *Embers*, 481ff.

18. 有一大摞信件可供参考，其中许多来自马萨诸塞州以外。位置在 box 647, JFK Pre-Pres。

19. *Brooklyn Eagle*, April 26, 1954; *NYT*, April 8, 1954. 李普曼的专栏文章标题为《肯尼迪破坏了错误的希望》。*BG*, April 12, 1954.

20. Quoted in Sorensen, *Kennedy*, 37.

21. 1954 年，她在写给爱尔兰莱昂纳德神父的信里称："我远比当初更喜爱为人妻了。" Quoted in *WP*, May 13, 2014.

22. Evelyn Lincoln, "My Twelve Years with Kennedy," *SEP*, August 15, 1965; KLB OH, JFKL. Dallek, *Unfinished Life*, 194.

23. Leaming, *Mrs. Kennedy*, 11.

24. Bradford, *American Queen*, 94–95.

25. Von Post, *Love, Jack*, 37ff.

26. Quoted in Burns, *John Kennedy*, 139.

27. 麦卡锡打电话给肯尼迪，询问其对提名柯南特将如何投票时，《纽约邮报》记者欧文·罗斯（Irwin Ross）恰好在肯尼迪的参议院办公室内，肯尼迪当时答道，他会投赞成票。两人挂断电话后，罗斯问肯尼迪怎么看麦卡锡。"不怎么看好他，不过我跟他个人关系还可以。"三年后，回忆当初的场景时，肯尼迪暗示，人们批评他对待那个威斯康星人的方式不公正，他说："在那些可能会受到伤害的州里，有几位参议员敢公开说麦卡锡的坏话？"三年后罗斯在文章里描述了他们的相遇。*New York Post*, July 30, 1956.

28. *Boston Post* quoted in Burns, *John Kennedy*, 143.

29. Parmet, *Jack*, 302; Hitchcock, *Age of Eisenhower*, 145. 3 月初，艾森豪威尔极其谨慎地说："眼下这个国家面临着一些极为重大的问题。从本质上说，它们既属于外交，也属于内政。……我认为，不幸的是，通过无视美国人民认可的公平竞赛标准，我们的注意力从这些严肃问题——问题中的一个是警惕任何类型的内部颠覆——上转移了。"*Time*, March 15, 1954.

30. Nichols, *Ike and McCarthy*; Frank, *Ike and Dick*, 82.

31. Matthews, *Jack Kennedy*, 177. 8 月中旬，面对一些"自以为是的"、目空一切的、一起进晚餐的英国伙伴，大使坚称，麦卡锡仍然是美国最强的人，仅次于艾森豪威尔，他还问那些英国人手里有什么反对麦卡锡的东西。后来他在写给鲍比的一封信里津津有味地回顾了那次经历。JPK to RFK, August 15, 1954, box 4, JPKP.

32. *Time*, June 14, 1954; Parmet, *Jack*, 303–4.

33. McCarthy, *Remarkable Kennedys*, 150; Parmet, *Jack*, 308–9; Dallek,

Unfinished Life, 196.

34. Goodwin, *Fitzgeralds and the Kennedys*, 774.

35. Dallek, *Unfinished Life*, 196.

36. Sorensen, *Counselor*, 127–28; Nelson, *John William McCormack*, 497.

37. *Time*, October 25, 1954; Burns, *John Kennedy*, 147–48; Matthews, *Jack Kennedy,* 184–87.

38. O'Brien, *No Final Victories*, 44 ; James A. Nichols,M.D., et al., "Management of Adrenocortical Insufficiency During Surgery," *Archives of Surgery* (November 1955): 737–40.

39. Goodwin, *Fitzgeralds and the Kennedys*, 774–75.

40. Arthur Krock OH, JFKL.

41. *BG*, November 6, 1954; *Time*, November 22, 1954.

42. 参议员普雷斯科特·布什（Prescott Bush，康涅狄格州共和党人）提出一个更有说服力的谴责理由。他声称，由于其立场，以及鼓噪其追随者采取的立场，麦卡锡已经"导致美国人民间出现了危险的分歧，即不能真的有与麦卡锡相悖的观点。要么必须盲目地跟随麦卡锡参议员，不能斗胆提出任何质疑，或对他的做法提出任何异议，要么你在他眼里必定是个共党、共党同情者，或者上了共产主义路线当的傻瓜"。*Time*, December 13, 1954.

43. Sorensen, *Counselor*, 154.

44. *BP*, December 2, 1954, quoted in Parmet, *Jack*, 310–11. 帕尔梅拒绝采纳如后说法：肯尼迪利用生病逃避了投票 (308)。

45. Charles Spalding OH, JFKL.

46. Tye, *Bobby*, 48; Nasaw, *Patriarch*, 685.

47. Heymann, *Woman Named Jackie*, 170–71; O'Brien, *John F. Kennedy*, 282.

48. Grace de Monaco OH,JFKL. 当时究竟发生了什么，究竟是谁发

出了邀请，也有不同说法，可参考 Bradford, *America's Queen*, 98; 以及 Andersen, *Jack and Jackie*, 145。

49. Priscilla Johnson McMillan interview with author, September 17, 2018, Cambridge, MA.

50. Kelley, *Jackie Oh!*, 143; Leaming, *Mrs. Kennedy*, 13; RK, *Times to Remember*, 353.

51. Agar, *Time for Greatness*; Parmet, *Jack*, 324–25.

52. Leaming, *Jack Kennedy: Education*, 221; Whalen, *Founding Father*, 442; Peter Lawford OH, JFKL.

53. Quoted in Adler, *Eloquent*, 39. See also Kennedy, *Historic Conversations*, 16.

54. 每次前往棕榈滩，戴夫·鲍尔斯也会为肯尼迪朗读。"我以为他睡着时，会停止朗读，"鲍尔斯回忆说，"他会立刻睁开两眼，让我接着读。每当听到喜欢的句子，他会让我停下来，让我重读一遍。" O'Donnell and Powers, *"Johnny,"* 101. See also Perry, *Jacqueline Kennedy*, 44–45.

55. Sorensen, *Kennedy*, 67; Sorensen, *Counselor*, 146.

56. Quoted in Schlesinger, *Thousand Days*, 101.

57. TS to JFK, February 4, 1955, box 7, TSP; TS to JFK, February 14, 1955, box 7, TSP.

58. TS to JFK, February 14, 1955, box 7, TSP.

59. Parmet, *Jack*, 328. 还可参考 1955 年 1 月 28 日肯尼迪写给哈珀兄弟出版公司总裁卡斯·坎菲尔德的信，见 Sandler, *Letters*, 46–47。

60. 戴维兹做出了一项尤为重要的贡献：他以备忘录形式提出了应当考虑纳入的几位参议员，以及整本书的结构。See TS to JFK, February 28, 1955, box 7, TSP.

61. Lamar quoted in Lemann, *Redemption*, 151. 关于重建，一部权威叙述为

Foner, *Reconstruction*。还可参考 Bryant, *Bystander*, 48–49；以及 James Oakes, "An Unfinished Revolution," *New York Review of Books*, December 9, 2019。

62. JFK, *Profiles*, 4–5, 10.

63. JFK, *Profiles*, 18.

64. JFK, *Profiles*, 18.

65. JFK, *Profiles*, 222–23; Parmet, *Jack*, 322.

66. JFK, *Profiles*, 265, 222. 关于当代人对这些主题的重新审视，参见 Wilentz, *Politicians and the Egalitarians*; Charles Edel, "Why Is Political Courage So Rare?" *Washington Post*, March 12, 2018。

67. JFK, *Profiles*, 222.

68. David Ormsby-Gore OH, JFKL.

69. JFK to Eunice Shriver, July 26, 1955, printed in JFK, *Profiles*, "PS" section,p. 15; Parmet, *Jack*, 326.

70. TS to JFK, July 17, 1955, box 7, TSP; Schlesinger, *Letters*, 108–9, 112– 18; JFK to Thomas, August 1, 1955, box 31, *Profiles in Courage* file, JFKL. 根据索伦森的说法，内文斯"对这本书超级热情，给坎菲尔德写信时，他说他坚信这书会影响巨大，会得到普遍认可，而且会给他长期以来崇拜的一位参议员带来更高声望"。TS to JFK, August 12, 1955, box 7,TSP.

71. *BG*, May 24, 1955; Burns, *John Kennedy*, 169. 如今的名称为拉塞尔参议院办公大楼。

72. O'Brien, *John F. Kennedy*, 283.5 月 24 日，在参议院，肯尼迪受到同事们的热烈欢迎。See *NYT*, May 25, 1955.

73. Assumption College Commencement Address, June 3, 1955, box 12, Senate Files, JFK Pre-Pres.

74. O'Donnell, *Irish Brotherhood*, 140–43; Damore, *Cape Cod Years*,

145–46. See also Frank Morrissey to JPK, June 28, 1955, box 231, JPKP.

75. O'Donnell and Powers, *"Johnny,"* 103–4; Sorensen, *Counselor*, 145; Joseph Alsop OH, JFKL.

76. Leaming, *Jack Kennedy: Education*, 225.

※ 第二十一章　冉冉升起的新星

1. Hitchcock, *Age of Eisenhower*, 280–85; Smith, *Eisenhower*, 674–79. 一部详细的论述为 Lasby, *Eisenhower's Heart Attack*。

2. Frank, *Ike and Dick*, 113.

3. *NYT*, August 29, 1955; Smith, *Eisenhower*, 670–71.

4. Hagerty, *Diary*, 240–46; Farrell, *Richard Nixon*, 239–40. 艾森豪威尔对杜勒斯也说过，他怀疑尼克松不是当总统的料。Frank, *Ike and Dick*, 125.

5. *NYT*, October 30, 1955.

6. TS to JFK, September 12, 1955, box 7, TSP. 索伦森所说部分可能指的是吉姆·科尔伯特（Jim Colbert）在《波士顿环球报》头版发表的一篇文章，他在文章中称："党的南方领导人已经在谈论 [肯尼迪]，他们已经公开宣称，可以接受来自波士顿的初级参议员。如果肯尼迪成为史蒂文森的竞选伙伴，不怎么看好后者的许多民主党人只得被迫改变观点……史蒂文森和肯尼迪的关系远比人们普遍认识到的更密切。"科尔伯特还说，正是史蒂文森本人授意他进行这些报道。参见 Lasky, *J.F.K.*, 175。索伦森在信里还向肯尼迪通报了《当仁不让》一书的进展，还专门指出，下印过程一切顺利，参议员提出的所有修改意见均已采纳。大使早前在写给泰迪的一封信里表示，他特别希望杰克手下的人都行动起来，包括结了婚的那些人："我一直没见到人们谈论的所有漂亮女孩在法国南方现身，不过，杰克下周在此现身时，也许他能见到她们。" JPK to EMK, August 15, 1955, box 4, JPKP.

7. JPK to Edward Kennedy, September 3, 1955, printed in Smith, *Hostage to Fortune*, 670–71.

8. Bradford, *America's Queen*, 103.

9. Von Post, *Dear Jack*, 54–59.

10. Von Post, *Dear Jack*, 63–64.

11. Von Post, *Dear Jack*, 68, 85.

12. Bradford, *America's Queen*, 105.

13. Andersen, *Jack and Jackie*, 154; Spoto, *Jacqueline*, 117.

14. Von Post, *Dear Jack*, 103.

15. Von Post, *Dear Jack*, 109; Leamer, *Kennedy Men*, 349.

16. Janet Travell OH, JFKL; Dallek, *Unfinished Life*, 212–13; Kennedy, *Historic Conversations*, 17.

17. Janet Auchincloss OH, JFKL; Spoto, *Jacqueline*, 118.

18. Hitchcock, *Age of Eisenhower*, 284–85; *NYT*, October 16, 1955; *WP*, November 12, 1955.

19. Dallek, *Lone Star Rising*, 490–91; Caro, *Years of Lyndon Johnson*, vol. 3, 646–47.

20. Stevenson quoted in Henry, *Eleanor Roosevelt*, 59. 10 月，历史学家小阿瑟·施莱辛格告诉史蒂文森，对提名他构成最大威胁的人是哈里曼。"老板们和杜鲁门反对你，唯有选民们支持你。不过，[在 1952 年] 老板们和杜鲁门没有选民们重要。……我认为，你应当放开手脚，用实力说话。" Schlesinger Jr. to Stevenson, October 10, 1955, box P-23,AMSP.

21. 参见两人之间热情洋溢的信件和电报，位置在 box 47, AES。在后来的年月里，两人的关系会变得令人忧虑，本书第二卷将探讨这一问题。

22. 可参考 C. R. Owens, "Politics & Politicians: Kennedy Views as 'Favorite Son at Chicago Parley,'" *BG*, November 20, 1955。文章称，几乎可以肯定，肯尼迪不会得到提名，虽然如此，依然有一种论调说，他会坐上副总统位置。还可参考 Martin and Plaut, *Front Runner*, 27。

23. TS to JFK, November 22, 1955, box 7, Sorensen Papers, JFKL. 肯尼迪早已开始畅想这种可能性了，10 月 21 日，他直接对史蒂文森说，他正在准备一份声明，直接声明他对提名史蒂文森的支持。JFK to AES, October 21, 1955. See also Parmet, *Jack*, 338.

24. 公告的部分内容见后："1952 年我支持提名阿德莱·史蒂文森，1956 年我将再次支持他。1952 年，其他被提名人都不具备他所具备的应付那个最艰辛的职位所必需的、独一无二的丰富资历。其间这些年，他的智慧、远见，对待困难问题的温和方式，其他潜在被提名人既无法小觑也无法与他比肩。"Announcement of Senator Kennedy, March 8, 1956, box 47,EAS. 史蒂文森在 1956 年 3 月 12 日发电报感谢了肯尼迪，电报存于 box 47,AES。

25. "The Catholic Vote in 1952 and 1956," box 9,TSP.

26. "The Catholic Vote in 1952 and 1956," box 9,TSP. 根据报告，在关键州纽约州的所有选民中，据估计天主教徒占比为 32%；在宾西法尼亚州为 29%；在新泽西州为 39%；在加利福尼亚州为 22%；在马萨诸塞州为 50%；在密歇根州为 24%；在伊利诺伊州为 30%。

27. Fletcher Knebel OH, JFKL; Knebel column, February 23, 1956, box 8, TSP. See also Knebel, "Can a Catholic Become Vice President?" *Look*, June 12, 1956.

28. *New York Times Magazine*, December 18, 1955; Shaw, *JFK in the Senate*, 129; Sorensen to JFK, September 12, 1955, box 7,TSP.

29. *NYT*, January 1, 1956.

30. *SEP*, February 18, 1956.

31. Parmet, *Jack*, 320–21.

32. *NYT*, January 7, 1956.

33. **Parmet, *Jack*, 321–23; O'Brien, *John F. Kennedy*, 289; *Boston Herald*, February 9, 1956; Remarks at the National Book Awards Dinner, February 7, 1956, box 894, JFK Pre-Pres.** 肯尼迪在演讲结尾号召作家和政治家团结起来:"不知为什么,我们政界的人必须挤出时间阅读地方报纸和最新盖洛普民调以外的东西。还有,不知为什么,你们这些文学圈里的人必须挤出时间把越来越多的精力投向当下的政治议题。……难道政治家和学者就不能集合在一起发问,我们这是在走向何方,我们这是在做什么,以及为什么——分析一下我们的政治方向和体系——不是以僵化的、传统的、情绪化的非'左'即'右'方式,不是以政党或政治名人论事,而是以唯有政治和学术相结合才能达成的,超然的和老道的观点分析?让我们忘掉过去和当下的琐碎争论——聚合起我们的才华,以应对未来的挑战。"

34. 本传记第二卷将更加详尽地探讨这本书获普利策奖的经过及其余波。

35. Gloria L Sitrin OH, JFKL; Jean McGonigle Mannix OH, JFKL; Kennedy, *Historic Conversations*, 59–61; Manchester, *One Brief Shining Moment*, 71; Oliphant and Wilkie, *Road to Camelot*, 82.

36. 正如加里·威尔斯(Garry Wills)后来对《当仁不让》一书充满敬意的评论:"这类政治出品很正常,这不仅仅是一个官员历次讲话的集大成,而是他创作的书。……这其中没有欺诈,因为签上自己名字的人做了全部或大部分文字创作,没有造假。"Wills, *Kennedy Imprisonment*, 135. 在罗伯特·达莱克(Robert Dallek)看来,"最终稿主要是杰克的手笔"。Dallek, *Unfinished Life*, 199. 还可参考 Sorensen, *Counselor*, 151 页明确无误的评语。

37. Brogan, *Kennedy*, 35–36. 索伦森是这么说的："在他一生获得的所有奖项里，最让他高兴的是 1957 年获得的普利策传记奖。" Sorensen, *Kennedy*, 68. See also Sorensen, *Counselor*, 151–52.

38. 在这两人之中，肯尼迪远比另一人酷爱读书。史蒂文森读书相对较少，他更喜欢与人交往。Martin, *Adlai Stevenson of Illinois*, 476. 根据肯尼迪妻子的说法，他无时不刻不在读书："他走路时看书，靠着餐桌读书，吃饭时也看，吃完晚饭看书，泡在澡盆里看书，他坐在写字台前——打开一本书放到桌面——一边打领带一边看书。" Kennedy, *Historic Conversations*, 40–41.

39. 一部深刻且特别详尽的传记是 Nelson, *John William McCormack*。

40. Oliphant and Wilkie, *Road to Camelot*, 28; Sorensen, *Kennedy*, 78.

41. Joseph Rauh OH, JFKL.

42. *BG*, May 8, 1956; *NYT*, May 8, 1956; O'Donnell and Powers, *"Johnny,"* 108–10; O'Donnell, *Brotherhood*, 146.

43. O'Brien, *No Final Victories*, 50; Nelson, *John William McCormack*, 513–15; *BG*, May 20, 1956.

44. Donald Malcolm, "The Man Who Wants Second Place," *New Republic*, July 30, 1956; Kennedy, *Historic Conversations*, 9–13.

45. Oliphant and Wilkie, *Road to Camelot*, 33–34. See also Schlesinger to Stevenson, n.d. (May 1956), box P-23,AMSP.

46. 文章标题为《我从生病学到的事》，刊登在 5 月 29 日发行的《美国周刊》上。"我无意夸大生病带来的补偿，"肯尼迪在文中称，"身体无恙比什么都强。不过，如果疾病来袭，虽然一开始人们会抱怨脱离正常工作和日常生活过久——如果人们在这些漫长的时日能认识到自身的潜能，人们也能意识到自己的无能——无论它会带来什么痛苦和不适——或许某种程度上这也是一种因祸得福。"

47. Harvard Commencement Address, June 14, 1956, box 895, JFK Pre-Pres, JFKL; *NYT*, June 15, 1956. 这次演讲以文章形式刊登在 1956 年 4 月的《时尚》杂志上，标题为《兄弟们，我认为？》。关于这次演讲，还可参考 Drew Gilpin Faust, "A Common Cause," in Smith and Brinkley, *JFK: A Vision for America*, 69–70。那年春季，哈佛大学还向他颁发了他父亲如此渴望却未能得到的荣誉学位。

※ 第二十二章　就差一点点

1. *NYT*, June 15, 1956; *Christian Science Monitor*, June 22, 1956; Parmet, *Jack*, 355.

2. *NYT*, June 26, 1956; JFK to JPK, June 29, 1956, printed in Sandler, *Letters*, 53–54; Martin, *Adlai Stevenson*, 343.

3. 据康涅狄格州党主席约翰·贝利所说，里比科夫在春季写信告诉肯尼迪："阿德莱正在非常认真地考虑让你排在第二位。"Oliphant and Wilkie, *Road to Camelot*, 23.

4. Newton Minow OH, Columbia University, quoted in Parmet, *Jack*, 339. 肯尼迪的演讲文位于 box 12, JFK Pre-Pres。

5. Sorensen, *Kennedy*, 81–82; Sorensen, *Counselor*, 160; John M. Bailey OH, JFKL.

6. Sorensen, *Counselor*, 169.

7. Newton Minow to AES, March 30, 1956, box 47, AES; JFK to Minow, April 16, 1956, box 47, AES; JFK to James Finnegan, May 2, 1956, box 47, AES; Stan Karson memo to AES, May 22, 1956, box 47, AES; JFK to AES,

telegram, June 6, 1956, box 47,AES.

8. JPK to JFK, May 25, 1956, box 4,JPKP; Dallek, *Unfinished Life*, 205; Schlesinger, *Robert Kennedy*, 131.

9. JFK to JPK, June 29, 1956, box 4, JPKP.

10. Sargent Shriver to JPK, July 18, 1956, box 810, JFK Pre-Pres, JFKL; Eunice Shriver to JPK, August 1, 1956, box 4,JPKP; Dallek, *Unfinished Life*, 205–6.

11. JPK to Sargent Shriver, July 18, 1956, printed in Smith, *Hostage to Fortune*, 673–75.

12. JPK to JFK, July 23, 1956, box 4, JPKP.

13. *Time*, August 6, 1956.

14. 关于该党在总统大选即将到来之际面临种种民权问题的挑战，可参考 Schlesinger to Stevenson, June 11, 1956, box P-23,AMSP。

15. Levingston, *Kennedy and King*, 14–15.

16. Bryant, *Bystander*, 54–55.

17. Transcript of *Face the Nation*, July 1, 1956, box 12, TSP; Bryant, *Bystander*, 55–56.

18. Dore Schary OH, JFKL; Sabato, *Half-Century*, 34–35; Longley, *Gore*, 127–29.

19. Quoted in Goodwin, *Fitzgeralds and the Kennedys*, 782.

20. *NYT*, August 14, 1956. 各篇文章的标题概括了现场的涌动："党史片助推了肯尼迪动能。"

21. Martin, *Hero for Our Time*, 109.

22. Martin, *Ballots and Bandwagons*, 416; Parmet, *Jack*, 368. 根据《时代》周刊的说法，罗斯福夫人在芝加哥多次现身时反复强调，已故丈夫是个

"政治上温和的人"，暗指史蒂文森亦如此。*Time*, August 27, 1956.

23. Martin, *Ballots and Bandwagons*, 394–95.

24. Offner, *Hubert Humphrey*, 117–18.

25. Martin, *Ballots and Bandwagons*, 396.

26. Tom Winship OH, JFKL, quoted in Oliphant and Wilkie, *Road to Camelot*, 42; *NYT*, August 17, 1956; O'Donnell and Powers, *"Johnny,"* 121.

27. Quoted in Caro, *Years of Lyndon Johnson*, vol. 3, 825.

28. O'Donnell and Powers, *"Johnny,"* 122; Mahoney, *Sons and Brothers*, 19.

29. Martin, *Ballots and Bandwagons*, 407; O'Donnell, *Brotherhood,* 166.

30. Lasky, *J.F.K.*, 187; Martin, *Ballots and Bandwagons*, 407–11. 一名支持者后来说："大会期间，鲍比·肯尼迪理应是现场经理，不过那等于废话。根本没有现场经理，没人控场。每个人都自行其是，跟能接触到的任何人和每个人交谈，重复做的事多了去了。" Martin and Plaut, *Front Runner*, 71.

31. Sorensen, *Kennedy*, 88.

32. Sorensen, *Kennedy*.

33. O'Donnell and Powers, *"Johnny,"* 123.

34. Sorensen, *Kennedy*, 89. 一篇亮眼的第一手新闻报道为 Thomas Winship, "Inside Senator's Room: What Kennedy Did, Said as Tide Came in, Ebbed," *BG*, August 18, 1956。

35. Caro, *Years of Lyndon Johnson*, vol. 3, 826–27.

36. 录有投票结束阶段以及肯尼迪简短演讲的一盘重要录像带留存了下来，参见 "Kennedy vs Kefauver '56," www.youtube.com/watch?v=wlIej3uTwHM。

37. *NYT*, August 18, 1956, quoted in Oliphant and Wilkie, *Road to Camelot*, 46.

38. 这位助手是小阿瑟·施莱辛格，参见 Oliphant and Wilkie, *Road to*

Camelot, 52; Martin and Plaut, *Front Runner*, 107。

39. Gorman, *Kefauver*, 260; Matthews, *Jack Kennedy*, 209–10. 后来，谈到在芝加哥期间亲眼所见众多代表与基福弗的个人关系时，鲍比·肯尼迪说："真正让我吃惊的是，大会议题本身没那么重要，重要的是友情。那么多人对我说，他们想投杰克的票，不过他们还是得投埃斯蒂斯·基福弗的票，因为他给他们送过贺卡，或者去过他们家。我在现场就说了，下次我们应该忘掉所有议题，邮寄圣诞贺卡，去那些人家里拜访。"Toledano, *RFK*, 142.

40. Dallek, *Unfinished Life*, 208; *BG*, August 18, 1956, and August 19, 1956. See also Caro, *Years of Lyndon Johnson*, vol. 4, 50.

41. AES to JFK, August 26, 1956, box 47, AES.

42. O'Donnell and Powers, "*Johnny*," 124; Sorensen, *Kennedy*, 91–92.

43. Martin, *Hero for Our Time*, 120.

44. Martin, *Ballots and Bandwagons*, 453.

45. JPK to Morton Downey, August 24, 1956, printed in Smith, *Hostage to Fortune*, 677; Nasaw, *Patriarch*, 708.

46. O'Brien, *John F. Kennedy*, 322.

47. RK to Patricia Kennedy Lawford, August 26, 1956, box 4, JPKP.

48. 若想了解前一类说法，可参考 O'Donnell and Powers, "*Johnny*," 125; Parmet, *Jack*, 383; Goodwin, *Fitzgeralds and the Kennedys*, 785; McCarthy, *Remarkable Kennedys*, 164。若想了解后一类说法，可参考 Collier and Horowitz, *Kennedys*, 209; Reeves, *Question of Character*, 138。

49. Quoted in Perrett, *Jack*, 226. 斯马瑟斯并不自始至终都是最可靠的见证人，涉及未来肯尼迪与玛丽莲·梦露的关系，他总会提供令人生疑的说法，本书第二卷将对此进行深入分析。

50. O'Brien, *John F. Kennedy*, 323.

51. Matthews, *Jack Kennedy*, 212.

52. John Sharon OH, JFKL; Sorensen to James Finnegan, September 17, 1956, box 47, AES; Sabato, *Half-Century*, 39–40.

53. JFK to Finnegan, October 3, 1956, box 47, AES; Martin, *Adlai Stevenson*, 356. 若想了解史蒂文森最初为费城筹款晚宴发出的邀请，请见 AES telegram to JFK in Èze-sur-Mer, August 23, 1956, box 47, AES。

54. Speech transcript, September 21, 1956, box 895, JFK Pre-Pres; Muehlenbeck, *Betting on the Africans*, 35–36.

55. *BG*, October 26, 1956.

56. Goodwin, *Fitzgeralds and the Kennedys*, 786.

57. Schlesinger, *Robert Kennedy*, 134. 《纽约时报》的哈里森·索尔兹伯里（Harrison Salisbury）也有类似印象："鲍比好像总是待在人群边缘的某个地方。他总是冷眼旁观事情的进展。" Stein, *American Journey*, 65–66.

58. 早在春季，顾问们就试图劝说史蒂文森改变竞选风格和演讲方式。可参考 Schlesinger Jr. to Stevenson, May 15, 1956, box P-23, AMSP。

59. 关于苏伊士运河争端，可参考 Zelikow and May, *Suez Deconstructed*; Nichols, *Eisenhower 1956*。12 月，在美国施压下，英法军队撤出；1957 年 3 月，为了回应美国的施压，以色列放弃了运河控制权，将其还给了埃及。

60. 在影像资料的开头，肯尼迪说，国家面临的最紧迫的问题是"和平与安全"。"然而，艾森豪威尔先生和尼克松先生领导的共和党政府很少告知公众真相，却更多地误导公众。实际上，史蒂文森州长，这反过来更加强化了你一直以来的说法，是这样吧？"史蒂文森说："没错。这届政府一直将对外政策用在国内政治目的上。它不愿承认自己的各种失败。它一直拒绝相信人民。它一直试图将倒退描绘成胜利。" Film transcript, September 17, 1956, box 47, AES. 更长的文稿存于 box 167, GBP。

61. McKeever, *Adlai Stevenson*, 388.

62. McKeever, *Adlai Stevenson*, 136. 11 月 18 日，史蒂文森给肯尼迪写了信："我本该很早以前向你致谢。除了你，我想不出还有谁能让我们所有人心怀深深的感激。对于未能更好地报答你勇敢的行为，我深表歉意。我有充分的信心期待未来你在党内的领导地位。我还敢断定，你一定会无可限量地帮助我党始终走在正确的方向上。顺致无尽的感激和美好的问候，仅此，阿德莱。" AES to JFK, November 18, 1956, box 47, AES.

63. Burns, *John Kennedy*, 190.

64. Oliphant and Wilkie, *Road to Camelot*, 55; O'Donnell and Powers, "*Johnny*," 125–26. 说到日程安排，后来索伦森写道："我提过来一个公文箱，里面塞满了来自全国各地的演讲邀约。我把我认为算得上严肃的邀约摆在他位于餐厅的桌子上，按照地域和日期分类，试图为接下来几个月安排一个大致的演讲日程，排列时还需考虑诸如优先事项和类别——包括一些政治集会、大学、民间团体。经过一个漫漫长夜，我弄出一个暂定日程，而他却随口说了几个要命的字：'你最好陪我走一趟。'" Sorensen, *Kennedy*, 100.

65. Manchester, *One Brief Shining Moment*, 81.

66. Remarks at the Tavern Club, November 8, 1956, Speeches and Press Releases File, box 896, JFK Pre-Pres.

67. Kennedy, *True Compass*, 116; Goodwin, *Fitzgeralds and the Kennedys*, 787–88.

参考书目

Acheson, Dean. *Present at the Creation: My Years in the State Department.* New York: W. W. Norton, 1969.

Adams, Sherman. *Firsthand Report: The Story of the Eisenhower Administration.* New York: Harper & Brothers, 1961.

Adler, Bill. *America's First Ladies.* Lanham, MD: Taylor Trade Publishing, 2006.

————. *The Eloquent Jacqueline Kennedy Onassis: A Portrait in Her Own Words.* New York: William Morrow, 1994.

Agar, Herbert. *The Price of Union: The Influence of the American Temper on the Course of History.* New York: Houghton Mifflin, 1950.

————. *A Time for Greatness.* Boston: Little, Brown and Company, 1942.

Aldous, Richard. *Schlesinger: The Imperial Historian.* New York: W. W. Norton, 2017.

Allen, Frederick Lewis. *Only Yesterday: An Informal History of the Nineteen-Twenties, 1890–1954.* New York: Harper and Row, 1959.

Alsop, Joseph, and Robert E. Kintner. *American White Paper.* New York: Simon and Schuster, 1940.

Ambrose, Stephen E. *Nixon.* Vol. 1, *The Education of a Politician, 1913–1962.* New York: Simon and Schuster, 1987.

Ambrosius, Lloyd E. *Woodrow Wilson and the American Diplomatic Tradition.* New York: Cambridge University Press, 1987.

Amory, Cleveland. *The Proper Bostonians.* New York: E. P. Dutton, 1947.

Anbinder, Tyler. *Nativism and Slavery: The Northern Know Nothings and the Politics of the 1850s.* New York: Oxford University Press, 1992.

Andersen, Christopher P. *Jack and Jackie: Portrait of an American Marriage.* New York: William Morrow, 1996.

Anthony, Carl Sferrazza. *As We Remember Her: Jacqueline Kennedy Onassis in the Words of Her Family and Friends.* New York: HarperCollins, 1987.

Asch, Chris Myers, and George Derek Musgrove. *Chocolate City: A History of Race and Democracy in the Nation's Capital.* Chapel Hill: University of North Carolina Press, 2017.

Ash, Timothy Garton. *History of the Present: Essays, Sketches, and Dispatches from Europe in the 1990s.* New York: Penguin, 1999.

Atkinson, Rick. *An Army at Dawn: The War in North Africa, 1942–1943.* New York: Henry Holt, 2002.

Axelrod, Alan. *Lost Destiny: Joe Kennedy Jr. and the Doomed WW2 Mission to Save London.* New York: Palgrave Macmillan, 2015.

Bacevich, Andrew J., ed. *The Limits of Power: The End of American Exceptionalism.* New York: Metropolitan, 2008.

———. *The Short American Century: A Postmortem.* Cambridge, MA: Harvard University Press, 2012.

Bailey, Beth L. *From Front Porch to Back Seat: Courtship in Twentieth-Century America.* Baltimore: Johns Hopkins University Press, 1988.

Bailey, Catherine. *Black Diamonds: The Rise and Fall of an English Dynasty.* New York: Viking, 2007.

Baime, Albert J. *The Accidental President: Harry S. Truman and the Four Months that Changed the World.* Boston: Houghton Mifflin Harcourt, 2017.

———. *The Arsenal of Democracy: FDR, Detroit, and an Epic Quest to Arm an America at War.* Boston: Houghton Mifflin Harcourt, 2014.

Baldrige, Letitia. *In the Kennedy Style: Magical Evenings in the Kennedy White House.* New York: Doubleday, 1998.

Barnet, Richard J. *The Rockets' Red Glare: War, Politics, and the American Presidency.* New York: Simon and Schuster, 1990.

Barry, John M. *The Great Influenza: The Epic Story of the Deadliest Plague in History.* New York: Viking, 2004.

Bayley, Edwin R. *Joe McCarthy and the Press*. Madison: University of Wisconsin Press, 1981.

Beatty, Jack. *The Rascal King: The Life and Times of James Michael Curley, 1874–1958*. Reading, MA: Addison-Wesley, 1992.

Beauchamp, Cari. *Joseph P. Kennedy Presents: His Hollywood Years*. New York: Knopf, 2009.

Beevor, Antony. *The Second World War*. London: Weidenfeld & Nicolson, 2012.

———. *Stalingrad*. New York: Viking, 1998.

Beisner, Robert L. *Dean Acheson: A Life in the Cold War*. New York: Oxford University Press, 2006.

Bell, Daniel, ed. *The Radical Right: The New American Right*. Garden City, NY: Doubleday, 1964.

Berg, A. Scott. *Lindbergh*. New York: Berkley, 1999.

Berlin, Isaiah. *Personal Impressions*. London: Hogarth, 1980.

Beschloss, Michael. *Kennedy and Roosevelt: The Uneasy Alliance*. New York: W. W. Norton, 1980.

Best, Geoffrey. *Churchill: A Study in Greatness*. Oxford: Oxford University Press, 2003.

Bird, Kai. *The Color of Truth: McGeorge and William Bundy: Brothers in Arms*. New York: Simon and Schuster, 1999.

Blair, Joan, and Clay Blair Jr. *The Search for JFK*. New York: G.P. Putnam's Sons, 1976.

Blum, John Morton. *From the Morgenthau Diaries*. Vol. 1, *Years of Crisis, 1928–1938*. Boston: Houghton Mifflin, 1959.

Borgwardt, Elizabeth. *A New Deal for the World*. Cambridge, MA: Harvard University Press, 2007.

Bouverie, Tim. *Appeasing Hitler: Chamberlain, Churchill, and the Road to War*. London: Bodley Head, 2019.

Bowie, Robert R., and Richard H. Immerman. *Waging Peace: How Eisenhower Shaped an Enduring Cold War Strategy*. New York: Oxford University Press, 1998.

Bradford, Sarah. *America's Queen: The Life of Jacqueline Kennedy Onassis*. New York: Viking, 2000.

Brands, H. W. *Traitor to His Class: The Privileged Life and Radical Presidency of Franklin Delano Roosevelt*. New York: Doubleday, 2009.

Brauer, C. *John F. Kennedy and the Second Reconstruction*. New York: Columbia University Press, 1977.

Brendon, Piers. *The Dark Valley: A Panorama of the 1930s*. New York: Knopf, 2000.

Breuer, William B. *Sea Wolf: The Daring Exploits of Navy Legend John D. Bulkeley*. Novato, CA: Presidio, 1989.

Brinkley, Alan. *The Publisher: Henry Luce and His American Century*. New York: Knopf, 2010.

————. *John F. Kennedy: The American Presidents Series: The 35th President, 1961–1963*. Edited by Arthur M. Schlesinger Jr. and Sean Wilentz. New York: Times Books, 2012.

Brinkley, Douglas. *American Moonshot: John F. Kennedy and the Great Space Race*. New York: HarperCollins, 2019.

Brogan, Hugh. *Kennedy*. New York: Longman, 1996.

Brown, David Scott. *Moderates: The Vital Center of American Politics, from the Founding to Today*. Chapel Hill: University of North Carolina Press, 2016.

Brownell, Will, and Richard N. Billings. *So Close to Greatness: The Biography of William C. Bullitt*. New York: Macmillan, 1987.

Bryant, Nick. *The Bystander: John F. Kennedy and the Struggle for Black Equality*. New York: Basic Books, 2006.

Buchan, John. *Pilgrim's Way*. Boston: Houghton Mifflin, 1940.

Budiansky, Stephen. *Battle of Wits: The Complete Story of Codebreaking in World War II*. New York: Free Press, 2000.

Bunting, Bainbridge. *Harvard: An Architectural History*. Cambridge, MA: Belknap Press of Harvard University Press, 1985.

Burner, David. *John F. Kennedy and a New Generation*. New York: Pearson/Longman, 2005.

Burns, James MacGregor. *The Crosswinds of Freedom: 1932–1988*. New York: Knopf, 2012.

————. *John Kennedy: A Political Profile*. New York: Harcourt, Brace, 1960.

Butler, J. R. M. *Lord Lothian*. London: Macmillan, 1960.

Butler, Susan. *Roosevelt and Stalin: Portrait of a Partnership*. New York: Knopf, 2015.

Byrne, Paula. *Kick: The True Story of JFK's Sister and the Heir to Chatsworth*. New York: HarperCollins, 2016.

Bzdek, Vincent. *The Kennedy Legacy: Jack, Bobby and Ted and a Family Dream Fulfilled*. New York: Palgrave Macmillan, 2009.

Calvocoressi, Peter, and Guy Wint. *Total War: The Story of World War II*. New York: Pantheon, 1972.

Cameron, Gail. *Rose: A Biography of Rose Fitzgerald Kennedy.* New York: G.P. Putnam's Sons, 1971.

Canellos, Peter S., ed. *Last Lion: The Fall and Rise of Ted Kennedy.* New York: Simon and Schuster, 2009.

Caquet, P. E. *The Bell of Treason: The 1938 Munich Agreement in Czechoslovakia.* New York: Other Press, 2018.

Caro, Robert. *The Years of Lyndon Johnson.* Vol. 3, *Master of the Senate.* New York: Knopf, 2002.

———. *The Years of Lyndon Johnson.* Vol. 4, *The Passage of Power.* New York: Knopf, 2012.

Casey, Steven. *Cautious Crusade: Franklin D. Roosevelt, American Public Opinion, and the War Against Nazi Germany.* Oxford: Oxford University Press, 2001.

Cecil, David. *The Young Melbourne: And the Story of His Marriage with Caroline Lamb.* London: Constable and Co., 1939.

Chernus, Ira. *Eisenhower's Atoms for Peace.* College Station: Texas A&M University Press, 2002.

Churchill, Winston. *Arms and the Covenant.* London: George G. Harrap & Co., 1938.

———. *The Gathering Storm.* New York: Houghton Mifflin, 1948.

———. *The Grand Alliance.* London: Cassell, 1950.

———. *The World Crisis.* 5 vols. New York: Scribner, 1923–31.

Churchwell, Sarah. *Behold, America: A History of America First and the American Dream.* London: Bloomsbury, 2018.

Clark, Christopher M. *The Sleepwalkers: How Europe Went to War in 1914.* London: Allen Lane, 2012.

Cloud, Stanley, and Lynne Olson. *The Murrow Boys: Pioneers on the Front Lines of Broadcast Journalism.* Boston: Houghton Mifflin, 1996.

Cohen, Warren I. *American Revisionists: The Lessons of Intervention in World War One.* Chicago: University of Chicago Press, 1967.

———. *A Nation Like All Others: A Brief History of American Foreign Relations.* New York: Columbia University Press, 2018.

Cole, Allan B., ed. *Conflict in Indo-China and International Repercussions: A Documentary History, 1945–55.* Ithaca, NY: Cornell University Press, 1956.

Cole, Wayne S. *Charles A. Lindbergh and the Battle Against American Intervention in World War II.* New York: Harcourt Brace Jovanovich, 1974.

Collier, Peter, and David Horowitz. *The Kennedys: An American Drama.* New York: Summit, 1984.

Colville, Sir John Rupert. *The Fringes of Power: 10 Downing Street Diaries, 1939–1955*. New York: W. W. Norton, 1985.

Conant, Jennet. *Man of the Hour: James B. Conant, Warrior Scientist*. New York: Simon and Schuster, 2017.

Cooper, John Milton. *Breaking the Heart of the World: Woodrow Wilson and the Fight for the League of Nations*. Cambridge, UK: Cambridge University Press, 2001.

Costello, John. *The Pacific War*. New York: Rawson, Wade, 1981.

Costigliola, Frank. *Roosevelt's Lost Alliances: How Personal Politics Helped Start the Cold War*. Princeton, NJ: Princeton University Press, 2012.

Cott, Nancy, F. *Grounding of Modern Feminism*. New Haven, CT: Yale University Press, 1987.

Cox Richardson, Heather. *To Make Men Free: A History of the Republican Party*. Boulder, CO: Basic Books, 2014.

Craig, Campbell, and Fredrik Logevall. *America's Cold War: The Politics of Insecurity*. Cambridge, MA: Belknap Press of Harvard University Press, 2009.

Crosby, Alfred W. *America's Forgotten Pandemic: The Influenza of 1918*. Cambridge, UK: Cambridge University Press, 2003.

Crowley, John, William J. Smyth, and Mike Murphy, eds. *Atlas of the Great Irish Famine*. New York: New York University Press, 2012.

Cull, Nicholas J. *Selling War: The British Propaganda Against American "Neutrality" in World War II*. New York: Oxford University Press, 1995.

Cumings, Bruce. *The Korean War: A History*. New York: Modern Library, 2010.

Cutler, John Henry. *Honey Fitz: Three Steps to the White House: The Life and Times of John F. (Honey Fitz) Fitzgerald*. Indianapolis: Bobbs-Merrill, 1962.

Dallek, Robert. *Franklin D. Roosevelt and American Foreign Policy, 1932–1945*. New York: Oxford University Press, 1979.

———. *Lone Star Rising: Lyndon Johnson and His Times, 1908–1960*. New York: Oxford University Press, 1991.

———. *An Unfinished Life: John F. Kennedy, 1917–1963*. New York: Back Bay Books, 2003.

Damore, Leo. *The Cape Cod Years of John Fitzgerald Kennedy*. Englewood Cliffs, NJ: Prentice-Hall, 1967.

Davies, Norman. *No Simple Victory: World War II in Europe, 1939–1945*. New York: Viking, 2007.

Dittrich, Luke. *Patient H.M.: A Story of Memory, Madness, and Family Secrets*. New York: Random House, 2016.

Dobbs, Michael. *Six Months in 1945: FDR, Stalin, Churchill and Truman—From World War to Cold War*. New York: Knopf, 2012.

Doenecke, Justus D. *Storm on the Horizon*. Lanham, MD: Rowman and Littlefield, 2000.

Doenecke, Justus D., and John E. Wilz. *From Isolation to War: 1931–1941*. Hoboken, NJ: Wiley-Blackwell, 2015.

Doherty, Thomas Patrick. *Cold War, Cool Medium: Television, McCarthyism, and American Culture*. New York: Columbia University Press, 2003.

Dolan, Jay P. *The Irish Americans: A History*. New York: Bloomsbury, 2008.

Domagalski, John J. *Dark Water: The Story of Three Officers and PT-109*. Havertown, PA: Casemate, 2014.

Donovan, Robert J. *PT 109: John F. Kennedy in World War II*. New York: McGraw-Hill, 1961.

Doyle, William. *PT 109: An American Epic of War, Survival, and the Destiny of John F. Kennedy*. New York: William Morrow, 2015.

Eckes, Alfred E., and Thomas W. Zeiler. *Globalization and the American Century*. Cambridge, UK: Cambridge University Press, 2003.

Edwards, Bob. *Edward R. Murrow and the Birth of Broadcast Journalism*. Hoboken, NJ: Wiley, 2004.

Engel, Jeffrey A., and Thomas J. Knock. *When Life Strikes the President: Scandal, Death, and Illness in the White House*. New York: Oxford University Press, 2017.

Etkind, Aleksandr. *Roads Not Taken: An Intellectual Biography of William C. Bullitt*. Pittsburgh: University of Pittsburgh Press, 2017.

Evans, Harold. *The American Century*. New York: Knopf, 1998.

Evans, Richard J. *The Coming of the Third Reich*. New York: Penguin, 2004.

———. *The Third Reich in Power, 1933–1939*. New York: Penguin, 2005.

Faber, David. *Munich 1938: Appeasement and World War II*. New York: Simon and Schuster, 2009.

Fanta, J. Julius. *Sailing with President Kennedy: The White House Yachtsman*. New Jersey: Sea Lore, 1968.

Farber, David. *The Rise and Fall of Modern American Conservatism*. Princeton, NJ: Princeton University Press, 2010.

Farley, James Aloysius. *Jim Farley's Story: The Roosevelt Years*. New York: Whittlesey House, 1948.

Farrell, John A. *Richard Nixon: The Life*. New York: Doubleday, 2017.

———. *Tip O'Neill and the Democratic Century*. Boston: Little, Brown, 2001.

Farris, Scott. *Inga: Kennedy's Great Love, Hitler's Perfect Beauty, and J. Edgar Hoover's Prime Suspect*. Guilford, CT: Lyons Press, 2016.

Fay, Paul B. *The Pleasure of His Company*. New York: Harper and Row, 1966.

Fenby, Jonathan. *Alliance: The Inside Story of How Roosevelt, Stalin and Churchill Won One War and Began Another*. New York: Simon and Schuster, 2006.

Ferguson, Niall. *The Pity of War: Explaining World War I*. New York: Basic Books, 1999.

————. *The War of the World: Twentieth-Century Conflict and the Descent of the West*. New York: Penguin, 2006.

Fite, Gilbert Courtland. *Richard B. Russell, Jr., Senator from Georgia*. Chapel Hill: University of North Carolina Press, 1991.

Flood, Richard T. *The Story of Noble and Greenough School 1886–1966*. Dedham, MA: Noble and Greenough School, 1966.

Foner, Eric. *Reconstruction: America's Unfinished Revolution, 1863–1877*. New York: HarperPerennial, 2014.

Foot, Rosemary. *A Substitute for Victory: The Politics of Peacemaking at the Korean Armistice Talks*. Ithaca, NY: Cornell University Press, 1990.

Fort, Adrian. *Nancy: The Story of Lady Astor*. London: Jonathan Cape, 2012.

Frank, Jeffrey. *Ike and Dick: Portrait of a Strange Political Marriage*. New York: Simon and Schuster, 2013.

Frank, Richard B. *Downfall: The End of the Imperial Japanese Empire*. New York: Random House, 1999.

Freedman, Max. *Roosevelt and Frankfurter: Their Correspondence*. Boston: Little, Brown, 1967.

Freeland, Richard M. *The Truman Doctrine and the Origins of McCarthyism: Foreign Policy, Domestic Politics, and Internal Security, 1946–1948*. New York: New York University Press, 1985.

Fried, Richard M. *Men Against McCarthy*. New York: Columbia University Press, 1976.

Fullilove, Michael. *Rendezvous with Destiny*. New York: Penguin, 2013.

Gabler, Neal. *Winchell: Gossip, Power, and the Culture of Celebrity*. New York: Knopf, 1994.

Gaddis, John Lewis. *George F. Kennan: An American Life*. New York: Penguin, 2011.

————. *On Grand Strategy*. New York: Penguin, 2018.

————. *Strategies of Containment: A Critical Appraisal of American National Security Policy During the Cold War*. New York: Oxford University Press, 2005.

Galbraith, John Kenneth. *A Life in Our Times: Memoirs.* Boston: Houghton Mifflin, 1981.

Giglio, James N. *John F. Kennedy: A Bibliography.* Westport, CT: Greenwood, 1995.

Gillon, Steven M. *Pearl Harbor: FDR Leads the Nation into War.* New York: Basic Books, 2011.

Glantz, David, and Jonathan House. *To the Gates of Stalingrad: Soviet-German Combat Operations, April–August 1942.* Lawrence: University Press of Kansas, 2009.

Goodwin, Doris Kearns. *The Fitzgeralds and the Kennedys: An American Saga.* New York: Simon and Schuster, 1987.

Gorman, Joseph Bruce. *Kefauver: A Political Biography.* New York: Oxford University Press, 1971.

Gorodetsky, Gabriel. *Grand Delusion: Stalin and the German Invasion of Russia.* New Haven, CT: Yale University Press, 1999.

Graham, James W. *Victura: The Kennedys, a Sailboat, and the Sea.* Lebanon, NH: ForeEdge, 2014.

Greenberg, David. *Nixon's Shadow: The History of an Image.* New York: W. W. Norton, 2003.

———. *Republic of Spin: An Inside History of the American Presidency.* New York: W. W. Norton, 2016.

Gunther, John. *Inside Europe: Again Completely Revised.* New York: Harper & Brothers, 1937.

Guthman, Edwin O., and Jeffrey Shulman, eds. *Robert Kennedy, in His Own Words: The Unpublished Recollections of the Kennedy Years.* New York: Bantam, 1988.

Hagerty, James Campbell. *The Diary of James C. Hagerty: Eisenhower in Midcourse, 1954–1955.* Bloomington: Indiana University Press, 1983.

Halberstam, David. *The Best and the Brightest.* 20th anniversary ed. New York: Random House, 1992.

———. *The Coldest Winter: America and the Korean War.* New York: Hyperion, 2007.

———. *The Fifties.* New York: Villard Books, 1993.

Halley, Patrick S. *Dapper Dan.* CreateSpace Independent Publishing Platform, 2015.

Hamilton, Nigel. *JFK: Reckless Youth.* New York: Random House, 1992.

———. *The Mantle of Command: FDR at War, 1941–1942.* New York: Houghton Mifflin Harcourt, 2014.

————. *War and Peace: FDR's Final Odyssey, D-Day to Yalta, 1943–1945.* Boston: Houghton Mifflin Harcourt, 2019.

Handlin, Oscar. *Boston's Immigrants: 1790–1880.* Cambridge, MA: Harvard University Press, 1979.

————. *The Uprooted.* Philadelphia: University of Pennsylvania Press, 2002.

Harbutt, Fraser J. *Yalta 1945: Europe and America at the Crossroads.* New York: Cambridge University Press, 2010.

Hasegawa, Tsuyoshi. *Racing the Enemy: Stalin, Truman, and the Surrender of Japan.* Cambridge, MA: Belknap Press of Harvard University Press, 2005.

Hastings, Max. *Inferno: The World at War, 1939–1945.* New York: Knopf, 2011.

Heinrichs, Waldo H. *Threshold of War.* New York: Oxford University Press, 1988.

Helleiner, Eric. *Forgotten Foundations of Bretton Woods: International Development and the Making of the Postwar Order.* Ithaca, NY: Cornell University Press, 2014.

Hellman, John. *The Kennedy Obsession: The American Myth of JFK.* New York: Columbia University Press, 1997.

Henry, Richard. *Eleanor Roosevelt and Adlai Stevenson.* New York: Palgrave Macmillan, 2010.

Herman, Arthur. *Freedom's Forge: How American Business Produced the Victory in World War II.* New York: Random House, 2012.

Herring, George C. *From Colony to Superpower: U.S. Foreign Relations Since 1776.* New York: Oxford University Press, 2011.

Herrmann, Dorothy. *Anne Morrow Lindbergh: A Gift for Life.* New York: Ticknor & Fields, 1992.

Hersh, Seymour. *The Dark Side of Camelot.* Boston: Little, Brown, 1997.

Hershberg, James. *James B. Conant: Harvard to Hiroshima and the Making of the Nuclear Age.* New York: Knopf, 1993.

Herzstein, Robert E. *Henry Luce, Time, and the American Crusade in Asia.* New York: Cambridge University Press, 2005.

————. *Henry R. Luce: A Political Portrait of the Man Who Created the American Century.* New York: Scribners, 1994.

Hess, Stephen. *America's Political Dynasties: From Adams to Clinton.* Washington, DC: Brookings, 2016.

Hessen, Robert. *Berlin Alert.* Stanford, CA: Hoover Institution, 1984.

Heymann, C. David. *A Woman Named Jackie.* New York: L. Stuart, 1989.

Higham, Charles. *Rose: The Life and Times of Rose Fitzgerald Kennedy*. New York: Pocket, 1995.

Hitchcock, William I. *The Age of Eisenhower: America and the World in the 1950s*. New York: Simon and Schuster, 2018.

———. *The Bitter Road to Freedom: A New History of the Liberation of Europe*. New York: Free Press, 2008.

———. *The Struggle for Europe: The Turbulent History of a Divided Continent, 1945–2002*. New York: Doubleday, 2003.

Hobsbawm, Eric. *Age of Extremes: A History of the World, 1914–1991*. New York: Pantheon, 1994.

Hoffman, Bruce. *Anonymous Soldiers: The Struggle for Israel, 1917–1947.* New York: Knopf, 2015.

Hofstadter, Richard. *Anti-Intellectualism in American Life*. New York: Knopf, 1963.

Hogan, Michael J. *The Afterlife of John Fitzgerald Kennedy: A Biography*. New York: Cambridge University Press, 2017.

Holt, L. Emmett, Jr. *The Care and Feeding of Children: A Catechism for the Use of Mothers and Children's Nurses*. New York: Appleton Century, 1935.

Hoopes, Townsend, and Douglas Brinkley. *Driven Patriot: The Life and Times of James Forrestal*. New York: Knopf, 1992.

Hopkins, Michael F. *Dean Acheson and the Obligations of Power*. Lanham, MD: Rowman & Littlefield, 2017.

Hotta, Eri. *Japan 1941: Countdown to Infamy*. New York: Knopf, 2013.

Hull, Cordell. *The Memoirs of Cordell Hull*. Vol. 1. New York: Macmillan, 1948.

Hunt, Amber, and David Batcher. *The Kennedy Wives: Triumph and Tragedy in America's Most Public Family*. Guilford, CT: Lyons Press, 2015.

Hynes, Samuel Lynn. *The Soldiers' Tale: Bearing Witness to Modern War*. New York: Penguin, 1997.

Immerwahr, Daniel. *How to Hide an Empire: A History of the Greater United States*. New York: Farrar, Straus and Giroux, 2019.

Isaacson, Walter, and Evan Thomas. *The Wise Men: Six Friends and the World They Made*. New York: Simon and Schuster, 1986.

Jackson, Julian. *The Fall of France: The Nazi Invasion of 1940*. Oxford: Oxford University Press, 2003.

James, Harold Douglas. *Europe Reborn: A History, 1914–2000*. Harlow, UK: Longman, 2003.

Jonas, Manfred. *Isolationism in America, 1935–1941*. Ithaca, NY: Cornell University Press, 1966.

Kabaservice, Geoffrey. *Rule and Ruin: The Downfall of Moderation and the Destruction of the Republican Party*. New York: Oxford University Press, 2012.

Kagan, Robert. *The World America Made*. New York: Knopf, 2012.

Kaiser, David. *No End Save Victory: How FDR Led the Nation into War*. New York: Basic Books, 2014.

Kamensky, Jane, et al. *A People and a Nation: A History of the United States*. 8th ed. Boston: Cengage, 2019.

Kaplan, Alice Yaeger. *Dreaming in French: The Paris Years of Jacqueline Bouvier Kennedy, Susan Sontag, and Angela Davis*. Chicago: University of Chicago Press, 2012.

Karabel, Jerome. *The Chosen: The Hidden History of Admission and Exclusion at Harvard, Yale, and Princeton*. Boston: Houghton Mifflin, 2005.

Karabell, Zachary. *The Last Campaign: How Harry Truman Won the 1948 Election*. New York: Knopf, 2000.

Karr, Ronald Dale. *Between City and Country: Brookline, Massachusetts, and the Origins of Suburbia*. Amherst: University of Massachusetts Press, 2018.

Kashner, Sam, and Nancy Schoenberger. *The Fabulous Bouvier Sisters: The Tragic and Glamorous Lives of Jackie and Lee*. New York: HarperCollins, 2018.

Katznelson, Ira. *Fear Itself: The New Deal and the Origins of Our Time*. New York: Liveright, 2013.

Kazin, Michael. *War Against War: The American Fight for Peace, 1914–1918*. New York: Simon and Schuster, 2017.

Keating, Bern. *The Mosquito Fleet*. New York: Putnam, 1963.

Keegan, John. *The Second World War*. London: Hutchinson, 1989.

Kelley, Kitty. *Jackie Oh!* Secaucus, NJ: Lyle Stuart, 1978.

Kelly, John. *The Graves Are Walking: The Great Famine and the Saga of the Irish People*. New York: Henry Holt, 2012.

Kennan, George, F. *Memoirs 1925–1950*. Boston: Little Brown, 1967.

Kennedy, David M. *Freedom from Fear: The American People in Depression and War, 1929–1945*. New York: Oxford University Press, 2001.

———. *Over Here: The First World War and American Society*. New York: Oxford University Press, 2004.

Kennedy, Edward M. *True Compass: A Memoir*. New York: Twelve, 2009.

Kennedy, Jacqueline, and Michael Beschloss. *Jacqueline Kennedy: Historic Conversations on Life with John F. Kennedy*. New York: Hyperion, 2011.

Kennedy, John F. *Prelude to Leadership: The Post-War Diary of John F. Kennedy*. Edited by Deirdre Henderson. Washington, DC: Regnery, 1997.

———. *Profiles in Courage.* 50th anniversary ed. New York: Harper Perennial, 2006. First published by Harper, 1956.

———. *Why England Slept.* New York: Wilfred Funk, 1961. First published 1940.

Kennedy, Joseph P. *I'm for Roosevelt.* New York: Reynal & Hitchcock, 1936.

Kennedy, Paul. *The Rise and Fall of the Great Powers: Economic Change and Military Conflict from 1500 to 2000.* New York: Random House, 1987.

———. *Victory at Sea.* New Haven, CT: Yale University Press, forthcoming 2021.

Kennedy, Rose Fitzgerald. *Times to Remember.* New York: Doubleday, 1974.

Kennedy, Ross A. *The Will to Believe: Woodrow Wilson, World War I, and America's Strategy for Peace and Security.* Kent, OH: Kent State University Press, 2009.

Kenny, Kevin. *The American Irish: A History.* Essex, UK: Pearson, 2000.

Kershaw, Ian. *Fateful Choices: Ten Decisions That Changed the World, 1940–1941.* New York: Penguin, 2007.

———. *Hitler, 1889–1936: Hubris.* New York: W. W. Norton, 2000.

———. *Hitler, 1936–1945: Nemesis.* New York: W. W. Norton, 2001.

———. *To Hell and Back: Europe 1914–1949.* New York: Penguin, 2015.

Kessler, Ronald. *Sins of the Father: Joseph P. Kennedy and the Dynasty He Founded.* New York: Warner, 1996.

Ketchum, Richard M. *The Borrowed Years, 1938–1941: America on the Way to War.* New York: Random House, 1989.

Keynes, John Maynard. *The Economic Consequences of the Peace.* New York: Harcourt, Brace, and Howe, 1920.

Kimball, Warren F. *Churchill and Roosevelt: The Complete Correspondence.* 3 vols. Princeton, NJ: Princeton University Press, 1984.

———. *Forged in War: Roosevelt, Churchill, and the Second World War.* New York: William Morrow, 1997.

———. *The Juggler: Franklin Roosevelt as Wartime Statesman.* Princeton, NJ: Princeton University Press, 1991.

Klein, Edward. *All Too Human: The Love Story of Jack and Jackie Kennedy.* New York: Pocket Books, 1996.

Knock, Thomas. *To End All Wars: Woodrow Wilson and the Quest for a New World Order.* Princeton, NJ: Princeton University Press, 1995.

Kolata, Gina. *Flu: The Story of the Great Influenza Pandemic of 1918 and the Search for the Virus That Caused It.* New York: Farrar, Straus and Giroux, 1999.

Koskoff, David E. *Joseph P. Kennedy: A Life and Times*. Englewood Cliffs, NJ: Prentice-Hall, 1974.

Kotkin, Stephen. *Stalin*. Vol. 2, *Waiting for Hitler*. New York: Penguin, 2017.

Kramnick, Isaac, and Barry Sheerman. *Harold Laski: A Life on the Left*. London: Hamish Hamilton, 1993.

Krock, Arthur. *Memoirs: Sixty Years on the Firing Line*. New York: Funk & Wagnalls, 1968.

Kurth, Peter. *American Cassandra: The Life of Dorothy Thompson*. Boston: Little, Brown, 1990.

Kynaston, David. *Austerity Britain, 1945–51*. New York: Walker, 2008.

LaFeber, Walter. *The American Age: U.S. Foreign Policy at Home and Abroad*. Vol. 2. New York: W. W. Norton, 1994.

Langer, William L., and S. Everett Gleason. *The Challenge to Isolation: The World Crisis of 1937–1940 and American Foreign Policy*. New York: Harper and Row, 1952.

Larson, Kate Clifford. *Rosemary: The Hidden Kennedy Daughter*. Boston: Mariner, 2015.

Lash, Joseph P. *From the Diaries of Felix Frankfurter*. New York: W. W. Norton, 1975.

Lasky, Victor. *J.F.K.: The Man and the Myth*. New York: Macmillan, 1963.

Leamer, Laurence. *The Kennedy Men: 1901–1963*. New York: William Morrow, 2001.

———. *The Kennedy Women: The Saga of an American Family*. New York: Villard, 1994.

Leaming, Barbara. *Jack Kennedy: Education of a Statesman*. New York: W. W. Norton, 2006.

———. *Jacqueline Bouvier Kennedy Onassis: The Untold Story*. New York: Thomas Dunne Books/St. Martin's, 2014.

———. *Mrs. Kennedy: The Missing History of the Kennedy Years*. Riverside, CA: Free Press, 2002.

Leffler, Melvyn P. *A Preponderance of Power: National Security, the Truman Administration, and the Cold War*. Stanford, CA: Stanford University Press, 1992.

Lelyveld, Joseph. *His Final Battle: The Last Months of Franklin Roosevelt*. New York: Knopf, 2016.

Lemann, Nicholas. *The Big Test: The Secret History of the American Meritocracy*. New York: Farrar, Straus and Giroux, 1999.

————. *Redemption: The Last Battle of the Civil War*. New York: Farrar, Straus and Giroux, 2006.

Lepore, Jill. *These Truths: A History of the United States*. New York: W. W. Norton, 2018.

Leuchtenburg, William E. *In the Shadow of FDR: From Harry Truman to Barack Obama*. Ithaca, NY: Cornell University Press, 2009.

Levingston, Steven. *Kennedy and King: The President, the Pastor, and the Battle Over Civil Rights*. New York: Hachette, 2017.

Lewis, David Levering. *The Improbable Wendell Willkie: The Businessman Who Saved the Republican Party and His Country, and Conceived a New World Order*. New York: Liveright, 2018.

Lichtenstein, Nelson. *State of the Union: A Century of American Labor*. Princeton, NJ: Princeton University Press, 2002.

Liddell Hart, Sir Basil Henry. *History of the Second World War*. London: Pan Books, 1973.

Lincoln, Evelyn. *My Twelve Years with John F. Kennedy*. New York: D. McKay, 1965.

Lind, Michael. *The American Way of Strategy*. New York: Oxford University Press, 2006.

Lindbergh, Anne Morrow. *War Within and Without: Diaries and Letters of Anne Morrow Lindbergh, 1939–1944*. New York: Harcourt Brace Jovanovich, 1980.

Lindbergh, Charles A. *The Wartime Journals of Charles A. Lindbergh*. San Diego: Harcourt Brace Jovanovich, 1970.

Ling, Peter John. *John F. Kennedy*. New York: Routledge, Taylor & Francis, 2013.

Lodge, Henry Cabot. *The Storm Has Many Eyes: A Personal Narrative*. New York: W. W. Norton, 1973.

Logevall, Fredrik. *Embers of War: The Fall of an Empire and the Making of America's Vietnam*. New York: Random House, 2012.

Longley, Kyle. *Senator Albert Gore, Sr.: Tennessee Maverick*. Baton Rouge, LA: LSU Press, 2004.

Lubrich, Oliver, ed. *John F. Kennedy Unter Deutschen: Reisetagebucher und Briefe, 1937–1945*. Berlin: Aufbau, 2013.

Lukacs, John. *Five Days in London, May 1940*. New Haven, CT: Yale University Press, 1999.

MacMillan, Margaret. *Paris 1919: Six Months That Changed the World*. New York: Random House, 2002.

————. *The War That Ended Peace: The Road to 1914*. New York: Random House, 2013.

MacNiven, Ian S. *Literchoor Is My Beat: A Life of James Laughlin, Publisher of New Directions*. New York: Farrar, Straus and Giroux, 2014.

Mahomey, Richard D. *Sons and Brothers: The Days of Jack and Bobby Kennedy*. New York: Arcade, 1999.

Maier, Charles. *Among Empires: American Ascendancy and Its Predecessors*. Cambridge, MA: Harvard University Press, 2006.

Maier, Thomas. *The Kennedys: America's Emerald Kings*. New York: Basic Books, 2003.

————. *When Lions Roar: The Churchills and the Kennedys*. New York: Crown, 2014.

Manchester, William. *The Glory and the Dream: A Narrative History of America, 1932–1972*. Boston: Little, Brown, 1974.

————. *One Brief Shining Moment: Remembering Kennedy*. Boston: Little, Brown, 1983.

————. *Portrait of a President*. Boston: Little, Brown, 1967.

Mann, Robert. *A Grand Delusion: America's Descent into Vietnam*. New York: Basic Books, 2001.

Martin, John Bartlow. *Adlai Stevenson and the World: The Life of Adlai E. Stevenson*. Garden City, NY: Doubleday, 1977.

————. *Adlai Stevenson of Illinois: The Life of Adlai E. Stevenson*. New York: Doubleday, 1976.

Martin, Ralph G. *Ballots and Bandwagons*. Chicago: Rand McNally, 1964.

————. *A Hero for Our Time: An Intimate Story of the Kennedy Years*. New York: Macmillan, 1983.

Martin, Ralph, and Ed Plaut. *Front Runner, Dark Horse*. New York: Doubleday, 1960.

Matthews, Chris. *Bobby Kennedy: A Raging Spirit*. New York: Simon and Schuster, 2017.

————. *Jack Kennedy: Elusive Hero*. New York: Simon and Schuster, 2011.

————. *Kennedy and Nixon: The Rivalry That Shaped Postwar America*. New York: Simon and Schuster, 1996.

May, Ernest R. *American Cold War Strategy: Interpreting NSC 68*. Boston: Bedford, 1993.

————. *Strange Victory: Hitler's Conquest of France*. New York: Hill and Wang, 2001.

Mayers, David Allan. *FDR's Ambassadors and the Diplomacy of Crisis: From* the Rise of Hitler to the End of World War II. Cambridge, UK: Cambridge University Press, 2013.

Mazower, Mark. *Dark Continent: Europe's Twentieth Century*. New York: Knopf, 1998.

McCarthy, Joe. *The Remarkable Kennedys, 1915–1980*. New York: Dial Press, 1960.

McClellan, David S. *Dean Acheson: The State Department Years*. New York: Dodd, Mead, 1976.

McCullough, David G. *Truman*. New York: Simon and Schuster, 1992.

McGirr, Lisa. *The War on Alcohol: Prohibition and the Rise of the American State*. New York: W. W. Norton, 2016.

McKeever, Porter. *Adlai Stevenson: His Life and Legacy*. New York: William Morrow, 1989.

McMahon, Robert J., ed. *Major Problems in the History of the Vietnam War*. Lexington, MA: D.C. Heath, 1990.

McMeekin, Sean. *July 1914: Countdown to War*. New York: Basic Books, 2013.

McNamara, Eileen. *Eunice: The Kennedy Who Changed the World*. New York: Simon and Schuster, 2018.

McSweeney, Dean, and John E. Owens, eds. *The Republican Takeover of Congress*. New York: St. Martin's, 1998.

McTaggart, Lynne. *Kathleen Kennedy: Her Life and Times*. New York: Doubleday, 1983.

Meacham, Jon. *Franklin and Winston: An Intimate Portrait of an Epic Friendship*. New York: Random House, 2003.

Mendelson, Edward. *Later Auden*. New York: Farrar, Straus and Giroux, 1999.

Meyers, Joan Simpson. *As We Remember Him*. New York: Atheneum, 1965.

Michaelis, David. *The Best of Friends: Portraits of Extraordinary Friendships*. New York: William Morrow, 1983.

Miller, Kerby A. *Emigrants and Exiles: Ireland and the Irish Exodus to North America*. New York: Oxford University Press, 1985.

Miller, Merle, ed. *Plain Speaking: An Oral Biography of Harry S. Truman*. New York: Berkley, 1974.

Miller, William J. *Henry Cabot Lodge: A Biography*. New York: Heineman, 1967.

Milne, David. *Worldmaking: The Art and Science of American Diplomacy*. New York: Farrar, Straus and Giroux, 2015.

Miscamble, Wilson. *From Roosevelt to Truman: Potsdam, Hiroshima, and the Cold War*. Cambridge, UK: Cambridge University Press, 2007.

Mitchell, Greg. *Tricky Dick and the Pink Lady: Richard Nixon vs. Helen Gahagan Douglas—Sexual Politics and the Red Scare, 1950*. New York: Random House, 1998.

Mitter, Rana. *Forgotten Ally: China's World War II, 1937–1945*. Boston: Houghton Mifflin Harcourt, 2013.

Moe, Richard. *Roosevelt's Second Act: The Election of 1940 and the Politics of War*. New York: Oxford University Press, 2013.

Moley, Raymond. *After Seven Years*. New York: Harper & Brothers, 1939.

Moorhouse, Roger. *The Devil's Alliance: Hitler's Pact with Stalin, 1939–1941*. New York: Basic, 2014.

Morison, Samuel Eliot. *Three Centuries of Harvard, 1636–1936*. Cambridge, MA: Harvard University Press, 1936.

Morris, Sylvia Jukes. *Rage for Fame: The Ascent of Clare Boothe Luce*. New York: Random House, 1997.

Morrow, Lance. *The Best Year of Their Lives: Kennedy, Johnson, and Nixon in 1948: Learning the Secrets of Power*. New York: Basic Books, 2005.

Mosley, Charlotte. *The Mitfords: Letters Between Six Sisters*. New York: Harper, 2007.

Mosley, Leonard. *Lindbergh: A Biography*. Garden City, NY: Doubleday, 1976.

Muehlenbeck, Philip E. *Betting on the Africans: John F. Kennedy's Courting of African Nationalist Leaders*. New York: Oxford University Press, 2012.

Myrer, Anton. *The Last Convertible*. New York: Putnam, 1978.

Naimark, Norman. *Stalin and the Fate of Europe: The Postwar Struggle for Sovereignty*. Cambridge, MA: Harvard University Press, 2019.

Nasaw, David. *The Patriarch: The Remarkable Life and Turbulent Times of Joseph P. Kennedy*. New York: Penguin Press, 2012.

Neiberg, Michael. *The Path to War*. New York: Oxford University Press, 2016.

———. *Potsdam: The End of World War II and the Remaking of Europe*. New York: Basic Books, 2015.

Nelson, Garrison. *John William McCormack: A Political Biography*. New York: Bloomsbury Academic, 2017.

Nichols, Christopher McKnight. *Promise and Peril: America at the Dawn of a Global Age*. Cambridge, MA: Harvard University Press, 2015.

Nichols, David Allen. *Eisenhower 1956*. New York: Simon and Schuster, 2011.

————. *Ike and McCarthy: Dwight Eisenhower's Secret Campaign Against Joseph McCarthy*. New York: Simon and Schuster, 2017.

Nichter, Luke A. *The Last Brahmin: Henry Cabot Lodge Jr. and the Making of the Cold War*. New Haven, CT: Yale University Press, 2020.

Nicolson, Nigel, ed. *Harold Nicolson Diaries and Letters*. London: Collins, 1966.

Nixon, Richard M. *RN: The Memoirs of Richard Nixon*. New York: Grosset & Dunlap, 1978.

Norris, John. *Mary McGrory: The First Queen of Journalism*. New York: Viking, 2015.

Nunnerly, David. *President Kennedy and Britain*. New York: St. Martin's, 1972.

Nye, Joseph S. *Soft Power: The Means to Success in World Politics*. New York: Public Affairs, 2004.

O'Brien, Lawrence F. *No Final Victories: A Life in Politics—From John F. Kennedy to Watergate*. Garden City, NY: Doubleday, 1974.

O'Brien, Michael. *John F. Kennedy: A Biography*. New York: St. Martin's Press, 2005.

O'Connor, Thomas H. *The Boston Irish: A Political History*. Boston: Northeastern University Press, 1995.

O'Donnell, Helen. *The Irish Brotherhood: John F. Kennedy, His Inner Circle, and the Improbable Rise to the Presidency*. Berkeley, CA: Counterpoint, 2015.

O'Donnell, Kenneth P., and David F. Powers. *"Johnny, We Hardly Knew Ye": Memories of John Fitzgerald Kennedy*. Boston: Little, Brown, 1972.

Offner, Arnold A. *Hubert Humphrey: The Conscience of the Country*. New Haven, CT: Yale University Press, 2018.

Ó Gráda, Cormac, ed. *Ireland's Great Famine*. Dublin: University College Dublin, 2005.

Okrent, Daniel. *Last Call: The Rise and Fall of Prohibition*. New York: Scribner, 2010.

Oliphant, Thomas, and Curtis Wilkie. *The Road to Camelot: Inside JFK's Five-Year Campaign*. New York: Simon and Schuster, 2017.

Olsen, Jack. *Aphrodite: Desperate Mission*. New York: Putnam, 1970.

Olson, Lynne. *Those Angry Days: Roosevelt, Lindbergh, and America's Fight over World War II, 1939–1941*. New York: Random House, 2014.

O'Neill, Gerard. *Rogues and Redeemers: When Politics Was King in Irish Boston*. New York: Crown Publishers, 2012.

O'Neill, Tip. *Man of the House: The Life and Political Memoirs of Speaker Tip O'Neill*. New York: Random House, 1987.

Osgood, Kenneth. *Total Cold War: Eisenhower's Secret Propaganda Battle at Home and Abroad.* Lawrence: University Press of Kansas, 2006.

Oshinsky, David M. *A Conspiracy So Immense: The World of Joe McCarthy.* New York: Oxford University Press, 2005.

O'Toole, Patricia. *The Moralist: Woodrow Wilson and the World He Made.* New York: Simon and Schuster, 2018.

Overy, Richard. *1939: Countdown to War.* New York: Allen Lane, 2009.

————. *Twilight Years: The Paradox of Britain Between the Wars.* New York: Penguin, 2010.

Parker, R.A.C. *Chamberlain and Appeasement: British Policy and the Coming of the Second World War.* New York: St. Martin's, 1993.

Parker, Richard. *John Kenneth Galbraith: His Life, His Politics, His Economics.* New York: Farrar, Straus and Giroux, 2015.

Parmet, Herbert S. *Jack: The Struggles of John F. Kennedy.* New York: Dial Press, 1980.

Paterson, Thomas G., et al. *American Foreign Relations: A History.* Vol. 1, *To 1920.* 8th ed. Stamford, CT: Cengage Learning, 2015.

Patterson, James T. *Grand Expectations: The United States, 1945–1974.* New York: Oxford University Press, 1996.

————. *Mr. Republican: A Biography of Robert A. Taft.* Boston: Houghton Mifflin, 1972.

Perlmutter, Amos. *FDR and Stalin: A Not So Grand Alliance, 1943–1945.* Columbia: University of Missouri Press, 1993.

Perret, Geoffrey. *Jack: A Life Like No Other.* New York: Random House, 2001.

Perry, Barbara Ann. *Jacqueline Kennedy: First Lady of the New Frontier.* Lawrence: University Press of Kansas, 2004.

————. *Rose Kennedy: The Life and Times of a Political Matriarch.* New York: W. W. Norton, 2013.

Peterson, Mark. *The City-State of Boston: The Rise and Fall of an Atlantic Power, 1630–1865.* Princeton, NJ: Princeton University Press, 2019.

Pitts, David. *Jack and Lem: John F. Kennedy and Lem Billings: The Untold Story of an Extraordinary Friendship.* Boston: Da Capo, 2009.

Plokhy, Serhii. *Yalta: The Price of Peace.* New York: Viking, 2010.

Porter, Roy. *The Greatest Benefit to Mankind: A Medical History of Humanity.* New York: W. W. Norton, 1997.

Prados, John. *The Sky Would Fall: Operation Vulture, the U.S. Bombing Mission in Indochina, 1954.* New York: Dial Press. 1983.

Preston, Diana. *Eight Days at Yalta: How Churchill, Roosevelt, and Stalin Shaped the Post-War World.* New York: Atlantic Monthly, 2020.

Prior, Robin, and Trevor Wilson. *The Somme*. New Haven, CT: Yale University Press, 2005.

Puleo, Stephen. *A City So Grand: The Rise of an American Metropolis, Boston 1850–1900*. Boston: Beacon, 2010.

Quétel, Claude. *L'Impardonnable Défaite: 1918–1940*. Paris: Lattès, 2009.

Rakove, Robert B. *Kennedy, Johnson, and the Nonaligned World*. New York: Cambridge University Press, 2012.

Rauchway, Eric. *The Money Makers: How Roosevelt and Keynes Ended the Depression, Defeated Fascism, and Secured a Prosperous Peace*. New York: Basic Books, 2015.

Rawson, Michael. *Eden on the Charles: The Making of Boston*. Cambridge, MA: Harvard University Press, 2010.

Reeves, Thomas C. *A Question of Character: A Life of John F. Kennedy*. New York: Free Press, 1991.

Renehan, Edward J., Jr. *The Kennedys at War*. New York: Doubleday, 2002.

Reston, James. *Deadline: A Memoir*. New York: Random House, 1991.

Reynolds, David. *From Munich to Pearl Harbor*. Chicago: Ivan R. Dee, 2001.

———. *The Long Shadow: The Great War and the Twentieth Century*. New York: Simon and Schuster, 2013.

———. *Summits*. New York: Basic Books, 2009.

Riva, Maria. *Marlene Dietrich: The Life*. New York: Knopf, 1993.

Roberts, Andrew. *Churchill: Walking with Destiny*. New York: Viking, 2018.

———. *The Storm of War: A New History of the Second World War*. London and New York: Allen Lane, 2011.

Roberts, Geoffrey. *Stalin's Wars: From World War to Cold War, 1939–1953*. New Haven, CT: Yale University Press, 2008.

Roberts, John Morris. *Twentieth Century: The History of the World, 1901 to 2000*. New York: Viking, 1999.

Roosevelt, James. *My Parents: A Differing View*. Chicago: Playboy Press, 1976.

Rosenberg, Emily S. *A Date Which Will Live: Pearl Harbor in American Memory*. Durham, NC: Duke University Press, 2003.

Rostow, W. W. *The World Economy: History and Prospect*. Austin: University of Texas Press, 1978.

Rovere, Richard H. *Senator Joe McCarthy*. New York: Harper & Row, 1959.

Rubin, Gretchen. *Forty Ways to Look at JFK*. New York: Ballantine, 2005.

Sabato, Larry. *The Kennedy Half-Century: The Presidency, Assassination, and Lasting Legacy of John F. Kennedy*. New York: Bloomsbury, 2013.

Sandford, Christopher. *Union Jack: John F. Kennedy's Special Relationship with Great Britain*. Lebanon, NH: ForeEdge, 2017.

Sandler, Martin W., ed. *The Letters of John F. Kennedy*. New York: Bloomsbury, 2015.

Sansom, Ian. *September 1, 1939: A Biography of a Poem*. New York: HarperCollins, 2019.

Savage, Sean J. *The Senator from New England: The Rise of JFK*. Albany: State University of New York Press, 2015.

Schlesinger, Andrew. *Veritas*. Chicago: Ivan R. Dee, 2007.

Schlesinger, Arthur M., Jr. *Journals, 1952–2000*. New York: Penguin Press, 2007.

————. *The Imperial Presidency*. Boston: Houghton Mifflin, 1973.

————. *The Letters of Arthur Schlesinger, Jr*. Edited by Andrew Schlesinger and Stephen C. Schlesinger. New York: Random House, 2013.

————. *A Life in the 20th Century*. New York: Mariner, 2002.

————. *Robert Kennedy and His Times*. Boston: Houghton Mifflin, 1978.

————. *A Thousand Days: John F. Kennedy in the White House*. Boston: Houghton Mifflin, 1965.

Schlesinger, Stephen C. *Act of Creation: The Founding of the United Nations*. Boulder, CO: Westview, 2003.

Schleunes, Karl A. *The Twisted Road to Auschwitz: Nazi Policy Toward German Jews, 1933–1939*. Urbana: University of Illinois Press, 1990.

Schoor, Gene. *Young John Kennedy*. New York: Harcourt, Brace and World, 1963.

Schrecker, Ellen. *Many Are the Crimes: McCarthyism in America*. Boston: Little, Brown, 1998.

Searls, Hank. *The Lost Prince: Young Joe, the Forgotten Kennedy*. New York: World, 1969.

Self, Robert C. *Neville Chamberlain: A Biography*. Burlington, VT: Ashgate, 2006.

————. *The Neville Chamberlain Diary Letters*. Vol. 4, *The Downing Street Years*. Burlington, VT: Ashgate, 2005.

Selverstone, Marc J. *Constructing the Monolith: The United States, Great Britain, and International Communism, 1945–1950*. Cambridge, MA: Harvard University Press, 2009.

Sexton, Jay. *A Nation Forged by Crisis: A New American History*. New York: Basic Books, 2018.

Shaw, John. *JFK in the Senate: The Pathway to the Presidency*. New York: Palgrave Macmillan, 2013.

Shirer, William L. *Berlin Diary: The Journal of a Foreign Correspondent, 1934–1941*. New York: Knopf, 1941.

Simms, Brendan. *Hitler: A Global Biography*. New York: Basic Books, 2019.

Smith, Amanda, ed. *Hostage to Fortune: The Letters of Joseph P. Kennedy*. New York: Viking, 2001.

Smith, Gaddis. *American Diplomacy During the Second World War, 1941–1945*. 2nd ed. New York: Knopf, 1985.

———. *Dean Acheson*. New York: Cooper Square, 1972.

Smith, Jean Edward. *Eisenhower: In War and Peace*. New York: Random House, 2012.

———. *FDR*. New York: Random House, 2007.

Smith, Jean Kennedy. *The Nine of Us: Growing Up Kennedy*. New York: Harper, 2016.

Smith, Richard Norton. *The Colonel: The Life and Legend of Robert R. McCormick, 1880–1955*. Boston: Houghton Mifflin, 1997.

———. *The Harvard Century: The Making of a University to a Nation*. New York: Simon and Schuster, 1986.

Smith, Sally Bedell. *Grace and Power: The Private World of the Kennedy White House*. New York: Random House, 2004.

Smith, Stephen Kennedy, and Douglas Brinkley, eds. *JFK: A Vision for America in Words and Pictures*. New York: Harper, 2017.

Sorensen, Theodore C. *Counselor: A Life at the Edge of History*. New York: Harper, 2008.

———. *Kennedy*. New York: Harper & Row, 1965.

Spector, Ronald H. *Eagle Against the Sun: The American War with Japan*. New York: Free Press, 1985.

Spoto, Donald. *Jacqueline Bouvier Kennedy Onassis: A Life*. New York: St. Martin's, 2000.

Stack, Robert. *Straight Shooting*. New York: Macmillan, 1980.

Stansky, Peter. *The First Day of the Blitz: September 7, 1940*. New Haven, CT: Yale University Press, 2007.

Stead, William T. *The Americanization of the World*. Whitefish, MT: Kessinger,1901.

Steel, Ronald. *Walter Lippmann and the American Century*. Boston: Little, Brown, 1980.

Steil, Benn. *The Battle of Bretton Woods: John Maynard Keynes, Harry Dexter White, and the Making of a New World Order*. Princeton, NJ: Princeton University Press, 2013.

———. *The Marshall Plan: Dawn of the Cold War*. New York: Simon and Schuster, 2018.

Stein, Jean, ed. *American Journey: The Times of Robert Kennedy*. New York: Harcourt Brace Jovanovich, 1970.

Steiner, Zara. *The Triumph of the Dark: European International History 1933–1939*. Oxford: Oxford University Press, 2011.

Stern, Sheldon M. *Averting "The Final Failure": John F. Kennedy and the Secret Cuban Missile Crisis Meetings*. Stanford, CA: Stanford University Press, 2003.

Stevenson, David. *1917: War, Peace, and Revolution*. Oxford: Oxford University Press, 2017.

———. *Cataclysm: The First World War as Political Tragedy*. New York: Basic Books, 2004.

Stinnett, Robert B. *Day of Deceit: The Truth About FDR and Pearl Harbor*. New York: Free Press, 2000.

Stokes, David R. *Capitol Limited: A Story about John Kennedy and Richard Nixon*. Create Space Independent Publishing, 2014.

Stoll, Ira. *JFK, Conservative*. Boston: Houghton Mifflin Harcourt, 2013.

Storrs, Landon R. Y. *The Second Red Scare and the Unmaking of the New Deal Left*. Princeton, NJ: Princeton University Press, 2013.

Stossel, Scott. *Sarge: The Life and Times of Sargent Shriver*. Washington, DC: Smithsonian, 2004.

Strachan, Hew. *The First World War*. New York: Viking, 2003.

Stueck, William W. *Rethinking the Korean War: A New Diplomatic and Strategic History*. Princeton, NJ: Princeton University Press, 2002.

Swanberg, W. A. *Luce and His Empire*. New York: Scribner, 1972.

Swanson, Gloria. *Swanson on Swanson*. New York: Random House, 1980.

Swift, Will. *The Kennedys Amidst the Gathering Storm: A Thousand Days in London, 1938–1940*. Washington, DC: Smithsonian, 2008.

Tanenhaus, Sam. *Whittaker Chambers: A Biography*. New York: Random House, 1997.

Taraborrelli, J. Randy. *Jackie, Janet & Lee: The Secret Lives of Janet Auchincloss and Her Daughters Jacqueline Kennedy Onassis and Lee Radziwill*. New York: St. Martin's, 2018.

Taylor, Alan John Percivale. *English History, 1914–1945*. New York: Oxford University Press, 1965.

Thayer, Mary Van Rensselaer. *Jacqueline Bouvier Kennedy*. Garden City, NY: Doubleday, 1961.

Thomas, Evan. *Being Nixon: A Man Divided*. New York: Random House, 2015.

———. *Robert Kennedy: His Life*. New York: Simon and Schuster, 2000.

———. *Sea of Thunder: Four Commanders and the Last Great Naval Campaign, 1941–1945*. New York: Simon and Schuster, 2006.

Thompson, John A. *A Sense of Power: The Roots of America's Global Role*. Ithaca, NY: Cornell University Press, 2015.

———. *Woodrow Wilson*. London: Longman, 2002.

Thompson, Laura. *The Six: The Lives of the Mitford Sisters*. New York: St. Martin's, 2016.

Thompson, Nicholas. *The Hawk and the Dove: Paul Nitze, George Kennan, and the History of the Cold War*. New York: Henry Holt, 2009.

Thompson, Robert E., and Hortense Meyers. *Robert F. Kennedy: The Brother Within*. New York: Macmillan, 1962.

Throntveit, Trygve. *Power Without Victory: Woodrow Wilson and the American Internationalist Experiment*. Chicago: University of Chicago Press, 2019.

Tierney, Gene. *Self Portrait*. New York: Wyden, 1979.

Tocqueville, Alexis de. *Democracy in America*. Edited by J. P. Mayer and Max Lerner. New York: Harper and Row, 1966.

Toledano, Ralph de. *R.F.K.: The Man Who Would Be President*. New York: G. P. Putnam's Sons, 1967.

Toll, Ian W. *The Conquering Tide: War in the Pacific Islands, 1942–1944*. New York: W. W. Norton, 2015.

———. *Pacific Crucible: War at Sea in the Pacific, 1941–1942*. New York: W. W. Norton, 2012.

Tooze, Adam. *The Deluge: The Great War, America and the Remaking of the Global Order, 1916–1931*. New York: Penguin, 2014.

Topping, Seymour. *On the Front Lines of the Cold War*. Baton Rouge: Louisiana State University Press, 2010.

Treglown, Jeremy. *Mr. Straight Arrow: The Career of John Hersey, Author of Hiroshima*. New York: Farrar, Straus and Giroux, 2019.

Tubridy, Ryan. *JFK in Ireland: Four Days That Changed a President*. Guilford, CT: Lyons Press, 2011.

Tye, Larry. *Bobby Kennedy: The Making of a Liberal Icon*. New York: Random House, 2016.

———. *Demagogue: The Life and Long Shadow of Senator Joe McCarthy*. Boston: Houghton Mifflin Harcourt, 2020.

Ulyatt, Michelle A. *Theodore Sorensen and the Kennedys*. New York: Palgrave Macmillan, 2019.

Vidal, Gore. *Palimpsest*. New York: Random House, 1995.

Vine, David. *Base Nation: How U.S. Military Bases Abroad Harm America and the World*. New York: Metropolitan/Henry Holt, 2015.

Vogel, Michelle. *Gene Tierney: A Biography*. Jefferson, NC: McFarland, 2005.

Von Post, Gunilla. *Love, Jack*. New York: Crown, 1997.

Wark, Wesley K. *The Ultimate Enemy: British Intelligence and Nazi Germany, 1933–1939*. Ithaca, NY: Cornell University Press, 1985.

Watson, John B. *The Psychological Care of Infant and Child*. New York: W. W. Norton, 1928.

Watt, Donald Cameron. *How War Came: The Immediate Origins of the Second World War*. New York: Pantheon, 1989.

Weinstein, Allen. *Perjury: The Hiss-Chambers Case*. 2nd ed. New York: Random House, 1997.

Weisbrode, Kenneth. *The Year of Indecision, 1946: A Tour Through the Crucible of Harry Truman's America*. New York: Viking, 2016.

Welles, Benjamin. *Sumner Welles: FDR's Global Strategist*. New York: St. Martin's, 1997.

Wells, Samuel F. *Fearing the Worst: How Korea Transformed the Cold War*. New York: Columbia University Press, 2019.

Westad, Odd Arne. *The Cold War: A World History*. New York: Basic Books, 2017.

Whalen, Richard J. *The Founding Father: The Story of Joseph P. Kennedy*. New York: New American Library, 1964.

Whalen, Thomas J. *Kennedy Versus Lodge: The 1952 Massachusetts Senate Race*. Boston: Northeastern University Press, 2000.

Wheeler-Bennett, John. *Special Relationships: America in Peace and War*. London: Macmillan, 1975.

Whipple, Chandler. *Small Ships, Courageous Men*. Uncommon Valor Press, 2015.

White, G. Edward. *Alger Hiss's Looking-Glass Wars: The Covert Life of a Soviet Spy*. New York: Oxford University Press, 2004.

White, Mark J. *Kennedy: A Cultural History of an American Icon*. New York: Bloomsbury, 2013.

White, Theodore Harold. *In Search of History*. New York: HarperCollins, 1978.

Whyte, Kenneth. *Hoover: An Extraordinary Life in Extraordinary Times*. New York: Knopf, 2017.

Wicker, Tom. *Shooting Star: The Brief Arc of Joe McCarthy*. New York: Harcourt, 2006.

Wilentz, Sean. *The Politicians and the Egalitarians: The Hidden History of American Politics*. New York: W. W. Norton, 2016.

Wills, Garry. *The Kennedy Imprisonment: A Meditation on Power*. Boston: Little, Brown, 1982.

Wilson, Page. *Carnage and Courage: A Memoir of FDR, the Kennedys, and World War II*. Newburyport, MA: Skyhorse Publishing, 2015.

Wilson, Theodore A. *The First Summit: Roosevelt and Churchill at Placentia Bay, 1941*. Lawrence: University Press of Kansas, 1991.

Woodham-Smith, Cecil. *The Great Hunger: Ireland: 1845–1849*. New York: Harper and Row, 1962.

Woolner, David B. *The Last Hundred Days: FDR at War and at Peace*. New York: Basic Books, 2017.

Wyman, David S. *Paper Walls: America and the Refugee Crisis, 1938–1941*. Amherst: University of Massachusetts Press, 1968.

Zakaria, Fareed. *From Wealth to Power: The Unusual Origins of America's World Role*. Princeton, NJ: Princeton University Press, 1998.

Zelikow, Philip, and Ernest May. *Suez Deconstructed: An Interactive Study in Crisis, War, and Peacemaking*. Washington, DC: Brookings, 2018.

Zelizer, Julian E. *Arsenal of Democracy: The Politics of National Security— from World War II to the War on Terrorism*. New York: Basic, 2009.

Zunz, Olivier. *Why the American Century?* Chicago: University of Chicago Press, 1998.

索 引

译后记

　　衷心感谢社会科学文献出版社甲骨文工作室（分社）的张金勇先生，让我承担重任，翻译此书，这是我们之间的第一次合作。我跟甲骨文的合作始于威廉·夏伊勒回忆录的第三卷。不过，那本书最初是为中国青年出版社翻译的，因而称不上真正意义上的第一次合作，这次才是！

　　同时也要感谢作者弗雷德里克·罗格瓦尔先生，感谢他在百忙中挤出时间解答我翻译过程中的一些疑惑，回答我的一些问题。

　　以前我从未通读过专门介绍或主要介绍肯尼迪的书。尽管如此，由于长期以来肯尼迪一直是个话题人物，我从各种渠道看到听到读到的关于他的官方消息和花边新闻乃至绯闻还真不少，也传播过关于他的信息。例如，早在 20 世纪 80 年代和 90 年代，我经常向学生们介绍，肯尼迪是电视时代在银屏上亮相后，因长相和做派深受美国女性选民喜爱而大幅度拉升得票率，扭转劣势击败竞争对手当选美国总统的第一人。不仅如此，入主白宫后，肯尼迪也因绯闻不断，却反而赢得了美国人民的更多喜爱！所以，肯尼迪不仅在美国始终是个话题人物，在中国亦如此。换句话说，他是大众熟知的历史人物。这样一个人物，已有的各种版本的传记肯定不少，即便本书是一部力作、新作，会有人喜欢吗？在浏览此书的过程中，我已经喜欢上此书，而且我当即认定，真应该将此书讲述的活脱脱的、真实的肯尼迪尽早介绍给广大中国读者。

在翻译过程中，我越来越喜欢此书，更盼着早日见到此书的第二卷。

此书主要有以下两个特点。

第一，史料丰富、全面、准确。关于这几点，不妨引用此书作者在前言里的一段表述："肯尼迪的生平充满传奇，迄今却鲜有人尝试写出介绍他的严肃的传记，全面的传记更是难觅踪迹。所谓全面，指的是覆盖其从生到死以及整个时代，充分利用现有的浩如烟海的档案材料——一些档案材料近期刚刚解密。"此书作者是著名历史学家，加之专门研究肯尼迪多年，手头积累丰厚，还有能力接触常人无法触及的材料，因而占尽了创作一部巨著的先机。另外，此书内容经过精心甄选，加之作者在此书里呈现的内容都特别贴近生活，贴近日常，因而此书不仅特别可信，还特别生动。

第二，文笔特别出彩。通常情况下，传记作者的行文都特别严肃、刻板、单调、毫无色彩，他们生怕为历史人物和历史背景涂抹色彩，会让读者们误以为作者不够严谨。此书作者显然没有这种担忧，因为他精心甄别和选出的史料都特别有说服力，文笔出彩反而成了此书的点睛之笔，让此书更具吸引力和可读性。此书涉及的人物众多，场景纷繁，介绍人物和场景时，此书作者笔下的描述性用语明显多于其他传记作者，而且他使用形容词的频率也明显高于大多数传记作者。因此，在翻译过程中，我也尽最大可能试着贴近作者的这种风格。这么做可能会让我的译文看似更像中文原创，其实不然，我是在用这样的风格贴近作者在原文里展现的出彩文笔。

　　翻译此书过程中，我再次经历了一段艰难的心路历程：其间，我那九十多岁的母亲走了。十年前，为中青社翻译威廉·夏伊勒的回忆录时，我亲手送走了百岁的父亲，当时我做了件常人想都不敢想的事：我父亲走之前数小时，以及他离开现世那一刻，我一直紧紧握着他的手——不知为什么，当时我就想那么做，而那么做不合常规。幸运的是，当时那一大圈忙于抢救我父亲的医护人员破例答应我那么做，没赶我走。人这辈子走到生命的尽头，由儿女亲手送走，幸福和圆满不过如此。由于那次经历，我和母亲事先商定，她走的时候，最好我也紧握她的手。2022 年初，由于新冠疫情及严格的管控措施，亲手送走母亲一度成了不可能的事。然而，幸运再次眷顾了我，母亲被送进抢救室之际，医院紧急通知我赶过去。母亲在世的最后 12 个小时，我一直守护在她身边；最后两小时，我一直紧紧握着她的手！

　　我父母用生命亲历了战争、苦难，好在他们晚年幸福。在他们位于八宝山的墓碑上，我留下了小诗一首：

　　轻轻地来　轻轻地走　人生所愿　均已实现
　　生于浊世　逝于清平　现世并蒂　来世连理

　　在此我提及父母离世，原因是二老离世时我都在忙着译书，而且前后两本书都与甲骨文有关——威廉·夏伊勒的回忆录几年前由甲骨文再版了；读者当下阅读的这本书就不用说了。也许这就是缘分吧。

借本书出版之机，我要再次感谢南希·欧文思（Nancy Owens）女士和詹姆斯·梅（James May）先生。自 20 世纪 90 年代初，我与他们合作了 20 年。那一时期，几乎每个工作日，我都要通过互联网用英文与他们频繁交流！若不是因为那段经历，我对英文的领悟必定远不如今天这般深刻，我的译文也远不会像读者们今天所见如此贴近原文。

译文中凡有不妥，望读者不吝宽容。

卢欣渝

2022 年 10 月

图书在版编目(CIP)数据

肯尼迪传. 第一卷,成长于美国世纪:1917~1956
年:全二册 / (美)弗雷德里克·罗格瓦尔
(Fredrik Logevall)著;卢欣渝译.--北京:社会科
学文献出版社,2024.5
　　书名原文:JFK: Coming of Age in the American
Century,1917-1956
　　ISBN 978-7-5228-3295-1

　　Ⅰ.①肯…　Ⅱ.①弗…②卢…　Ⅲ.①肯尼迪(
Kennedy, John Fitzgerald 1917-1963)-传记　Ⅳ.
①K837.127=5

　　中国国家版本馆 CIP 数据核字(2024)第 040307 号

　　地图审图号:GS(2024)1134 号(书中地图系原文插图)

肯尼迪传(第一卷):成长于美国世纪,1917~1956 年(全二册)

著　者 / [美]弗雷德里克·罗格瓦尔(Fredrik Logevall)
译　者 / 卢欣渝

出 版 人 / 冀祥德
组稿编辑 / 董风云
责任编辑 / 成　琳
责任印制 / 王京美

出　　　版 / 社会科学文献出版社·甲骨文工作室(分社)(010)59366527
　　　　　　地址:北京市北三环中路甲 29 号院华龙大厦　邮编:100029
　　　　　　网址:www.ssap.com.cn
发　　　行 / 社会科学文献出版社(010)59367028
印　　　装 / 北京盛通印刷股份有限公司

规　　　格 / 开　本:889mm×1194mm　1/32
　　　　　　印　张:36.875　字　数:820 千字
版　　　次 / 2024 年 5 月第 1 版　2024 年 5 月第 1 次印刷
书　　　号 / ISBN 978-7-5228-3295-1
著作权合同 / 图字 01-2022-4091 号
登 记 号
定　　　价 / 238.00 元(全二册)

读者服务电话:4008918866